精准扶贫精准脱贫
贵州模式研究

黄承伟 主编

脱贫攻坚省级样本

社会科学文献出版社
SOCIAL SCIENCES ACADEMIC PRESS (CHINA)

PROVINCIAL SAMPAL
FOR POVERTY ALLEVIATION

study on taking targeted measures
to help people lift themselves out of poverty
in Guizhou province

脱贫攻坚任务重的地区党委和政府要把脱贫攻坚作为"十三五"期间头等大事和第一民生工程来抓，坚持以脱贫攻坚统揽经济社会发展全局。

　　脱贫攻坚已经到了啃硬骨头、攻坚拔寨的冲刺阶段，必须以更大的决心、更明确的思路、更精准的举措、超常规的力度，众志成城实现脱贫攻坚目标，决不能落下一个贫困地区、一个贫困群众。

——中共中央总书记、国家主席、中央军委主席习近平

（2015 年 11 月 27 日在中央扶贫开发工作会议上的讲话）

当前扶贫已进入新的攻坚期，要通过进一步深化改革、创新机制、完善政策，增强贫困地区"造血"功能和发展后劲，实行更科学更有效的扶贫。坚持把集中连片地区作为主战场，注重整体推进与精准到户、加快发展与保护生态、各方支持与贫困地区自身奋斗相结合，汇聚强大力量，努力啃下扶贫攻坚的"硬骨头"，戮力同心打赢这场硬仗。

——中共中央政治局常委、国务院总理李克强

（2014 年 10 月 17 日在全国社会扶贫工作电视电话会议上的批示）

贵州的经验可信可行、可学可用、可复制、可推广，不是盆景，而是风景。

——国务院副总理汪洋

（2015 年 6 月 18 日在贵州考察调研时的讲话）

扶贫攻坚是贵州"第一民生工程"。

——中央政治局委员、中央书记处书记、中央办公厅主任、
时任贵州省委书记栗战书

（2011 年 11 月 29 日《农民日报》记者专访）

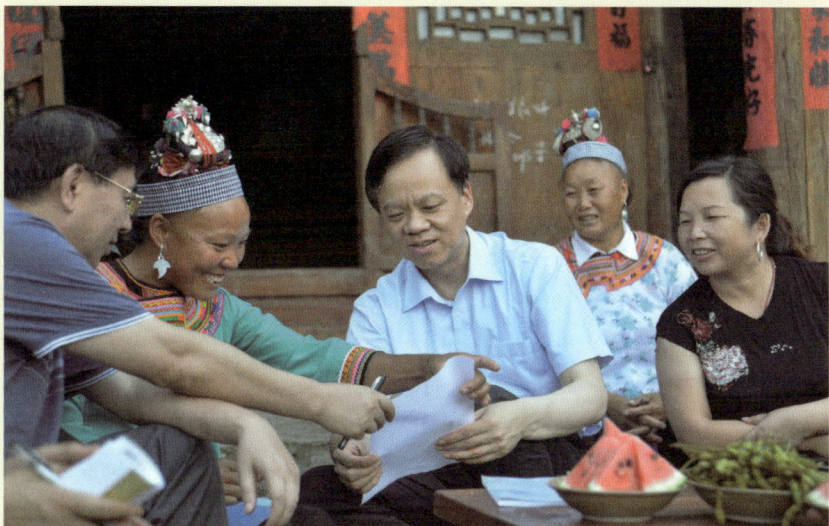

2013 年 6 月 22 日，贵州省委书记、时任贵州省委副书记、省长陈敏尔在丹寨县城江村老村干孟庆章家中与村民座谈。（黄晓青　摄）

坚决打赢扶贫开发这场输不起的攻坚战。

——贵州省委书记陈敏尔

（2015 年 3 月 25 日在贵州省扶贫开发领导小组会议上的讲话）

2015 年 10 月 19 日，贵州省省长孙志刚（中）在威宁五星村考察利民生态中药材种植情况。（李枫　摄）

举全省之力、集全省之智，决战脱贫攻坚、决胜同步小康。

——贵州省委副书记、省长孙志刚

（2016 年 5 月 6 日）

2013 年 6 月 23 日，河北省委书记、时任贵州省委书记赵克志在毕节市威宁自治县迤那镇五星村考察利民生态中药材合作社，鼓励村民扩大种植规模。（李枫 摄）

向"绝对贫困"发起"总攻"。

——河北省委书记、时任贵州省委书记赵克志

（中新社北京 2011 年 1 月 31 日电）

2014 年 7 月 12 日，国务院扶贫办主任刘永富（右二）在赫章县海雀村调研时看望慰问文朝荣的家属李明芝。（杨兰 摄）

贵州创造了扶贫开发的"省级样板"，要百尺竿头、更进一步，继续为全国作表率。

——国务院扶贫开发领导小组副组长、办公室主任刘永富

（2015 年 10 月 18 日在贵州省扶贫开发大会上的讲话）

前　言

　　党的十八大以来，按照全面建成小康社会的部署和要求，以习近平总书记提出精准扶贫精准脱贫为标志，我国扶贫开发进入脱贫攻坚的新阶段。党的十八届五中全会将农村贫困人口脱贫作为全面建成小康社会的底线目标进行安排部署，明确到 2020 年我国现行标准下农村贫困人口实现脱贫，贫困县全部摘帽，解决区域性整体贫困。2015 年 11 月，中央召开扶贫开发工作会议，颁布《中共中央国务院关于打赢脱贫攻坚战的决定》（以下简称《决定》），全面部署"十三五"脱贫攻坚工作，要求举全党全国全社会之力，坚决打赢脱贫攻坚战。

　　贵州省在全国属于资源条件差、发展底子薄、经济实力弱、人均收入低的省份，一直是我国扶贫开发任务艰巨、难度极大的区域，是位于全国前列的脱贫攻坚决战决胜区。在党中央、国务院的坚强领导和各方的大力支持下，改革开放以来，贵州省把扶贫开发纳入全省经济社会发展全局，全面贯彻落实党中央、国务院各项决策部署，在经济社会稳步发展的同时，贫困人口持续减少，扶贫开发事业不断向前发展。

　　近年来，贵州省以习近平总书记扶贫开发战略思想为指导，把扶贫开发作为第一民生工程，全面实施精准扶贫精准脱贫方略，扶贫开发取得显著成效，许多方面走在全国最前面。这表明贵州扶贫的许多经验和做法是行之有效的。习近平总书记 2015 年 6 月 18 日在贵阳召开扶贫攻坚座谈会上发表重要讲话，对贵州省扶贫开发工作的很多做法和经验给予了充分肯定。汪洋副总理在深入调研的基础上指出，贵州省精准扶贫精准脱贫的做法为全国扶贫攻坚探索了可信可行、可学可用的"贵州经验"，创造了精准扶贫"贵州模式"，初步形成了脱贫攻坚的"省级样板"。因此，深入研究总结贵州精准扶贫精准脱贫模式，具有重要的理论实践意义。

《脱贫攻坚省级样本——精准扶贫精准脱贫贵州模式研究》一书，正是在上述背景下完成的。该书由 13 个专题研究报告组成，比较系统地总结了贵州省脱贫攻坚做法经验。参与该项总结研究工作的二十多位专家，在实地调研和大量文献资料研究的基础上，从十个方面初步提炼了脱贫攻坚省级样板的基本内容，包括：把扶贫开发作为全省"第一民生工程"，着力完善精准扶贫体系，广泛动员社会参与精准扶贫，积极探索生态保护脱贫新路径，创新财政与金融精准扶贫机制，深化党建扶贫，大力建设新型产业扶贫体系，有力有序推进易地扶贫搬迁，完善社会保障兜底扶贫，片区发展与精准扶贫到村到户有机结合。

贵州省的这些做法和经验，是贵州省委省政府带领全省广大干部群众，深入学习贯彻习近平总书记扶贫开发战略思想，把党中央国务院决策部署和本省实际相结合，改革创新体制机制，实践探索路径模式，逐步总结完善而形成的。整体上看，这些做法的许多方面在全国具有示范和借鉴意义。当然，全国各地发展水平不同、贫困特征不同，精准扶贫精准脱贫方略实施必然呈现多种多样的形式，而且贵州省的模式也必然会在实践中不断发展完善。学习和借鉴贵州脱贫攻坚进程中成功的做法和经验，必须与本地实际紧密结合起来，大胆创新，在精准扶贫精准脱贫实践中不断形成新的经验和模式。

贵州的经验是我国扶贫开发长期实践的总结和积累，也是我国扶贫开发伟大实践的一个缩影。我们认为，本书既可以成为我国各地学习贵州省实施精准扶贫精准脱贫方略做法和经验的参考文献，还可以为世界各国推进减贫行动提供有益借鉴。

黄承伟

2016 年 6 月 18 日

目　录

第一章　习近平总书记扶贫开发战略思想的贵州实践

黄承伟

在党中央、国务院的坚强领导和各方的大力支持下，全省上下深入学习贯彻习近平总书记系列重要讲话精神，特别是视察贵州的重要指示要求，认真落实党中央、国务院各项决策部署，牢牢守住发展和生态两条底线，坚持把扶贫开发作为贵州最大的民生工程来抓，把脱贫攻坚作为重中之重，坚持科学治贫、精准扶贫、有效脱贫，大力推进精准扶贫，强力实施大扶贫战略行动，狠抓"33668"脱贫攻坚行动计划和"1＋10"等系列政策文件落地落实，脱贫攻坚取得显著成效，5年累计投入财政扶贫资金305亿元，减少贫困人口656万人，易地扶贫搬迁66万人，35个贫困县、744个贫困乡镇按省定标准摘帽，贫困发生率从33.4%下降到14.3%，全面建成小康社会指数提高到82%左右。贵州省精准扶贫精准脱贫的做法及成效得到中央领导的充分肯定，为全国扶贫攻坚探索了可信可行、可学可用、可复制、可推广的"贵州经验"，创造了精准扶贫"贵州模式"，初步形成了脱贫攻坚的"省级样本"。对贵州精准扶贫精准脱贫模式进行总结，具有重要的理论和实践意义。

第一节　贵州省扶贫开发成效显著

贵州省是全国贫困人口最多、贫困面最大、贫困程度最深的省份，贵州省也是我国扶贫攻坚的主战场、示范区和决战区。在新划分的14个集中连片特困地区中，贵州有65个县分布在乌蒙山区、武陵山区和滇桂黔石漠化区三个集中连片特困地区，受区域整体贫困与民族地区发展滞后并存、经济建设落后与生态环境脆弱并存、人口素质偏低与公共服务滞后并存"三重矛盾"的制约，贵州一直是全国扶贫开发任务最重、难度最大的省份。

改革开放以来，贵州省国内生产总值（GDP）从1978年的47亿元增至2015年的10503亿元，增长了222.5倍；从GDP的同比增长幅度来看，除1998~2002年同期增幅低于10%以外，贵州省其余年份基本上保持了两位数的增幅（见图1）。经济发展势头良好，经济总量的提升为贵州省开展扶贫开发事业提供了强大的经济基础。

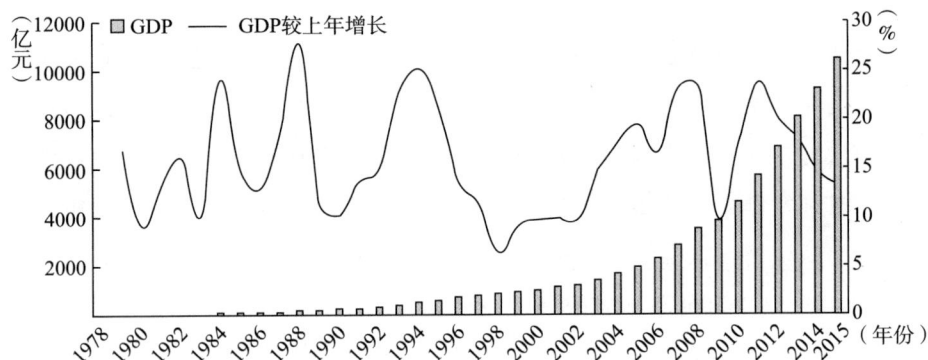

图1　贵州省1978~2015年GDP及较上年度增长率走势

伴随社会经济的发展，贵州扶贫事业成绩显著。第一，从贫困人口数量来看（见图2），按照国家贫困标准，贵州省贫困人口数量从1978年的1587万人减少到2007年的236万人；自2008年国家正式采用低收入线取代绝对贫困线以来，贵州省贫困人口数量由2008年的626万人减少到2010年的421万人；自2011年国家采用2300元/人·年的贫困线以来，贵州省贫困人口数量由2011年的1149万人减少到2015年的493万人。第二，从贫困发生率来看，贵州省贫困发生率从1978年的59.1%下降到2007年的6.5%；自2008年国家正式采用低收入线取代绝对贫困线以来，贵州省贫困发生率由2008年的17.4%下降到2010年的12.1%；自2011年国家采用

2300 元/人·年的贫困线以来，贵州省贫困发生率由 2011 年的 33.1% 减少到 2015 年的 14.03%。第三，从减贫速度上看（见图 3），自 1978 年以来贵州省减贫速度保持在 10% 左右，其中有 5 年减贫速度超过 20%：1987 年减贫速度为 29.37%，1999 年减贫速度为 30.44%，2009 年减贫速度为 27.87%，2012 年减贫速度为 26.89%，2014 年减贫速度为 20.87%。由于 1990 年、2008 年、2011 年对贫困线做了调整，所以出现了个别年份减贫速度为负的现象。但并不是说减贫速度下降了，只是说明在更高的标准下减贫仍在继续。

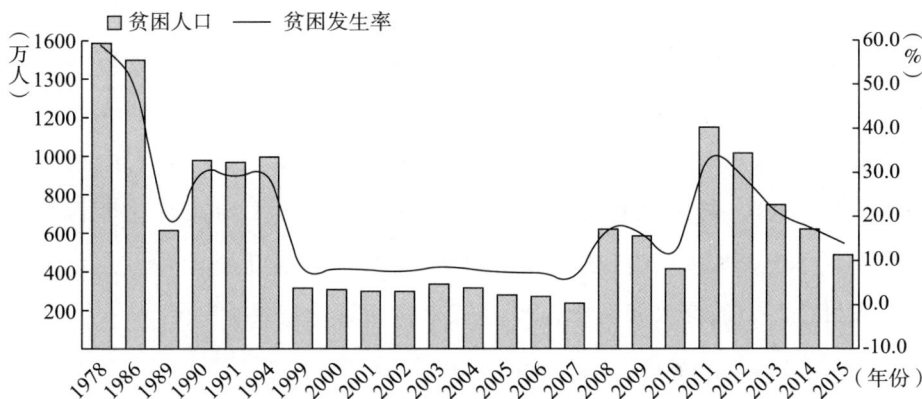

图 2 贵州省 1978～2015 年贫困人口及其贫困发生率

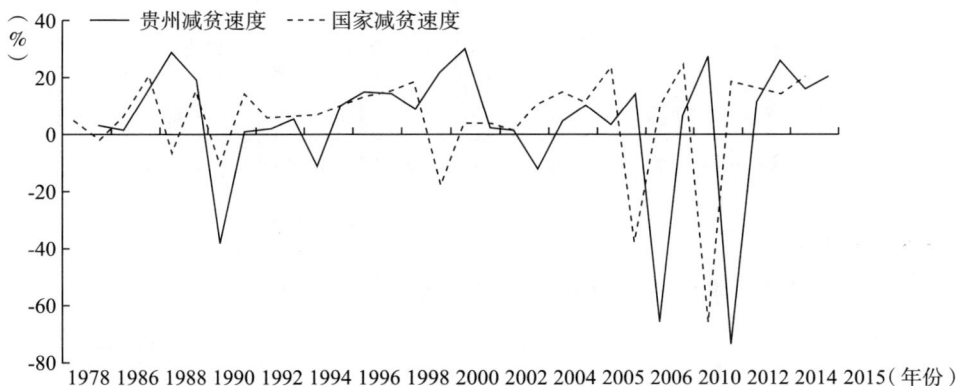

图 3 1978～2015 年贵州减贫速度与国家减贫速度

（一）1978～1990 年：以农村经济增长带动普遍贫困减少

改革开放前的中国农村社会处于普遍贫困状况。20 世纪 70 年代末期，党和国家将工作重心转移到经济建设上来，率先在农村地区实行经济体制改革。贵州省是典型的以农业生产为主的省份，得益于此阶段家庭联产承包责任制的推行，农村生产力得到空前解放，贵州省 1984 年 GDP 同比增幅接近 25%，但由于经济基础较为薄弱，该阶段贵州省经济增长缓慢，直到 1984 年，全省 GDP 才突破百亿元。自 1986 年我国大规模进行扶贫开发以来，贵州省经济总量开始逐步提升，GDP 增速加快，1988 年 GDP 同比增幅达到 27.7%。截至 1990 年，贵州省 GDP 达到 260 亿元，较 1978 年的 47 亿元增长了 4.5 倍；贵州省人均 GDP 达到 795.71 元，较 1978 年的 174.96 元增长了 3.5 倍。此阶段贵州省贫困人口从 1978 年的 1587 万人下降到 983 万人，减少了 38.06%；贫困发生率从 59.1% 下降到 30.1%，下降了 29 个百分点（见图 4）。再来看减贫速度，此阶段贵州省的平均减贫速度保持在 4.89%，其中 1987 年减贫速度最高为 29.37%，得益于整个社会生产力尤其是农村生产力的释放和发展，90 年代末贵州省减贫效果明显。

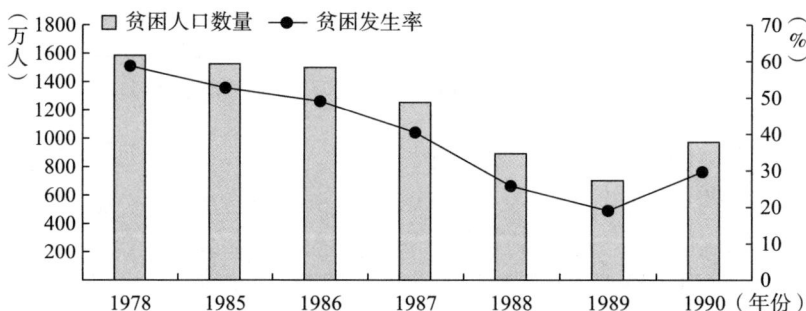

图 4　贵州省 1978～1990 年扶贫减贫成效

（二）1991～2000 年：以攻坚方式推进开发式扶贫

进入 20 世纪末，我国扶贫战略由救济式扶贫向开发式扶贫转变，扶贫治理体系从体制改革向以政府主导的公共治理力量转变和扶贫资源县级瞄准，使得我国农村贫困人口以较大的规模持续较快减少。在国家专项扶贫计划特别是国家"八七扶贫"攻坚计划推动下，1991～2000 年贵州省扶贫开发成果显著。首先，贵州省经济社会实现了稳步增长，GDP 从 1991 年的 196 亿元增长到 2000 年的 1030 亿元，增长了 4.26 倍；人均 GDP 从 1991 年的 893.01 元增长到 2000 年的 2742.48 元，增长了 2.07 倍。在此期间，受亚洲金融危机和自然灾害的影响，贵州省 1998 年 GDP 增长率同期降至 6.5%，为近 40 年以来最低水平。其次，此阶段贵州省贫困人口数量从 1991 年的 971 万人下降到 313 万人，减少了 67.77%；贫困发生率从 29.3% 下降到 8.5%，下降了近 21 个百分点（见图 5）。从减贫速度来看，此阶段贵州平均减贫速度保持在 10.11% 左右，大部分年份实现了稳步减贫，从而保证了 10% 左右的减贫率，为实现"确保到 2000 年底解决贫困人口温饱问题"提供了强有力的支撑和保证。

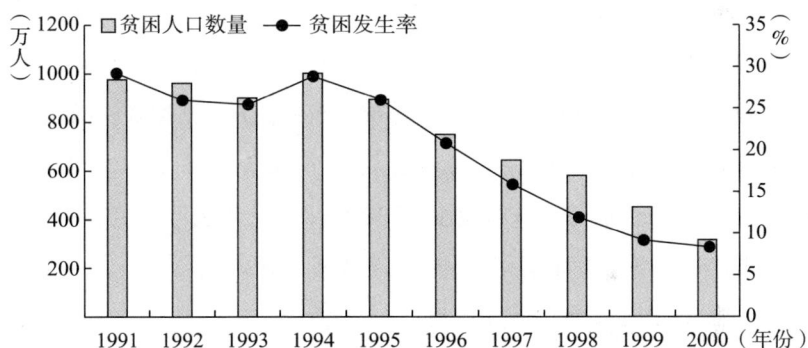

图 5　贵州省 1991～2000 年扶贫减贫成效

（三）2001～2010 年：以整村推进提高扶贫脱贫效果

进入 21 世纪，随着我国贫困人口规模的不断减少，农村贫困人口分布呈现"大分散、小集中"的特点。贫困人口分布由以前的集中在扶贫开发重点县的区域集中向更低层次的村级社区集中，截至 2001 年国家扶贫开发重点县贫困人口占全国贫困人口比例下降到 61.9%。据统计，2008 年贵州省共辖 9 个市（州、地），88 个县（市、区、特区），其中，国家扶贫开发重点工作县有 50 个，省级扶贫开发重点县有 33 个，具有扶贫开发任务的县有 83 个，贫困县的占比竟高达 56.8%。在全国 592 个国家扶贫开发重点县中，贵州省的扶贫开发重点贫困县占比高达 8.45%。在 83 个有扶贫开发任务的县中，扶贫开发重点村有 13973 个，占全省行政村总数的 54.3%，占全国 14.8 万个扶贫开发重点村的 9.44%。

实践表明，国家根据减贫新形势将扶贫工作重心和扶贫资源下沉（进村入户），并据此建立以贫困村为重点的"一体两翼"扶贫治理体系获得了较好的减贫效果。同 2000 年相比，2010 年贵州省生产总值由 1030 亿元增长到 4602 亿元，地方财政总收入由 0.28 亿元增长到 969.73 亿元，人均生产总值增长到 11096.84 元。人民生活水平显著提高，贵州省农民人均年纯收入达到 3471.93 元。就整体减贫效果而言，贵州省实现了贫困人口数量的大幅减少以及贫困发生率的大幅下降，考虑到此阶段 2008 年对贫困标准进行了调整，将这一阶段的扶贫成效分两部分考察：2001~2007 年，贫困人口数量从 305 万人下降到 236 万人，相应的贫困发生率从 8.0% 下降到 6.5%；贫困标准调整后，2008 年贵州省贫困人口数量为 626 万人，到 2010 年下降到 421 万人，平均每年下降 102.52 万人，贫困发生率从 2008 年的 17.4% 下降到 12.1%，平均每年下降 2.65 个百分点（见图 6）。就减贫速度而言，不考虑贫困线调整年份的影响，贵州省此阶段的平均减贫速度保持在 9% 左右，由于此阶段贫困基数变小以及扶贫资金边际收益递减等问题，此阶段的平均减贫速度略低于上一阶段（1991~2000 年）。

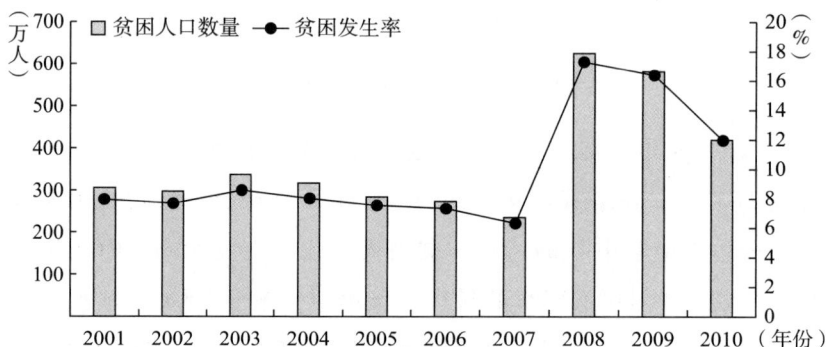

图 6　贵州省 2001~2010 年扶贫减贫成效

（四）2011 年至今：以精准扶贫实现贫困人口如期脱贫

进入新一轮扶贫攻坚开发阶段以来，贵州省把扶贫开发作为第一民生工程来抓，以发展产业、农民增收、减贫摘帽为核心，突出重点，主攻难点，点面结合，连片开发，协作推进，全方位加大扶贫攻坚力度。尤其是在精准扶贫的推动下，贵州省因地制宜、因户施策在扶贫减贫领域不断推陈出新，减贫成效明显。贵州扶贫攻坚将坚持改革引领、创新驱动和绿色发展，实施精准扶贫、产业扶贫、绿色扶贫、集团扶贫、对口扶贫，推动扶贫开发由"输血式""粗放式""被动式""分散式"向"造血式""精准式""参与式""整体式"转变，为与全国同步实现小康奠定坚实基础。2015 年 10 月 18 日，贵州省印发《中共贵州省委　贵州省人民政府关于坚决打赢扶贫攻坚战确保同步全面建成小康社会的决定》，并配套出台《关于扶持生产和就业推进精准扶贫的实施意见》《关于进一步加大扶贫生态移民力度推进精准扶贫的实施意见》等 10 个方面的扶贫工作政策举措，即"1 + 10"文件，鲜明地提出了全省精准扶贫的奋斗目标、关注重点和具体措施，为精准扶贫同步小康提供了强有力的保障。

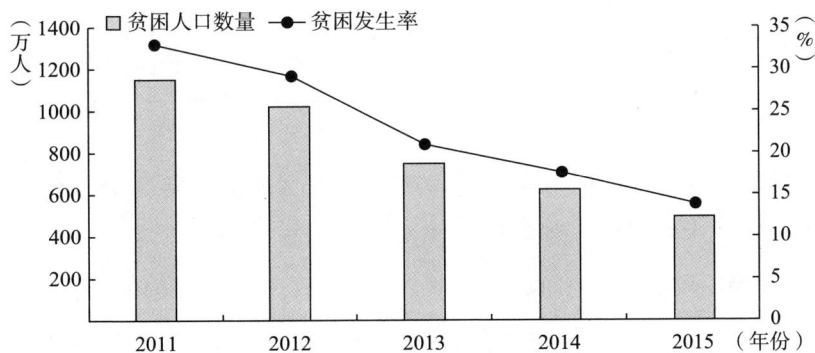

图 7　贵州省 2011～2015 年扶贫减贫成效

自 2011 年，我国以农村居民家庭人均年纯收入 2300 元作为贫困线，贵州省贫困人口升至 1149 万人，贫困发生率 33.12%，经过不懈努力，截至 2015 年底贫困人口为 493 万人，贫困发生率 14.03%。2011～2013 年，贵州省共投入财政专项扶贫发展资金 93.8 亿元，累计减少贫困人口 436 万人，农民人均纯收入年均增长 16% 以上，贫困发生率从 33.12% 下降到 21.27%（见图 7），贵州贫困人口占全国贫困人口的比例由 15.6% 下降到 9.1%，累计有 14 个重点县 366 个贫困乡实现"减贫摘帽"。2014 年，全年减少贫困人口 170 万人，超计划 20 万人；扶贫重点县农民年人均纯收入增长 17%，高于全省平均水平 2 个百分点。2015 年，全年减少贫困人口 130 万人，农村贫困发生率下降到 14.03%，累计 35 个贫困县 744 个贫困乡（镇）"减贫摘帽"（见表1）。可以看出，贵州扶贫开发已经从以解决温饱为主要任务的阶段转入巩固温饱成果、加快脱贫致富、改善生态环境、提高发展能力、缩小发展差距的新阶段。

表1 新标准下国家和贵州省贫困人口和贫困发生率

年份	扶贫标准（元）	国家			贵州		
		贫困人口（万人）	贫困发生率（%）	减贫速度（%）	贫困人口（万人）	贫困发生率（%）	减贫速度（%）
2010	2300	16567	17.2	—	—	—	—
2011	2536	12238	12.7	26.13	1149	33.12	—
2012	2625	9899	10.2	19.11	1019	29.25	11.31
2013	2736	8249	8.5	16.67	745	21.27	26.89
2014	2800	7017	7.2	14.94	623	17.76	16.38
2015	2968	5575	5.7	20.55	493	14.03	20.87

资料来源：国家统计局历年《中国农村贫困监测报告》。

从减贫速度来看，贵州省此阶段的平均减贫速度保持在 18.86% 左右，高于贵州省之前三个阶段的平均减贫速度（1978～1990 年平均减贫速度是 4.89%，1991～2000 年平均减贫速度是 10.11%，2001～2010 年平均减贫速度是 9%）。也就是说，自 2011 年以来，贵州省平均每年以近 20% 的速度实现现行标准下贫困人口数量的减少。对比全国的减贫速度来看，18.86% 的平均减贫速度高于全国 17.82% 的速度，尤其是 2013 年、2014 年、2015 年连续三年减贫速度超过了国家减贫速度（见表1）。应该说贵州省该阶段的扶贫减贫速度处于全国领先地位，为我国实现减贫脱贫贡献了巨大力量。

第二节 习近平总书记扶贫开发战略思想内涵丰富

党的十八大以来，以习近平同志为总书记的党中央把扶贫开发摆到治国理政的重要位置，提升到事关全面建成小康社会、实现第一个百年奋斗目标的新高度，纳入经济社会发展全局进行决策部署。至 2016 年 4 月，习近平总书记国内考察 30 次，18 次涉及扶贫，8 次把扶贫作为考察重点，连续 4 年新年第一次国内考察都是到贫困地区，在重要会议、重要场合、关键时点，反复强调扶贫开发的重大意义，做出部署，提出要求。2012 年，党的十八大闭幕后不久，习近平总书记就到革命老区河北阜平，进村入户看真贫，提出了"两个重中之重"（"三农"工作是重中之重，革命老区、民族地区、边疆地区、贫困地区在"三农"工作中要把扶贫开发作为重中之重）、"三个格外"（对困难群众要格外关注、格外关爱、格外关心）、科学扶贫、内生动力等重要思想。2013 年，在湖南湘西十八洞村首次提出精准扶贫。2014 年，进一步提出精细化管理、精确化配置、精准化扶持等重要思想。2015 年，1 月到云南、2 月到陕西、6 月到贵州调研考察扶贫工作，在延安、贵阳两次召开扶贫座谈会。7 月后，先后主持召开中央财经领导小组会议、中央政治局常委会议、中央政治局会议研究脱贫攻坚工作。10 月，在党的十八届五中全会上就"十三五"规划建议做说明，把脱贫攻坚作为重点说明的问题；在 10 月 16 日减贫与发展高层论坛会议上发表重要讲话，深刻阐述了中国共产党和中国政府的主张和部署。11 月，在中央扶贫开发工作会议上发表重要讲话，系统阐述"六个精准""五个一批""四个问题"等重要思想，进一步完善了精准扶贫精准脱贫的基本方略，全面部署"十三五"脱贫攻坚工作。2016 年，习近平总书记在新年贺词，考察重庆、江西和安徽，视察中央新闻单位、出席全国"两会"等多个重要场合，继续高位推进，要求横下一条心，加大力度，加快速度，加紧进度，齐心协力打赢脱贫攻坚战。

三年多来，习近平总书记关于扶贫开发战略定位、战略重点、总体思路、基本方略、工作要求以及方式方法等一系列深刻而具体的论述，形成了系统的扶贫思想。这些思想，充分体现了中国特色扶贫开发道路的理论创新和实践创新，贯彻了创新、协调、绿色、开放、共享的五大发展理念，精辟阐述了扶贫开发在国家发展全局中的重要地位和作用，体现了马克思主义世界观和方法论，是治国理政思想的重要组成部分，是中国特色社会主义理论体系的重要组成部分和新发展，是做好当前及今后一个时期脱贫攻坚工作的科学指南和根本遵循。同时，习近平扶贫思想还在发展中，随着全面建成小康社会的进程、脱贫攻坚战的深入，还会不断丰富和发展。

习近平总书记的扶贫开发战略思想内容丰富，思想深刻，博大精深，具有极强的思想性、理论性、指导性。按照中央部署，到2020年如期实现"我国现行标准下农村贫困人口实现脱贫，贫困县全部摘帽，解决区域性整体贫困"的脱贫攻坚目标，时间极紧、任务很重、难度非常大，以习近平总书记扶贫思想来凝聚全党全国全社会共识，是打赢这场脱贫攻坚战的基础和前提。因此，全面、系统、准确地理解习近平总书记扶贫思想体系及其丰富内涵，具有重要的理论实践意义。作者在深入学习习近平总书记关于扶贫开发重要论述的基础上，从九个方面阐述了习近平总书记扶贫开发战略思想体系及其丰富内涵，为深入学习研究提供了参考。

一 扶贫开发是社会主义本质要求的思想

习近平总书记多次指出："消除贫困、改善民生、实现共同富裕，是社会主义的本质要求，是我们党的重要使命。""贫穷不是社会主义。如果贫困地区长期贫困，面貌长期得不到改变，群众生活水平长期得不到明显提高，那就没有体现我国社会主义制度的优越性，那也不是社会主义。""做好扶贫开发工作，支持困难群众脱贫致富，帮助他们排忧解难，使发展成果更多更公平惠及人民，是我们党坚持全心全意为人民服务根本宗旨的重要体现，也是党和政府的重大职责。""得民心者得天下。从政治上说，我们党领导人民开展了大规模的反贫困工作，巩固了我们党的执政基础，巩固了中国特色社会主义制度。"这些论述表明，"做好扶贫开发工作，支持困难群众脱贫致富，帮助他们排忧解难，使发展成果更多更公平惠及人民"，并不是一项一般性的工作，而是体现了社会主义的根本价值追求和奋斗理想，是社会主义的题中应有之义。

社会主义从诞生之日起，便把消除贫困、实现社会公正作为自己的理想，马克思主义理论更是指出了实现这一理想的现实道路，从而将社会主义从空想变成科学，并付诸伟大的社会实践。邓小平提出社会主义本质理论，始终将"共同富裕"视为社会主义的根本特征和价值追求。

习近平总书记关于扶贫开发是社会主义本质要求的思想，是对马克思主义价值观的坚守和捍卫，更是对它的发展。因为扶贫开发战略是将这种理想追求具体化、可操作化，实实在在地接地气、聚人气、得人心。同时，扶贫开发也是解决我国改革开放过程中遇到的新问题、新困难的重大举措。近年来，习近平不止一次深情地讲到，新中国成立前，我们党是靠领导农民"打土豪、分田地"夺取政权的，让人民翻身解放做了主人。今天，我们党就是要带领人民"脱贫困、奔小康"，让农民过上好日子。我们只有让大量贫困人口摆脱贫困，过上体面而有尊严的生活，才能焕发出蕴藏在他们身上的巨大活力，为中国特色社会主义事业注入进一步改革发展的动力；才能进一步增强中国特色社会主义的凝聚力和向心力，增强和夯实党执政为民的社会基础和群众基础。说到底，扶贫开发若搞得不好，会影响到"四个全面"战略布局的实施，影响到两个百年目标及中国梦实现的进程。

正因为如此，习近平总书记将扶贫开发工作视为"我们党坚持全心全意为人民服务根本宗旨的重要体现，也是党和政府重大职责"。学习习近平总书记扶贫思想，首先要从政党性质、执政责任、巩固制度的高度深刻理解、深化认识，增强使命感、责任感。

二　农村贫困人口脱贫是全面建成小康社会最艰巨任务的思想

习近平总书记多次强调："小康不小康，关键看老乡，关键在贫困的老乡能不能脱贫。""全面建成小康社会、实现第一个百年奋斗目标，农村贫困人口全部脱贫是一个标志性指标。""全面建成小康社会，关键是要把经济社会发展的短板尽快补上，否则就会贻误全局。全面建成小康社会，最艰巨的任务是脱贫攻坚，最突出的短板在于农村还有 7000 多万贫困人口。""经过多年努力，容易脱贫的地区和人口已经解决得差不多了，越往后脱贫攻坚成本越高、难度越大、见效越慢。""脱贫攻坚已经到了啃硬骨头、攻坚拔寨的冲刺阶段，所面对的都是贫中之贫、困中之困，采用常规思路和办法、按部就班推进难以完成任务。""各级领导干部，特别是贫困问题较突出地区的各级党政主要负责同志，要认真履行领导职责，集中连片特殊困难地区领导同志的工作要重点放在扶贫开发上。'三农'工作是重中之重，革命老区、民族地区、边疆地区、贫困地区在'三农'工作中要把扶贫开发作为重中之重，这样才有重点。""必须动员全党全国全社会力量，向贫困发起总攻，确保到2020年所有贫困地区和贫困人口一道迈入全面小康社会"。这些论述深刻指出，全面建成小康社会，不仅要从总体上、总量上实现小康，更重要的是让农村和贫困地区尽快赶上来，逐步缩小这些地区同发达地区的差距，让小康惠及全体人民。这是实现全面建成小康社会目标的现实需要，更是实现社会主义共同富裕目标的基础和前提。

习近平总书记关于农村贫困人口脱贫是全面建成小康社会最艰巨任务的思想，将扶贫开发工作置于全面建成小康社会的战略布局中加以论述，既点明了扶贫开发工作的重要性，也强调了扶贫开发工作的紧迫性。全面建成小康社会最艰巨最繁重的任务在农村，特别是在贫困地区。扶贫开发已进入"啃硬骨头、攻坚拔寨"的冲刺期。形势逼人，形势不等人。这一思想要求贫困地区各级党委和政府把扶贫工作摆到更加突出的位置，把脱贫作为全面建成小康社会的底线目标，对未来五年脱贫攻坚的艰巨性、复杂性、紧迫性有清醒的认识和充分准备，从而进一步增强做好扶贫开发工作的紧迫感，以更加明确的目标、更加有力的举措、更加有效的行动打好扶贫攻坚战，确保贫困地区同全国一道进入小康社会。

三 科学扶贫思想

习近平总书记指出："推进扶贫开发、推动经济社会发展，首先要有一个好思路、好路子。""继续加大贫困地区基础设施建设力度"。"治贫先治愚，扶贫先扶智。教育是阻断贫困代际传递的治本之策。""抓好教育是扶贫开发的根本大计。""把贫困地区孩子培养出来，这才是根本的扶贫之策"。"要因地制宜，发展特色经济，不要在贫困地区大搞不符合当地实际的项目。""对居住在'一方水土养不起一方人'地方的贫困人口，要实行易地搬迁。""扶贫开发要与生态环境保护相结合。"对各类困难群众要在确保他们享受国家各种普惠性政策的基础上，采取特惠性的支持，要编织好"社会安全网"。这些论述提示我们，厘清思路、找准路子是做好扶贫开发工作的基础和前提。而厘清思路、找准路子，必须坚持从实际出发，因地制宜，找准突破口。在具体扶贫开发的路径选择上，如加大贫困地区基础设施建设力度，抓好贫困地区教育，大力发展贫困地区特色经济，做好移民搬迁扶贫工作，扶贫开发与生态环境保护相结合，编织好社会安全网等重要论断，都为提高扶贫开发工作成效指明了方向，提供了指南。

习近平总书记关于科学扶贫的思想，是从提高扶贫工作科学性的角度出发，阐述了扶贫开发的总体思路和实现途径，体现出党和国家领导人对国家现状的深入了解，对历史经验教训的深刻总结，是对现实做深入细致思考后的务实选择。发展是甩掉贫困帽子的总办法，科学扶贫是科学发展的一种具体体现。而科学扶贫就是要在转方式、调结构、惠民生的方针指导下，遵循经济发展规律、社会发展规律和自然规律推进综合扶贫开发。就是要坚持因地制宜、科学规划、分类指导、因势利导，能做什么就做什么，绝不蛮干，绝不搞表面工作，一定要从实际出发，真正使老百姓得到实惠。要"把扶贫开发同做好农业农村农民工作结合起来，同发展基本公共服务结合起来，同保护生态环境结合起来，向增强农业综合生产能力和整体素质要效益"。

四　精准扶贫精准脱贫思想

习近平总书记深刻指出："扶贫开发推进到今天这样的程度，贵在精准，重在精准，成败之举在于精准。搞大水漫灌、走马观花、大而化之、'手榴弹炸跳蚤'不行。""总结各地实践和探索，好路子好机制的核心就是精准扶贫、精准脱贫，做到扶持对象精准、项目安排精准、资金使用精准、措施到户精准、因村派人精准、脱贫成效精准。""扶贫开发成败系于精准，要找准'穷根'、明确靶向，量身定做、对症下药，真正扶到点上、扶到根上。脱贫摘帽要坚持成熟一个摘一个，既防止不思进取、等靠要，又防止揠苗助长、图虚名。""要增加资金投入和项目支持，实施精准扶贫、精准脱贫，因乡因族制宜、因村施策、因户施法，扶到点上、扶到根上。""要把精准扶贫、精准脱贫作为基本方略。"这些论述体现了党的十八大以来党中央对扶贫开发工作的新部署新要求，体现了现阶段我国扶贫战略最突出的特征，是对过去不精准扶贫工作方式方法的根本性改革，旨在进一步提高脱贫攻坚的精准度和有效性。

习近平总书记最先提出"精准扶贫"概念，在多个重要场合阐述精准扶贫的内涵、要求、路径、保障措施并不断丰富发展，形成了精准扶贫精准脱贫方略，成为我国扶贫开发的指导思想。这是我国扶贫开发方式的重大转变，其根本目的就是确保党和政府的政策实惠落到贫困群众身上，确保贫困地区、贫困群众尽快实现稳定脱贫的目标。精准扶贫精准脱贫是一个系统工程，对象精准是前提和基础，项目、资金、措施、派人精准是措施和手段，成效精准是目标和落脚点。只有每个环节、每个步骤都精准，才能见到实效，才能实现精准脱贫。这一思想既是我们扶贫工作总的指导思想，也是扶贫工作总的工作原则、工作要求，体现的是精准性、实效性原则。精准扶贫精准脱贫就是要真正把精准理念落到实处，变"大水漫灌"为"精准滴灌"，切实解决扶持谁、谁来扶、怎么扶、如何退的问题。

五 内源扶贫思想

习近平总书记多次讲："脱贫致富贵在立志，只要有志气、有信心，就没有迈不过去的坎。""贫困地区发展要靠内生动力，如果凭空救济出一个新村，简单改变村容村貌，内在活力不行，劳动力不能回流，没有经济上的持续来源，这个地方下一步发展还是有问题。""脱贫致富终究要靠贫困群众用自己的辛勤劳动来实现。""树立'宁愿苦干、不愿苦熬'的观念，自力更生，艰苦奋斗，靠辛勤劳动改变贫困落后面貌。""扶贫既要富口袋，也要富脑袋。要坚持以促进人的全面发展的理念指导扶贫开发，丰富贫困地区文化活动，加强贫困地区社会建设，提升贫困群众教育、文化、健康水平和综合素质，振奋贫困地区和贫困群众精神风貌。""扶贫开发，要给钱给物，更要建个好支部"。这些重要论述深刻指出，由于自然、历史等原因，贫困地区发展面临许多困难和问题，国家要继续加大支持、加大投入。同时，内因才是事物变化的依据。摆脱贫困首要意义并不仅仅是物质上的脱贫，还在于摆脱意识和思路的贫困。扶贫开发最为重要的是，要充分调动群众的积极性和主动性，增强群众战胜困难的信心，激发内生动力，提高自我发展能力，变"输血"为"造血"。

习近平关于内源扶贫的思想，深入阐述了激发内生动力的工作方向和重点。人民群众是历史的创造者。外因是变化的条件，内因是变化的根据，外因通过内因而起作用。贫困地区的发展、扶贫开发工作要特别尊重贫困群众的主体地位和首创精神，把激发扶贫对象的内生动力摆在突出位置。扶贫先扶智，要加强对贫困群众的思想发动，把教育作为扶贫开发的治本之策。把加强贫困村基层组织建设、发展村级集体经济、推进扶贫对象的组织化列为扶贫开发的重要内容。充分发挥第一书记、驻村工作队的作用，把贫困群众的积极性调动起来，把他们自力更生的能力激发出来，不断提高他们共享发展成果的能力。这一思想要求我们，要坚持人民群众的主体地位，进一步处理好贫困地区发展既要靠外部支持更要靠内生动力的关系，进一步重视激发贫困地区贫困群众内生动力，并不断提高贫困地区贫困群众的自我发展能力，帮助贫困群众靠自己的双手改变命运、实现人生出彩。

六　社会扶贫思想

习近平总书记多次强调："'人心齐，泰山移。'脱贫致富不仅仅是贫困地区的事，也是全社会的事。""要健全东西部协作、党政机关定点扶贫机制，各部门要积极完成所承担的定点扶贫任务，东部地区要加大对西部地区的帮扶力度，国有企业要承担更多扶贫开发任务。""扶贫开发是全党全社会的共同责任，要动员和凝聚全社会力量广泛参与。要坚持专项扶贫、行业扶贫、社会扶贫等多方力量、多种举措有机结合和互为支撑的'三位一体'大扶贫格局，强化举措，扩大成果"。"要广泛调动社会各界参与扶贫开发的积极性，鼓励、支持、帮助各类非公有制企业、社会组织、个人自愿采取包干方式参与扶贫。""鼓励支持各类企业、社会组织、个人参与脱贫攻坚。""要引导社会扶贫重心下沉，促进帮扶资源向贫困村和贫困户流动，实现同精准扶贫有效对接。"这些重要论述阐述了社会扶贫的重要作用及其不可替代性，对如何更加广泛地动员社会参与提出了新要求，为进一步做好社会扶贫工作指明了方向。

习近平总书记关于社会扶贫的思想，从扶贫是全党全社会的共同责任的高度，深入阐述了广泛动员社会力量的重大意义和基本途径。减贫目标的实现是行业扶贫、专项扶贫、社会扶贫共同作用的结果，必须构建政府、市场、社会协同推进的大扶贫格局。各级党委政府要不断加大扶贫开发力度，要更加广泛动员社会力量参与扶贫。做好社会扶贫工作，对于弘扬中华民族扶贫济困的传统美德，培育和践行社会主义核心价值观，动员社会各方面力量共同向贫困宣战，具有重要意义。社会扶贫思想就是要进一步动员东部地区加大对西部地区的帮扶力度，进一步动员各部门各单位积极完成所承担的定点扶贫任务，进一步引导国有企业承担更多扶贫开发任务，进一步鼓励、支持、帮助各类非公有制企业、社会组织、个人自愿采取多种形式参与扶贫。只有这样，才能更加广泛、更加有效地动员和凝聚各方面力量，构建大扶贫格局，形成脱贫攻坚的强大合力。

七　廉洁扶贫阳光扶贫思想

习近平总书记指出："我不满意，甚至愤怒的是，一些扶贫款项被各级截留，移作他用。扶贫款项移作他用，就像救灾款项移作他用一样，都是犯罪行为。还有骗取扶贫款的问题。对这些乱象，要及时发现、及时纠正，坚决反对、坚决杜绝。""惠民资金、扶贫资金等关系千家万户，绝不允许任何人中饱私囊，对贪污挪用的不管涉及谁，发现一起，查处一起，绝不姑息。""扶贫资金是贫困群众的'救命钱'，一分一厘都不能乱花，更容不得动手脚、玩猫腻！要加强扶贫资金阳光化管理，加强审计监管，集中整治和查处扶贫领域的职务犯罪，对挤占挪用、层层截留、虚报冒领、挥霍浪费扶贫资金的，要从严惩处！"这些论述表明，帮助贫困地区改变落后面貌，帮助贫困群众实现"两不愁三保障"目标，需要加大扶贫投入。扶贫资金是国家为了帮助贫困地区贫困群众摆脱贫困而安排的特殊投入，在一定程度上是贫困群众的"救命钱"，不仅要用在贫困地区贫困群众身上，还要用好、用出成效。

习近平总书记关于廉洁扶贫阳光扶贫的思想，要求我们始终把纪律和规矩挺在前面，不断完善制度，加强监管，坚决惩治和预防扶贫领域违纪违法行为。要改革财政扶贫资金使用管理机制，完善扶贫资金项目公告公示制度，建立健全贫困群众全程参与扶贫资金使用管理，项目实施、管理、监测、验收，发挥媒体监督、第三方评估的作用，确保扶贫资金使用、扶贫项目实施过程公开透明，确实做到阳光化管理。

八　扶贫开发要坚持发挥政治优势和制度优势的思想

习近平总书记明确要求："凡是有脱贫攻坚任务的党委和政府，都必须倒排工期、落实责任，抓紧施工、强力推进。特别是脱贫攻坚任务重的地区党委和政府要把脱贫攻坚作为'十三五'期间头等大事和第一民生工程来抓，坚持以脱贫攻坚统揽经济社会发展全局。""要层层签订脱贫攻坚责任书、立下军令状。""要建立年度脱贫攻坚报告和督察制度，加强督察问责，把导向立起来，让规矩严起来。""省对市地、市地对县、县对乡镇、乡镇对村都要实行这样的督察问责办法，形成五级书记抓扶贫、全党动员促攻坚的局面。""对贫困县党政负责同志的考核，要提高减贫、民生、生态方面指标的权重，把党政领导班子和领导干部的主要精力聚焦到脱贫攻坚上来。""要把贫困地区作为锻炼培养干部的重要基地""把脱贫攻坚实绩作为选拔任用干部的重要依据。"这些论述表明，始终坚持党对脱贫攻坚的领导，充分发挥社会主义集中力量办大事的制度优势，这是我们最大的政治优势和制度优势，也是我们扶贫开发取得伟大成就的根本经验，是打赢脱贫攻坚战的根本保障。

习近平总书记关于扶贫开发要坚持发挥政治优势和制度优势的思想，就是要充分发挥各级党委总览全局、协调各方的领导核心作用，严格执行脱贫攻坚一把手负责制，省、市、县、乡、村五级书记一起抓。加强贫困县、乡镇和村级领导班子建设，发挥基层党组织战斗堡垒作用。要不断健全中央统筹、省负总责、市县抓落实的工作机制，层层签订脱贫攻坚责任书，逐级压实落实脱贫责任。要严格考核机制、落实约束机制、规范退出机制，引导贫困地区党政领导干部把主要精力放在脱贫攻坚上，加强自我约束，制定严格、规范、透明的贫困退出标准、程序和核查办法，建立年度脱贫攻坚督察巡查制度，开展第三方评估，确保脱贫质量。

九　共建一个没有贫困的人类命运共同体的思想

习近平总书记在多个场合说："中国是世界上最大的发展中国家，一直是世界减贫事业的积极倡导者和有力推动者。改革开放30多年来，中国人民积极探索、顽强奋斗，走出了一条中国特色减贫道路。""消除贫困是人类的共同使命。中国在致力于自身消除贫困的同时，始终积极开展南南合作，力所能及向其他发展中国家提供不附加任何政治条件的援助，支持和帮助广大发展中国家特别是最不发达国家消除贫困。""中国将发挥好中国国际扶贫中心等国际减贫交流平台作用，提出中国方案，贡献中国智慧，更加有效地促进广大发展中国家交流分享减贫经验。""维护和发展开放型世界经济，推动建设公平公正、包容有序的国际经济金融体系，为发展中国家发展营造良好外部环境，是消除贫困的重要条件。""加强同发展中国家和国际机构在减贫领域的交流合作，是我国对外开放大局的重要组成部分。""在国际减贫领域积极作为，树立负责任大国形象，这是大账。要引导广大干部群众正确认识和看待这项工作。"这些论述充分展现了习近平作为大国领袖的全球视野和宽广胸怀，为我们在做好国内扶贫工作的同时，如何推进国际减贫合作，发挥扶贫软实力在树立大国形象、增强我国在全球治理中的话语权中的特殊作用，明确了目标，指明了方向。

习近平总书记关于共建一个没有贫困的人类命运共同体的思想，深刻阐述了以下内涵：中国的减贫成就彰显了三个自信，是国家重要的软实力；开展减贫合作能够有效彰显中国人民重友谊、负责任、讲信义，能够充分呈现中华文化历来具有扶贫济困、乐善好施、助人为乐的优良传统；全球减贫需要更加有效地合作，需要发展和减贫协同推进；以减贫合作来推进扶贫外交具有重要和深远的意义。我们要深刻理解、准确把握，更加有力有效、力所能及地深化国际减贫合作，为全球2030年可持续发展议程的推进，提出中国方案，贡献中国智慧，更加有效地促进广大发展中国家交流分享减贫经验，树立负责任的大国形象。

上述九个方面的思想，有机组成了习近平扶贫思想体系。这一思想体系精辟阐述了扶贫工作在"五位一体"总体布局和"四个全面"战略布局中的重要地位和作用，深刻揭示了我国扶贫的基本特征和规律，明确了贫困地区全面建成小康社会的底线目标，强调了全党全社会扶贫济困的重大责任，为推动国际减贫事业指明了方向，是我们做好扶贫工作的科学指南和根本遵循。从国内看，打赢脱贫攻坚战，必须以习近平总书记扶贫思想为指导，深化全党全社会的扶贫共识，凝心聚力、合力攻坚。从国外看，重视习近平总书记扶贫思想的国际传播，充分发挥其在推进全球减贫事业中的作用具有巨大的潜力和空间。

第三节　习近平总书记扶贫开发战略思想的贵州实践

习近平总书记扶贫开发战略思想，既有方向又有方法，既有历史感又有时代感，为欠发达地区与全国同步全面建成小康社会提供了科学指南和根本遵循，对全国具有普遍指导性，对贵州具有现实针对性。近年来，贵州省委省政府全省各级各部门始终以习近平总书记扶贫开发战略思想为指导，充分认识到扶贫开发是当前的一项重大政治任务、重大发展任务、重大民生任务和重大行动部署，以贫困不除愧对历史的使命感、群众不富寝食难安的责任感、只争朝夕背水一战的紧迫感，更加自觉、更加主动地打赢打好扶贫开发这场输不起的攻坚战。贵州在全国属于资源条件差、发展底子薄、经济实力弱、人均收入低的省份，其取得的显著扶贫减贫成效证明，贵州扶贫的许多经验和做法初步形成了可以参照和推广的"省级样板"。习近平总书记 2015 年 6 月 18 日在贵阳召开扶贫攻坚座谈会上发表重要讲话，对贵州省的扶贫开发工作的一些做法和经验给予了充分肯定。

本研组在两次实地调研和大量文献资料研究的基础上，从十个方面系统总结了贵州全面深入实践习近平总书记扶贫开发战略思想所取得的初步成效，对脱贫攻坚的"省级样板"进行了初步提炼。

一　把扶贫开发作为全省"第一民生工程"

从 2011 年明确把扶贫开发作为"第一民生工程"，栗战书、赵克志、陈敏尔三任省委书记带领的贵州省各级党委政府、广大干部群众，始终围绕"第一民生工程",以扶贫开发为后发赶超的关键战略,实施了一系列改革新举措新机制,通过各类"组合拳"发力推进扶贫开发。"第一民生工程"实施以来,贵州省农村贫困人口大幅度减少,贫困家庭的收入快速增长,基础设施建设不断完善,民生事业和社会保障全面发展,人民群众获得感、幸福感、安全感明显增强。同时,通过培育山地产业、优化可持续脱贫机制、壮大区域经济等措施,可持续发展能力不断增强。贵州的成功实践表明,"第一民生工程"是党中央治国理政新理念在地方的生动实践,体现了党中央通过改善民生提升国家治理能力的战略部署,凸显了党中央反复强调"确保到2020年农村贫困人口实现脱贫,是全面建成小康社会最艰巨的任务"的全局性和正确性。

贵州省实施"第一民生工程"的主要做法和基本经验:一是高位强势推动,树立以扶贫开发统领经济社会发展全局的政策导向;二是充分发挥政治优势和制度优势,率先实现对全省贫困村、贫困户驻村帮扶的"两个全覆盖",同时依托驻村帮扶体系,打造"六个到村到户""六个小康建设"两个载体;三是全面深化改革,积极构建扶贫脱贫治理的新机制,在改进贫困县考核机制、探索退出机制、扶贫资金县级整合机制、"1+N"政策体系、农村低保和扶贫制度的衔接、精准识别的技术创新、开发建设"扶贫云"系统和"民情管理系统"、企业集团帮扶形式创新等方面率先探索并取得显著成效;四是注重产业发展,打造形成了扶贫小额信贷、雨露计划、生态移民"三个品牌";五是立足"三类帮扶"(对口帮扶、定点扶贫、集团帮扶),逐步建立了专项扶贫、行业扶贫、社会扶贫"三位一体"大扶贫格局,促进了贫困地区社会经济发展,加快了贫困群众脱贫致富进程。

二 着力完善精准扶贫体系

自精准扶贫方略提出以来,贵州结合本省扶贫开发改革创新要求,出台了《关于以改革创新精神扎实推进扶贫开发工作的实施意见》等政策文件,并逐步形成了"1+2""1+6""1+10"等政策配套来落实和完善精准扶贫体系建设。从实地调研结果看,精准扶贫精准脱贫方略的实施取得了显著效果:一是到村扶贫资源获得较快增长,贫困村基础设施发展较快,贫困村产业发展扶持力度进一步加大，精准扶贫促进了贫困村的发展；二是扶贫对象生活设施改善明显，扶贫对象生计和收入提高明显，扶贫对象灾害应对能力有所提高，精准扶贫有效促进贫困农户减贫脱贫。

省级层面，贵州精准扶贫体系建设主要包括三个方面。一是实施精准扶贫的"六个到村到户"。这是贵州促进扶贫资源精准化的重要机制创新。"六个到村到户"，即结对帮扶到村到户、产业扶持到村到户、教育培训到村到户、危房改造到村到户、生态移民到村到户、基础设施到村到户。二是实施精准扶贫"33668"扶贫攻坚行动计划，即在 3 年内减少贫困人口 300 万人以上，实施结对帮扶、产业发展、教育培训、危房改造、生态移民、社会保障精准扶贫"六个到村到户"，完成小康路、小康水、小康房、小康电、小康讯、小康寨基础设施"六个小康建设"任务，使贫困县农村居民人均可支配收入达到 8000 元以上。贵州围绕"33668"扶贫攻坚行动计划，从精准考核、社会动员、财政资金使用、小额信贷等方面出台 6 个配套政策文件。三是实施打赢脱贫攻坚战"十项行动"，即基础设施建设扶贫行动、产业就业扶贫行动、扶贫生态移民行动、教育扶贫行动、医疗健康扶贫行动、财政金融扶贫行动、社会保障兜底扶贫行动、社会力量包干扶贫行动、特困地区特困群体扶贫行动、党建扶贫行动。在县乡村层面，着力完善"六个精准"扶贫工作机制。

贵州完善精准扶贫机制的基本经验主要包括以下几方面。第一，在精准识别方面。一是精准识别"四看法"。贵州威宁迤那镇创新形成"四看法"精准识别方式，因具有直观、易操作等特点且较好地克服了农户收入测算难等问题，在贵州全省推广。"四看法"，即"一看房、二看粮、三看劳动力强不强、四看家中有没有读书郎"。从房屋、粮食、劳动力、教育等维度对农户贫困进行测量和评价。将四个维度分成四大类测量指标并赋予相应的分值。二是扶贫对象类型划分。精准识别出扶贫对象后，根据贫困特征和发展需求对扶贫对象进行类型划分是因地因人施策的重要基础。根据贫困发生率，划分三类贫困村。贫困农户识别出来之后，贵州各市县探索出了一些贫困农户类型划分的方式方法。第二，在精准帮扶方面。一是创新结对帮扶机制。如"4321"结对帮扶行动、集团帮扶、包干扶贫等。

二是创新精准帮扶机制。贵州省注重扶贫资源与精准识别结果的结合，同时注重了效率与公平。如铜仁市印江县的"龙头企业+代养户+贫困户"三级联动生猪产业模式。再如扶贫生态移民搬迁实行住房建设差别化补助政策。第三，在精准管理方面。开发应用"精准扶贫云"工程。扶贫云技术是以GIS（地理信息系统）作为主要展示手段，利用大数据技术，依据贫困发生率和"四看法"衡量指标，直观反映贫困人口的分布情况、致贫原因、帮扶情况、脱贫路径以及脱贫情况。第四，在扶贫对象退出方面。一是完善贫困县"减贫摘帽"与考核办法。二是建立扶贫对象退出程序、办法。如贫困乡"摘帽"按照县乡逐级申报、市州考评、省级核实、社会公示、省扶贫开发领导小组认定的程序进行。贫困村退出以贫困发生率和村级集体经济为主要衡量指标，退出程序按照县乡初选对象、县级公示公告、省级备案管理和信息录入的程序进行。贫困人口退出按照"标准参考、民主评困、程序退出、动态管理"的原则进行。以"两不愁、三保障"为标准进行民主评困，以"四看法"进行定性测算，贫困标准定量计算。贫困人口退出由村支两委提出并组织民主评议，经村支两委和驻村工作队核实后完成"一公示两公告"的程序。贫困人口退出结果通过"扶贫云"报省、市、县扶贫开发领导小组备案。

三　广泛动员社会力量参与精准扶贫

广泛动员全社会力量参与是中国特色扶贫开发事业的重要组成部分，集中体现了社会主义制度的优越性和中华民族扶贫济困的传统美德。贵州省的社会扶贫取得显著成效：营造了社会扶贫的良好氛围，搭建了社会扶贫的广阔平台，培育了社会扶贫的多元主体，创新了社会扶贫的参与方式。

贵州省社会扶贫的做法与经验主要有：一是充分发挥各类主体作用，搭建社会扶贫的多元参与平台。包括以下措施：建立定期联络制度，推进定点扶贫；完善交流合作机制，强化对口帮扶；借助统一战线力量，深化"同心工程"；支持社会组织发展，打造扶贫公益品牌；动员社会公众扶贫，构建扶贫志愿者网络；发挥干部驻村功能，实现军地优势互补。二是不断创新社会参与方式，拓展社会扶贫的进入通道。主要做法包括：整合扶贫资源，推进集团帮扶；制订帮扶计划，启动结对帮扶；借力网络平台，对接帮扶信息；创新扶贫日活动开展模式，弘扬扶贫济困精神；推动政府购买服务，鼓励各类主体承接扶贫公共服务；扩大国际交流与合作，提高社会扶贫的整体效益。

四 积极探索生态保护脱贫新路径

贵州省的经济增长绿色度、社会发展、扶贫开发与减贫效果处在上升阶段，在提升资源利用与环境保护水平过程中，与经济增长生态度相结合，做到了既在保护中求发展，也在发展中重保护。贵州生态保护脱贫工作坚持改革引领、创新驱动和绿色发展，推动扶贫开发由"输血式""粗放式""被动式""分散式"向"造血式""精准式""参与式""整体式"转变。贵州省在生态保护脱贫的工作中，始终走在全国同类地区前列，生态产业脱贫、合作生态脱贫、生态脱贫考核机制建立完善以及生态移民搬迁等方面的工作都取得了令人瞩目的成绩。在生态产业脱贫方面，围绕全省产业区域布局和产业扶贫专项规划，做大做强了十大扶贫特色优势产业；基本建成了十大生态保护产业园区；不断完善生态产业的市场体系，积极寻求构建生态资源交易市场的新途径、新方法。在合作生态脱贫方面，在扶贫经验、资源利用、产业链建设等方面与周边省份加强互助合作，形成区域经济共同发展格局，使当地生态减贫效果得以提升。在生态脱贫考核方面，完善生态扶贫成果在扶贫工作中权重的考核机制，在生态保护脱贫的考核工作中，不断强化督察考核。各级政府将生态保护脱贫工作计划纳入工作重点进行督办、考核。在生态移民搬迁方面，把生态移民与新农村建设、农村危房改造、小城镇建设、旅游开发等结合起来，探索不同的有效移民模式，建立风格不同的移民新村。生态移民搬迁，不仅使生态移民户的生存地理环境有了变化，而且使人民群众的素质有了明显提高，移民后人民群众的思想观念得到进一步更新，进而促进农村人口综合素质明显提高，社会更趋和谐稳定，村域经济发展活力明显得到了提升。

贵州省生态保护脱贫的基本经验主要有五方面：一是加快转变生态农业发展方式；二是积极完善生态补偿机制；三是积极实施大生态产业工程；

四是在生态保护脱贫考核中发挥指挥棒作用;五是大力实施生态扶贫移民搬迁。

五　创新财政与金融精准扶贫机制

贵州省创新财政金融扶贫管理机制取得初步成效:一是促进了观念转变;二是完善了制度体系;三是加快了减贫发展;四是激发了金融扶贫活力。

贵州省创新财政金融扶贫管理机制的主要做法:一是创新财政扶贫专项资金与项目分配机制;二是创新财政扶贫专项资金与项目使用机制;三是创新财政专项扶贫资金与项目管理机制;四是创新金融扶贫机制,探索推进投资收益扶贫试点,创新金融扶贫模式,建立扶贫金融合作体系。

贵州省创新财政金融精准扶贫管理机制的经验包括:一是制度建设较好体现中央改革思想,完善省、县两级制度;二是稳步推进各项创新机制,省县乡村四级政府层层落实;三是构建财政专项扶贫资金全面监管体系,确保扶贫资金落到实处;四是加大财政专项扶贫资金投入力度,激活农村扶贫开发的动力;五是探索财政金融扶贫管理运用新模式,提高银行和企业的积极性。

六　深化党建扶贫

党建扶贫在贵州的扶贫经验中具有特别重要的作用。事实证明,党建扶贫不仅动员了更多的人力和物力资源投入扶贫事业中,而且完善了反贫困的治理结构,是打通精准扶贫最后一公里的有效措施。通过加强基层党组织建设,采取联村联户的帮扶措施,强化各级党政机关的扶贫责任,不仅加快了贵州的扶贫事业发展,也密切了党与群众的关系,党建与扶贫是一个相互促进的过程。

随着精准扶贫的实施,贵州省的党建扶贫也进入新的历史时期,党建扶贫成为扶贫的十大措施之一。党建扶贫的核心内容是发挥各级党组织在扶贫攻坚中的作用,这就要求各级党组织有责任意识,将扶贫作为党的建设的核心内容之一;完善基层党组织建设,建设服务型政府,并健全民主监督机制，保证村民，特别是贫困农户的权利；选派有能力的党员干部驻村帮扶，实现帮扶与自身脱贫的有机结合。

贵州党建扶贫的主要经验：一是构建党建扶贫的路径、方法、平台与抓手，包括凸显党建在扶贫中的作用定位，以驻村帮扶为主建立党建扶贫机制，夯实基层组织；二是在实践中系统创新党建扶贫的路径、方法、平台与抓手，如玉屏县，通过3年多的推进式探索，党建扶贫初步形成体系性的工作平台，其体系框架主要有以下支撑子系统："细胞工程"及"民心党建"工程，建立党的基层组织建设"五位一体"的组织、人才保障体系，创建民情信息系统，进行"民心党建基金"与发展集体经济相结合的多维治理方式的创新，建立党建扶贫驻村工作与县级、乡镇后台支持系统的无缝对接机制。

七 大力建设新型产业扶贫体系

通过产业扶贫，着眼于贫困人口可持续生计能力的建设，对于解决贫困人口的脱贫问题，具有根本性的意义。贵州30年来的扶贫开发工作，坚持将产业扶贫作为带动贫困人口脱贫致富的基本手段，鼓励各地结合实际、因地制宜地探索产业扶贫的地方模式，这一过程在新千年逐渐显现成效，相继形成了晴隆模式、长顺做法、印江经验等多种值得总结和借鉴的地方经验。尤其值得一提的是，新时期贵州省立足宏观农业经济环境的变动趋势，以及乡土社会自身的变化，总体设计，缜密布局，按照精准扶贫的要求，积极探索新型产业扶贫体系，取得了积极的成效。

贵州在开展产业扶贫工作的过程中，始终尊重山地农业经济发展规律，通过调整农业产业结构，借助科技、金融、产业链建设等综合支持体系，创新山地农业发展模式，追求人与自然的和谐共生，经济发展与社会发展、生态环境保护相协调，在推动区域经济发展同时，使更多贫困人口共享发展成果。实践层面，贵州坚持扶贫开发与生态建设、石漠化治理相结合，按照"绿色生态、立体发展；调整结构、种养结合；一业为主、多品共生；以短养长，滚动发展"的思路，探索出了林牧结合、林药结合、林薯结合、林菜结合、林草结合、林果结合等山地农业扶贫开发模式。积极推广"晴隆模式"，扩大草地生态畜牧业试点县，43个试点县中有37个县在55个石漠化综合治理县之列，促进生态建设、石漠化综合治理、农民增收"三位一体"。推出了"整合资源、连片开发"、改"整村推进"为"整乡推进"的"印江经验"。针对自然灾害频发的省情，坚持"灾后恢复重建尤其是生产发展优先"的原则，促进扶贫开发与防灾减灾救灾相结合。

总体来看，贵州省在探索新时期新型产业扶贫工作体系方面，形成了一些新的做法和经验，主要有六个方面的特征：第一，整体谋划，以农业产业结构调整的战略思维布局产业扶贫工作；第二，积极融合现代农业发展的新理念、新技术和新方法，促进产业转型升级；第三，立足生态优势，着力培育绿色产业；第四，在产业化平台建设方面，大力推动组织形式创新；第五，积极构建和完善社会利益联结机制，保障产业发展对贫困村和贫困人口的带动效应；第六，打好市场牌，增强农业产业的市场竞争力，畅通农产品流通渠道。

贵州省构建新型产业扶贫体系的做法与经验包括几个方面。一是强化新型产业扶贫体系的总体设计。立足省情，缜密布局"三个十工程"，大力发展现代山地特色高效农业；尊重市场经济规律，积极培育各类经营主体，营造良好政策环境；紧跟农业产业发展前沿，对新理念、新技术、新方法保持开放态度；强化社会利益联结机制，确保产业扶贫项目对贫困人口的带动能力。二是推动新型产业扶贫政策体系下的地方实践。形成了一大批产业扶贫模式，如印江"扶贫产业园"建设经验；盘县"三变"经验：推进资源变股权，让沉睡的资源活起来；推进资金变股金，让分散的资金聚起来；推进农民变股民，让农民富起来。

八　有力有序推进易地扶贫搬迁

易地扶贫搬迁是针对"一方水土养不起一方人"地区的贫困人口进行系统与整体搬迁的一种扶贫方式，是一种兼有消除贫困、发展经济、开发资源、保护生态环境和促进社会和谐多重效益的有效的制度性扶贫手段。为有效解决贫困人口温饱问题，从1986年开始，贵州就在一些贫困问题尤其突出、生存环境恶劣的地区，开展了易地扶贫搬迁的探索与实践。据不完全统计，1994~2000 年全省共迁移了 17817 户、85237 人；2001~2010 年的 10 年间，全省共投入资金 24.2 亿元，累计完成 8.78 万户、38.27 万贫困人口的易地搬迁。

为从根本上解决深山区、生态脆弱区的贫困问题，2012 年，贵州省委、省政府立足消除贫困落后的主要矛盾，为确保与全国同步建成全面小康社会，相继出台了《贵州省 2012 年扶贫生态移民工程实施方案的通知》（黔府发〔2012〕14 号）和《贵州省 2013 年扶贫生态移民工程实施方案的通知》（黔府办发〔2013〕3 号）两个政策文件，提出用 9 年时间，对全省 47 万户、204 万人实施扶贫生态移民工程。"十三五"期间，要对仍居住在深山区、石山区"一方水土养不起一方人"地方的 105 万贫困人口和 37 万生态脆弱区的农户实施移民搬迁。易地扶贫搬迁取得明显成效：解决多维贫困问题，促进移民收入增长；促进了迁出地的生态保护和生态修复；促进了迁入地的发展，加快了城镇化步伐。

贵州易地扶贫搬迁的主要经验：一是创新易地扶贫搬迁政策。包括坚持搬迁"整体化"，坚持识别"精准化"，坚持工作"人性化"，坚持安置"多元化"，坚持政策"明细化"，坚持组织"系统化"。二是精准扶贫与易地扶贫搬迁结合，做到精准识别搬迁对象、确定安置方式、做好配套保障、落实退出机制，用精准扶贫的措施实现精准脱贫的目标。如贵州省"易地搬迁扶贫生态移民工作'十三五'规划"和 2016 年实施方案，将易地扶贫搬迁与新型城镇化、农业现代化和乡村旅游紧密结合，妥善解决搬迁群众的发展和生活等问题。三是明确易地扶贫搬迁的要求和原则。四是易地扶贫对象安置方式多元化。贵州扶贫对象移民安置以不提供农业用地的非农集中（整村搬迁）安置为主，主要有三种安置方式，即依托城镇安置、依托产业园区安置和依托中心村安置。五是稳妥推进易地扶贫搬迁。明确搬迁对象条件，精准确定易地扶贫搬迁对象；以搬迁对象需求为导向精准确定安置方式；提高补助标准，精准推进移民就业保障；建立易地扶贫搬迁工程投融资平台；多部门协调合作与资源整合。

九　完善社会保障兜底扶贫

贵州省在贯彻党和国家社会保障制度、两项制度衔接政策基础上，结合地区实际，以及各阶段出现的问题、困难，不断进行地区社会保障兜底扶贫政策的细化、落实和创新，制定出台了一系列社会保障兜底扶贫的政策措施，为贵州省兜底扶贫以及精准扶贫的推进奠定了良好的政策和制度基础。贵州兜底扶贫也取得了初步成效：一是农村社会保障水平进一步提高；二是地区社会保障制度体系进一步完善；三是精准扶贫工作机制进一步推进。总体上看，贵州省社会保障兜底推进、精准扶贫政策的提出，为继续推进地区农村低保与扶贫开发两项制度衔接提供了新的动力基础，也为实现精准扶贫"扶贫对象精准、措施到户精准、项目安排精准、资金使用精准、因村派人精准、脱贫成效精准"的"六个精准"奠定了制度基础。同时，对贫困人口特别是丧失劳动能力的贫困人口而言，兜底扶贫无疑有助于解决其生存保障问题，并满足了困难群众多样化的救助需求，为实现2020年脱贫攻坚、全面建成小康社会铸就了一道坚实的安全防线。

贵州省实施社会保障兜底扶贫的主要做法和经验包括四个方面：一是实施精准识别及分类救助，创新精准识别的本土工作经验；二是逐步提高低保标准，探索实施农村低保与扶贫标准两线合一；三是实施多元社会救助、社会保险，完善社会保障兜底帮扶体系；四是建立多部门协同参与的工作机制，提升兜底扶贫合力。

十　片区发展与精准扶贫到村到户有机结合

全国14个集中连片特困地区中，贵州有65个县分布在乌蒙山区、武陵山区和滇桂黔石漠化区三个集中连片特困地区。贵州省通过把片区发展与精准扶贫到户有机结合，探索出了片区发展带动精准扶贫，精准扶贫提升片区发展的贵州经验。

片区发展与精准扶贫到村到户有机结合取得了显著的减贫脱贫成效。一方面，扶贫脱贫成效显著，片区规划总体完成较好。从贫困人口减少情况来看，贵州省在三个片区中均是最高，且远超平均水平。同时，降低了致贫外部环境因素的强力约束，大幅改善了区域交通基础设施条件，进一步提高水利基础设施完善程度，信息基础设施建设引领扶贫攻坚，区域性市场体系得到进一步完善。另一方面，精准扶贫到村到户提升了片区规划的精准性。主要是："大扶贫"与"大数据"提升了规划瞄准的精准性；"三个十工程"和"十大扶贫产业"提升了片区产业发展的精准性；"六个到村到户"提升了规划实施的精准性。

贵州省推动片区发展与精准扶贫结合的主要做法：一是增收脱贫精准：通过超常规"组合拳"，实现贫困户长效增收机制；二是力求规划精准：立足资源禀赋，确定区域性扶贫产业规划；三是坚持资金使用精准：以"四到县"整合片区规划条块资金；四是考核精准：将行业部门考核纳入整体考核中；五是技术创新提升精准：通过"扶贫云"提升片区攻坚精准度；六是区域发展模式精准：通过集体经济发展带动农民持续增收。

第四节　贵州精准扶贫精准脱贫模式的理论思考与实践启示

一　理论思考

总结贵州省精准扶贫精准脱贫的成功实践，有四个方面的理论思考。

思考1：以扶贫开发工作统揽经济社会发展全局。

贵州省将打赢脱贫攻坚战作为重要的政治任务、头等大事，以扶贫开发工作统揽经济社会发展的全局。

首先，将扶贫开发工作为第一民生工程，不仅体现在贵州省凝聚力量打赢脱贫攻坚战的决心层面，更体现在对经济社会发展各项工作的具体部署层面。具体而言，"第一民生工程"有六个方面的内容。包括：瞄准乌蒙山区、滇黔桂石漠化地区、武陵山区三大连片特困地区，以"十大特色产业"助力解决产业发展和贫困人口增收的最突出的民生问题；水、电、路、网等基础设施建设向贫困地区延伸，解决制约贫困地区发展的最基础的民生问题；对居住在深山区、石山区、高寒山区、地质灾害易发区、生态脆弱地区的贫困居民，实施危房改造和生态移民搬迁工程，解决最紧迫的民生问题；以全面建立促进农村教育发展长效机制为载体，推进教育扶贫，解决最长远的民生问题；推进农村社会保障政策体系建设与完善，用兜底式扶贫的方式，解决最普遍的民生问题；提升贫困人口自我发展能力，促进其就业创业，解决最根本的民生问题。

"小康不小康、关键看老乡"，通过大力实施上述一揽子民生工程，让老百姓，尤其是贫困地区的老百姓有实实在在的获得感。借助对"第一民生工程"六方面内涵的阐释，贵州省形成了以扶贫开发统揽经济社会发展全局的总体安排，对各级政府部门、各个行业部门有效开展工作，做出了明确而细致的要求。

其次，完善精准扶贫政策体系。为了将"第一民生工程"的各项内容落到实处，保障扶贫开发工作统揽经济社会发展全局的思想得到有效贯彻，贵州省缜密布局，以精准扶贫政策体系设计为抓手，细化工作目标，明确工作责任，以政策文件的形式，对各部门工作做出制度化安排。最后，用好考核的指挥棒。贵州省狠抓政策执行环节，从二次顶层设计的"最初一公里"，到政策落地的"最后一公里"，层层落实责任，完善省负总责、市县抓落实、重在乡村的分工机制，层层传导工作压力，形成省、市、县、乡、村五级书记一起抓扶贫的工作格局。

思考 2：以五大发展理念指导精准扶贫工作机制创新。

贵州在省级层面"二次顶层设计"的过程中，自觉坚持以五大发展理念指引布局精准扶贫政策体系建设。一是通过体制机制创新，完善贫困治理体系；二是补齐贫困农村发展短板，协调推进县域贫困治理；三是发挥生态优势、守住生态底线，走绿色减贫的道路；四是坚持开放式扶贫的理念和方法，优化减贫模式；五是建设利益联结机制，促进贫困人口共享发展成果。

思考 3：扶贫开发顶层设计需要哲学思维。

贵州经验表明，做好精准扶贫省级层面"二次顶层设计"至少要坚持四个方面的哲学思维。

一是系统思维。系统看待贫困问题的成因，系统谋划贫困治理的方略，扶贫开发工作有序开展是一项系统工程。

二是战略思维。深化战略认识：扶贫开发是关乎党和国家的政治方向、根本制度和发展道路的大事，新的历史时期，应将扶贫开发置于地方经济社会发展格局中更为凸显的战略位置，以扶贫开发工作统揽经济社会发展的全局；明确战略目标：按照总的战略目标、阶段性目标细化分工责任；选准战略方向：开发式扶贫与兜底式扶贫相结合，以"五个一批"的战略方法，精准回应贫困地区、贫困人口的差异化需求。

三是辩证思维：辩证地看待贫困地区的劣势和优势，辩证地看待区域发展与精准扶贫之间的关系，辩证地看待经济增长与生态保护之间的关系。

四是底线思维。脱贫攻坚战处于决胜阶段，要坚守发展、民生和生态三条底线。贫困人口在多个维度上具有脆弱性，通过完善的社会保障体系，在基本医疗、基本教育、基本生活方面形成兜底式网络，守卫贫困人口的民生底线。发展道路的谋划，要坚守生态底线，运用科学发展的理念，科学治贫的思维，找准发展的路子，实现人与自然的协调发展、可持续发展。

思考4：实施精准扶贫方略需要处理好若干关系。

一是区域发展与脱贫攻坚的关系。按照精准扶贫的总要求，衡量贫困地区发展质量的关键，在于区域发展是否带动了贫困人口自我发展能力的提升，最终是否实现脱贫增收。需要看到，区域发展与脱贫攻坚并不是相互冲突的目标，而是可以有机地统一在同一过程之中。其关键在于通过完善利益联结机制，增强贫困人口参与发展的能力，促进其共享区域发展成果，贵州"三变"经验，提供了一种值得总结和参考的实践蓝本。同时，还应看到，通过脱贫攻坚计划的实施，贫困地区的存量资源能够得以盘活，可以形成区域经济发展新的引擎，支撑贫困地区经济新一轮的增长。

二是整体推进与因地制宜的关系。精准扶贫的核心在于准确投放政策资源，实现对贫困人口多元化、差异化需求的有效回应。新时期，"四个到县"的资金管理体制和项目审批权限下放到县，有利于提升县域贫困治理对当地贫困人口多元化、差异化需求的回应能力，从制度安排上，保障项目的精准度，激发基层活力。

三是政府、市场与社会协同的关系。扶贫开发是一项系统工程，打赢脱贫攻坚战，要用好政府、市场、社会三种机制。其中关键的问题，在于明确三个主体各自的角色边界，构建政府、企业与农民的良性互动模式。

四是外界帮扶与自力更生的关系。一方面，将外部支持与内生的减贫愿望、内在的组织能力、资源优势有机结合起来，以期实现快速脱贫。另一方面，外界帮扶仅仅是手段、是过程，最终的目的是帮助贫困地区、贫困村寨、贫困农户实现自我发展能力的提升，增进社区团结与内在活力。

五是精准扶贫与国家贫困治理体系完善的关系。国家贫困治理体系能否更好响应多元化、差异化的需求，因村施策、因人施策，是"精准扶贫"的总要求给国家贫困治理体系体制机制创新提出的新要求。精准扶贫的政策理念，既是新时期扶贫开发工作的总要求、总方法，也体现了国家贫困治理体系不断自我完善的一个新阶段。精准扶贫的要义在于更为有力地回应贫困村寨、贫困人口差异化的需求，而这也正是中国国家贫困治理体系30年间持续追求的建设目标。新时期，随着建档立卡工作精度的不断提高，贫困人口的底数、需求更加清晰，有利于政策资源的精准投放，但要实现滴灌式作业，仍需要持续的体制和机制创新。

二　实践启示

整体上看，贵州省全面实施精准扶贫精准脱贫方略，许多方面走在了全国的前列，具有示范和借鉴意义。但是，全国各地发展水平不同、贫困特征不同，精准扶贫精准脱贫方略实施必然呈现多种多样的形式，因此，就学习推广贵州脱贫攻坚的省级样板而言，有以下启示。

（一）贵州省"把扶贫开发作为'第一民生工程'"启示

一是必须把保障民生作为扶贫脱贫的核心任务；二是必须把坚持人民主体地位作为"第一民生工程"的根本原则；三是必须把政治优势和制度优势作为"第一民生工程"的重要保障；四是必须把"第一民生工程"作为密切农村党群关系的重要途径；五是必须把"第一民生工程"培育和干部培养有机结合。

（二）贵州省精准扶贫的经验和做法对其他省区精准扶贫工作的启示和意义

主要体现在四个方面。

一是精准识别扶贫对象除了考虑最为直接的收入指标外还要在机制创新中将其他维度指标融入进来。贵州省"四看法"扶贫对象识别模式从多维贫困的角度测量出省域内的贫困人口，既具有可操作性，又具有较高的精准度，因此有较大的借鉴价值。

二是有必要根据扶贫对象的基本情况和发展需求对扶贫对象的类型进行划分。贫困人口规模越大，扶贫对象发展需求的差异性就越明显。各地建档立卡贫困户的发展需求差异性是客观存在的。这就给扶贫措施与精准识别结果衔接带来了挑战，某种程度上导致了扶贫项目针对性不强、"大水漫灌"的低效现象。在实施贫困问题精准干预过程中，贵州根据建档立卡贫困户的基本情况和发展需求，对扶贫对象进行了不同类型的划分，如"六型农民""三型农民"等，为扶贫措施与扶贫对象发展需求衔接提供了信息基础。

三是扶贫资源到村到户是改变以往扶贫项目"大水漫灌"低效的重要方向。这也是实施精准扶贫的基本要求。我国的扶贫资源主要由政府、公益机构等具有公共特质的组织提供。有些扶贫资源具有公共性或整体性特点，如产业扶贫资源；而有些扶贫资源则具有个体化特征，如教育培训扶贫资源。从贵州实施"六个到村到户"的情况来看，具有个体化特点的扶贫资源能较好地实现到村到户，即能与建档立卡贫困户需求有效衔接。具有整体性的扶贫资源到村到户实施效果不是太理想，如产业扶贫项目存在产业发展的整体性与扶贫对象发展需求差异化的张力，到村到户效果一般。促进整体性特质扶贫资源与精准识别结果衔接将是今后精准扶贫工作的重点和难点。

四是责任、权力、资金、任务"四到县"制度增加了县级部门扶贫资源配置权，调动县级政府扶贫工作的积极性和提高工作效率，有利于促进扶贫资源与扶贫对象需求衔接。但是，资金安排权力到县后，省、市层级政府与县级及以下政府之间关于扶贫资金项目的信息不对称程度在增加。相应的，上级政府对基层政府扶贫资金项目相关的监管和有效评估的难度也会增加。贵州探索实施的扶贫云系统则较好地解决了扶贫资源配置权下到县甚至乡镇之后出现的监管、评估难的问题。通过扶贫云的各类展示平台，上级部门能实时全面掌握各基层政府精准扶贫的情况，为有效监督与评估提供了技术支持。

（三）贵州省广泛动员社会力量参与扶贫的启示

其一，社会扶贫是中国特色社会主义扶贫开发道路的重要内容，在未来扶贫中发挥主导作用；其二，实现社会扶贫主体与对象的共赢，是社会扶贫持续发展的根本保证；其三，正确处理社会扶贫主体与对象的内外因关系，是社会扶贫不断推进的关键所在；其四，保护好贫困地区尤其是贫困人口的利益，是社会扶贫需要实现的最终目标。

（四）贵州省生态保护脱贫的实践启示

将生态资源作为可开发性资源发展地区经济，需要注意两个方面问题：一是要选对资源，生态资源多种多样，但并不是所有的资源都具有较高的经济价值和可持续开发的特点；二是要合理开发，生态资源的有限性以及易破坏性要求我们除了选对资源，还要运用科学合理的方式对生态资源进行开发。这要求我们不仅应做到最大限度地挖掘当地生态资源的经济价值，还要最大限度地保护当地生态资源不被过度利用，一切要以生态保护、环境友好可持续的准则进行，这样才能实现区域经济发展、人民生活水平提高、减贫脱贫进步与生态环境保护的高度结合。

（五）贵州省创新财政金融扶贫管理机制的启示

一是改革财政金融扶贫项目管理机制，增强基层政府的灵活性；二是改革财政金融扶贫资金管理机制，发挥金融杠杆作用。面对当前财政专项扶贫资金不足问题，全国其他地区可以借鉴贵州用好"四类资源"、小额信贷机制、"三变"改革经验，探索构建资产收益扶贫试点方案，进而撬动金融社会资本；三是加大对财政金融扶贫的管理与监督，提高扶贫资金使用效率。贵州经验对全国财政金融扶贫管理与监督的启示在于：第一是打造资金监管平台；第二是全面规范扶贫项目立项、审批、实施和检查、验收以及绩效评价等工作流程，严格执行县级审批、乡（村）实施和乡级初检、县级验收、乡级报账、省市监管和备案；第三是探索创建扶贫云平台；第四是积极调动多方力量共同参与，保障贫困户如期脱贫。

（六）贵州省党建扶贫的启示

抓好党建扶贫意义重大。贵州经验：一是以党建扶贫为抓手，构建村庄社会治理与反贫困治理的双重组织平台和长效帮扶机制；二是注重党建扶贫方法、技术、路径的系统性、整体性创新探索；三是以党建扶贫工作为抓手，探索社会治理、反贫困治理监督体系的建构机理；四是精准扶贫即"充分发挥贫困地区广大干部群众能动作用"。同时，要处理好党建扶贫的三对关系，即工作队与村级组织、实施项目与改善农村治理、短期驻村与长期发展的关系。

（七）贵州省建设新型产业扶贫体系的启示

第一，要以新时期农业发展的大视野看待产业扶贫政策设计。产业扶贫作为政府扶贫工作的专项模式，既要遵循农业产业发展的内在规律，顺应农业发展的历史潮流，又要体现精准扶贫、精准脱贫的政策要求。

第二，要抓住"六个关键点"提升产业扶贫项目的有效性和安全性。分别是：选准项目、搭建平台、培育主体、技术支持、模式创新和品牌建设。

第三，建立社会利益联结机制，增强产业扶贫项目益贫性。

第四，明确角色边界，运用好政府、市场和社会三种机制。用好政府机制，主要是指政府部门应负责顶层设计、资源整合、教育培训、基础设施、协调服务、营造环境、保护贫困户权益等；用好市场机制，指的是尊重市场经济规律、尊重产业发展规律；政府做好服务，不缺位、不越位，让各类市场主体的专业性得以发挥；用好社会机制，指的是帮助加强基层组织建设、提升农民的组织化程度，建立良好的企业与农民关系，促进产业扶贫项目的包容性、参与度提升。

（八）贵州省易地扶贫搬迁实践与成效的启示

易地扶贫搬迁是我国实施新一轮脱贫攻坚工程的超常规举措，是"怕穷根"消除绝对贫困人口最为直接有效的扶贫开发方式。贵州实践表明：①搬迁对象差异化补助有助于贫困农户"搬得出"；②以搬迁对象生计需求为导向实施多元化的移民精准安置；③相应的组织机构和平台对于易地扶贫搬迁资源统筹和部门合作具有重要作用；④迁出区是拓宽移民生计和收入来源创新的重要区域；⑤引导社会力量促进移民在安置地的社会适应和社会融合。

（九）贵州省兜底扶贫经验的可推广性与注意问题

贵州省通过社会保障兜底推进精准扶贫不仅取得了显著的减贫效果，为贵州省推进精准扶贫以及贫困县"减贫摘帽"做出了积极贡献，并在政策推进过程中探索和积累了一定的工作经验，为丰富和形成精准扶贫的"贵州样板"经验模式奠定了基础。从兜底扶贫经验模式的总结来看，其提高农村低保标准，探索社会救助形式的多元化、灵活性，多部门协作机制以及贫困人口精准识别工作方法，对于我国其他贫困地区开展兜底扶贫具有一定的学习和推广价值。首先，贫困人口识别是精准扶贫、分类施策的基础和关键。其次，贵州省兜底扶贫模式的突出特点在于其在提高农村低保水平基础上探索融合了多元化、灵活性的社会保障形式。最后，贵州省在推进兜底扶贫过程中建立了多部门沟通参与的协作机制。

（十）贵州省片区发展与精准扶贫到村到户有机结合的启示

其一，技术创新是提升扶贫治理能力的重要手段。通过诸如"扶贫云"、民情电子信息系统的建立，创新扶贫开发治理技术，有效地解决了很多问题；其二，片区经济发展是加快贫困地区精准扶贫的重要动力；其三，培育特色产业是贫困地区扶贫脱贫的重要优势；其四，行业部门是确保精准扶贫精准脱贫的重要保障；其五，集体经济是精准扶贫精准脱贫不可或缺的支撑力。

第二章　把扶贫开发作为贵州省
"第一民生工程"

张　琦　万　君

所谓民生工程就是各级政府坚持以人为本，贯彻落实科学发展观，切实保障公民基本权利，提高生活水平，重点关心弱势群体，从而采取的一系列积极政策举措。

贵州是全国扶贫攻坚的主战场。2011 年新一轮扶贫攻坚以来，贵州省扶贫开发取得了巨大成就，农村贫困人口从 2011 年的 1149 万人（2010 年 2300 元不变价）下降至 2015 年底的 493 万人，贫困发生率从 33.4% 下降至 14.3%，农民人均纯收入从 5701.84 元增加至 10861 元。与此同时，在扶贫脱贫实践中，创新探索了具有贵州特色的典型经验。这些系列经验中，最突出、最基本的一条，就是贵州省委、省政府始终把扶贫工作作为"三农"工作的重中之重，作为全省"第一民生工程"来推动，走出了一条坚守"民生"底线的贵州扶贫开发之路。

第一节　"第一民生工程"的渊源及发展

"第一民生工程"的提法源于时任贵州省省委书记的栗战书，但溯其渊源，不仅是长期以来贵州贫困状况发展的必然结果和现实需求，也是党中央、国务院治国理政新思维不断创新的新实践和新要求。

一 提出"第一民生工程"的背景

贵州是一个多民族交汇融合的内陆山区省份，民族乡数量居全国第一，少数民族人口全国第三，是全国扶贫攻坚的示范区和决战区。由于经济、历史、自然等方面原因，经济总量小、人均收入水平低、发展速度慢既是贵州省的基本省情，又是贵州省贫困地区面临的主要症结。

纵向来看，贵州省经济水平仍然较为落后。改革开放以来，贵州省在党中央、国务院领导支持下，经过全省各族人民的艰苦奋斗，扶贫开发取得了显著成绩：农村贫困面貌明显改变，农村贫困人口生活水平显著提高，基本建立了农村低保季节性缺粮户粮食救助制度，实现了农村新型养老保险试点在国家扶贫开发工作重点县的全覆盖，农村贫困人口饮水安全水平大幅提升，基础设施加快向县以下延伸，农村贫困人口的温饱问题基本得到解决。但是，贵州"欠发达"特征仍然突出，区域贫困与深度贫困并存，贫困问题与民族地区发展问题并存，经济发展落后与公共服务欠缺并存，生态环境脆弱与人口素质偏低并存。

横向来看，2011 年末，贵州省有贫困人口 1149 万人，占全国贫困人口的 11.6%，全国每 9 个贫困人口中，贵州就占 1 个；在贵州，每 3 个人就有 1 个是贫困人口。贵州省 88 个县（区、市）中有 50 个国家扶贫开发工作重点县、934 个贫困乡、13973 个贫困村。贫困人口集中分布在武陵山区、乌蒙山区、滇黔桂石漠化区等集中连片的特殊困难地区，在国家划定的 11 个连片特困片区中，贵州省 65 个县纳入片区，占全国总数的 12.9%。贵州省人均地区产值只相当于全国水平的 40% 左右，差距很大。少数民族和民族地区贫困问题更为突出，民族地区贫困人口占全省贫困总人口的 60% 以上。

二 "第一民生工程"的提出与发展

鉴于贵州的实际情况，党中央、国务院历来对贵州扶贫攻坚工作十分关心和重视。2008 年和 2009 年，胡锦涛总书记在反映贵州省长顺县竹子坨村和威宁县有关贫困情况的新华社国内动态清样上，分别做出重要批示："要因地制宜，探索扶贫开发的新路子。""希望你们认真研究部署，采取有力措施，经过几年艰苦努力，帮助贫困群众切实脱贫致富。"2010 年，胡锦涛总书记又对贵州做出了"要继续抓紧抓好扶贫开发，探索扶贫开发的新途径新方式"的重要指示。2010 年 4 月，温家宝总理在贵州考察指导抗旱救灾时强调："要把贵州的发展和贫困地区脱贫致富作为一件大事来抓，纳入西部大开发总体来考虑。"并且提出，"贵州能比较快地富裕起来，这是西部和欠发达地区与全国缩小差距的象征，贵州是比较落后的地区之一，迅速发展起来，也是国家兴旺发达的标志"。

在此背景下，时任贵州省省委书记栗战书在省委常委扩大会议上指出："扶贫开发始终是贵州要抓的事情，继续抓好扶贫开发，探索扶贫开发的新途径、新方式。"2010 年 9 月 17 日，栗战书在黔东南调研时进一步指出："要切实抓好民生项目。改善民生，提高各族人民群众的生活水平，是一切工作的出发点和落脚点。我省农村贫困面大、贫困程度深，帮助农民脱贫致富很不容易。民生项目建设要突出重点，最大的民生还是农村扶贫，必须坚持不懈地抓好扶贫开发工作，用几年时间消除绝对贫困现象，普遍提高农民生活水平。"贵州省委十届十次全会进一步明确提出了"三个重中之重"的战略思想，即把"三农"工作作为全省工作的重中之重，把扶贫开发作为"三农"工作的重中之重，把农民增收作为"三农"工作和扶贫开发的重中之重。

2011 年 3 月，贵州省委在传达学习贯彻全国"两会"精神的会议上，时任贵州省省委书记栗战书指出，"贵州省最核心的民生是收入，最突出的民生是脱贫，最根本的民生是就业。'十二五'期间，要在经济社会发展规划中更加突出各项民生指标，深入实施'十大民生工程'，制订专门的城乡居民收入倍增计划，用倒逼机制推动经济发展提升质量和效益"。随即，根据栗战书讲话精神，贵州省围绕扶贫开发、就业创业、劳动力素质提高、社会保障体系、城乡住房、乡村基础设施、农村生活环境、公共文化、公共卫生、社会管理创新开展了"十大民生工程"，并就"十大民生工程"提出了相应的目标要求。更为重要的是，此次会议明确了把"扶贫脱贫攻坚工程"作为首项工程，并确定了"第一民生工程"的路线图，即在未来十年，把扶贫开发作为贵州最大的民生，举全省之力，就提高贫困人口收入，完善贫困区域基础设施建设，保障贫困人口住房、教育、社会保障体系等方面向贫困发起"总攻"。

至此，扶贫攻坚是"第一民生工程"成为贵州省发展战略的重要共识，历任贵州省省委书记在不同场合对此都有重要论述。2013年"两会"期间，时任省委书记赵克志在李克强同志参加贵州代表团的讨论时，重点承诺"扶贫攻坚是我们的'第一民生工程'"，"坚定与全国同步实现全面小康的信心，坚持在跨越发展中实现转型发展；坚决夯实教育这个百年大计的基础"。2013年9月11日，贵州省委常委会召开会议，传达贯彻中共中央政治局委员、国务院副总理汪洋，中共中央政治局委员、广东省省委书记胡春华考察贵州省时的重要讲话精神，赵克志指出，要全面贯彻中央精神和省第十一次党代会的部署，按照区域发展带动扶贫开发、扶贫开发促进区域发展的新思路，把扶贫开发作为"第一民生工程"，大力实施集中连片特殊困难地区发展规划，全力总攻"绝对贫困"，大幅度减少贫困人口。2013年9月，赵克志在全省扶贫工作会议上指出，要切实把思想统一到习近平总书记等中央领导关于扶贫开发的重要讲话精神上来，把贫困地区干部主要精力集中到扶贫开发上来，奋力打好扶贫攻坚"第一民生工程"这场硬仗。2014年，在贵州省委召开十一届四次全会期间，赵克志对贵州省的扶贫攻坚工作提出新要求，再次强调要把扶贫攻坚作为"第一民生工程"来抓，确保到2020年与全国同步建成全面小康。

2015年12月，现任省委书记陈敏尔在贯彻中央扶贫开发工作会议精神落实大扶贫战略行动推进大会上强调，要深入贯彻落实中央扶贫开发工作会议和习近平总书记的重要讲话精神，必须把脱贫攻坚作为头等大事和"第一民生工程"，以脱贫攻坚统揽贫困地区经济社会发展全局，以"扣扣子""担担子""钉钉子"的精神抓落实，用心用情用力开展工作，坚决打赢脱贫攻坚战。2016年"两会"期间，陈敏尔再次强调，扶贫攻坚是贵州省的"第一民生工程"，要将增强贫困群众获得感贯穿大扶贫始终。

在党中央、国务院的大力支持下，栗战书、赵克志、陈敏尔三任省委书记领导的贵州省委、省政府，始终围绕"第一民生工程"，以扶贫开发为后发赶超的关键战略，实施了一系列改革新举措和新机制，如贫困县考核机制、扶贫项目管理机制、资金分配使用管理机制、金融扶贫机制、同步小康驻村帮扶机制、精准扶贫机制等，通过"组合拳"发力，扶贫开发取得了一系列重大成就。

总的来看，"第一民生工程"是贵州省积极响应党中央高度重视民生建设的总体精神，基于贵州经济社会发展的实际情况，通过不断实践发展完善的战略。"第一民生工程"既是发展理念，也是行动纲领；既在理念层面把扶贫攻坚作为"第一民生工程"，也提出了可操作的具体措施，并在扶贫攻坚实践中完善升华。"第一民生工程"是长期以来贵州省扶贫攻坚实践的智慧结晶，取得了重要的成效，也为全国扶贫工作创造了"贵州经验"。

*　　*　　*

专栏一　"第一民生工程"的"民生六项"路线图

一是围绕最突出的民生，瞄准武陵、乌蒙、滇黔桂三大连片特困地区实施扶贫攻坚，着力培育核桃、草地畜牧、脱毒马铃薯、茶叶、油茶、中药材、蔬菜、精品水果、特种养殖、乡村旅游"十大特色优势产业"。

二是围绕最基础的民生，加快基础设施向县乡延伸，实现100%的乡镇通油路（水泥路）、100%的建制村通公路，县县通高速公路，全面解决农村饮水安全和农村工程性缺水问题。

三是围绕最急迫的民生，全面完成130万户农村危房改造任务，完成对居住在深山区、石山区、高寒山区和地质灾害易发区35万户、150万农村贫困人口的生态移民搬迁。

四是围绕最长远的民生，全面建立促进农村教育发展的长效机制，大幅提高贫困地区学前三年教育毛入园率，九年义务教育巩固率达到85%，高中阶段教育毛入学率达到63%，高等教育毛入学率达到27%。

五是围绕最普遍的民生，加快建立"扶贫开发制度＋农村低保制度＋临时救助制度"有机融合的三位一体农村社会保障体系，逐步提高农村最低生活保障水平和救助标准，努力抑制返贫发生。

六是围绕最根本的民生，实施百万农民工创业工程、百万农村妇女创业活动、百万农村青年创业活动，开展农业实用技术培训，大力发展劳务经济，拓宽贫困群众就业渠道。建立贵州与东部发达地区大规模干部培训、交流、挂职锻炼的长效机制，提高贫困地区干部领导贫困群众脱贫致富的能力和水平。

三 "第一民生工程"的战略意义

把扶贫开发作为"第一民生工程"，是党中央治国理政新理念生动的地方实践，具有深刻而长远的战略意义，既凸显了习近平总书记强调的"以扶贫开发统领经济社会发展全局"的全局性和正确性，也凸显了党中央以"改善民生提升国家治理能力"的战略眼光。

"第一民生工程"是党中央治国理政新理念生动的地方实践。党的十八大以来，习近平总书记高度重视扶贫开发，始终关注贫困地区，深情牵挂贫困群众，发表重要讲话 20 多次，地方考察 29 次，其中 14 次涉及扶贫工作。在数次讲话中，习近平总书记深刻阐释了扶贫开发对于全面建成小康社会的重要意义，形成了新的历史时期我国扶贫开发战略思想。贵州省把扶贫开发作为"第一民生工程"，是落实中央精神，提高地方治理水平生动的地方实践。

"第一民生工程"体现了党中央通过改善民生提升国家治理能力的战略部署。2012 年 11 月 15 日，习近平总书记在新一届中央政治局常委同中外记者见面时说："我们的人民热爱生活，期盼有更好的教育、更稳定的工作、更满意的收入、更可靠的社会保障、更高水平的医疗卫生服务、更舒适的居住条件、更优美的环境，期盼孩子们能成长得更好、工作得更好、生活得更好。人民对美好生活的向往，就是我们的奋斗目标。"同年，习近平总书记在考察河北阜平县时指出，"消除贫困，改善民生，逐步实现全体人民共同富裕，是社会主义的本质要求"。贵州省通过"第一民生工程"，在经济社会发展规划中更加突出各项民生指标，是党的十八大以来，中央坚持以民为本、以人为本执政理念，把民生工作作为社会建设的根本任务，通过改善民生提升国家治理能力理念的最佳注脚，也真正体现了党的十八大以来长期强调的"发展为了人民、发展依靠人民、发展成果由人民共享"的治国理政新理念。

　　"第一民生工程"凸显了党中央长期以来强调的"确保到 2020 年农村贫困人口实现脱贫，是全面建成小康社会最艰巨的任务"的全局性和正确性。到 2020 年全面建成小康社会，是我们党确定的"两个一百年"奋斗目标的第一个百年奋斗目标，也是党中央对全国人民的庄严承诺。农村贫困人口脱贫是全面建成小康社会最艰巨的任务。党的十八大以来，中央把扶贫开发纳入"五位一体"的总体布局和"四个全面"的战略布局，扶贫开发进入啃硬骨头、攻坚拔寨的冲刺期。经过 30 多年的努力，我国贫困人口大量减少，剩余贫困人口贫困程度深，发展难度大，扶贫成本高，到 2020 年实现农村贫困人口脱贫，每年需要减贫 1000 万人。完成这一目标时间紧、任务重、难度大，"十三五"时期是扶贫工作的攻坚期。从发展区域来看，老、少、边、穷地区仍然是扶贫开发的重点区域。贫困地区大多地理条件差、民族情况复杂、贫困人口数量大、贫困程度深、发展难度大。现有贫困人口大多分布在生存环境差、发展水平低的山区，是扶贫开发最难啃的"硬骨头"。加快贫困地区人民群众脱贫致富，实现与全国同步全面建成小康社会，任务十分繁重艰巨。因此，只有以扶贫开发统揽经济社会发展全局，补好贫困地区、贫困人口这一最大短板，使贫困人口在共建共享发展成果中有更多获得感，才能真正全面建成小康社会。总的来看，"第一民生工程"是十八大以来党中央注重民生发展、注重"共享发展"治国理政新理念在地方的具体实践，也是对习近平总书记"人民对美好生活的向往，就是我们的奋斗目标"科学论断的丰富与发展。通过解决贫困人口最关心，与其有最直接最现实利益关系的问题，不断提高贫困人口的获得感、幸福感、安全感，体现了党中央通过改善民生提升国家治理能力的战略部署。同时，通过立足贵州实际，补齐同步全面建成小康社会的最大短板，为"两个一百年"的目标而艰苦奋斗，又凸显了党中央长期以来强调的"确保到 2020 年农村贫困人口实现脱贫，是全面建成小康社会最艰巨的任务"的全局性和正确性。

第二节 "第一民生工程"实施成效显著

"第一民生工程"实施以来,贵州各级党委、政府坚持把"三农"工作作为全省工作的重中之重,把扶贫开发作为"三农"工作的重中之重,把农民增收作为"三农"工作和扶贫开发的重中之重,扎实推进新阶段扶贫开发工作,全省扶贫开发工作取得了显著成效,并积累了一系列成功经验。

一 扶贫脱贫成效显著

人民群众获得感、幸福感、安全感明显增强。"第一民生工程"围绕与贫困人口基础民生息息相关的领域进行重点攻关,贫困人口的满意度不断提升。根据贵州省精准扶贫满意度调查数据,大多数贫困人口对当前民生工程建设的满意度较高:81.3%的群众对基础设施建设改善比较满意或非常满意,其中,84.9%的群众对道路硬化比较满意;77.6%的群众对饮水工程的改善比较满意,分别有77.4%和73.6%的群众认为其饮用水方便程度更高了,饮用水质量也更好了;70%的群众认为驻村帮扶工作作用较大或很大;76%的群众认为帮扶措施较为符合其需求;84.2%的群众对养殖帮扶的项目比较满意或非常满意,72.5%的群众对种植业的帮扶比较满意或非常满意;76.7%的群众对人力资本帮扶项目比较满意或非常满意。另外,2011年以来,通过扎实推进"33668"扶贫攻坚行动计划,实施精准扶贫脱贫"1+10"配套文件,"四在农家·美丽乡村"小康建设六项行动计划成效明显,文化艺术、卫生计生、社会保障等公共服务体系不断完善,农村贫困地区群体性事件、刑事治安案件大幅度减少,社会和谐安定有序,公共安全保障更加有力。全面建成小康社会指数从2011年的58.7%提高到2015年的80.5%。

农村贫困人口大幅度减少。贵州省贫困人口从2011年的1149万人减少到2015年的493万人,减少农村贫困人口656万人,贫困人口占全国比重从9.4%下降到8.8%,下降0.6个百分点。农村贫困发生率从33.4%下降到14.3%,下降19.1个百分点。具体情况如表1所示。

表 1　贵州、全国减贫成效有关数据汇总

单位：万人，%

项　目	贫困人口		减少		下降率		贫困发生率		GDP 增幅	
	贵州	全国	贵州	全国	贵州	全国	贵州	全国	贵州	全国
2011 年	1149	12238			57.3	26.1	33.4	12.7	15.0	9.3
2012 年	923	9899	226	2339	19.7	19.1	26.8	10.2	19.3	7.8
2013 年	745	8249	178	1650	19.3	16.7	21.3	8.5	12.7	7.7
2014 年	623	7017	122	1232	16.4	14.9	18.0	7.2	10.8	7.4
2015 年	493	5575	130	1442	20.6	21.8	14.3	5.7	10.7	6.9
平均			164	1688	26.7	19.7			13.7	7.8
2015 年比 2011 年减少	656	6663					19.1	5		

对比全国贫困人口下降速度，贵州省近 5 年每年平均减少 26.7% 的贫困人口，高于全国 19.7% 的减贫速度，贵州省的减贫成效非常显著。从图 1 看，虽然贵州省的贫困发生率远高于全国水平，但贫困发生率的下降速度却大大快于全国。

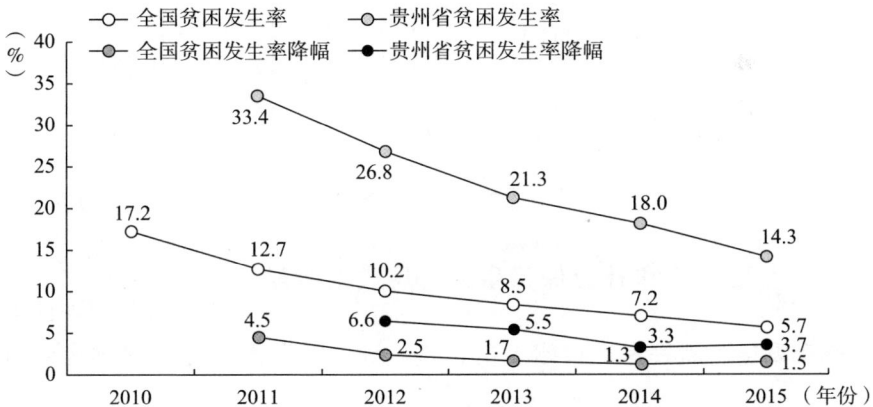

图 1　全国、贵州省贫困发生率及发生率降幅对比

贫困家庭的收入快速增长。全省农民人均纯收入从 2011 年的 5701.84 元提高到 2015 年的 10861 元，年均增长 17.5%，50 个国家扶贫开发工作重点县农民人均纯收入从 2010 年的 3153 元提高到 2014 年的 5909 元，增幅达到 87.4%。具体情况如表 2 所示。

表 2 贵州、全国农民人均纯收入情况

年　份	2011	2012	2013	2014	2015
贵州省	5701.84	6852.2	8086.86	9266.39	10861
全　国	6977.3	7916.6	8896	9892	11422

对比全国农民人均纯收入情况，2011 年贵州省农民人均纯收入为 5701.84 元，全国农民人均纯收入为 6977.3 元，二者差值为 1275.46 元；2015 年，全国农民人均纯收入为 11422 元，贵州为 10861 元，二者差距已经缩小到 561 元。

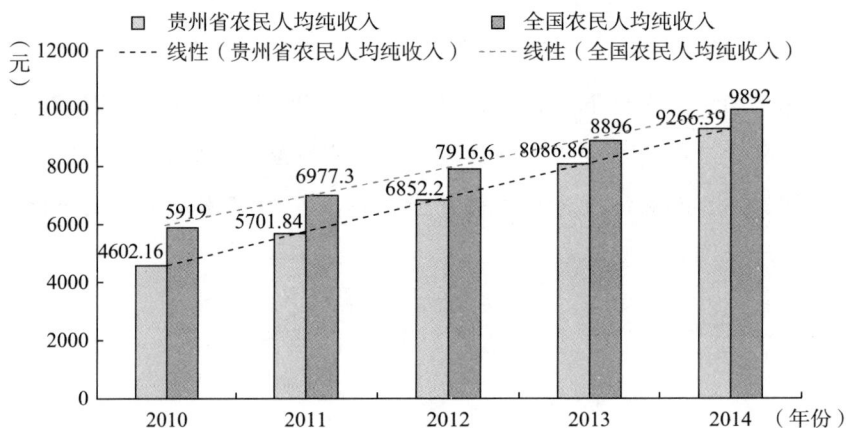

图 2 贵州、全国农民人均纯收入增长情况

二　基础环境和社会保障事业发展成效明显

基础设施不断完善。以水、电、路、讯、房为重点的基础设施得到明显改善。截至 2014 年，农村饮水安全工程共建成 15331 处，累计解决了 1062.36 万农村居民及 167.55 万学校师生的饮水安全问题。全面完成了农村危房改造任务。建设通村油路 6 万公里，实现了 100% 的乡镇通油路，100% 的村通公路，农村电网网改率达到 98%，实现了乡乡通宽带、行政村通电话。全省累计完成公路水路交通固定资产投资约 4430 亿元，其中集中连片特困地区交通建设投入超过 3000 亿元，创历史新高；全省建成高速公

路 3600 公里，至 2015 年底，高速公路通车里程突破 5100 公里，形成 15 条高速公路出省大通道，其中集中连片特困地区 4041 公里，约占全省的 80%，65 个贫困县全部通高速公路。建设普通国省道二级及以上公路 3835 公里，其中投向集中连片特困地区 3479 公里。建设农村公路约 6 万公里，实施安保工程 1.1 万公里，2015 年武陵山区、乌蒙山区、滇桂黔石漠化区的建制村通沥青（水泥）路率分别达到 76.4%、70.1%、72.4%。

2012 年 5 月贵州启动实施扶贫生态移民工程，2012～2015 年，共实施扶贫生态移民 62 万人，建设安置点 668 个、住房 15 万套，其中武陵山区、乌蒙山区和滇桂黔石漠化区三大连片特困地区困难群众 56.5 万人，占 91%。据贵州财经大学中国减贫与发展研究院对贵州省 2012～2014 年扶贫生态移民工程的评估：移民搬迁后，住房和居住环境普遍改善，户均住房面积 114 平方米；社会保障有序接转，新农合参保率 92%，养老保险参保率 42%，纳入城乡低保 23.7%，移民子女全部实现就近入学；移民收入明显增加，2014 年移民人均增收幅度高于全省农村 6 个百分点，42% 的家庭收入有所增加或增加很多；移民获得感提升，对安置点居住环境总体满意度为 91%。

民生事业和社会保障全面发展。紧紧围绕确保贫困群众"两不愁、三保障"的总体目标，大力推进农村低保制度机制创新。2011～2014 年连续提高农村低保标准，年均增长 13.3%，2014 年农村低保标准比 2010 年增长 65%。2011～2014 年，全省共发放农村低保资金 217.8 亿元。2015 年，全省统一大幅提高农村低保标准，将年平均标准从 2125 元提高到 2695 元，提高幅度达 26.8%，在全国排位从第 28 位上升到第 16 位，在西部省份的排位提升到第 2 位，比西部 12 个省份的平均标准 2291 元高 404 元。创建分类施保机制，对农村低保对象中的特殊困难对象，在补差发放基本保障金的基础上，按当地保障标准的 10%～30% 增发特殊补助金；创建实施粮食救助制度，妥善解决了农村低保对象季节性缺粮问题。

农村贫困人口政策范围内医疗费用实际补偿比例达到 90% 以上，在全民落实新农合报销政策中，适当放宽农村极贫人口的住院起付线、提高报销标准。全面实施大病保险政策，对符合条件的参合群众在新农合报销基础上再提高 10 个百分点以上的比例。在落实前两种报销政策后，仍不能解决农村贫困人口剩余医疗费用的，由民政、卫生计生等部门相关专项资金再实施医疗救助扶助，确保农村贫困人口政策范围内医疗费用实际补偿比例达到 90% 以上。其中，精准扶贫建档立卡贫困人口中的重大疾病患者，特困供养人员，最低生活保障对象中的长期保障户、80 岁以上老年人，政策范围内医疗费用保障水平达到 100%。

从 2011 年起，贵州省启动实施学前教育、农村寄宿制学校建设、高中阶段教育、高等教育突破工程，大力改善各级各类学校办学条件、增加办学资源、扩大办学规模、提升普及程度。各级财政投入教育经费 2747 亿元，9 年义务教育巩固率、高中阶段毛入学率、高等教育毛入学率分别从 77%、55%、20% 提高到 85%、85%、30%。巩固提高 9 年义务教育，实行 3 年免费中职教育，压缩全省党政机关行政经费的 5% 用于支持教育"9+3"计划，实施中职"百校大战"，职业院校办学条件发生巨大变化，职校学生增加 35 万人。农村学生营养餐以县为单位全覆盖，实现"校校有食堂，人人吃午餐"，惠及 400 万农村中小学生。建立健全从学前教育到研究生教育全覆盖的学生资助体系。2015 年，各级财政投入资金超过 80 亿元，资助学生 745 万人次，较 2010 年的 15 亿元和 101 万人次分别增长 4.3 倍和 6.4 倍。

三 区域可持续发展能力明显提升

"第一民生工程"实施以来，贵州省通过培育山地产业、优化可持续脱贫机制、壮大区域经济，可持续发展能力不断增强。贵州省坚持把培育"十大扶贫产业"、打造"十大扶贫攻坚示范县"、创建"十大扶贫产业园区"作为贫困地区可持续发展的抓手，通过打造扶贫工作平台，强力推进落实，2011 年以来，累计投入产业化项目财政专项扶贫资金 66.5 亿元，实现总产值 813 亿元，实施到村项目 4 万多个。

积极培育十大扶贫产业，为扶贫脱贫奠定了重要产业发展基础。根据自然条件、资源禀赋，按照"东油西薯、南药北茶、中部蔬菜、面上干果牛羊"的产业布局，大力发展核桃、生态畜牧、中药材、蔬菜、茶叶、精品水果、马铃薯、油茶、乡村旅游、农产品加工等扶贫特色优势产业。2013年安排第一批"十大扶贫产业"专项资金 15.92 亿元，新增种植面积 424.5 万亩，其中核桃新增 205 万亩、蔬菜新增 168 万亩、中药材新增 15.6 万亩，新增 13 万只羊单位。2014 年，投入中央财政扶贫发展资金 15.3 亿元，发展核桃 191.99 万亩，茶叶 8.4 万亩，中药材 35.8 万亩，特色蔬菜 271.85 万亩，精品水果 14.5 万亩，马铃薯 17.46 万亩，新建油茶林 10.72 万亩、改造低产油茶林 5 万亩，草地生态畜牧产业投放畜禽 32.4 万只羊单位、人工种草 10.15 万亩、建圈 53.83 万平方米，打造及命名 5 个省级乡村旅游扶贫重点县和 10 个乡村旅游产业扶贫示范点。

打造"十大扶贫攻坚示范县"，为扶贫脱贫可持续发展树立典型示范。"十二五"期间每年选取 10 个示范县，每县投入 8000 万元到 1 亿元的财政资金，引导金融、社会资金参与扶贫开发，探索"整县推进"区域脱贫新路子。通过整县推进、区域带动，14 个减贫摘帽县对全省片区扶贫攻坚发挥了重要示范带动作用。2013 年重点打造的威宁等 10 个扶贫攻坚示范县，截至 2014 年，有 8 个县的综合排名上升，最快的上升了 40 多位，有 5 个县的综合排名进入全省前 20 位。2014 年又继续选择正安、务川、钟山、关岭、印江、石阡、织金、三穗、三都、贞丰 10 个县作为扶贫攻坚示范县进行重点打造。

建设"十大现代高效农业扶贫示范园区"，积极推进特色农业高效发展带动脱贫之路。在武陵山、乌蒙山、滇桂黔石漠化三大片区，梯次推进，创建一批产业特色鲜明的现代高效农业扶贫示范园区，走出一条具有贵州特点的山地农业扶贫开发新路。省扶贫办积极帮助指导省级重点园区县搭建融资平台，通过贷款贴息、以奖代补等方式，确保为每个园区融资 2 亿元以上。16 个扶贫产业园区完成总投资 15 亿元以上，入驻企业 100 多家，实现总产值 13 亿元以上。通过园区建设，有效地促进了"十大扶贫产业"转型升级，发挥了较好的示范带动作用。2014 年，在全省 213 个省级现代高校农业示范园区中，省扶贫办牵头指导 72 个，完成投资 106.2 亿元，在全省园区考评中有 5 个位列前十位。

第三节　主要做法和经验

贵州省实施"第一民生工程"取得显著成效，是党中央、国务院坚强领导、大力支持的结果，是在贵州省委、省政府坚强领导下，各级党委政府强力推动，全省干部群众大胆探索、艰苦奋斗的结果。贵州省实施"第一民生工程"的主要做法和基本经验归纳起来主要有以下几个方面。

一　高位强势推动，树立以扶贫开发统揽经济社会发展全局的政策导向

贵州省委、省政府高度重视扶贫开发，长期以来注重以扶贫开发统揽经济社会发展全局。第一，贵州省委、省政府在"两个重中之重"的基础上，提出了"三个重中之重"的战略思想，把扶贫开发作为贵州的"第一民生工程"来抓，以政策导向、资金分配等手段引导全社会投入扶贫开发中。第二，制度设计成熟，扶贫政策法规体系基本成形。2013 年 1 月 18 日贵州省第十一届人民代表大会常务委员会第三十三次会议通过了《贵州省扶贫开发条例》，在全国率先对扶贫资源整合做出明确规定，探索建立扶贫开发贵州新模式；2012 年 10 月 15 日，省委、省政府下发了《关于加快创建全国扶贫开发攻坚示范区的实施意见》；2014 年率先出台"1 + 2"系列文件，即《中共贵州省委办公厅、贵州省人民政府办公厅关于贯彻落实〈关于创新机制扎实推进农村扶贫开发工作的意见〉的实施意见》（黔党办发〔2014〕23 号）、《贵州省贫困县扶贫开发工作考核办法》和《贵州省财政专项扶贫资金项目管理暂行办法》，得到中央领导同志和国务院扶贫办的充分肯定，并在全国进行推广；2015 年 4 月 20 日，省委办公厅、省政府办公厅印发了《贵州省"33668"扶贫攻坚行动计划》（"1 + 6"系列文件）；2015 年 10 月，省委、省政府印发了《关于坚决打赢扶贫攻坚战确保同步全面建成小康社会的决定》，并配套出台了"1 + 10"系列文件。一系列重大扶贫政策研究出台并付诸实施。第三，扶贫机构建设加强。成立了以省委书记、省长为双组长，省委副书记、分管副省长为副组长的扶贫开发领导

小组。省级扶贫部门为省政府正厅级建制直属部门。各市（州）和50个重点县均成立了独立的扶贫工作机构，从省到县成立由党政主要领导为双组长的扶贫开发工作领导小组，部分贫困乡镇也成立了相应的扶贫工作站。第四，对口帮扶不断升级。为进一步强化对口帮扶，根据省委、省政府主要领导有关由省扶贫开发领导小组统筹全省对口帮扶工作的指示，8个市（州）和大部分受帮扶县都设立了对口帮扶工作机构，有效引入外部帮扶力量，构建了沟通交流平台，用制度实现对口帮扶明细化、常态化、长效化，力求将对口帮扶上升为战略层面跨区域协作。表3列示了贵州省"1＋N"系列文件。

表3　贵州省"1＋N"系列文件一览

"1＋2"系列文件	1：《中共贵州省委办公厅、贵州省人民政府办公厅关于贯彻落实〈关于创新机制扎实推进农村扶贫开发工作的意见〉的实施意见》 2：《贵州省贫困县扶贫开发工作考核办法》 《贵州省财政专项扶贫资金项目管理暂行办法》
"1＋6"系列文件	1：《中共贵州省委办公厅、贵州省人民政府办公厅关于印发〈贵州省"33668"扶贫攻坚行动计划〉的通知》 6：《关于印发〈贵州省贫困县党政领导班子和领导干部经济社会发展实绩考核办法〉的通知》 《关于建立贫困县约束机制的工作意见》 《关于印发〈关于进一步动员社会各方面力量参与扶贫开发的意见〉的通知》 《关于印发〈贵州省公募扶贫款物管理暂行办法〉的通知》 《关于印发〈关于建立财政专项扶贫资金安全运行机制的意见〉的通知》 《关于印发〈贵州省创新发展扶贫小额信贷实施意见〉的通知》
"1＋10"系列文件	1：《中共贵州省委贵州省人民政府关于坚决打赢扶贫攻坚战确保同步全面建成小康社会的决定》 10：《关于扶持生产和就业推进精准扶贫的实施意见》 《关于进一步加大扶贫生态移民力度推进精准扶贫的实施意见》 《关于进一步加强农村贫困学生资助推进教育精准扶贫的实施方案》 《关于提高农村贫困人口医疗救助保障水平推进精准扶贫的实施方案》 《关于全面做好金融服务推进精准扶贫的实施意见》 《关于开展社会保障兜底推进精准扶贫的实施意见》 《关于进一步动员社会力量对贫困村实行包干扶贫的实施方案》 《关于加快少数民族特困地区和人口数量较少民族发展推进精准扶贫的实施意见》 《关于充分发挥各级党组织战斗堡垒作用和共产党员先锋模范作用推进精准扶贫的实施意见》 《贵州省贫困县退出实施方案》

二 发挥政治优势，率先实现"两个全覆盖"

贵州省充分发挥社会主义制度集中力量办大事的政治优势，率先实现对全省贫困村、贫困户驻村帮扶的"两个全覆盖"，按照组成"一村一同步小康工作队，一户一脱贫致富责任人"的要求，每年选派5.6万余人，1.1万余个驻村工作组，赴全省11590个村（含9000个贫困村）开展驻村帮扶全覆盖工作。仅2014年，就筹措资金和物资合计11.3亿元，帮助引进资金17.8亿元，实施项目6976个。

同时，依托驻村帮扶体系，打造"六个到村到户""六个小康建设"两个载体。切实解决基层群众最关心、最迫切希望解决的问题。一是全面实施干部结对帮扶、产业扶持、教育培训、农村危房改造、扶贫生态移民和社会保障"六个到村到户"。年度安排40多亿元专项扶贫发展资金项目，驻村工作队按照项目申报、项目实施、项目监管、项目评估"四个全程参与"的要求，强化驻村工作队的"管道功能"。二是全面实施"四在农家·美丽乡村"基础设施建设"六个小康建设"。安排1500亿元实施小康路、小康水、小康电、小康房、小康讯和小康寨建设，广泛开展"四在农家"创建活动。目前，已有16000多个创建点，覆盖9000多个村，受益群众达1500多万人，共完成投资450多亿元。其中，小康路208.7亿元；小康电33.9亿元；小康水62.1亿元；小康讯8.8亿元；小康房109.8亿元；小康寨29.9亿元。

＊　＊　＊

专栏二　贵州省有关发挥政治优势动员各方面力量
参与扶贫的相关文件一览

《关于进一步动员社会各方面力量参与扶贫开发的意见》

《关于认真学习贯彻党的十八大精神组建同步小康驻村工作组深化"帮县、联乡、驻村"工作实施方案》

《关于组建2014年度同步小康驻村工作队的通知》

《贵州省 2014 年度同步小康驻村工作"六项行动 50 项重点任务"》

《关于进一步动员社会力量对贫困村实行包干扶贫的实施方案》

《关于印发〈贵州省"33668"扶贫攻坚行动计划〉的通知》

《关于发挥共产党员先锋模范作用的实施意见》

《关于实施贵州省"四在农家·美丽乡村"基础设施建设六项行动计划的意见》

《关于进一步加强贫困地区农村基层党建工作的实施意见》

三　全面深化改革，积极构建扶贫脱贫治理的新机制

"第一民生工程"的成功经验在于贵州省不断深化改革，积极开动脑筋，勇于创新，尤其在扶贫脱贫治理机制重点领域率先创新。

第一，改进贫困县考核机制，引导党政主要领导主要精力转向扶贫开发。率先出台《贵州省贫困县党政领导班子和领导干部经济社会发展实绩考核办法》，该办法受到国务院扶贫办高度评价，转发各省份作为贫困县考核机制改革的参考。贵州省把 50 个贫困县党委、政府领导班子作为考核对象，在全国率先取消对贫困县的 GDP 考核，推动贫困县工作考核由主要考核地区生产总值向考核扶贫开发工作成效转变。

第二，率先探索退出机制，实行"减贫摘帽"激励机制。即贫困县、贫困乡镇和贫困村的退出办法，摘帽不摘政策，实施摘帽奖励制度。2011年，在时任省委书记栗战书、省长赵克志、省委副书记王富玉、副省长禄智明等同志的亲自推动下，实行"摘帽不摘政策"的退出机制。累计有25 个县 525 个贫困乡（镇）实现"减贫摘帽"，省级财政已安排专项资金 17.5 亿元进行奖励，对"减贫摘帽"县的 17 名县党政正职提拔重用。

第三，率先探索扶贫资金的县级整合，改革扶贫项目资金使用管理机制。2014 年，贵州省出台了《关于在国家扶贫开发工作重点县开展涉农资金整合进一步推进扶贫开发工作意见的通知》。从当年起，贵州省按照"乡镇申报、县级审批、乡村实施、乡镇初检、县级验收、乡级报账"的原则，全面实行目标、任务、资金和权责"四到县"制度，推行扶贫项目资金乡

村公示、"民生特派"和第三方评估制度，推进全社会共同参与监督。2016年，又出台了《关于改革创新财政专项扶贫资金管理的指导意见》，对扶贫项目的资金使用情况进行了进一步的完善。率先实现了扶贫项目、资金的县级整合。

第四，率先围绕中央有关扶贫攻坚文件出台"1＋N"系列文件，不断完善扶贫脱贫政策体系。早在2014年围绕中办发〔2013〕25号《创新机制扎实推进农村扶贫开发工作的实施意见》出台了贵州的"1＋2"系列文件，并不断完善，最终出台"1＋10"配套政策，这些政策可操作性强，并对每一项政策落实的主体责任单位进行了具体分工，加快了政策落实力度，让政策效应发挥得更加快速。

第五，率先探索农村低保和扶贫制度的衔接，通过"减量提标"等手段率先探索"两线合一"。贵州省按照扶贫攻坚和全面建成小康社会的需要，持续提高农村低保标准，实行低保线与扶贫线"两线合一"。在2015年底前，全省农村低保标准提高到2800元/年，并确定了在"十三五"期间农村低保标准与扶贫标准同步提高的总方针，鼓励经济条件好的地方低保标准高于国家扶贫标准。

第六，率先探索精准识别的技术创新，通过"四看法"大幅提高了贫困识别的精准度。"四看法"基于扶贫工作的具体实践，在注重可操作、易实施的情况下，制定和构建适合本地的贫困识别科学性指标，从而保证了贫困识别的精确性，为"脱贫摘帽"奠定了坚实基础。同时，在此基础上建立了贫困指数，为脱贫的精准性和有序化推进提供了理论和实践指导，目前已在全国推广。

第七，率先通过技术手段提升扶贫攻坚的治理技术，基于大数据技术建立了贵州"扶贫云"系统和"民情管理系统"。这些重大技术创新，提升了扶贫攻坚精准度，实现了扶贫脱贫的大数据信息化动态管理。图3显示了扶贫云调度指挥平台截图。

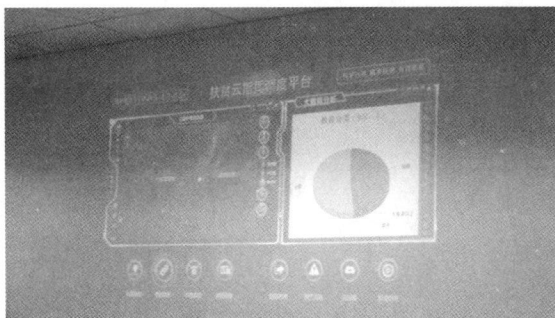

图3　扶贫云调度指挥平台截图

第八，率先探索重大企业的集团帮扶形式，通过与万达、恒大等知名企业合作探索了具有示范效应的企业集团帮扶的"贵州经验"。集团帮扶是扶贫脱贫的一个新创造，将企业社会责任与扶贫脱贫相结合，创立集团帮扶脱贫的治理新模式，有深远的理论和实践意义。

*　　*　　*

专栏三　贵州省"第一民生工程"八个率先一览

1. 率先改革贫困县考核机制；

2. 率先探索贫困县退出机制；

3. 率先实现扶贫项目、资金的县级整合；

4. 率先出台"1＋N"系列文件；

5. 率先实现扶贫线、低保线"两线合一"；

6. 率先实现精准识别；

7. 率先建立扶贫云系统；

8. 率先探索重大企业集团帮扶形式。

四　注重产业发展，打造扶贫"三个品牌"

贵州省通过长期的扶贫开发实践，在与民生可持续发展相关的重点领域，形成了小额信贷、"雨露计划"、生态移民"三个品牌"。一是小额信贷到村到户。为帮助贫困农户"换穷业"，以"四台一会"为核心，推行小额信用贷款，拓宽扶贫融资渠道，开展扶贫融资租赁合作，探索大型基金产业扶贫的路子。仅 2014 年，贵州省投入财政扶贫资金 1.5 亿元，引导银行向贫困地区发放小额信用贷款 78 亿元。二是"雨露计划"到村到户。贵州省在全面实施教育"9+3"计划、实行三年免费中职教育的基础上，出台了《关于基本普及十五年教育的实施意见》《贵州省创新职教培训扶贫"1户1人"三年行动计划（2015—2017）》，计划到 2017 年实现建档立卡贫困户"1户1人1技能"全覆盖，做到"直接培训1人、就（创）业1人、脱贫1户"。2014 年已安排财政扶贫（发展）资金 3 亿元，培训 40 万人。三是扶贫生态移民到村到户。按照"搬得出、留得住、能就业、有保障"的要求，从 2012 年起，对生活在深山区、石山区、高寒山区以及不具备生存条件的地质灾害易发区的 47.71 万户、204.3 万人实施扶贫生态移民搬迁。2012～2015 年共安排 11.2 亿元中央财政专项扶贫资金，统筹各部门资金 74.75 亿元，实现 62 万人口"挪穷窝"。

五 立足"三类帮扶"，形成大扶贫格局

贵州省广泛凝聚社会力量，依托对口帮扶、定点扶贫、集团帮扶，积极构建专项扶贫、行业扶贫、社会扶贫"三位一体"大扶贫格局，对促进贫困地区经济社会发展和贫困农民脱贫致富发挥了重要作用，是"第一民生工程"的成功经验之一。一是对口帮扶不断深入。国家实行 8 个沿海发达城市对口帮扶贵州工作以来，贵州省坚持每年召开"对口帮扶贵州工作恳谈会"，着力在扶贫攻坚、园区共建、职业教育、人才交流、引企入黔、文化旅游等方面加强合作，实现共同发展。二是定点扶贫不断深入。目前，共有 31 个中央单位对贵州省 50 个重点县开展定点扶贫工作。民主党派中央按照"三同"思想帮助毕节试验区发展和黔西南州实施"星火计划、科技扶贫"试验。国家烟草总局在全国首次对贵州实行整省帮扶。万达集团定点帮扶贵州省丹寨县，在全国首创"民营企业对口帮扶整县脱贫"。三是集团帮扶不断深入。全省 39 名省领导每人牵头联系 1 个重点县，定点扶贫 1 个贫困乡，拓展扶贫 1 个贫困乡。101 个省直部门对全省 88 个县进行整体挂钩帮扶。截至 2014 年，已在 46 个重点县的 127 个贫困乡镇，集中投入了 12.7 亿元财政扶贫资金，整合部门资金 50 亿元以上。

第四节　思考和启示

贵州省通过把扶贫开发作为"第一民生工程",取得了显著的减贫脱贫成果,形成了较多具有地方特色的做法,其中有的在全省推广,有的在全国具有借鉴意义。"贵州经验"对全国的扶贫脱贫工作有以下启示。

一　保障民生是扶贫脱贫的核心任务

我国目前的贫困人口主要集中在生态环境脆弱、生存条件艰苦的连片特困地区。这些连片特困地区本身就存在发展的困境:第一,自然条件恶劣,集中分布在山区、丘陵地区、限制开发区,592个国家扶贫开发工作县绝大部分分布在山区或高原山区,特别是群山连绵区;第二,贫困成因复杂,既有自然、社会的,也有民族、宗教的,既有历史、政治的,也有现在、体制的原因;第三,贫困程度较深,不仅贫困人口本身贫困,其所依托的财政也贫困;第四,贫困的持续性、代际性突出,具有很强的传递性。这些地区,如何立足自身条件和环境、资源禀赋,实现贫困地区的可持续发展,通过内源驱动实现贫困人口脱贫致富,是打赢扶贫攻坚战的破题关键。

欠发达地区脱贫的关键在于立足贫困人口的民生保障和可持续发展,通过体制机制创新,立足基础环境、民生条件改善,立足产业发展和贫困人口可持续增收,通过提升贫困人口综合能力阻断贫困代际传递。首先,夯实基础条件,强化区域扶贫导向。贫困地区的基础设施比较落后,应坚持把改善贫困区域基础设施作为精准脱贫的首要任务,打通脱贫脉络,带动小区域、小片区发展,全面提升区位优势。其次,立足产业支撑,培育健全造血机能。坚持从实际出发,因地制宜发展特色产业,夯实脱贫产业支撑,推动扶贫由"输血"向"造血"转变。突出产业特色,促进农产品与市场高效对接。最后,实施能力扶贫,阻断贫困代际传递。通过切实解决与贫困人口息息相关的民生问题,不断提高贫困群众社会就业能力、防病治病能力和自主脱贫能力。促进教育优先发展,带动青年就业创业,推行终身职业技能培训制度,提高扶贫脱贫的内生动力。

二　坚持人民主体地位是"第一民生工程"的根本原则

推进扶贫脱贫"第一民生工程",不断改善贫困人口生活质量和生活水平,就是坚持人民主体地位,树立共享发展理念的具体体现。通过民生工程的积极推进,让改革的成果共享,让全体人民群众最终实现共同富裕。强调扶贫脱贫的"第一民生工程",就是实现好、维护好、发展好最广大人民根本利益的最有效路径,使广大人民群众共享改革发展成果落实到具体的行动中。全面小康,不仅应体现在统计指标和平均数上,而且应体现在每个人的现实生活中。因此,从本质上讲,扶贫脱贫的主要目的在于贫困人口生活水平和质量普遍提高。我国现行标准下农村贫困人口实现脱贫、解决区域性整体贫困的关键,就是在社会治理层面,做到基本公共服务均等化水平稳步提高,就业、教育、文化、社保、医疗、住房等公共服务体系更加健全。提升教育现代化水平,提高劳动年龄人口受教育年限。缩小收入差距,提升中等收入人口比重。

三　政治优势和制度优势是"第一民生工程"的重要保障

贫困问题是世界性难题,无论是发达国家,还是发展中国家,都存在贫困问题,只是贫困的程度不同。改革开放以来,中国经济取得了巨大的成就,也相应地在解决贫困问题上迈出了前所未有的一大步。全球极端贫困人口已从 1990 年的 19 亿人降至 2015 年的 8.36 亿人,其中中国的贡献率超过 70% 。外媒评论称,全球在消除极端贫困方面所取得的成绩主要归功于中国。中国扶贫工作的成功,为全球减贫事业提供了宝贵经验。

中国扶贫工作的成功之处就是中国特色社会主义的政治优势和制度优势,在政治上,党的宗旨是全心全意为人民服务,党的一切工作都是为人民谋福利,都是把群众作为一切工作的出发点和落脚点。基于此,党的政策方针会围绕群众的生活开展,人民群众也会因党的扶贫政策,更加拥护党热爱党,形成党和群众的鱼水深情,互相促进。在制度上,社会主义国家的优势在于可以集中力量办大事,可以把扶贫作为当前最重要的事情来抓,也有条件把人民群众的贫困问题作为首先需要解决的问题。可以用有限的资源发展贫困地区亟须发展的产业，也可以用有限的财物去创造属于集体所有的更大的财富。

扶贫攻坚工作要发挥政治优势和制度优势，要更为全面地推行驻村帮扶机制，实现驻村帮扶对贫困地区和贫困人口的全覆盖，更为精细化地把贫困人口吸纳到驻村帮扶工作中来。同时，更加广泛地凝聚社会力量，依托对口帮扶、定点扶贫、集团帮扶，积极构建专项扶贫、行业扶贫、社会扶贫"三位一体"大扶贫格局，动员一切可以动员的力量参与扶贫攻坚战。

四　"第一民生工程"是新时期密切农村党群关系的重要途径

保持党同人民群众的密切关系，是我们党取得政权的重要基础，也是区别于其他政党的一个显著标志，是党生存发展的基本条件。中共中央、国务院《关于打赢脱贫攻坚战的决定》中将扶贫脱贫定位为"事关全面建成小康社会、增进人民福祉、巩固党的执政基础、国家长治久安和我国国际形象"，其中，巩固党的执政基础是重要核心。在过去的改革开放中，尽管农村经济总体实力增强，发展速度加快，农村生活面貌大大改善，但是区域、城乡和不同群体差距不断扩大，导致干部与人民群众之间出现一些矛盾问题和分歧，一度也出现了干群关系紧张和对立现象。实施扶贫脱贫和推进"第一民生工程"后，目前的干群关系不断改善，大大强化了党群关系，党的工作在贫困地区取得巨大成效。干群良性互动，驻村帮扶，第一书记将党的政策、国家的关心关爱送到了广大贫困农村，从而开创了党和群众一条心的新局面。贵州的实践证明，积极推进扶贫脱贫"第一民生工程"是密切党群关系的成功实践，同时也说明搞好党群关系也是扶贫脱贫的重要内容。

五　"第一民生工程"培育了一批脱贫事业精英和优秀干部队伍

"第一民生工程"催生了专业扶贫脱贫精英群体涌现。在长期的扶贫脱贫实践中，贵州省扶贫办锐意进取、坚持创新，始终把抓落实、干实事作为扶贫开发工作的出发点和落脚点，以工作的实绩赢得了省委、省政府支持和群众信赖。几届省委、省政府领导将扶贫脱贫作为"民生第一工程"

优先发展，逐步将贵州打造成为中国扶贫的省级样板。这些成绩的取得，既得到中央和国务院的充分肯定，也赢得了百姓的口碑，更提高了贵州省扶贫的知名度、影响力。也正是贵州省贫困人口多，贫困面广，贫困深度强，催生了一支业务精良、作风扎实、勤政廉洁、勇于吃苦、善打硬仗的扶贫精英队伍。几年来，贵州省扶贫系统干部深入扶贫脱贫第一线，工作在深山和条件艰苦的地区，他们乐于思考、勤于思考，勇于创新和探索，创造了贵州扶贫脱贫的创新措施和行动，取得全国多个率先第一，可以这样说，扶贫脱贫的精英队伍是在"第一民生工程"中培育和锻炼出来的优秀队伍，反过来说，也正是因为有了这支扶贫脱贫精英队伍，"第一民生工程"才取得了巨大的成功。

六 "绿色减贫"是扶贫脱贫的可行之路

贵州省坚持推进"第一民生工程"，积累了诸多实践经验。山地农业扶贫、文化景观旅游扶贫的"毕节试验"；种草涵养水土、养畜增加收入、发展防灾避灾产业的"晴隆模式"；种养结合、长短结合、以短养长、提高土地投入产出比较效益的"长顺做法"；整合资源、整乡数乡、连片开发、区域推进的"印江经验"和因地制宜、扬长避短的"威宁实践"等，均是利用贵州省丰富的绿色资源和环境条件，学习贯彻和落实习近平总书记"绿水青山就是金山银山"思想在扶贫脱贫和推进"第一民生工程"的成功实践。实践证明，绿色减贫是可持续性的扶贫脱贫新方式，主要体现在：第一，绿色减贫的本质就是以生态保护为出发点进行减贫的新战略，很显然，打破了传统扶贫模式并形成了新的可持续的扶贫脱贫内在机理，构建出新的绿色扶贫动力机制；第二，绿色减贫开辟了扶贫脱贫的新路径；第三，绿色减贫是可持续性最强的共享发展模式，即绿色减贫是以绿色发展理念——可持续发展为目标的减贫过程，是自然与自然、人与自然共享的可持续体系；第四，绿色减贫是以多维贫困为依据，以综合减贫成效为标准的多维减贫，其发展模式也综合考虑经济、健康、环境等多方面因素，同时还体现在环境、生态、文化等综合效应上，绿色扶贫实现了经济目标、社会目标和生态目标的统一。与此同时，绿色减贫也是推进精准扶贫精准脱贫最有效的方式。这主要体现在：一方面，绿色减贫提高了精准扶贫精准脱贫的科学性和完整性；另一方面，绿色减贫提升了精准脱贫的有序性和持久性。与此同时，绿色减贫为构建精准扶贫考核机制和贫困退出机制提供基础和参考，有利于实现精准扶贫精准脱贫与区域经济发展的有机结合。从未来发展看，绿色减贫也为 2020 年后中国减贫指明了新方向和新重点，随着绝对贫困的逐渐减少，解决相对贫困在未来减贫中将是主要面临的任务，绿色减贫将带来绿色福利，为促进中国减贫事业的可持续发展做出贡献。

第三章 完善精准扶贫体系

覃志敏 黄承伟

精准扶贫精准脱贫是脱贫攻坚的基本方略。实施精准扶贫的基础是精准识别，核心是精准施策，关键是精准管理、精准考核、精准退出，根本目标是实现精准脱贫。因此，精准扶贫是一个体系。完善精准扶贫体系是贵州脱贫攻坚的基础内容和保障脱贫成效的关键。

第一节 贵州省完善精准扶贫体系的主要做法

一 国家精准扶贫方略

党的十八大提出全面建成小康社会和全面深化改革的奋斗目标，我国经济社会发展步入新的阶段。针对扶贫开发新形势，中央对扶贫开发工作进行了创新性部署，提出了精准扶贫方略。2013 年，习近平总书记在湘西调研时指出，"抓扶贫开发，既要整体联动、有共性的要求和措施，又要突出重点、加强对特困村和特困户的帮扶"。"扶贫要实事求是，因地制宜，要精准扶贫，切忌喊口号。" 2013 年底，中办、国办联合发布《关于创新机制扎实推进农村扶贫开发工作的意见》，提出新阶段扶贫开发改革创新思路，明确要求建立精准扶贫工作机制。随后不久，国务院扶贫办制定实施《建立精准扶贫工作机制实施方案》《扶贫开发建档立卡工作方案》等政策文件，形成精准扶贫工作步骤。三年来中央不断完善精准扶贫方略，提出

"六个精准""五个一批"等精准扶贫要求或路径思想。

精准扶贫，即精准识别、精准帮扶、精准管理、精准考核。精准识别是通过申请评议、公示公告、抽签审核、信息录入等步骤，将贫困户和贫困村有效识别出来，并建档立卡；精准帮扶是对识别出来的贫困户和贫困村，深入分析致贫原因，落实帮扶责任人，逐村逐户制订帮扶计划，集中力量予以扶持；精准管理是对扶贫对象进行全方位、全过程监测，建立全国扶贫信息网络系统，促进扶贫对象的有进有出，实现动态管理；精准考核是对贫困户和贫困村识别、帮扶、管理的成效，以及对贫困县开展扶贫工作情况的量化考核。精准扶贫战略实施以来，建立精准扶贫机制工作目标不断深化和细化。"六个精准"要求，即扶持对象精准、项目安排精准、资金使用精准、措施到户精准、因村派人（第一书记）精准、脱贫成效精准。"五个一批"精准扶贫路径，即通过扶持生产和就业发展一批，通过异地搬迁安置一批，通过生态保护脱贫一批，通过教育扶贫脱贫一批，通过低保政策兜底一批。随着精准扶贫方略的不断完善，精准扶贫思路日益明晰。归纳来看，精准扶贫核心是因人因地施策，因贫困原因施策，因贫困类型施策。贯彻精准扶贫的总体思路是做好精准识别、精准帮扶、精准管理和精准考核，通过"五个一批"等路径，按照"六个精准"要求，逐步建立精准扶贫体系和工作长效机制。

贵州农村贫困人口多、贫困面广、贫困程度深，是全国扶贫攻坚和全面小康建设的重点省份。同时，贵州是较早部署和探索实施建立精准工作机制的省份之一。精准扶贫工作机制在改革创新方面已取得一定成绩，成为各地学习精准扶贫工作机制经验的省级"样板"。贵州精准扶贫积累了不少成功经验，如"六个到村到户""四看法""一村一同步小康工作队、一户一脱贫致富责任人"。[①] 但同时，贵州精准扶贫也存在一些问题，如产业扶贫以政府为主导，缺乏社会性参与及社区公共平台，易产生目标偏离、贫困差距拉大、村庄原子化、农民对身边党政工作不认可等后果。[②] 对贵州

① 王远白：《让精准扶贫更精准》，《当代贵州》2015 年第 19 期。
② 孙兆霞：《脱嵌的产业扶贫——以贵州为案例》，《中共福建省委党校学报》2015 年第 3 期。

完善精准扶贫体系进行深入研究具有理论和实践意义。

二 贵州省省级层面精准扶贫体系完善

自精准扶贫方略提出以来，贵州结合本省扶贫开发改革创新要求，出台了《关于以改革创新精神扎实推进扶贫开发工作的实施意见》（以下简称《意见》）等政策文件，并逐步形成了"1＋2""1＋6""1＋10"等政策配套来落实和完善精准扶贫体系建设。

（一）精准扶贫的"六个到村到户"

贵州省《意见》从改进贫困县考核机制、建立精准扶贫工作机制、改革财政专项扶贫资金管理机制、改革专项扶贫项目管理机制、创新金融扶贫机制、健全同步小康驻村工作帮扶机制六个方面落实国家扶贫开发工作创新精神，并着重强调要抓好产业扶贫、基础设施建设六项行动、扶贫对象素质提升教育、社会事业发展、社会扶贫等重点工作内容。在精准扶贫工作机制方面，《意见》提出要着力建立扶贫对象识别机制、帮扶机制、精准管理和进退机制，重点抓好贫困人口准确识别、建档立卡、"六个到村到户"和动态管理等工作，按照国家建立精准扶贫机制要求，对贫困户进行建档立卡，分类制定发展规划，建立扶贫对象帮扶机制，实现精准扶持和扶贫对象年度进退动态管理和精细化管理。"六个到村到户"是贵州落实扶贫资源精准的重要机制创新。"六个到村到户"，即结对帮扶到村到户、产业扶持到村到户、教育培训到村到户、农村危房改造到村到户、生态移民到村到户、基础设施建设到村到户。

*　　*　　*

专栏一　贵州精准扶贫"六个到村到户"

结对帮扶到村到户。 要求与同步小康驻村工作结合起来，组织精准扶贫工作队，发挥好驻村干部的积极作用。同时鼓励各类企业、社会组织和个人以多种形式与农户建立利益联结机制，完善对口帮扶和定点帮扶长效机制。

产业扶持到村到户。 扩大农户参与和选择扶贫项目的自主权，按因地制宜、突出重点、统筹规划、分类指导原则，加快形成一批特色优势产业村、种养殖户，将扶持资金真正落实到每村每户的产业项目上。

教育培训到村到户。一是加大义务教育力度确保每个孩子完成学业；二是加大职业教育力度，利用教育"9＋3"计划使中职招生向贫困家庭倾斜，免除中等职业教育学校家庭经济困难学生学费；三是整合各类培训资源，加强职业教育培训力度，增强培训的针对性和实效性，通过"雨露计划""阳光工程"等，对有劳动能力的贫困对象开展农业实用技术、产业化技能培训，提高贫困群众外出务工就业技能和农业生产技术水平。

农村危房改造到村到户。坚持"危险房屋鉴定到户，改造任务落实到户，设计图纸提供到户，施工技术指导到户，补助资金拨付到户，竣工验收具体到户"的原则，按照"群众自建为主，政府给予适当补助"的要求，切实改善农村贫困群众基本居住条件，真正让困难农户受益。

生态移民到村到户。按照"搬得出、留得住、能就业、有保障"的要求，科学规划选点，集中安置生态环境脆弱，生活条件落后，石漠化严重，交通不便，深山区、石山区的贫困农户，坚持尊重群众自愿的原则，确定移民搬迁对象。

基础设施建设到村到户。以"四在农家·美丽乡村"建设为抓手，大力实施小康路、小康水、小康房、小康电、小康讯和小康寨建设，推动基础设施向农村延伸，改善农村生产生活条件，建设成"生产发展、生活宽裕、乡风文明、村容整洁、管理民主"的社会主义新农村。

（二）精准扶贫"33668"扶贫攻坚行动计划

为落实中央精准扶贫政策精神和确保"十三五"期间消除绝对贫困，贵州委省、省政府出台《贵州省"33668"扶贫攻坚行动计划》，实施"33668"扶贫攻坚行动计划。"33668"扶贫攻坚计划，即在3年时间内减少贫困人口300万人以上，实施结对帮扶、产业发展、教育培训、危房改造、生态移民、社会保障精准扶贫"六个到村到户"，完成小康路、小康水、小康房、小康电、小康讯、小康寨基础设施"六个小康建设"任务，使贫困县农村居民人均可支配收入达到8000元以上。贵州围绕"33668"扶贫攻坚行动计划，从精准考核、社会动员、财政资金使用、小额信贷等方面出台 6 个配套政策文件。6 个配套政策文件分别是《贵州省贫困县党政领导班子和领导干部经济社会发展实绩考核办法》（黔党办发〔2015〕6号）、《贵州省扶贫开发领导小组关于建立贫困县约束机制的工作意见》（黔扶领〔2015〕8号）、《关于进一步动员社会各方力量参与扶贫开发的意见》（黔委厅字〔2015〕33号）、《贵州省公募扶贫款物管理暂行办法》（黔府办函〔2015〕45号）、《关于建立财政专项扶贫资金安全运行机制的意见》（黔府办函〔2015〕46号）、《贵州省创新发展扶贫小额信贷实施意见》（黔府办函〔2015〕47号）。

（三）打赢脱贫攻坚战"十项行动"

为进一步落实《中共中央、国务院关于打赢脱贫攻坚战的决定》各项工作要求，确保贵州省在现行标准下农村贫困人口实现脱贫，贫困县全部摘帽，解决区域性整体贫困问题，贵州省委、省政府出台《中共贵州省委贵州省人民政府关于坚决打赢扶贫攻坚战确保同步全面建成小康社会的决定》（以下简称《决定》）。《决定》指出贵州省贫困面大、贫困人口多、贫困程度深的状况还没有根本改变，贫困问题与发展问题、生态问题、社会保障问题相互交织，深山区、石山区和边远少数民族地区致贫原因复杂，连片特困地区扶贫难度大，因病、因残致贫返贫现象突出，因灾、因学致贫返贫情况时有发生，贫困地区留守儿童、困境儿童问题凸显，扶贫成本越来越高、脱贫难度越来越大，扶贫开发进入啃硬骨头、攻坚拔寨的冲刺阶段。提出分两步实现扶贫攻坚目标任务：第一步，扎实推进"33668"扶贫攻坚计划、"六个到村到户"和"六个小康建设"扶贫攻坚工程，到2017年末实现农村贫困人口脱贫 300 万人以上，24 个重点县、375 个贫困乡镇"摘帽"，5800 个贫困村出列；第二步，深入落实"五个一批"扶持措施，到 2020 年末，50 个重点县全部"摘帽"，实现 623 万现有贫困人口全部脱贫，贫困群众收入迈上新台阶，贫困地区生产生活条件明显改善，基本公共服务水平大幅提高，扶贫对象自我发展能力显著增强，全面消除绝对贫困。为此，《决定》制定了大力实施精准扶贫精准脱贫"十项行动"，即基础设施建设扶贫行动、产业就业扶贫行动、扶贫生态移民行动、教育扶贫行动、医疗健康扶贫行动、财政金融扶贫行动、社会保障兜底扶贫行动、社会力量包干扶贫行动、特困地区特困群体扶贫行动、党建扶贫行动。

另外，为落实《决定》部署，贵州省随后形成了围绕《决定》的"1+10"配套政策文件。相应的10个配套政策文件分别为：《关于扶持生产和就业推进精准扶贫的实施意见》《关于进一步加大扶贫生态移民力度推进精准扶贫的实施意见》《关于进一步加强农村贫困学生资助推进教育精准扶贫的实施方案》《关于提高农村贫困人口医疗救助保障水平推进精准扶贫的实施方案》《关于全面做好金融服务推进精准扶贫的实施意见》《关于开展社会保障兜底推进精准扶贫的实施意见》《关于进一步动员社会力量对贫困村实施包干扶贫的实施方案》《关于加快少数民族特困地区和人口数量较少民族发展推进精准扶贫的实施意见》《关于充分发挥各级党组织战斗堡垒作用和共产党员先锋模范作用推进精准扶贫的实施意见》《贵州省贫困县退出实施方案》。

三 贵州省县级层面精准扶贫具体实施

（一）扶持对象精准识别与建档立卡

1. 扶持对象精准识别

精准识别贫困对象，建档立卡和实施动态管理，目的是解决"扶谁的贫"问题。县级部门和乡镇是精准识别的实施主体。贵州省级部门根据贫困人口分布测算将900万贫困人口分解到各县（市、区、特区），由县级部门将贫困人口规模分解落实到乡（镇）和行政村。在国家、省级扶贫部门安排部署下，贵州各市县强化组织领导，各乡（镇）以村为单位对贫困农户情况进行彻底摸排，按照贫困户"三审两公示一公告"、贫困村"一公示一公告"程序识别扶贫对象，开展贫困村、贫困户建档立卡工作。贫困村识别按照贫困发生率大于37%划为一类贫困村，贫困发生率小于37%大于30%划为二类贫困村，贫困发生率小于30%大于27%划为三类贫困村。

随着市场经济的发展，农村劳动力的流动性日益增强。农村贫困家庭的社会流动性变强。这给以收入为标准进行精准识别带来较大挑战。大部分农户没有记录日常收支的习惯，在实际操作中基层组织人员（村干部、驻村工作队员）很难对农户收入进行精确测算和评估。贵州在精准识别中推广威宁县迤那镇"四看法"识别机制，即一看房、二看粮、三看劳动力强不强、四看家中有没有读书郎。在"四看法"精准识别中，每一"看"都有子指标并赋予相应分值。在民主评议环节中，由村民代表按照"四看法"对申请农户进行打分，并对申请农户按照分值情况从高到低排序。在根据分解到村的贫困户指标，按照排序将申请农户纳入扶持对象，开展进一步的扶贫对象入户调查工作。

2. 建档立卡与贫困人口精细化管理

贵州在进行贫困农户建档立卡工作时，在县扶贫部门指导下，由乡（镇）人民政府组织村委会、同步小康驻村工作队和帮扶责任人分析贫困户致贫原因，结合贫困户需求和实际，围绕农户增收、培训专业、生产生活条件改善等，制订帮扶计划。在县扶贫办指导下，由乡（镇）人民政府组织村委会、同步小康工作队等将家庭基本情况、致贫原因、帮扶责任人、帮扶计划、帮扶措施和帮扶成效等信息填写到《扶贫手册》中。根据贵州《关于进一步做好扶贫开发与农村低保有效衔接的指导意见》要求，将贫困人口分为一般贫困户、扶贫低保户、低保户、五保户。农村低保对象分为长期保障户、重点保障户、一般保障户。扶贫部门贫困人口建档立卡信息平台与民政部门农村低保统计台账衔接。农村低保长期保障户、重点保障户以民政部门统计台账为基准，全部纳入扶贫开发建档立卡"两无"贫困人口登记，不作为扶贫开发工作对象。扶贫"两无"贫困人口与农村低保长期保障户、重点保障户要基本统一。贫困人口扶贫低保户与农村低保一般保障户有效衔接。

（二）结对帮扶和因村派人精准

在驻村工作中，贵州将同步小康干部驻村工作与党建扶贫资源进行整合，从省、市、县、乡抽派干部组成驻村工作组，实现贫困村全覆盖。县级领导干部定点联系乡镇、村，县直部门定点联系村。部门结对帮扶安排实行"党政部门帮难村、政法部门帮乱村、经济部门帮穷村、专业部门帮产业村"政策。结合城乡支部联建、"同步小康·干部驻村"工作，建立县、乡、村三级联动帮扶机制。采取单位推荐和个人自荐方式，重点从省、市、县直机关中选派经验丰富的干部、后备干部、有发展潜力和培养前途的年轻干部和企事业单位干部、大学毕业生、农村知识青年。驻村工作队在扶贫对象识别过程中配合当地的乡（镇）人民政府、村支两委走村串户，对农户基本情况进行摸底。协助做好贫困人口登记造册、建档立卡和动态管理等工作。精准识别出来的贫困农户实行"一户一脱贫致富责任人"，结合地方实际采取"一帮一""一帮 N"的结对帮扶方式，进行定点、定人、定时、定责帮扶。积极发挥同步小康驻村工作队"四个全程参与"（项目申报、实施、监管、评估）作用，瞄准贫困群体，以驻村帮扶助力精准扶贫精准脱贫。

（三）项目安排和资金使用精准

1. 项目安排精准

项目安排精准需要正确把握贫困户发展需求，根据其需求进行分类施策。因而，对扶贫对象情况和需求进行分类是实现项目安排精准的重要基础。贵州基层政府在扶贫对象类型划分上形成一些经验。如印江县朗溪镇对贫困人口致贫原因仔细进行分析后，形成了"三型农民"（带动型、发展型、保障型）贫困户分类方法。带动型农民指缺乏土地、有富余劳动力但自身发展动力不足的扶贫对象，通过能力素质提升、城镇化带动、旅游业带动、建筑建材业带动、第三产业带动、工业化带动等方式开展扶贫；发展型农民指有劳动能力、有土地资源、自身发展能力较强的贫困户，通过能力素质提升、发展山地高效农业、交通运输业等方式进行帮扶；保障型农民指重病、重残、两无人员的贫困户，通过医疗救助、农村养老保险、低保兜底等方式给予政策兜底。

根据省级统一部署，相关县镇通过基础设施建设、环境改善、整村推进、产业发展、驻村帮扶等对贫困村加大扶持；注重强化教育、医疗、住房、产业发展等民生领域强农惠农政策助推贫困户稳定脱贫。注重分类施策。对有劳动力但缺发展资金的贫困户实行产业扶贫、金融扶贫的脱贫政策；对缺技术的贫困户实行"雨露计划"培训、职业技能培训、农业实用技术培训的脱贫政策；对生存条件恶劣的贫困户实行扶贫生态移民搬迁、"四在农家·美丽乡村"基础建设六项行动计划的政策；对因病因灾和缺发展动力的贫困户实行社会救助、临时救助；对因学致贫的贫困户实行"雨露计划·圆梦行动"、"雨露计划·助学工程"、社会捐资助学；对民政长期保障和重点保障对象实行政府兜底保障。

2. 资金使用精准

2014年以来贵州积极改革扶贫资金使用管理机制，全面落实项目审批权下放到县制度。除重大扶贫专项和以奖代补项目资金外，扶贫资金由省主要按因素法分配切块到县，实行目标、任务、资金和权责"四到县"制度。相关县份根据2014年修订的《贵州省财政专项扶贫资金报账制管理实施细则（试行）》实施财政专项扶贫资金乡级保障制，完善扶贫项目立项、审批、实施、验收、评估等管理制度。设立县级"财政专项扶贫资金专户"和乡级"财政专项扶贫资金报账专户"。实行"乡镇申报、县级审批、乡村实施、乡镇初检、县级验收、乡级报账"。财政专项扶贫资金必须用于贫困地区、贫困群众，必须按照"参与式"扶贫要求，充分征求贫困群众意见，充分尊重贫困群众意愿，充分发动贫困群众主动申报项目，参与实施项目、监督和管理。财政专项扶贫资金支持的项目实行项目制管理。

支持地方银行加大贫困地区网点的建设和自助服务终端等机具布设，加大贫困人口信息采集力度。实行农村信用工程建设，将贫困信用农户贴息名册公示到村、组，接受群众监督。建立扶贫产业发展融资项目库。县级配套财政扶贫资金，按贷款发放额度的一定比例建立扶贫小额信用贷款风险补偿基金。对扶贫龙头企业贷款，利率在其同类同档次贷款加权平均利率的基础上下浮不低于2个百分点。对建档立卡贫困农户贷款，原则上实行特惠金融政策，执行基准利率。对扣除"两无"人员的建档立卡扶贫对象实行"特惠贷"政策，运用人民银行支农再贷款在贫困地区实行优惠利率，引导金融机构降低贫困农户金融成本。采取扶贫贴息补助、建立贷款风险补偿机制等措施，为建档立卡贫困户提供"5万元以下、3年期以内、免除担保抵押、扶贫贴息支持、县级风险补偿"的低利率、低成本贷款，帮助其"换穷业"。

（四）精准考核和脱贫成效精准

贵州对地处重点生态功能区、不具备新型工业化发展条件的紫云等10

个贫困县取消 GDP 考核指标，提高特色优势产业增收指标权重；对其他重点县弱化 GDP 考核；对所有重点县实行"摘帽不摘政策"，鼓励早脱贫，形成"早脱帽子早有好处，不脱帽子还有约束"的导向。在对贫困县党政领导班子和领导干部进行经济社会发展实绩考核时，扶贫成效考核权重（2项）20%，经济发展（5项）15%，基本生产生活条件、公共服务和生态环境保护（25项）34%，投入与管理（5项）13%，党的建设（2项）6%，组织领导（5项）12%。各州市出台具体考核指标体系，将扶贫攻坚行动计划作为考核的重点内容。同时指导县对乡镇的考核，要求县将每年考核排名后五位的乡镇名单向市备案。如作为取消 GDP 考核试点地区，江口县立足全县资源禀赋和特色优势产业基础，实施《江口县 2015 年取消 GDP 考核试点工作实施方案》，对各项考核目标进行责任分解，层层签订责任状，纳入年度工作目标绩效考核内容。

在对驻村干部与结对帮扶人员考核时，将"六个到村到户"工作纳入目标责任进行考评。对帮扶工作开展情况实行动态跟踪管理。实行扶贫帮扶"三挂钩"制度，即扶贫开发工作与评先评优挂钩、与效能考核挂钩、与干部职工评先选优挂钩。以《贵州省同步小康驻村干部考核评价办法》为依据，各市、县相应制定了《同步小康驻村干部考核评价实施细则》。考核内容涉及驻村干部落实协助建档立卡、促进精准扶贫，帮助建设通村水泥路、促进基础设施改善等。考核形式采取日常考核、半年考核、年终考核、综合评定等。贵州省、市、县三级组织年底均会评选驻村工作先进集体和优秀个人，优秀驻村干部由组织提拔重用。

第二节 贵州精准扶贫的主要成效

一 精准扶贫加快了贫困村的发展

根据在威宁县、江口县的共 7 个样本贫困村（其中一类村 2 个、二类村 2 个、三类村 3 个）获得的调查数据对贫困村发展效果进行分析。贵州精准扶贫体系建设给贫困村发展带来的成效主要体现在以下方面。

一是到村扶贫资源获得较快增长。自实施精准扶贫以来，贫困村获得的帮扶资源（项目资金）快速增长。数据分析表明，实施精准扶贫后，贵州省贫困村获得的各类扶贫资源中 2013 年增加了 108.35%，2014 年增加了 107.16%。

二是贫困村基础设施发展较快。从样本村到村资源来看，贵州省对贫困村基础设施资金投入进一步加大，有力地促进了贫困村基础设施快速更新。基础设施建设投入的持续加大，取得了较为显著的效果。调查数据表明，44.6% 的贫困农户认为出行道路变好了，20.3% 的贫困户认为农田水利设施变好了。

三是贫困村产业发展扶持力度进一步加大。贵州实施精准扶贫以后，发展落后的产业获得了很大的扶持，占到村扶贫资源最大的比例。从产业投入效益来看，其取得的减贫效果要低于基础设施建设。产业的市场风险、技术要求等要求一定程度上限制了产业投入的减贫效益。调查数据表明，73.8% 的贫困农户认为种植面积没有变化，83.1% 的贫困农户认为养殖规模没有变化。

二 精准扶贫有效促进贫困农户减贫脱贫

根据作者在威宁县、江口县 7 个样本贫困村的建档立卡贫困农户问卷调查数据（共发放问卷 67 份，其中有效问卷 65 份，有效回收率 97%），扶贫对象的生活设施、生计发展、应对外部风险能力等明显改善。

一是扶贫对象生活设施获得改善。生活设施是贫困人口生活质量的重要保障，包含多维贫困的重要维度。贵州精准扶贫工作对扶贫对象的住房、饮水设施等实施了帮扶。住房方面，23.08% 的样本贫困农户认为住房面积变大了，29.23% 的样本贫困农户表示住房质量获得提升。在饮水方面，36.92% 的样本贫困农户认为饮用水取水更为方便，36.92% 的样本贫困农户认为饮用水质量获得提升。在卫生方面，12.31% 的样本贫困农户认为厕所卫生条件得到改善（见表 1）。

表 1　贫困农户生活设施变化状况

单位:%

内　　容　　　　变化情况	"变大/好了"	"没有变化"	"变小/差了"	合　　计
住房面积	23.08	76.92	0	100.0
住房质量	29.23	70.77	0	100.0
饮用水方便程度	36.92	63.08	0	100.0
饮用水质量	36.92	63.08	0	100.0
厕所卫生条件	12.31	87.69	0	100.0

　　二是扶贫对象收入获得提高。从贫困农户的种养业、收入、负债状况来分析精准扶贫对贫困户生计发展的成效;种植业方面,18.46%的样本贫困农户认为种植面积变大了;养殖业方面,16.92%的样本贫困农户认为养殖规模变大了;在农户收入方面,58.46%的样本贫困农户认为收入水平提高了;农户负债方面,27.69%的样本贫困农户认为负债状况变好了(见表2)。

表 2　贫困农户生计发展变化情况

单位:%

内　　容　　　　变化情况	"变大/高/好了"	"没有变化"	"变小/低/差了"	合　　计
农业种植面积	18.46	73.85	7.69	100.0
养殖业规模	16.92	83.08	0.0	100.0
收入水平	58.46	36.92	4.62	100.0
负债状况	27.69	47.69	24.62	100.0

　　三是扶贫对象灾害应对能力有所提高。灾害因素是贵州贫困村和贫困户发展的重要阻碍。扶贫对象灾害应对方面,35.38%的样本贫困农户表示灾害预防和应对能力得到提升。尽管有三成多的贫困农户认为其灾害应对能力有所增强,但仍有六成多的贫困农户表示灾害预防与应对能力没有变化,极少数贫困农户表示灾害应对能力降低(见图1)。

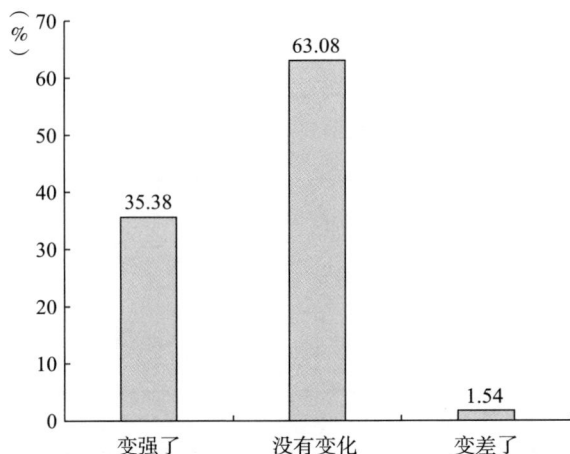

图1　贫困农户灾害预防与应对能力情况

　　贵州精准扶贫工作取得积极成效，同时也存在一些问题。一是扶贫对象进退指标"刚性"化不利于推动农村减贫。贵州及其他省区对扶贫对象建档立卡和脱贫退出都进行了严格的指标化。扶贫对象纳入和脱贫人口退出都是根据相应指标进行的。贫困人口进出指标化，一方面，精准扶贫中人为失误等因素导致指标在各村的分配与贫困人口分布存在偏差，从而使部分真贫人口因缺乏指标而被排斥在帮扶之外；另一方面，脱贫人口的指标化，也使脱贫成为"硬要求"，可能带来未脱贫的扶贫对象"被"退出的风险。精准识别和精准脱贫也存在概率问题，因此在扶贫对象纳入和脱贫对象退出指标下达到村时应进行更为弹性的设置。二是产业化扶贫的整体性与贫困户脱贫需求差异化存在张力。自精准扶贫实施以来，目标、任务、资金和权责"四到县"制度全面实施，扩大了县乡产业扶贫的自主权，产业扶贫资金规模大幅增加。在基层实践操作中，走规模化路线的产业化扶贫与扶贫对象差异化的发展需求必然存在张力。贫困农户缺乏资金、技术以及在脱贫产业发展方面的多元化，产业发展必然是分散和小规模的。县乡政府在产业扶贫规划和布局中，更倾向于推动辖区内农业产业规模化和资金、技术密集型发展，会使精准扶贫过程中出现贫困农户参与不足甚至是"被"参与到产业扶贫中。

第三节　贵州完善精准扶贫机制的基本经验

一　精准识别的主要经验

（一）精准识别"四看法"

国务院扶贫办出台《扶贫开发建档立卡工作方案》等系列政策和实施方案，制定了扶贫对象精准识别的统一方法。随后，贵州省出台《贵州省扶贫开发建档立卡工作实施方案》等政策文件将精准识别具体化。但基层政府在精准识别工作中仍面临农户收入测算困难等诸多挑战。在精准识别具体工作层面，贵州威宁迤那镇创新形成"四看法"精准识别方式。因"四看法"具有直观、易操作等特点且较好地克服了农户收入测算难等问题，在贵州获得了推广。"四看法"，即"一看房、二看粮、三看劳动力强不强、四看家中有没有读书郎"，从房屋、粮食、劳动力、教育等维度对农户贫困进行测量和评价。将四个维度分成四大类测量指标并赋予相应的分值。"四看法"总计分值100分，其中"一看房"共赋值20分，下设住房条件（5分）、住房面积（5分）、出行条件（4分）、饮水条件（2分）、用电条件（2分）、生产条件（2分）六项指标。"二看粮"共赋值30分，下设人均经营耕地面积（8分）、种植结构（8分）、人均占有粮食（6分）、人均家庭养殖收益（8分）四项指标。"三看劳动力强不强"共赋值30分，下设劳动力占家庭人口数（8分）、健康状况（8分）、劳动力素质（8分）、人均务工收入（6分）四项指标。"四看家中有没有读书郎"共赋值20分，下设教育负债（12分）、教育回报（8分）两项指标。根据农户获得分值状况，总分在60分以下的为贫困户。年终对脱贫成效进行评估时，综合评分总分在60分以下的为贫困户。60分以上的为脱贫户，其中60~80分为容易返贫户，需要进一步跟踪巩固，80分以上的为稳定脱贫户，退出扶贫程序。

（二）扶贫对象类型划分

精准识别出扶贫对象后，根据贫困特征和发展需求对扶贫对象进行类型划分是因地因人施策的重要基础。在贫困村层面，贵州省根据贫困发生率，将贫困发生率高于37.5%（含37.5%）的划分为一类贫困村，贫困发生率在31%~37.5%（含31%）之间的划分为二类贫困村，贫困发生率在27%~31%（含27%）之间的划分为三类贫困村。贫困农户识别出之后，贵州各市县探索出了一些贫困农户类型划分方式方法。例如铜仁市印江县对致贫原因进行深入分析后，依据"宜农则农、宜商则商、宜工则工"原则将扶贫对象分为"六型"农民，即农场主型、产业务工型、商业贸易型、合作发展型、专业技能型、政策保障型。针对农场主型扶贫对象，通过土地合理流转、资源优化配置和政策倾向扶持，鼓励有能力的成为农场主、种植大户、养殖大户；针对产业务工型扶贫对象，根据产业、建设的需求与劳动力配置情况，合理引导闲置的劳动力，集中就近或外出务工，实现增收致富；针对商业贸易型扶贫对象，通过政策引导、业务培训等方式使其开办商铺等，在服务他人的同时实现自身价值；针对合作发展型扶贫对象，通过引导贫困农户抱团成立合作社、协会等，整合资源、协同发展，抱团脱贫，相互促进实现增收致富；针对专业技能型扶贫对象，通过开展多层次、全方位的技能培训，分类引导扶贫对象进企业、进车间、进工地，做专业技能人才；针对智力存在一定缺陷、劳动能力丧失的扶贫对象，进行政策兜底，保障这一特殊群体的生活水平，确保贫困户在政策扶持下摆脱贫困。

二　精准帮扶的主要经验

精准帮扶是精准扶贫的核心内容，是实现扶贫对象精准脱贫的关键。精准帮扶实质是解决"谁来扶、怎么扶"的问题。精准帮扶的核心是实现扶贫资源和措施与贫困识别结果准确对接。精准帮扶主要集中在两个层面，即扶贫力量动员与整合和扶贫措施与扶贫对象需求对接。

（一）创新结对帮扶机制

在动员力量参与帮扶方面，贵州的经验包括"4321"结对帮扶行动、集团帮扶、包干扶贫等。

1. "4321" 结对帮扶行动

2014 年，贵州同步小康工作队与党建扶贫资源进行整合，从省、市、县、乡抽派机关干部开展结对帮扶行动，帮扶贫困户，形成 "4321" 行动机制。"4321" 机制指，副处级以上领导干部每人帮扶 4 户贫困户，正科级干部每人帮扶 3 户贫困户，副科级干部每人帮扶 2 户贫困户，一般干部每人帮扶 1 户贫困户。在驻村帮扶关系上，实行 "党政部门帮难村、政法部门帮乱村、经济部门帮穷村、专业部门帮产业村" 的分类帮扶原则。

2. 集团帮扶行动

集团帮扶是按照 "党政领导、部门负责人、群众主体、社会参与" 的思路，依据 "定点到乡、帮扶到村" 原则，对省级领导定点帮扶乡镇集中投入 1000 万元财政扶贫资金，并以县为单位按照 1∶3 以上的比例整合各类资金，使每个村投入的资金平均在 200～300 万元。通过机制创新，整合资源，重点突出，板块推进，用 2～3 年的时间使定点帮扶的贫困乡镇（15～20 个村）整体脱贫，做到 "不脱皮、不脱钩"。

3. 包干扶贫

贵州的包干帮扶是遵从 "优势互补、双方协商、统筹安排、相对固定" 原则，明确帮扶单位帮扶责任，以一定数量的贫困村和一定数量的贫困人口为帮扶对象，开展包干扶贫工作，实现对 9000 个贫困村全覆盖。包干帮扶具体机制分省、市（州）、县三级包干扶贫贫困村责任制，企业包干扶贫贫困村等。省、市（州）、县三级包干扶贫贫困村责任制是省、市、县三级党政机关、事业单位、人民团体、大中专院校分别按 "2、1、1" 的标准包干扶贫贫困村。"2、1、1" 标准即省级党政机关、事业单位、人民团体、大中专院校分别负责包干 2 个贫困村，其余两级党政机关、事业单位、人民团体、大中专院校分别负责包干帮扶 1 个贫困村。企业包干帮扶贫困村，即在开展国有企业整县帮扶 12 个贫困县的基础上，动员省内 100 家以上国有企业积极参与包干扶贫贫困村活动，每个企业结对包干扶贫 2 个贫困村。另外，贵州省还以村企共建为平台在全省民营企业中选择 1000 家民营企业 "一对一" 结对包干扶贫 1000 个贫困村。

（二）创新精准帮扶机制

从减贫效果角度看，精准帮扶既需要将扶贫资源用在真正的贫困人口，即帮扶措施要与建档立卡贫困户衔接，同时也需不断提高扶贫资源使用效益，形成减贫效益。在多元贫困治理格局中，不同帮扶主体的扶贫资源特点不同。政府和社会领域的扶贫资源注重公平性。市场领域的资源更多强调市场规则和效率优先。贵州省在实施扶贫资源与精准识别结果相结合的过程中，较好地注重效率与公平。如铜仁市印江县的"龙头企业＋代养户＋贫困户"三级联动生猪产业模式。该模式的主要内容为龙头企业向生猪代养户提供仔猪、饲料、全程技术服务，并负责回收、销售育肥猪；具有过硬养殖技术的代养户负责生猪养殖并按公司要求建生猪养殖圈舍。建圈资金部分由代养户出，部分由财政扶贫资金按照一定比例承担。建档立卡贫困户（特别是缺乏技能和能力的贫困户）依据财政扶贫资金建圈股份获得代养户收益的股份分红。其创新点是在公司与贫困农户之间，加入了具有丰富经验的代养户，提高生猪养殖产业发展能力，较好地提升了扶贫资金使用效率，同时由于建档立卡贫困农户能从代养户收益中分红，也保证了扶贫资金在产业发展投入中的公平性和减贫效益。

此外，兼顾效益与公平也体现在贵州另外一些扶贫措施与精准识别结果衔接之中。如在扶贫生态移民搬迁过程中，实行住房建设差别化补助政策（建档立卡贫困人口补助 2 万/人，非贫困户补助 1.2 万/人），优先搬迁贫困户，实施整村搬迁的要求是贫困村中贫困人口比例高、生存条件恶劣的自然寨和村民小组，插花型搬迁安置的必须为建档立卡贫困户，等等。在实施教育精准扶贫措施过程中，对贵州省户籍、就读高中以上学校（不含研究生）的农村贫困学生凭《扶贫手册》可相应申请普通高中、中职学校的"两助三免（补）"和普通高校"两助一免（补）"。

三　精准管理的主要经验

贵州精准管理经验集中体现在其"精准扶贫云"工程中。扶贫云技术是以 GIS（地理信息系统）作为主要展示手段，利用大数据技术，依据贫困发生率和"四看法"衡量指标，直观反映贫困人口的分布情况、致贫原因、帮扶情况、脱贫路径以及脱贫情况。具体来说，贵州扶贫云系统分为指挥调度平台、责任监控平台、任务监控平台、项目资金监控平台、脱贫管理平台。利用指挥调度平台，能较好地展示各地如何通过扶贫云实现贫困地区、贫困人口"挂图作战、按图消号"；利用责任监控平台，落实"五主五包"责任，层层展示片区、市、县、乡、村各级扶贫责任人、责任单位，并显示每个行政区域本级及下级预警信息数，实现责任精准；利用通过任务监控平台，展示"五个一批""十项行动"整体规划、脱贫计划、实施进度、完成情况，并显示每个行政区域本级及下级预警信息数和内容，落实"五个一批、十项行动"工作任务，实现帮扶精准；利用项目资金监控平台，监控各级扶贫项目申报、评估、立项、审批、资金拨付、报账、实施、监管、验收等全流程完成情况，实现项目资金到位精准、帮扶精准；利用脱贫管理平台，展示各级贫困县、贫困乡、贫困村脱贫标准，贫困指数（"四看法"分值），脱贫计划及完成情况，实现精准脱贫。

四　扶贫对象退出经验

（一）贫困县"减贫摘帽"与考核

贵州省贫困县"减贫摘帽"与考核经验主要分两类：一是对已实现省定标准"减贫摘帽"的重点县，加大扶贫开发力度，每年贫困发生率确保下降4.3个百分点以上，到2017年底全部按照全县贫困发生率低于4%的退出标准和退出计划实行刚性退出；二是对未实现省定标准"减贫摘帽"的重点县，继续按照省定标准进行考核（贫困县退出考核标准为：贫困发生率下降4.3个百分点、年末农村居民人均可支配收入省定考核标准为6600元、地方公共财政一般预算收入为上年完成数的115%。年末农村居民人均可支配收入与地方公共财政一般预算收入增幅的考核权重分别为60%和40%），从达到省定标准的次年按照"年度贫困发生率每年下降4.3%以上"标准考核，并按照国定退出标准和退出计划实行刚性退出。

此外，对成功"减贫摘帽"的贫困县，承诺"摘帽不摘政策"，以及给予"摘帽奖励"和"减贫奖励"。"摘帽不摘政策"即原有政策保持不变，并且安排到县的财政扶贫资金总量原则上以其前三年常规总量的平均数为级数，按 10% 的增幅逐年递增。"摘帽奖励"和"减贫奖励"是指对实现"摘帽"的国定贫困县从摘帽当年起至 2018 年，每年给予 1000 万元扶贫项目奖励。属于省定经济强县的国家扶贫开发工作重点县的，"摘帽"当年一次性奖励 1000 万元扶贫项目资金。同比上年，年度减贫人口比例分别达到 50%、40% 和 30% 的，当年度一次性对应奖励项目资金 500 万元、400 万元和 300 万元。

（二）扶贫对象退出

1. 贫困乡（镇）退出

贫困乡"摘帽"按照县乡逐级申报、市州考评、省级核实、社会公示、省扶贫开发领导小组认定的程序进行。已经实现省定标准"摘帽"的贫困乡镇，按照"贫困发生率下降 4.3 个百分点以上"的标准，由市（州）进行年度复查，确保稳定脱贫。尚未实现省定"摘帽"标准的贫困乡镇在年度考核时，达到"贫困发生率年度下降 4.3 个百分点以上"和"农村居民人均纯收入达到年度考核标准"两个指标，即可以"摘帽"。"摘帽"次年起，按"贫困发生率年度下降 4.3 个百分点以上"标准，由市（州）进行年度复查。

2. 贫困村和贫困人口退出

贫困村退出以贫困发生率和村级集体经济为主要衡量指标，在实现"贫困发生率年度下降 4.3 个百分点以上、村集体经济积累不低于 3 万元"两个指标即可退出。退出程序按照县乡初选对象、县级公示公告、省级备案管理和信息录入的程序进行。县乡确定初选对象时，综合考虑村基础设施和公共服务建设、产业发展、贫困发生率等情况。县扶贫办组织有关部门开展入村调查、摸底核实、组织实施并逐级上报省扶贫办审定。

贫困人口退出按照"标准参考、民主评困、程序退出、动态管理"的原则进行。以"两不愁、三保障"为标准进行民主评困，用"四看法"进行定性测算，贫困标准进行定量计算。贫困人口退出由村支两委提出并组织民主评议，经村支两委和驻村工作队核实后完成"一公示两公告"的程序。贫困人口退出结果通过"扶贫云"报省、市、县扶贫开发领导小组备案。

第四节　结论与启示

一　简要结论

自 2013 年国家提出精准扶贫方略以来，精准扶贫机制从精准识别、精准帮扶、精准管理、精准考核逐渐完善为"六个精准"和"五个一批"，精准扶贫的顶层设计和政策体系日益完善。精准扶贫核心是要落实"扶谁的贫"即实现扶贫对象精准识别，"谁去扶贫"即扶贫资源的精细化管理，"怎么扶贫"即对贫困问题进行精准干预，"效果怎样"即精准扶贫的评估与考核。贵州省农村贫困人口多、贫困面广、贫困程度深，是全国扶贫攻坚和全面建成小康社会的重点省份。同时贵州也是较早探索精准扶贫机制创新的省份之一，在精准扶贫工作机制建立和完善中取得较好成绩，形成了贵州经验。

贵州在完善精准扶贫体系中的突出经验主要体现在以下方面。

一是通过机制创新获得了较好的精准识别结果，解决了"扶谁的贫"问题。贵州探索出"四看法"方式和贫困指数（"四看法"分值）等操作性强、准确度较高的精准识别机制。

二是针对扶贫对象贫困特点和发展需求，贵州相关市县形成了贫困农户多样化分类方式，辅以相应帮扶内容，如印江县的"六型农民"和"三型"农民的扶贫对象类型划分。

三是探索形成"4321"结对帮扶等帮扶机制，实现扶贫对象全覆盖。通过创新机制促进扶贫资源使用的效益与公平并重。

四是借助大数据技术，推动形成能直观反映贫困人口分布、致贫原因、帮扶情况、脱贫路径情况的扶贫云系统，基本实现了对精准扶贫的实时调度、监控和管理。

上述机制创新和体系完善较好地推动了贵州省"六个到村到户""基础设施建设六项行动计划""33668"扶贫攻坚行动计划等精准扶贫计划的顺利实施和效果保障。贫困村扶贫资源增加、基础设施发展较快、产业投入力度提升后，贫困农户生活设施、生计和收入、灾害应对能力等都获得了较好的提升。当然，贵州在完善精准扶贫体系中也存在一些问题，如扶贫对象进退指标的刚性化，产业化扶贫整体性要求与扶贫对象差异化需求之间存在张力等。

二　启示与意义

贵州省精准扶贫的经验和做法既具有特殊性（立足于本省实际）也具有一定的共性特点（贵州精准扶贫政策体系目的是落实国家精准扶贫方略与政策）。贵州经验对其他省区精准扶贫工作的启示和意义体现在以下几个方面。

一是精准识别扶贫对象除了考虑最为直接的收入指标外还要在机制创新中将其他维度指标融入进来。贵州省"四看法"扶贫对象识别模式从多维贫困的角度测量出省域内的贫困人口，既在操作上比较可行，也获得了较高的精准度，具有较大的借鉴价值。

二是根据扶贫对象的基本情况和发展需求对扶贫对象类型划分十分必要。贫困人口规模越庞大，扶贫对象发展需求的差异性越明显。各地建档立卡贫困户的发展需求差异性是客观存在的。这就给扶贫措施与精准识别结果衔接带来了挑战。某种程度上导致了扶贫项目针对性不强、"大水漫灌"的低效现象。在实施贫困问题精准干预过程中，贵州根据建档立卡贫困户的基本情况和发展需求，对扶贫对象进行了不同类型的划分，如"六型农民""三型农民"等，为扶贫措施与扶贫对象发展需求衔接提供了信息基础。

三是扶贫资源到村到户是改变以往扶贫项目"大水漫灌"低效的重要方向。这也是实施精准扶贫的基本要求。我国的扶贫资源主要由政府、公益机构等具有公共特质的组织提供。有的扶贫资源具有公共性或整体性特点，如产业扶贫资源；而有些扶贫资源则具有个体化特征，如教育培训扶贫资源。从贵州实施"六个到村到户"的情况来看，具有个体化特点的扶贫资源能较好地实现到村到户，即能与建档立卡贫困户需求有效衔接。具有整体性的扶贫资源到村到户实施效果不是太理想，如产业扶贫项目存在产业发展的整体性与扶贫对象发展需求差异化的张力，到村到户效果一般。促进整体性特质扶贫资源与精准识别结果衔接将是今后精准扶贫工作的一个重点和难点。

四是责任、权力、资金、任务"四到县"制度增加了县级部门扶贫资源配置权，调动县级政府扶贫工作的积极性和提高工作效率，有利于促进扶贫资源与扶贫对象需求衔接。同时，资金安排权力到县后，省、市层级政府与县级及以下政府之间关于扶贫资金项目的信息不对称程度在增加。相应的，上级政府对基层政府扶贫资金项目相关的监管和有效评估难度也会增加。贵州探索实施的扶贫云系统则较好地解决了扶贫资源配置权下到县甚至乡镇之后出现的监管、评估难的问题。通过扶贫云的各类展示平台上级部门能实时全面掌握各基层政府精准扶贫情况，为有效监督与评估提供技术支持。

第四章 广泛动员社会参与精准扶贫

向德平 高 飞

改革开放以来，我国坚持实施大规模扶贫开发，通过发展带动脱贫使 7 亿多人口摆脱贫困，为全球减贫事业做出巨大贡献。目前扶贫工作已进入啃"硬骨头"的攻坚阶段。根据国家统计局发布的《2015 年国民经济和社会发展统计公报》，2015 年我国农村贫困人口从上年的 7017 万人减少到 5575 万人，减少 1442 万人（比上年多减 210 万人），贫困发生率从上年的 7.2% 下降到 5.7%。年度减贫 1000 万人以上的任务超额完成，"十二五"扶贫开发圆满收官。不容忽视的是，"十三五"期间还需要帮助 5575 万人脱贫，农村常住人口 6.7 亿人，超过 5000 万的贫困人口几乎占了整个农村人口的 1/13，而且这 5575 万的贫困人口多处于生存条件恶劣的石漠化区、高寒深山区、灾害频发区，往往"无业可扶"；失能、残病、孤寡人口比重高，往往"无力可扶"；致贫原因复杂，贫困程度深，脱贫难度较大。扶贫越往后，脱贫的难度越大，这块"硬骨头"必须要啃下，这是全面建成小康社会的底线目标。

第一节 社会扶贫的发展历程与现状

为了确保到 2020 年我国现行标准下农村贫困人口如期脱离贫困，需要大力弘扬中华民族扶贫济困的优良传统，形成扶贫开发工作强大合力，充分发挥我国政治优势和制度优势，动员和凝聚全社会的力量，以更大决心、更精准思路、更有力措施，坚决打赢脱贫攻坚战。①

一　中国社会扶贫的历史沿革

自古以来，中国人民就有守望相助、扶危济困的传统美德。早在先秦时期，儒家、墨家等学派纷纷提出了救助贫弱的社会思想。以"仁"为精神内核的儒家思想家，提出了"大同"的理想社会观念。当然，先秦时期的"赈灾"和"恤贫"活动主要是国家主导的，包括设立各种仓储设施，举办各种赈灾活动。如同著名历史学家吕思勉先生所指出的一样："时愈近古，则赈济之出于官家者愈多，以官家之财产较多也。"但不应忽略的是，在国家层面的"济困"之外，民间的社会救助体系也颇为发达。如宋代理学家朱熹建立"社仓"制度，通过民间的实物信贷来解决青黄不接时期贫困农户的生计问题。明末清初，自然条件较好、经济较为发达的江南地区的无锡、太仓等地，先后出现了同善会、广仁会、同仁会等民间慈善团体，此为现代慈善之萌芽。

新中国成立初期，由于经历了长期的战乱，国民经济濒临崩溃。在当时的经济基础之上，中国政府建立了基于当时国情的比较合理的社会救助制度，对陷入困难和不幸中的公民给予款物接济和帮助。当时的救济，主要包括失业救济、灾害救济、孤寡病残幼救济三个方面。1984年9月，以中共中央和国务院的名义下发了《关于帮助贫困地区尽快改变面貌的通知》，标志着中国政府开始了有组织、有步骤的大规模减贫行动。1986年，中国政府组建了专门的扶贫开发工作机构——国务院贫困地区经济开发领导小组，随后各省、市、自治区分别建立了扶贫开发工作的领导机构和办公常设机构。1996年，中央扶贫开发工作会议以后，我国全面展开了东西扶贫协作工作，国家提出了东西协作扶贫，以东部发达省市对口帮扶西部贫困地区为主要方式支援地区扶贫开发建设，并不断增加对口帮扶的省市数量。

---

① 习近平：《在河北省阜平县考察扶贫开发工作时的讲话》，节选自《做焦裕禄式的县委书记》，中央文献出版社，2015，第19页。

进入 21 世纪以来，国家开始注重动员民营企业参与扶贫开发，并进一步鼓励社会组织、社会公众参与贫困地区扶贫开发。多年以来，在全国开展的定点扶贫、东部 15 个省市与西部 10 个省市区开展的东西协作扶贫，以及民营企业、社会组织、社会公众参与扶贫开发的社会扶贫工作，都取得了显著成效，社会扶贫也越来越成为扶贫开发工作中最有潜力、最具活力的一个组成部分。

当前，脱贫攻坚已经到了"啃硬骨头"、攻坚拔寨的冲刺阶段，所面对的都是贫中之贫、困中之困，贫困人口发展能力弱，精准扶贫难度大。必须动员全社会的力量实现精准扶贫以提升贫困群众的获得感，让贫困人口有尊严地生活。唯有如此，才能保证在"实现小康的路上一个也不掉队"。全面建成小康社会的基本标志之一就是农村贫困人口的全部脱贫。全面建成小康社会，最艰巨的任务在农村，"小康不小康，关键看老乡"，关键在贫困的老乡能不能脱贫。目前，我国扶贫开发已经从以解决温饱为主要任务的阶段转入巩固温饱成果、加快脱贫致富、改善生态环境、提高发展能力、缩小发展差距的新阶段。在新阶段，更有效地帮助贫困地区、贫困村加快发展，支持贫困农户增收脱贫、提高发展能力，是全面建成小康社会的重点难点。

贫困地区的小康如何实现？动员社会力量参与扶贫是一条最为有效的路径。事实上，中国扶贫事业不同于国外的救济性、慈善性扶贫，而是一项富有政治意味的特殊任务。然而，政府的力量毕竟有限，加之我国的贫困分布有很强的区域性特征，有相当一部分是在自然条件恶劣、生态环境脆弱的革命老区、民族地区、边疆地区。这种情势下，急需社会力量的补充，加快推进我国扶贫开发的进程。

围绕贫困地区同步小康和扶贫攻坚工作任务，中央政府出台《关于创新机制扎实推进农村扶贫开发工作的意见》，形成了以精准扶贫机制为核心的扶贫开发战略部署。根据中央对扶贫开发工作的有关要求，新阶段在以定点扶贫、东西扶贫协作、民营企业参与扶贫作为推进扶贫开发有效模式的同时，也要根据新的社会发展形势，广泛动员社会力量，共同采取行动，推动社会扶贫模式的继续创新。

二　贵州省社会扶贫格局的形成与发展

自"八七扶贫攻坚"以来，贵州始终坚持"动员社会力量参与扶贫开发"的理念，并且在实践中不断丰富其内涵。

1994年，"八七扶贫攻坚"的开局之年，贵州省率先提出"把山里开发与山外开放结合起来，把贫困地区的开发与省内外经济发达地区的发展结合起来，在更大范围内寻找脱贫致富的途径"。在开放式扶贫思维的指引下，提出三个方面的具体举措：其一，在积极引导农村劳动力搞好山区综合开发的同时，加强对劳务输出的引导、服务和管理，县要建立健全劳务输出组织，提供信息，介绍职业，实施培训，开拓输出领域，提高输出效益。实行有计划的异地开发；其二，引导没有办企业条件的贫困乡村，自愿互利，带资入股，带劳从业，到投资环境较好的城镇和工业小区兴办企业。在省内异地办企业的实行"一统四分"，既统一经营，按股份分利润、分税收、分产品、分劳动就业指标；其三，对极少数生存和发展条件特别困难的村寨和农户，有关县要在上级的支持下，组织移民开发，异地安置。

2005年，《贵州日报》撰文，认为贵州的扶贫开发除了从改变客观条件、改善基础设施、完善政府政策等方面着手外，需要引入并整合新型的扶贫开发资源和要素，更需要建立健全全社会参与，多元化、全方位的新型扶贫开发平台和制度体系，使扶贫工作真正"扶到贫""开而发"。文章还专门对政府在扶贫开发中的角色进行了阐释，提出"新阶段扶贫开发，必须确立新型的开发战略及目标取向，通过新的扶贫机制及制度体系设计，使扶贫工作迈上新台阶"。目标设计应着眼于充分发挥政府的主导作用，建立贫困地区及贫困户开放开发的机制。政府的主导作用在于建立创新机制，进行制度设计；建立贫困地区及贫困户开放开发机制，则在于资源整合及观念、管理和实现方式的创新。

新时期，贵州动员社会力量参与扶贫开发的内涵不断丰富，体现在以下几个方面。其一，扶贫目标方面，致力于为贫困人口提供更多的发展机会，提高贫困人口可持续生计能力，强调贫困地区和贫困农户在扶贫开发项目开展过程中主体性的发挥。其二，扶贫主体方面，政府主导、企业参与、社会帮扶的网络式扶贫兴起。在政府引导下，鼓励贫困人口、企业主体和社会力量自发参与，整合多方面的资源，有序参与扶贫开发事业。其三，扶贫方式方面，综合运用龙头企业带动减贫、社区治理助力减贫、普惠金融服务减贫、基层民主促进减贫等多方面的治理工具。

2012年5月，按照《国务院关于进一步促进贵州经济社会又好又快发展的若干意见》（国发〔2012〕2号）有关贵州创建"全国扶贫开发攻坚示范区"的重大部署，贵州省发布《关于加快创建全国扶贫开发攻坚示范区的实施意见》（黔党发〔2012〕26号），总体上提出，通过稳步提升喀斯特山区水利建设、生态建设、石漠化治理"三位一体"综合治理成效，稳固形成专项扶贫、行业扶贫、扶贫开发社会参与"三位一体"的大扶贫格局。稳定强化党政主导、整县推进、集团（党建）帮扶"三位一体"攻坚组织架构，加快把贵州建设成全国多民族聚居、欠发达省份扶贫攻坚后发赶超的示范区，建设成经济持续增长、政治文明进步、文化繁荣发展、民族团结和睦、社会和谐稳定、生态环境良好的示范区。

2013年1月，贵州省第十一届人民代表大会常务委员会第三十三次会议通过《贵州省扶贫开发条例》，鼓励民主党派、工商联、工会、共青团、妇联、科协等组织积极引进项目、资金和技术等参与扶贫开发。各级人民政府应当组织或者协调国家机关、社会团体、企业事业单位等到贫困地区进行定点帮扶，并引导其他社会力量开展帮扶活动。鼓励开展各类扶贫开发试点和示范区建设，探索扶贫开发新途径。

2013年12月8日，贵州省委十一届四次全会审议通过《关于贯彻落实〈中共中央关于全面深化改革若干重大问题的决定〉的实施意见》，明确提出要创新扶贫开发体制机制，切实做到精准化识别、针对性扶持、动态化管理，实施精准扶贫调查摸底精准、对象管理精准、对象增收精准、干部包保精准。县直各部门、省州驻县单位成立驻村工作队，实现行政村驻村帮扶全覆盖，建立基层党员帮带贫困农户制度，1名基层党员至少帮带2户以上贫困户。

2015年6月，贵州省人民政府办公厅印发《贵州省"33668"扶贫攻坚行动计划》，提出用 3 年时间减少 300 万贫困人口，"深入实施精准扶贫'六个到村到户'，完成'六个小康建设'任务"，实现贫困县农村居民人均可支配收入 8000 元以上。到 2020 年，再把贫困人口减少到 160 万人左右。到 2017 年贫困县农村居民人均可支配收入达到 8000 元以上，加快实现重点县和贫困乡镇"减贫摘帽"、贫困村出列和贫困人口脱贫。

社会扶贫是扶贫开发的重要组成部分。贵州省始终坚持把社会扶贫作为扶贫开发中的一项重要工作，着力搭建培育多元社会扶贫主体的工作平台，不断探索社会扶贫的参与方式，创新完善人人皆愿为、人人皆可为、人人皆能为的社会扶贫参与机制，初步构建了政府、市场、社会协同推进扶贫开发的工作格局，对促进经济社会发展和贫困农民脱贫致富发挥了不可替代的作用。

第二节　贵州省社会扶贫的做法与成效

广泛动员全社会力量参与是中国特色扶贫开发事业的重要组成部分，集中体现了社会主义制度的优越性和中华民族扶贫济困的传统美德。贵州是全国贫困人口最多、贫困面最大、贫困程度最深的省份，是全国扶贫开发的主战场，扶贫开发被贵州省委、省政府列为全省"第一民生工程"。21世纪以来，特别是党的十八大以来，贵州省积极动员社会力量对贫困村实行包干扶贫。一是省级党政机关、事业单位、人民团体、大中专院校分别负责包干 2 个贫困村，其余两级党政机关、事业单位、人民团体、大中专院校分别负责包干帮扶 1 个贫困村。二是开展企业包干扶贫贫困村活动。动员100 家以上国有企业积极参与包干扶贫贫困村活动，每个企业结对包干扶贫2 个贫困村。选择 1000 家民营企业"一对一"结对包干扶贫 1000 个贫困村。三是争取中直单位、对口帮扶城市、各民主党派及驻黔部队参与包干扶贫贫困村。四是倡导、鼓励和动员其他社会力量参与包干扶贫贫困村。按照能力大小和意愿，自主选择以村、组、贫困户作为帮扶对象，或以帮扶项目的实施为载体，开展包干扶贫工作。形成了以定点扶贫、东西部扶贫协作、军队和武警部队扶贫为示范引领，各民主党派、工商联和无党派人士、企业、社会组织和公民个人积极参与的良好格局，用实际行动彰显了中国人民守望相助、扶贫济困、自强不息的精神风貌。

一　贵州省社会扶贫做法与经验

（一）充分发挥各类主体作用，搭建了社会扶贫的多元参与平台

1. 建立定期联络制度，推进定点扶贫

定点扶贫是中国特色扶贫开发事业的重要组成部分，是党中央、国务院为加快扶贫攻坚进程、构建社会主义和谐社会做出的一项重大战略决策。贵州省借助中央统战部、公安部、水利部、国家烟草专卖局等32个中央单位（企业）对省内贫困县定点扶贫这一工作平台，建立起定点扶贫定期沟通和联络的机制，有效加强了贵州省与中央单位（企业）的沟通联系和密切合作。贵州省根据中央定点扶贫单位（企业）的行业特点和资源优势，结合贫困县实际编制"十三五"定点扶贫规划和制订年度工作计划，并纳入县级扶贫实施规划。此外，加大对信息、技术、智力、人才等其他要素的引进力度，不断推动中央单位（企业）与贵州省经济技术交流合作，为中央单位（企业）下派干部挂职交流提供渠道，推进中央单位（企业）在省内革命老区重点县开展百县万村活动。以中央统战部定点帮扶赫章县为例，中央统战部以科技兴农扶贫项目为依托，帮扶赫章县调整产业结构；派出挂职干部，同时组织专家深入实地调研，制定县、乡、村三级扶贫开发规划；组织浙江、上海等地的企业到赫章考察与投资，联系台盟中央、南京爱德基金会等开展社会事业帮扶。为赫章县的经济社会发展提供了源源不断的动力支持。

2. 完善交流合作机制，强化对口帮扶

自1996年起，党中央、国务院决定大连、青岛、宁波、深圳四个城市对口帮扶贵州省，其中大连市对口帮扶遵义市、六盘水市，青岛市对口帮扶安顺市、铜仁市，宁波市对口帮扶黔西南州、黔东南州，深圳市对口帮扶毕节市、黔南州。2013年，国务院办公厅印发《关于开展对口帮扶贵州工作的指导意见》（国办发〔2013〕11号），明确上海、大连、苏州、杭州、宁波、青岛、广州、深圳8个城市分别对口帮扶遵义市、六盘水市、铜

仁市，黔东南州、黔西南州、安顺市、黔南州、毕节市，实现了"一对一"对口帮扶。据统计，3年来，8个帮扶城市累计向贵州投入各类帮扶资金10亿元以上，集中用于受帮扶地区产业发展、基础设施建设以及社会事业各个方面，有力地促进了贵州省贫困地区经济社会发展。

表1　2015年贵州对口帮扶统计

编　号	帮扶城市	对口扶贫州市
1	上海	遵义市
2	大连	六盘水市
3	苏州	铜仁市
4	杭州	黔东南州
5	宁波	黔西南州
6	青岛	安顺市
7	广州	黔南州
8	深圳	毕节市

贵州省按照"优势互补、互惠互利、共同发展、长期合作"的原则，深化与8个对口帮扶城市的工作联络机制，完善帮扶双方高层互访、恳谈会议、联席会议、区县结对等工作联络机制。分别在经济协作、扶贫攻坚、园区共建、职业教育、人才交流、引企入黔、文化旅游等重点领域开展合作。充分发挥对口帮扶资金示范性和引领性作用，用于支持贵州省实施精准扶贫"六个到村到户"和小康路、小康水、小康房、小康电、小康讯、小康寨基础设施"六个小康建设"以及教育助学、就业促进、医疗卫生等民生工程。积极为帮扶城市社会各界参与对口帮扶搭建平台、创造机会、提供支持，鼓励开展爱心助贫、义务支教、志愿服务等多种形式的社会帮扶活动。8个帮扶城市结合受帮扶市州的特点，有针对性地开展帮扶和合作。例如，上海市重点扶持"93"教育、新农村建设、产业发展、人力资源开发等领域。上海市漕河泾经济开发区与遵义国家级经济技术开发区合作共建5000亩产业园，上海浦发银行为遵义企业融资41.9亿元；大连市培训六盘水贫困地区干部40人，培训医疗骨干58名。支持六盘水市建立"大

连·六盘水扶贫产业示范园"等一批扶贫示范项目;苏州市在铜仁市帮扶建设总投资 7300 万元的云舍历史文化名村项目,已由同济大学等单位完成整体规划编制和景观设计并启动建设。总投资 2.4 亿元的万山区中等职业技术学校项目破土动工;杭州市以及下辖 8 区 3 市 2 县,结对帮扶黔东南州 16 个县市。2013 年投入帮扶资金 3000 万元,重点发展中等职业教育。两市还持续加强旅游合作;宁波市在黔西南州确定对口帮扶项目 70 个,帮扶资金 4496.37 万元。爱心人士、爱心企业捐赠物资 1626 万元,并组织 160 余家企业赴黔西南州投资考察和洽谈;青岛市高水准规划建设安顺·青岛产业园区,充分运用青岛绿色产品博览会、世界园艺博览会等展会平台推介安顺企业;广州市援建黔南项目 26 个、扶持 14 个贫困村。帮助都匀经济开发区建设对口帮扶产业园。委托中山大学每年为黔南州培训干部 200 名;深圳市加大扶持毕节市 40 个贫困村。推动双方以能源资源综合产业园区建设为重点的能源、农产品产供销、旅游产业、招商引资、产业转移等方面的合作。①

3. 借助统一战线力量,深化"同心工程"

贵州省牢牢把握"扶贫开发、生态建设、人口控制"三大主题,进一步加强联系对接,充分借助中央统战部、各民主党派中央、全国工商联、专家顾问组和国家有关部委、东部、十省市统一战线参与毕节试验区建设工作平台,深入实施"同心工程",全面助推毕节试验区决战贫困、同步小康。积极借助统一战线力量,推进黔西南"星火计划、科技扶贫"试验区向"科技扶贫、创新发展"试验区转变,支持办好"中国美丽乡村·万峰林峰会"等活动。充分发挥统一战线优势,通过智力支边、光彩事业等形式,帮助贫困地区加快发展教育、卫生、科技、文化等社会事业,改善基础设施条件,发展特色优势产业,促进农民增收。"同心·彩虹行动"是民进中央帮扶金沙县的一个典型。2009 年 9 月 5 日,为发挥民进教育资源优

---

① 朱邪、陈富强、旷光彪、胡丽华:《东部 8 个城市对口帮扶贵州 8 市(州)回顾与展望》,《贵州日报》2014 年 3 月 3 日。

势，深入推进"同心工程"的实施，民进中央在金沙县正式启动"同心·彩虹行动"。该行动主要帮助金沙县加强教师队伍建设、提高金沙县教师素质，成为民进参与推动毕节试验区建设的重要平台和载体。"同心·彩虹行动"启动以来，民进中央充分发挥教育优势，举全会之力，以智力帮扶为主要形式，以教育、卫生事业为重点，积极帮扶、支持、推进金沙建设，取得了实实在在的成效。4 年来，民进各级领导、专家、企业家共 90 余批次、1138 人次到金沙开展帮扶；各级民进组织、会员企业家先后投入资金885.94 万元，资助贫困学生，修建了一批教学楼、图书室、计算机室、多媒体教室、音乐教室等，进一步改善了金沙县农村办学条件；捐赠总价值2312.22 万元的核磁共振、螺旋 CT 等医疗设备，进一步改善了医疗卫生条件；举办 100 多期培训班，累计培训金沙县教师、医务工作者 11007 人次，提升了金沙县教育师资和医疗卫生队伍整体水平。4 年来，一道道"彩虹"从祖国的四面八方飞架在金沙的上空，把金沙县同民进中央以及各级民进组织连在一起：同心同向，共架"彩虹桥"。[1]

此外，注重发挥国有企业优势，开展"百企帮百村"也是贵州多年来一直坚持开展的一项工作。"企业参与扶贫开发，可以给贫困地区带来资金、技术、管理等先进生产力，为贫困地区营造商品生产、市场经济氛围，帮助贫困人口转变发展观念，从根本上激发贫困地区的发展活力。"[2] 国有企业具有资金、技术、人才、管理及内引外联的优势。贵州省在利用上述资源优势参与"部门帮县、处长联乡、干部驻村"挂钩联系、开展同步小康驻村帮扶工作的基础上，搭建国有企业帮扶贫困村的新型平台。安排 100家左右省、市（州）国资委所属企业，结对帮扶定点扶贫重点县的 100 个以上贫困村。采取灵活多样的形式，通过资金、项目、信息、市场、技术等多种途径带动，帮助贫困村拓宽致富门路，开发优势特色资源，培育主导产业，改善生产生活环境，提高发展能力，实现整村脱贫。以贵州省思南县为例，自 2012 年"百企帮百村"活动启动以来，坚持"政府倡导、企

---

① 龙华：《民进中央帮扶金沙县纪略》，《毕节日报》2013 年 12 月 11 日。
② 李慧、柳霞：《"万企帮万村"精准扶贫行动启动》，《光明日报》2015 年 10 月 18 日。

业自愿、农户主体、村企联动、互利共赢"的原则，思南县省级以上扶贫龙头企业积极参与活动，共有 6 家省级以上扶贫龙头企业对口帮扶 6 个贫困村。采取产业带动、公益捐助、帮助自立等措施，活动成效显著。截至 2015 年 8 月 25 日，共有帮扶项目 16 个，已启动实施 11 个，投入资金 526 万元，惠及 7 个村 14210 余人，直接资助贫困户近 430 户，就地转移农村剩余劳动力近 600 人，涉及村农户年均增收 3000 元以上。

＊　　＊　　＊

专栏一　鼓励民营企业入驻，探索民营企业扶贫新模式之万达模式

鼓励和支持民营企业到贵州投资兴业，一直是贵州省长久坚持的一项政策。企业包县、整体脱贫，万达集团开启民营企业扶贫新模式，为全国级贫困县贵州省丹寨县注入发展活力。万达集团董事长王健林表示："我们在贵州的帮扶，重要的是形成一种可复制、可推广的企业扶贫新模式，确保直接、普惠农民。"

根据协议，2015~2019 年，万达集团计划在丹寨投资约 10 亿元，发展黑毛猪养殖、硒锌茶种植，以及教育扶贫、劳务用工等项目，带动当地发展和群众增收，实现整县脱贫。万达集团在丹寨县考察后，正式确定今年底前在该县完成 3 个养殖场、母猪扩繁场、屠宰场、肉产品加工厂、饲料厂的选址，以及 2015 年出栏 20 万头土猪规模养殖场建设任务。

在教育扶贫方面，万达集团在丹寨县投资建立一所能容纳 3000 人的职业技术学院，第一期按 2000 人规模启动建设，今后将录用 70% 的丹寨籍毕业生进入万达集团就业；由丹寨县以村为单位组织 1 万人左右的建筑施工队伍，经培训后在 2015 年春节前后就近到贵州、云南等地与万达集团合作项目的建筑工地务工。在人才扶贫方面，万达集团把扶贫作为自身整体发展的一部分，派驻一批优秀高管到丹寨挂职，提高扶贫效率。

丹寨县是国家级贫困县，目前全县共有贫困户 13603 户，贫困人口 51311 人，通过万达的教育和产业扶贫，力争 3 年、确保 5 年实现人均收入从 5000 元达到 10000 元，惠及全县 3 万农户，覆盖所有贫困人口。

*　　*　　*

专栏二　鼓励民营企业入驻，探索民营企业扶贫新模式之恒大模式

恒大投入 30 亿元结对帮扶毕节大方首批援建项目于 2 月 27 日开工，包括 40 项重点工程和 200 个农牧业产业化基地项目，引起社会各界高度关注。笔者了解到，恒大结对帮扶毕节大方县以来，各项工作加速推进，在中国扶贫史上投入资金巨大、扶贫措施齐全、推进效率高，将成为企业精准扶贫、精准脱贫的范本。

据了解，恒大首批援建大方县的 40 项重点工程总投资 12 亿元，包括 1 处易地搬迁移民安置区、10 处新农村；13 所幼儿园，11 所小学，1 所完全中学，1 所现代职业技术学院；1 所慈善医院，1 处敬老院，1 处儿童福利院，全部为交钥匙工程，2015 年底全部完工并投入使用。"这将使大方县医疗、教育、养老等公共设施得以极大改善，同时特困群体的社会保障水平也将大幅提升。"业内人士表示，项目建成后，6000 名贫困百姓将实现易地安置，3000 名幼儿和 1 万名中小学生获得良好教育，医疗床位、养老床位和儿童福利床位分别增加 500 张、400 张和 300 张，极大改善大方医疗、教育、养老等公共设施，大幅提升特困群体的社会保障水平。

同时开工的养殖、蔬菜、中草药、经果林、食用菌等 200 个农牧业产业化基地总投资达 3 亿元，2015 年底前全部建成并投入使用。

除此次首批援建 40 项重点工程和 200 个农牧业产业化基地项目的同时开工，恒大首批 10 亿元扶贫资金已捐赠到位、已设立 10 亿元产业扶贫专项贷款担保基金、已举办四期共 4000 人的吸纳贫困家庭劳动力就业培训、已为大方县 14140 名特困群众购买商业保险、2015 年春节前夕向大方县 5.8 万户贫困户发放 1160 万元过节费、"一助一"结对帮扶了 4993 名农村贫困家庭留守儿童、生活困境儿童和孤儿等。在不到 70 天时间内，恒大成功帮助近 3 万名贫困群众即将实现脱贫。

恒大借助自己在产业布局、企业管理和企业文化方面的优势，通过一揽子综合措施，满足了扶贫的各层次、各方面的要求，并通过跟进发展、

跟进帮助的方式，确保完成结对帮扶的任务。

4. 支持社会组织发展，打造扶贫公益品牌

社会组织在扶贫资金募集、项目实施、教育培训、调查研究、政策宣传等方面具有专业优势，贵州省大力支持和引导社会团体、基金会、民办非企业单位等各类组织积极从事扶贫开发事业，加强对社会组织开展扶贫活动的信息服务、业务指导和规划管理，鼓励社会组织承接政府扶贫开发项目，创新扶贫方式，打造优秀扶贫公益品牌和平台。到目前为止，较有影响力的公益品牌有"光彩事业""希望工程""贫困地区儿童营养改善计划""春蕾计划""爱心包裹""母亲水窖""扶贫志愿者行动计划"等，"春晖行动""助学工程""圆梦行动"等是针对贫困地区留守妇女、儿童、老人、残疾人等特殊群体的一对一结对、手拉手帮扶本地扶贫公益品牌。

5. 动员社会公众扶贫，构建扶贫志愿者网络

中华民族历来具有扶贫济困的优良传统，贵州省更是一直发扬这一传统。发挥工会、共青团、妇联、残联、侨联等单位组织动员优势，依托各类社会组织，创新服务支撑体系，建立"崇德敬善、手牵手共享阳光"爱心平台，公示贫困致贫原因、需求等贫困信息，鼓励和引导广大社会成员和港澳同胞、台湾同胞、华人华侨及海外人士捐助款物，开展助教、助医、助学、助残等扶贫活动，积极倡导扶贫志愿者行动，构建扶贫志愿者服务网络。2005 年 5 月起，朱敏才和丽娜夫妇二人连续 9 年在贵州省望谟县、兴义市马岭镇尖山苗寨、阳市孟关乡、遵义县龙坪镇等地的 5 所小学义务支教。9 年里，他们夫妇俩坚持为贫困山区孩子做事，到最需要老师的地方去，到最艰苦的学校去。他们每到一所小学除了主动承担英语、语文、数学、体育和音乐教学外，还积极努力帮助孩子们改善学习生活环境，先后将"阿里巴巴天天正能量公益"项目奖励给他们的 10 万元奖金和党委、府给他们的 1 万元慰问金，全部捐给学校用于食堂和教室的建设和资助贫困学生。

6. 发挥干部驻村功能，实现军地优势互补

贵州省建立了省、市、县、乡、村五级联动扶贫工作机制，实现向贫困村派驻同步小康工作组全覆盖。全面实施精准扶贫"六个到村到户"和"一村一策、一户一法"，制定帮扶措施，帮助帮扶对象发展生产、提高素

质，实现稳定脱贫致富。发挥驻村帮扶作为实现精准扶贫的"管道"功能，驻村工作组要全程参与项目申报、全程指导项目实施、全程加强项目监管、全程督促项目评估，切实提高扶贫项目实施效果。强化考评机制，把驻村工作扶贫成效作为对驻村干部评价的重要依据，打造一支"永不撤走"的扶贫工作队。此外，贵州省按照"就地就近、有所作为、量力而行、尽力而为"原则，支持和鼓励军队、武警积极参与地方扶贫开发。将驻黔解放军和武警部队定点扶贫工作纳入地方扶贫计划，与扶贫开发工作重点县、贫困乡、贫困村建立定点挂钩关系，开展定点扶贫工作。武警贵州省总队贵阳市支队第九中队积极响应支队关于做好扶贫工作的号召，结合部队周边驻地环境实际，积极召开会议部署扶贫帮困工作计划，充分发挥自身优势，积极组织官兵参加驻地贫困地区的开发建设，努力帮助空巢老人、生活上有困难的家庭，为他们送去温暖，送去关怀，用自己的实际行动为驻地群众发展生产、脱贫致富和驻地的繁荣和发展做出了积极贡献。几年来，中队官兵先后为驻地群众捐款 2.35 万余元，米面 1100 多公斤，油 40 桶。

（二）不断创新社会参与方式，拓展了社会扶贫的进入通道

1. 整合扶贫资源，推进集团帮扶

贵州省按照"党政领导、部门负责、群众主体、社会参与"的原则，每一名在职省领导负责牵头联系 1 个扶贫开发工作重点县，定点帮扶 1 个贫困乡（镇），充分发挥"领导推动、产业带动、部门联动、干群互动"作用，整合全省党政机关、高等院校、科研院所、军队、大中型国有企业等扶贫资源，组建扶贫集团，形成扶贫合力。分期分批实施"集团帮扶、整乡推进"项目，力争在短时间内实现定点帮扶乡（镇）整体脱贫。2015 年贵州省共有 39 名省领导各自牵头联系 1 个重点县，并定点扶贫 1 个贫困乡、拓展扶贫 1 个贫困乡，选派 5.7 万余人、组建 1.1 万个工作组赴全省贫困村开展驻村帮扶，推进精准扶贫。

2. 制订帮扶计划，启动结对帮扶

贵州省借鉴对口帮扶工作的组织形式，在有条件的市（州）、县（市、区）开展省内区域性结对帮扶工作，安排省内有条件的经济强县对口帮扶发展困难县。在市（州）各自区域范围内，组织经济较发达的县（市、区）对口帮扶本市（州）贫困县。市县直部门结合工作领域及职责，结对帮扶全省934个重点乡镇，实行"不脱贫、不脱钩"，确保按时完成省委、省政府提出的贫困县乡"减贫摘帽"的目标任务；县处级、科级干部重点结对帮扶5486个一类贫困村，实地指导村两委发展村级特色产业、劳动力培训转移就业等工作；党员干部结对帮扶贫困户，帮助协调解决资金、技术等发展中的难题，实现脱贫致富；农村党员致富能手联一扶二帮三，联系一户示范户、扶持两户积极户、帮助三户贫困户，提高群众增收能力。结对帮扶活动采取双向同步方式进行，并作为部门考核、干部评先选优、提拔任用的重要依据。2016年6月，由5名省领导率队，省直有关单位负责人和相关市（州）、县相关领导组成遍访工作组，并明确挂帮联系该县的5个省直单位负责牵头组织，相关市（州）、县领导参加，组成5个遍访工作组。分别深入沿河县一口刀村等"五县八村"开展遍访工作。遍访工作以帮助贫困村和贫困户解决最关心、最直接、最迫切的困难和问题为切入点，省领导亲自带头，深入基层，与基层干部和贫困群众面对面座谈交流，帮助贫困村和贫困户理思路、想办法、定项目、筹资金、解难题、办实事，帮助贫困村、贫困户解决生产生活的实际困难和问题，达到领导做表率、活动见实效、群众得实惠的总体要求。

第一组：由省委常委、省委统战部部长刘晓凯率队遍访纳雍县锅圈岩乡马场村，由省安全监管局牵头组织，省直相关单位负责人、毕节市政府分管领导及纳雍县党政主要领导参加。

第二组：由省委常委、副省长慕德贵率队遍访罗甸县边阳镇大寨村，由省高院牵头组织，省直相关单位负责人、黔南州政府分管领导及罗甸县党政主要领导参加。

第三组：由副省长陈鸣明率队遍访荔波县瑶山乡八平村、茄类村，由省新闻出版广电局牵头组织，省直相关单位负责人、黔南州政府分管领导及荔波县党政主要领导参加；同时由省扶贫办主任叶韬率队对新华通讯社国内动态清样第2467期上报道的荔波县瑶山乡力书村和捞村乡巴平村开展遍访。

第四组：由省政协副主席陈海峰率队遍访从江县加勉乡污生村，由省林业厅牵头组织，省直相关单位负责人、黔东南州党委分管领导及从江县党政主要领导参加。

第五组：由省政协副主席李汉宇率队遍访沿河县思渠镇一口刀村，由省司法厅牵头组织，省直相关单位负责人、铜仁市政府分管领导及沿河县党政主要领导参加。

此外，贵州省按照企业资产总额、利润两项指标排序，从省国资委监管和中央在黔国有企业中，选择12家实力较强的企业"一对一"结对帮扶12个扶贫开发任务重的贫困县。本着以强扶弱、就地就近、产业互补、互利共赢原则，确定结对帮扶关系。

3. 借力网络平台，对接帮扶信息

贵州省按照"扶贫济困、信息公开、供需互动、精准帮扶"的原则，在扶贫开发信息网开设扶贫济困"直通车"专栏，搭建社会扶贫援助方和求助方信息发布与互动救助网络平台。将建档立卡贫困村、贫困户的需求信息和对口帮扶、定点扶贫、电商扶贫等不同层次、不同类别的社会扶贫项目规划在网上公布，让有扶贫意愿单位、企业、组织和扶贫对象信息对称、渠道畅通，推动社会扶贫资源供给与扶贫需求有效对接，实现扶贫济困供需见面，援助人与求助人点对点精准帮扶，推动社会扶贫与精准扶贫有效结合，提高社会扶贫资源配置与使用效率。

4. 创新扶贫日活动开展模式，弘扬扶贫济困精神

贵州省通过开展丰富多彩、形式多样的"扶贫日"系列活动，弘扬助人为乐、崇德敬善、扶贫济困精神，践行社会主义核心价值观，为社会各界参与扶贫、奉献爱心搭建有效的工作平台，使"扶贫日"成为贵州省具有较大影响力和较强号召力的公益活动。通过每年一度的"10·17"扶贫日活动，鼓励和支持青年学生、专业技术人才、退休人员和社会各界人士参与扶贫志愿者行动，通过有组织的技术推广、紧急援助、现场传授、示范演示、远程支持等方式，向贫困地区派遣志愿者并定期轮换，为贫困地区提供基础教育、医疗卫生、科技推广、文化下乡和农业技术等方面的志愿服务。

2015年10月17日"扶贫日"贵州省开展了"五个一"系列活动，包括发布开展"扶贫日"活动倡议书、组织开展"扶贫日"公募活动、举办全省扶贫开发成就展、开展社会扶贫评选表彰活动、召开全省扶贫开发大会。此外，按照贵州省扶贫开发领导小组的统一部署，各市（州）除按要求参加全省"扶贫日"系列活动外，也在自己辖区范围内开展了各具特色、丰富多彩的"扶贫日"活动。

● 贵阳市：积极参与全省扶贫开发成就展暨"扶贫日"现场募捐活动，做好活动现场的各项保障工作，组织市级领导和市直部门主要负责人 80 人参加现场公募活动，并在 10 月 20 日召开全市扶贫工作攻坚大会，省委常委、市委书记陈刚出席，及时传达和贯彻落实全省扶贫开发大会精神，安排部署贵阳市扶贫开发相关工作。

● 遵义市：10 月 19 日，省委常委、市委书记王晓光率队到桐梓县官仓镇、黄莲乡等地开展访贫问苦及扶贫开发工作调研，为全市领导干部扎实开展遍访贫困工作做出表率。

● 六盘水市：在 10 月 17 日前后，由市主要媒体对全市"三变"改革中助推社会扶贫工作的先进集体或先进个人分别进行追踪、采访、报道，大力宣传"三变"改革中的好经验和好做法。

● 安顺市：在市和县（区）举行了现场募捐活动。

● 毕节市：组织各部门各单位赴帮扶联系点，开展以智力扶贫、科技扶贫、劳务扶贫、技能培训、走访群众等为主要内容的扶贫帮困调研活动。

● 铜仁市：要求市扶贫开发领导小组成员单位"扶贫日"当天，在本单位悬挂一幅活动宣传标语。

● 黔东南州：10 月 13 日，黔东南州扶贫开发领导小组举办了纪念"扶贫日"知识竞赛活动，来自全州 17 个参赛队参加了比赛。

● 黔南州：10 月 15 ~ 18 日，举办了全州扶贫开发和慈善工作成就展。

● 黔西南州：由州电视台根据采访、追踪挖掘出来的社会扶贫先进典型，拍摄制作了一部生动展示全民参与帮扶、弘扬友善互助传统美德的专题片。

● 贵安新区：10 月 17 ~ 18 日，举办了贵安新区扶贫开发成就展。

5. 推动政府购买服务，鼓励各类主体承接扶贫公共服务

贵州省根据《省人民政府办公厅关于政府向社会力量购买服务的实施意见》（黔府办发〔2014〕39 号，以下简称《实施意见》）、《国务院扶贫开发领导小组关于改革财政专项扶贫资金管理机制的意见》（国开发〔2014〕9 号，以下简称《意见》）和《省政府办公厅印发〈贵州省创新职教培训扶贫"1 户 1 人"三年行动计划（2015—2017 年）〉》（黔府办函〔2014〕147

号文件），加快推进政府面向社会购买服务，支持参与社会扶贫的各类主体通过公开竞争的方式积极承接政府扶贫公共服务、承担扶贫项目的实施。扶贫项目规划编制、实施、验收、监管、技术推广、信息提供、培训等工作，凡是适合采取市场化方式提供且社会组织有能力承担的，政府部门均可按照公开竞争、择优确定的原则，交由各类社会扶贫主体实施。例如贵州省通过实施"雨露计划"，引导农村贫困家庭劳动力接受职业教育和各类技能培训、培养贫困村产业发展带头人等途径，扶持和帮助贫困人口增加就业发展机会和提高劳动收入的专项扶贫措施。

6. 扩大国际交流与合作，提高社会扶贫的整体效益

贵州省按照相关法律法规，积极引导国际组织、境外非政府组织帮助和支持扶贫开发。加强与国际组织在扶贫开发领域的交流，借鉴国际社会在扶贫开发方面积累的成功经验和行之有效的方式方法，进一步提高社会扶贫工作的水平和整体效益。自1994年以来，贵州省扶贫办外资项目管理中心先后与世界银行（简称世行）、亚洲开发银行（简称亚行）、日本国际协力银行（JBIC）、日本国际协力事业团（JICA）、福特基金会、香港乐施会等国际组织合作，开展了中国西南世界银行扶贫项目、日本政府贷款贵州环境和社会发展项目、日本国际协力事业团贵州省三都族自治县全民参与综合扶贫试点项目、亚洲开发银行贵州省纳雍县社区扶贫示范项目、福特基金会贵州农村生态环境与扶贫开发合作示范项目、香港乐施会农村参与式自主发展试点示范项目等其他外资扶贫项目，累计项目总投资（各类外资加上国内配套资金）21亿余元，其中外资13亿余元。

二　贵州省社会扶贫成效评价

在近三十年的社会扶贫实践中，贵州省不断探索尝试，社会扶贫的观念日渐增强，社会扶贫的格局初步形成，特别是社会扶贫的实际成效日益显现，社会扶贫以其不可替代的优势，在扶贫开发中发挥着越来越重要的作用。一些地区还因地制宜发展出了一些卓有成效的社会扶贫模式，比如贵州省企业包县帮扶、整县脱贫的"万达帮扶模式"、丹寨县全民参与发展的"羊浪村模式"等。

（一）营造了社会扶贫的良好氛围

创新扶贫开发社会参与机制离不开良好的社会氛围，需要有效开展扶贫宣传活动，创新扶贫宣传形式，倡导社会扶贫理念，弘扬中华民族扶贫济困、助人为乐、崇德敬善、乐善好施的传统美德，宣传报道社会扶贫先进事迹与先进人物，营造浓厚的扶贫济困氛围。贵州省利用"扶贫日"开展系列活动，发挥传统媒体与新媒体的舆论引导作用，大力宣传社会扶贫先进事迹、先进人物和进行扶贫公益推广。加强对参与扶贫开发企业的信贷支持和政策扶持，鼓励有条件的企业自主设立扶贫公益基金，定期开展社会扶贫表彰活动，有效保障各类社会扶贫主体的政治荣誉、事业发展和社会尊严。强化责任落实，加强社会扶贫资源筹集、配置和使用的规范管理，推动建立科学、透明的社会扶贫监测评估体系，提高了社会扶贫工作的管理服务能力，增强了社会扶贫的公信力和影响力。大力推动贫困地区内生动力与外部帮扶的有机结合，提高贫困地区和贫困群众的自我发展能力。

（二）搭建了社会扶贫的广阔平台

按照"扶贫济困、信息公开、供需互动、精准帮扶"的原则，贵州省扶贫基金会和贵州省农民专业合作社联合会共同打造了贵州省社会扶贫信息服务平台，平台由一个信息总站和1700多个社区服务终端组成，覆盖全省1700多个社区（办事处），辐射上海、大连、杭州等8个对口帮扶城市，有效推进了社会扶贫援助方和求助方信息发布与互动，推动了社会扶贫资源供给与扶贫需求的有效对接，促进了社会扶贫与精准扶贫的有效结合，提高了社会扶贫资源的配置与使用效率。贵州省以贵阳大数据交易中心为平台，面向对口帮扶城市开展招商引资、商品推介、会展展示和旅游市场拓展等活动，推进社会力量参与扶贫开发。积极搭建产业招商平台、旅游推介平台、农产品展销平台、文化会展交流平台、电子商务平台、人才交流平台六大平台提高对口帮扶成效。通过举办招商对接洽谈会，为贫困县与企业搭建沟通交流平台，吸引专业龙头企业入驻贫困县，推动了全省产业化扶贫转型升级。贵州省坚持培育"十大扶贫产业"、打造"十大扶贫攻坚示范县"、创建"十大扶贫产业园区"，搭建电子政务平台、微信平台、西南产业电商平台、产业示范园等扶贫开发社会参与平台，探索建设扶贫开发投融资平台。这些社会参与平台的建设，拓宽了扶贫开发的社会参与渠道，推进了扶贫开发社会参与机制的创新完善。

（三）培育了社会扶贫的多元主体

贵州省不遗余力地培育多元参与主体，不断深化定点扶贫、持续强化对口帮扶、大力倡导民营企业扶贫、积极引导社会组织扶贫、广泛动员个人扶贫，切实加强与各类扶贫主体的沟通联系与密切合作。大力推进定点扶贫，建立定点扶贫定期沟通和联络机制，加强与中央单位（企业）的联系与合作。逐步强化对口帮扶，完善帮扶双方高层互访、恳谈会议、联席会议、区县结对等工作联络机制，鼓励帮扶城市社会各界针对对口帮扶地区开展多种形式社会帮扶活动。积极推进民营企业扶贫，鼓励民营企业到贫困地区投资兴业、培训技能、吸纳就业、捐资助贫，促进产业带村、项目兴村、招工帮村、资金扶村，增强贫困村和贫困人口的自我发展能力。全面鼓励社会组织承接政府扶贫开发项目，创新扶贫方式，打造优秀扶贫公益品牌。广泛动员个人扶贫，建立爱心平台，鼓励和引导社会各界爱心人士捐助款物，开展助教、助医、助学、助残等扶贫活动。不断深化各民主党派、工商联参与扶贫开发，开展国有企业"百企帮百村"活动，推动驻地部队参与扶贫开发。

（四）创新了社会扶贫的参与方式

贵州省创新扶贫开发社会参与机制，持续创新社会参与方式。大力拓展社会力量参与扶贫开发的便捷通道，加快推进政府向社会购买服务，按照公开竞争、择优确定的原则，将适合采取市场化方式提供且社会组织有能力承担的扶贫项目交由社会扶贫主体实施。引导和鼓励青年学生、专业技术人才、退休人员和社会各界人士参与扶贫志愿行动，向贫困地区派遣志愿者并定期轮换，为贫困地区提供志愿服务。充分发挥"光彩事业""希望工程""贫困地区儿童影响改善计划"、"春蕾计划""爱心包裹""母亲水窖""扶贫志愿者行动计划"等扶贫公益品牌效应，引导社会资源向贫困地区聚集，同时结合本地区实际情况，切实打造本地扶贫公益品牌。建立省内区域性结对帮扶工作制度，安排省内经济强县对口帮扶发展困难县。

有效推进集团帮扶工作，扎实推行"党政领导、部门负责、群众主体、社会参与"的集团帮扶模式，发挥"领导推动、产业带动、部门联动、干群互动"作用，整合全省党政机关、高等院校、科研院所、军队、大中型国有企业等扶贫资源，组建扶贫集团，合力推动定点帮扶乡（镇）整体脱贫。贵州省万达集团帮扶模式和湖北省高校帮扶模式都是创新扶贫开发社会参与方式的重要体现。万达集团探索在丹寨县建立教育扶贫、就业扶贫和产业扶贫一体的扶贫体系，对口帮扶丹寨县整县脱贫。华中农业大学与建始县签订《校地战略合作协议》，促进校地联动，将高校科教人才优势与建始县自然优势、人文优势紧密结合，定点开展科教扶贫、产业扶贫和智力扶贫，提高了农业、农村和农民的自我发展能力。

三 贵州省社会扶贫的借鉴意义

作为全国决战贫困的"主战场"和"攻坚区"，贵州省扶贫成效事关全国扶贫攻坚成败和全面建成小康社会的全局。社会扶贫是脱贫攻坚战的重要力量。因此，总结和提炼贵州省社会扶贫的经验对于其他贫困地区具有重要的借鉴意义。

（一）高度重视，广泛动员，落实工作责任

贵州省委、省政府高度重视扶贫开发工作，将扶贫开发作为"第一民生工程"来抓。各级扶贫部门领导高度重视，把社会扶贫工作纳入重要工作议程，有具体的工作计划和措施，有承办的部门和人员；各级扶贫部门主动为本级党政领导提供工作方案，最大限度争取党政主要领导的认可和支持。加强组织动员，落实工作责任。逐步形成省（自治区、直辖市）负总责、市（地）县抓落实的扶贫开发工作机制，做到分工明确、责任清晰、任务到人、考核到位。建立工作机制，落实工作责任，动员社会力量参与扶贫开发工作是贵州省委、省政府的重要任务。扶贫工作责任到部门，任务到个人，财政、税务、金融部门负责落实财税和金融支持政策措施。人力资源社会保障部门负责落实挂职扶贫干部、驻村帮扶干部和专业技术人员相关待遇。民政部门负责将扶贫济困作为促进慈善事业发展的重点领域，支持社会组织加强自身能力建设。工会、共青团、妇联、残联、工商联、

省中华职业教育发挥各自优势积极参与扶贫工作。

（二）建立机制，主动作为，积极给予政策支持

机制健全是搞好社会扶贫的基础。通过建立长效机制，确保政令畅通，克服和杜绝社会扶贫工作不涉及资金、项目而办事拖延，上级部门要安排的工作得不到落实的现象，不断提高业务工作能力，增强紧迫感和主动性；加强统计监测工作，认真细致做好社会扶贫数据统计工作，切实抓好项目绩效评估。按照国家有关规定，全面落实扶贫捐赠税前扣除、税收减免等扶贫公益事业税收优惠政策，落实各类市场主体到贫困地区投资兴业、带动就业增收向相关支持政策。降低扶贫社会组织注册门槛，简化登记程序，对符合条件的社会组织给予公益性捐赠税前扣除资格。对积极参与扶贫开发、带动贫困群众脱贫致富、符合信贷条件的各类企业给予信贷支持，并按有关规定给予财政贴息等策扶持。鼓励有条件的企业自主设立扶贫公益基金。定期开展社会扶贫表彰，让积极参与社会扶贫的各类主体政治上荣誉、事业上有发展、社会上受尊重。对贡献突出的企业、社会组织和各界人士，在尊重其意愿前提下可给予项目冠名等激励措施。

（三）改进管理，强化服务意识，充分尊重社会扶贫主体

强化服务是搞好社会扶贫的条件。不断加强与帮扶部门、企业、社团的联系、交流与沟通，以优质服务为平台，主动将扶贫工作情况向对帮扶部门汇报，定期或不定期召开下派帮扶干部座谈会，做好沟通协商，达成共识，用热情的服务赢得各帮扶部门及社会各界的信任，力争帮扶部门的最大扶持。贵州省有关部门不断强化服务意识，搭建社会参与平台，提高社会扶贫工作的管理服务能力。加强对社会扶贫资源筹集、配置和使用的规范管理，建立科学、透明的社会扶贫监测评估机制，推动社会扶贫实施第三方监测评估，以此增强社会扶贫公信力和影响力。加强贫困地区基层组织建设，开发贫困地区人力资源，提高农村致富带头人和贫困群众的创业就业能力。充分尊重贫困群众的主体地位和首创精神，把贫困地区的内生动力和外部帮有机结合，不断提高贫困地区和贫困群众的自我发展能力。

（四）加大宣传力度，创新宣传形式，不断扩大社会扶贫影响力

加强宣传是搞好社会扶贫的催化剂。宣传工作是形成良好扶贫济困氛围的重要手段，充分利用广播、电视、报刊、内部简报等宣传手段，开展全方位的宣传，扩大社会扶贫的声势的影响。贵州省以"扶贫日"系列活动为主线，开展扶贫宣传活动，大力弘扬中华民族扶贫济困、助人为乐、崇德敬善、乐善好施的传统美德。创新宣传形式，注重利用传统媒体与新兴媒体加强舆论引导，统筹推进社会扶贫先进事迹宣传报道工作，宣传最美扶贫人物，推出扶贫公益广告，倡导参与社会扶贫理念，营造扶贫济困的浓厚社会氛围。

第三节　总结与启示

经过六十多年反贫困的实践，中国走出了一条中国特色的扶贫开发道路。贵州省作为我国扶贫攻坚的主战场，近年来以定点帮扶、对口帮扶、集团帮扶为重点进行社会扶贫，在贵州扶贫开发工作中发挥了重要作用，取得了显著的经济效益和社会效益。专项扶贫、行业扶贫和社会扶贫形成了"三位一体"的大扶贫开发格局，在扶贫开发领域做出了巨大的贡献。社会扶贫作为"三驾马车"之一，发挥着政府扶贫不可替代的作用。多年来，持续开展的各级党政机关、人民军队、企事业单位的定点扶贫，东西扶贫协作，以及民营企业、社会组织、个人参与扶贫开发等社会扶贫工作，都取得了显著的成绩。社会扶贫已经越来越成为扶贫开发工作中最有潜力、最具活力的一个组成部分。

一　社会扶贫是中国特色社会主义扶贫开发道路的重要内容，在未来扶贫中发挥主导作用

2013年12月18日，中共中央办公厅、国务院办公厅印发《关于创新机制扎实推进农村扶贫开发工作的意见》（以下简称《意见》），指出"当前和今后一个时期，扶贫开发工作要进一步解放思想，开拓思路，深化改革，创新机制，使市场在资源配置中起决定性作用和更好发挥政府作用，

更加广泛、更为有效地动员社会力量，构建政府、市场、社会协同推进的大扶贫开发格局，在全国范围内整合配置扶贫开发资源，形成扶贫开发合力"。①《意见》指出社会主体在国家治理和扶贫开发中发挥更为重要的作用。由此可见，社会扶贫是政府、市场、社会协同推进大扶贫格局"三极"中的"一极"，也需要在全面深化改革中创新发展。党的十八大从战略和全局出发，做出"全面建成小康社会"的新部署。习近平指出，"没有农村的小康，特别是没有贫困地区的小康，就没有全面建成小康社会"。全面建成小康社会战略目标的提出，对社会扶贫提出了更高的要求，需要社会扶贫的创新突破。社会扶贫作为大扶贫格局中的重要一极，对于推动全面小康社会的建设负有不可推卸的责任。一方面，全面建成小康社会时间紧、任务重，需要社会扶贫发挥更为重要的推动作用；另一方面，全面建成小康社会意味着贫困人群的全面发展，反贫需求不仅仅局限于物质和经济层面的需求，促进贫困地区和贫困人群的全面发展也是扶贫开发的重要目标。社会扶贫在满足贫困地区和贫困人群多样化的需求方面的优势，决定了其在扶贫开发中承担更多的责任，发挥更为重要的作用。

二　建立社会扶贫主体与对象之间的共赢局面，是社会扶贫持续发展的根本保证

改革开放的总设计师邓小平同志指出，"我们坚持走社会主义道路，根本目标是实现共同富裕"②通过先富带动后富，最终达到共同富裕，是邓小平理论对中国发展道路的重要理论贡献，邓小平强调，东部省份和西部省份要有两个大局的观点，"沿海地区要加快对外开放，使这个拥有两亿人口的广大地带较快地发展起来，从而带动内地更好地发展，这是一个事关大局的问题。内地要顾全这个大局。反过来，发展到一定时候，又要求沿海拿出更多力量来帮助内地发展，这也是个大局。那时沿海也要服从这个大

---

①　参见《关于创新机制扎实推进农村扶贫开发工作的意见》。

②　邓小平:《邓小平文选》(第三卷)，人民出版社，1994，第155页。

局。"① "两个大局" "共同富裕" 是社会主义制度的庄严政治承诺,回顾改革与发展的历史进程,这一政治承诺借助财政转移支付、国家的政策性再分配等手段实现,而扶贫开发领域的 "东西协作" 也是重要的制度安排之一。1996 年中央扶贫开发工作会议之后,我国全面展开东西扶贫协作工作,确定东部 9 个省、直辖市和 4 个计划单列市对口帮扶西部 10 个省、自治区。这是党中央、国务院按照邓小平同志关于共同富裕的伟大构想,根据我国经济社会发展的客观需要,所做出的一项重要决策。东西扶贫协作已经由刚起步时东部单向帮扶西部,拓展为在对口帮扶框架下东西部双向互动、共同发展、实现双赢;并由政府间援助拓展为各类市场主体的共同参与,且发展为社会团体、民间组织、爱心人士等社会各界多形式、宽领域的广泛参与;呈现力度增强、领域拓宽、机制创新、体系不断健全的良好势头。实现共同富裕的政治承诺,拓展经济发达地区与欠发达地区之间的合作空间,实现社会扶贫主体与对象之间的共赢,是社会扶贫持续发展的根本保证。

三 理解社会扶贫主体与对象的内外因关系,是社会扶贫不断推进的关键所在

精准扶贫的终极目的是坚持群众主体,激发内生动力,贫困地区依靠自身的力量实现长足的发展。这一目标的达成必须理解社会扶贫主体与对象的内外因关系。内因是事物发展的源泉,是事物发展的根据,是事物发展的根本原因,决定着事物的性质和发展方向。外因是事物变化发展的条件。只有继续推进开发式扶贫,处理好国家、社会帮扶和自身努力的关系,发扬自力更生、艰苦奋斗、勤劳致富精神,充分调动贫困地区干部群众积极性和创造性,注重扶贫先扶智,增强贫困人口自我发展能力才能最终实现小康社会的伟大目标。

---

① 邓小平:《邓小平文选》(第三卷),人民出版社,1994,第 278 页。

四 保护好贫困地区尤其是贫困人口的利益，是社会扶贫需要实现的最终目标

"全面建成小康社会，最艰巨最繁重的任务在农村、特别是在贫困地区。没有农村的小康，特别是没有贫困地区的小康，就没有全面建成小康社会"。① 贫困地区的小康如何实现？动员社会力量参与扶贫是一条最为有效的路径。事实上，中国扶贫事业不同于国外的救济性、慈善性扶贫，而是一项富有政治意味的特殊任务。然而，政府的力量毕竟有限，加之我国的贫困分布有很强的区域性特征，有相当一部分是在自然条件恶劣、生态环境脆弱的革命老区、民族地区、边疆地区。在这种情势下，急需社会力量的补充，加快推进我国扶贫开发的进程。社会扶贫使发展成果更多更公平惠及贫困群众，促进扶贫开发事业又好又快发展。因此，保护好贫困地区尤其是贫困人口的利益，是社会扶贫需要实现的最终目标。我国的社会扶贫目前还处于起步阶段，不可能一蹴而就，贫困的长期性、艰巨性和复杂性，客观要求社会扶贫克服短期行为，一以贯之地推进社会扶贫。

---

① 习近平在 2013 年 2 月 28 日十八届二中全会上的讲话。

第五章 探索生态保护脱贫新路径

雷 明 李 浩

第一节 贵州省实施生态保护脱贫的背景

一 生态保护脱贫意义重大

2013 年 9 月 7 日，习近平总书记在哈萨克斯坦纳扎尔巴耶夫大学发表演讲并回答学生们提出的问题，在谈到环境保护问题时指出："我们既要绿水青山，也要金山银山。宁要绿水青山，不要金山银山，而且绿水青山就是金山银山。"这段回答生动形象地表达了我们党和政府大力推进生态文明建设的鲜明态度和坚定决心，表达了我党和各族人民要按照尊重自然、顺应自然、保护自然的理念，立足我国社会主义初级阶段的基本国情和新的阶段性特征，以建设美丽中国为目标，以正确处理人与自然关系为核心，以解决生态环境领域突出问题为导向，保障国家生态安全，改善环境质量，提高资源利用效率，推动形成人与自然和谐发展的现代化建设新格局。贯彻节约资源和保护环境的基本国策，把生态文明建设融入经济建设、政治建设、文化建设、社会建设各方面和全过程，建设美丽中国，努力走向社会主义生态文明新时代。

在当今社会，生态文明建设不仅是大势所趋，也是地区经济健康平稳持续发展的必经之路。有人认为，对于贫困地区来说，想要发展经济就一定要走发达地区"先污染后治理"的老路，这样一来，就一定会牺牲生态环境来谋求经济的快速增长，待经济发展到一定程度后再来改善环境与重建生态。这是一种错误的观点，通过牺牲生态环境来达到发展经济目的的说法都是错误的，是不符合时代发展要求的，更是违背自然规律的发展方式，一意孤行的后果就是付出无法挽回的惨痛代价。在我国，生态环境脆弱地区和贫困地区在地理分布上存在着程度相对较强的耦合性，大多数贫困地区不仅经济发展水平落后，而且生态环境脆弱，容易被破坏，这样一来大多贫困地区常常要面对"发展经济还是保护生态"的巨大难题，所以想要解决贫困地区所面临的困难，并且能够利用自身生态优势加速地区经济发展，推进脱贫减贫工作的进程，就要将生态文明建设与反贫困凝练为生态保护发展与脱贫，那么生态文明的建设与反贫困的结合则可以归纳为生态保护发展与脱贫的统一。

　　生态保护脱贫旨在以生态经济理论为基础，将农业、林业与牧业以及其他产业发展有机结合，建立高效率的人工生态系统，从而实现经济与生态保护的协调发展，在发展中抓保护，在保护中求发展，实现脱贫和生态保护双赢的良性循环。生态保护脱贫包括两大核心思想：一是在贫困地区必须实施可持续型、环境友好型扶贫开发项目。生态文明建设要求我们在实施经济发展项目的同时注意生态环境的保护，要做到对生态环境不伤害、不破坏，扶贫开发项目实施的根本目的在于推进动当地经济发展，从而实现脱贫减贫的政府工作目标，但往往一味地追求经济发展就会忽视项目进行过程中对于当地生态环境造成的伤害，有些扶贫开发项目具有较大的经济效益，可以较大限度地帮助地区经济得以大力发展，但很多开发项目却对当地环境造成了不可弥补的伤害，这样的扶贫开发项目不仅违背了生态文明建设的指导方针，而且也与生态保护脱贫的思想大相径庭。所以想要顺利实现生态保护的脱贫路径，就必须要在贫困地区实施可持续型并且对环境友好的扶贫开发项目。生态保护脱贫的第二个核心思想是将生态环境看成一种能够得到有效利用的扶贫资源加以开发，从而实现当地经济发展、人民生活水平提高和保护生态环境的高度统一。以往政府的扶贫工作模式都是"输血型"，为贫困地区的发展提供大量的资源来帮助其脱贫，而当今贫困地区的脱贫减贫模式都趋向于"造血型"发展，只有积极探寻自身发展特色与优势，才能找到更多发展的机会，这才是真正意义上的可持续发展。

二　贵州省生态保护脱贫工作的探索

贵州是我国西部多民族聚居的省份，也是贫困问题最突出的欠发达省份，贫困和落后是贵州的主要矛盾，加快发展是贵州的主要任务。贵州尽快实现富裕，是西部和欠发达地区与全国缩小差距的一个重要象征，是国家兴旺发达的一个重要标志。贵州发展既存在交通基础设施薄弱、工程性缺水严重和生态环境脆弱等瓶颈制约，但却是革命老区、集中连片特困地区和多民族交汇融合的内陆山区，是长江、珠江上游重要的生态屏障，是西部生态建设的重要战略区域；又拥有区位条件重要、能源矿产资源富集、生物多样性良好、文化旅游开发潜力大等优势；既存在产业结构单一、城乡差距较大、社会事业发展滞后等问题和困难，又面临着深入实施西部大开发战略和加快工业化、城镇化发展的重大机遇；既存在面广量大程度深的贫困地区，又初步形成了带动能力较强的黔中经济区，具备加快发展的基础条件和有利因素，正处在实现历史性跨越的关键时期。进一步促进贵州经济社会又好又快发展，是加快脱贫致富步伐，实现全面建设小康社会目标的必然要求；是发挥贵州比较优势，推动区域协调发展的战略需要；是增进各族群众福祉，促进民族团结、社会和谐的有力支撑；是加强长江、珠江上游生态建设，提高可持续发展能力的重大举措。

党的十八以来，中央对生态保护脱贫开发工作做出了一系列新的重大决策部署，各地各部门结合贵州省实际，在坚持以往行之有效做法的基础上，积极探索新途径、新模式、新机制，全面提升扶贫开发的质量和效益。贵州省在近年来的生态保护脱贫开发工作中，能够做到明确目标、多措并举，全力实施扶贫攻坚第一民生工程。为顺利推进各项工作，在学习上贵州省重点突出了习近平总书记关于牢牢守住发展和生态两条底线，把生态保护脱贫开发工作抓紧抓紧再抓紧、做实做实再做实的重要指示。全省认真落实"生态保护脱贫开发体制机制"重点工作任务，各地各部门按照省委省政府的安排部署，积极推动各项工作按时序圆满完成，建设全国生态保护脱贫开发攻坚示范区取得阶段性成效。

根据中央要求，贵州省在生态保护脱贫开发工作中积极探索，按照扶贫攻坚的总要求，深入贯彻落实习近平总书记、李克强总理等中央领导同志关于扶贫开发的系列讲话精神，以生态保护脱贫核心思想为原则开展工作，围绕创建全国生态保护脱贫开发攻坚示范区，稳定实现生态保护脱贫工作中要求的在保护中求发展，在发展中重保护的目标。积极实施扶贫生态移民工程、抓好重点生态工程、实施绿色项目，提高生态文明建设水平，坚持扶产业就是扶根本的理念，积极探求当地生态产业发展，突出山地资源抓特色产业、区域布局抓产业集聚、转型升级抓结构调整，精细化打造生态保护型产业园区。扶贫生态移民帮助贫困群众"挪穷窝""能增收"，实施扶贫生态移民，做到搬得出、留得住、能就业、有保障，有效改善贫困山区群众的生存条件。在贫困地区实施退耕还林、退牧还草、水土保持、天然林保护、防护林体系建设和石漠化、荒漠化治理等重点生态修复工程，加快建立生态补偿机制，并重点向贫困地区倾斜，加大重点生态功能区生态补偿力度，重视贫困地区的生物多样性保护。

第二节 贵州省生态保护脱贫取得初步成效

贵州省的资源和环境保护处于全国片区前列，资源利用和环境保护水平较高，是促进生态经济发展的最好区域，是发展生态保护脱贫工作的理想地区。贵州省依托自身的优势，在近些年的生态保护脱贫工作中，一直秉承"两山理论"的发展理念，不断思考生态保护脱贫的新方法，不断探寻生态保护脱贫的新路子，在如何促进经济增长和提升经济增长生态水平的工作中投入了大量精力。

贵州省的经济增长绿色度，社会发展、扶贫开发与减贫效果处在上升阶段，在提升资源利用与环境保护水平的过程中，与经济增长生态度相结合，做到了既在保护中求发展，也在发展中重保护。贵州生态保护脱贫工作坚持改革引领、创新驱动和绿色发展，推动扶贫开发由"输血式""粗放

式""被动式""分散式"扶贫向"造血式""精准式""参与式""整体
式"扶贫转变,力争创造出更多的"贵州经验",为与全国同步小康奠定了
坚实基础。

贵州省在生态保护脱贫的工作中,始终走在全国同类地区前列,在生
态产业脱贫、合作生态脱贫、生态脱贫考核机制建立完善以及生态移民搬
迁等方面的工作都取得了令人瞩目的成绩。

一 生态产业脱贫

贫困地区想要形成具有自身特色的发展结构,最终需要建立可持续的
产业体系,但又不可能简单照搬发达区域的产业模式。在意识到这个深刻
而重要的问题后,贵州省积极探索具有自身特色的生态保护发展模式,做
到生态保护与经济增长同时发展、有机结合。经过长时期的思考和探索,
贵州省找到了产业生态化和生态产业化的新途径。

在生态产业脱贫的工作中,贵州省取得了以下成绩。

(1) 贵州省围绕全省产业区域布局和产业扶贫专项规划,做大做强十
大扶贫特色优势产业。

2014 年完成种植核桃 150 万亩,建成中药材基地 30 万亩,投放畜禽 26
万只羊单位,完成脱毒马铃薯优质 14 万亩扩繁、200 万亩大田移栽任务。
新造油茶林 10 万亩,改造低产油茶林 5 万亩,建成扶贫蔬菜产业园区和产
业带 220 万亩,新建精品水果基地 12 万亩,打造及命名 5 个省级乡村旅游
扶贫重点县和 10 个乡村旅游产业扶贫示范点。

(2) 实现了创新十大生态保护产业园区的建设工作。

贵州省以创新破瓶颈,实现原有 20 个省级重点扶持的园区基本成形,
部分园区始终位于全省前列,其余省级园区建设进度加快;启动建设一批
新园区,力争新增一批扶贫园区跻身省级重点园区前列。实现生态保护创
新园区的新突破,以"六个突出""六个着力"为重点(突出特色扶贫产业
发展、突出基础设施配套、突出服务体系建设、突出经营主体培育、突出
生产要素聚集、突出产业化扶贫利益联结机制创新;着力做大产业规模、
着力创建品牌开拓市场、着力强化科技服务、着力打造支撑平台、着力提

高综合效益、着力增强示范辐射和扶贫带动作用），取得了生态保护创新园区建设的巨大进步。

（3）贵州省在生态产业脱贫过程中，不断完善生态产业的市场体系，积极寻求生态资源交易市场的新途径、新方法。

贵州省不断加强农、林、牧、渔产业指导，发展各类专业合作组织，完善农村社会化服务体系，围绕主导产品、名牌产品、优势产品，大力扶持建设各类批发市场和边贸市场。按照全国主体功能区规划，合理开发当地资源，积极发展新兴产业，承接产业转移，调整产业结构，增强贫困地区发展内生动力。

贵州省在规划建设现代化的中药材批发市场工作中，积极完善仓储、物流、信息等配套服务，使其成为全省中药材的集散中心、仓储中心、物流中心和在全国有较强影响力的中药材专业市场。按照条件成熟一个建设一个的原则，在武陵山区、乌蒙山区和滇桂黔石漠化片区中的遵义市、毕节市、黔东南自治州等中药材产业集中区扶持建设 3～5 个区域性中药材产地交易市场，在 1000 亩以上的中药材种植基地建设季节性简易交易市场，形成以贵阳为中心，覆盖全省的中药材市场网络。与此同时，贵州省还支持贵阳花溪农产品、遵义虾子镇辣椒以及黔东南榕江、黔南独山和黔西南册亨蔬菜等批发市场建设，在规模较大的特色食品原料基地建设一批交易市场。

贵州省还积极投入建设民族药业和特色食品互联网站，搭建电子商务平台，充分利用淘宝网"特色中国·贵州馆"，展示贵州民族医药产品、特色食品，提供供求信息和交易服务，开展网络销售等新型营销。与此同时，贵州省大力支持企业、中介服务组织等参与建设现代物流体系，构建信息灵敏、高效快捷、相对稳定的营销渠道，以此加快与省外市场对接，鼓励贵州民族医药、特色食品企业到省外大中城市和专业市场设立专营柜、专卖店、专销区，沟通交易渠道，实现"借船出海"。组织生产企业与生产基地间建立直购直销关系，减少流通环节，降低交易成本，不断落实好鲜活农产品运输"绿色通道"政策，确保整个生态产业市场物流交通网络的畅通。

二　合作生态脱贫

贵州省在生态保护脱贫工作中，能够很好地在扶贫经验、资源利用、产业链建设等方面与周边省份加强互助合作，形成区域经济共同发展格局，使当地生态减贫效果得以提升。在进行合作生态脱贫的工作中，贵州省坚持创新以集团帮扶为龙头的"大扶贫"推进机制，推进专项扶贫、行业扶贫与社会扶贫等有机结合，深化集团帮扶，完善定点帮扶机制，建立健全与对口帮扶城市和中央国家机关定点扶贫单位的合作发展协调机制，力争实现中直机关、中央企业对贵州省 50 个国家扶贫开发工作重点县定点帮扶的全覆盖。并且贵州省还在合作扶贫的工作中，积极加强国际扶贫合作交流，通过走出去、引进来等多种方式，创新机制，拓宽渠道，加强国际反贫困领域交流。借鉴国际社会减贫理论和实践，开展减贫项目合作，共享减贫经验，共同促进减贫事业发展，同时鼓励各类企业和社会组织积极支持贫困地区发展，形成攻坚合力，在探索合作生态扶贫的路径过程中，贵州省每年深入开展"百企帮百村"活动，组织动员民营企业、社会资本到贫困地区投资兴业，促进贫困地区民营经济加快发展。

与此同时，贵州省在生态保护脱贫工作的过程中不断深化区域合作，进一步加强与周边地区的交流与合作，实现基础设施互联互通，促进要素自由流动，构建产业分工协作体系。不断强化东西部地区生态扶贫的协作，协作双方强化协调联系机制，坚持开展市县结对、部门对口帮扶，在合作的同时注重发挥市场机制作用，按照优势互补、互利共赢、长期合作、共同发展的原则，通过政府引导、企业协作、社会帮扶、人才交流、职业培训等多种形式深化全方位生态扶贫协作，推动产业转型升级，促进贫困地区加快发展，带动贫困群众脱贫致富。同时协作双方建立定期联系机制，加大协作支持力度，东西部地区党政干部、专业技术人才双向挂职交流，引导人才向西部艰苦边远地区流动。

三　生态脱贫考核

贵州省在开展生态扶贫各项工作中，能够不断完善以生态扶贫成果进行考核的机制，使生态保护脱贫工作得以顺利进行。在生态保护脱贫的考核工作中，不断强化督察考核，对目标任务进行分解，细化工作措施，制定工作时间表，落实责任单位和责任人，各级政府能够做到将生态保护脱贫工作计划纳入重点工作进行督办、考核。省目标办制定具体考核办法，将生态保护脱贫的目标任务完成情况纳入年度目标考核，对工作不力、影响项目推进的地区，给予通报批评，造成严重后果的，追究有关单位和责任人的责任。同时制定具体实施规划，对行动计划的目标任务进行分解，细化工作措施，制定工作时间表，落实责任单位和责任人。

在构建完善生态保护脱贫的工作进程中，贵州省充分发挥省扶贫开发领导小组及其办公室的职能作用，由其负责协调推进生态保护脱贫工作考核制度的全面贯彻落实，研究制定全省生态保护脱贫攻坚示范县考评办法等推进扶贫开发工作的重大政策措施。全面推行生态保护脱贫开发工作绩效考评制度，把生态保护脱贫开发工作成效作为衡量各地科学发展水平的重要内容和贫困地区各级干部政绩考核和提拔任用的重要依据，把产业发展、减贫人口、农民增收指标作为约束性指标，纳入国民经济和社会发展规划和年度计划。

四　生态移民搬迁

贵州省在启动扶贫生态移民工程后，并制定时间表，按照逐年搬迁、先易后难的原则在全省范围内实施生态扶贫移民。贵州省扶贫办主任叶韬说，扶贫生态移民搬迁关键是要留得住，留得住的关键是要在当地搞产业，我们一方面将安置点建在工业园区附近，带动群众和解决部分群众就地就业；同时在安置点发动学习技能，通过建设公益性商贸交易市场，让移民群众就地做生意搞活经济，同时保障移民群众的基本利益，解除移民的后顾之忧。贵州省把生态移民与新农村建设、农村危房改造、小城镇建设、旅游开发等结合起来，探索不同的有效移民模式，建立不同风格的移民新村。积极探索移民人口到城镇购买经济适用房或租住廉租房的新途径和新方式。认真落实扶贫生态移民土地、产业、就业、户籍和社会保障政策，加强对移民人口的创业就业和生产生活习惯培训，使之能够尽快融入当地居民生活，确保移民搬得出、留得住、能就业、有保障。

通过生态移民搬迁，不仅使生态移民户生存地理环境有了变化，人民群众的素质都有了明显提高，移民后人民群众的思想观念得到进一步更新，进而带来了农村人口综合素质的明显提高，使得社会更趋和谐稳定，村域经济发展明显得到了提升。生态移民使得教育资源的普及程度得到提高，农村孩子上学更容易，使得当地居民的受教育程度得到普遍提高，人民群众的综合素质得到普遍提高。移民搬迁在改善生存环境的同时，使大量贫困人口摆脱了恶劣自然条件的束缚，解放和发展了生产力，通过移民自身努力以及良好的自然及交通条件带来的发展机遇，很快拓宽了脱贫致富的路子，收入水平显著提高。扶贫生态移民帮助贫困群众"挪穷窝""能增收"。到2012年，贵州省对生活在深山区、石山区、生态脆弱地区等"一方水土养不活一方人"地区的142万贫困人口实施扶贫生态移民，做到搬得出、留得住、能就业、有保障，有效改善贫困山区群众的生存条件。在住房方面扶贫生态移民住房要符合防灾减灾、节能减排的要求，房屋设计要与城镇规划相衔接，体现地方特色和民族特色。就业方面，积极组织移民参加职业技能培训，提高青壮年劳动力职业技能，增强就业能力，促进更多移民实现转移就业。大力推动创业带动就业工作，引导符合条件的扶贫生态移民通过创业实现就业。扶贫生态移民新创办和以吸收扶贫生态移民就业为主的新办微型企业，按规定享受"3个15万元"的扶持政策。公益性岗位重点向扶贫生态移民倾斜，优先安排"4050"移民人员和就业困难的家庭成员，鼓励企业招用移民中的"4050"人员，对符合条件的可按规定享受社会保险补贴，实行扶贫生态移民就业信息专项统计制度，把扶贫生态移民就业纳入公共就业管理和服务的范围。

第三节　贵州省生态保护脱贫的基本经验

本研究以毕节地区生态保护改革试验区、玉屏县与印江县在生态脱贫工作中的经验为典型代表，来说明贵州省在生态保护脱贫工作中形成的发展经验。

一　毕节试验区生态保护脱贫的成效与做法

厉以宁老先生曾说，毕节的改革探索，为广大贫困落后地区的发展和社会主义新农村建设提供了值得借鉴的经验，为西部欠发达地区发展树立了样板。早在 25 年前，当这里的一切还无人问津，扶贫还看不到希望的时候，以"开发扶贫、生态建设、人口控制"为主题的贵州毕节试验区建立，目的就是为了破解"经济贫困、生态恶化、人口膨胀"的艰难困境。

现如今，贵州省毕节试验区生产总值较最初的时候增长了 41 倍，综合实力由全省末位到稳居第三，农民人均纯收入增长了 23 倍；森林覆盖率从不到 15% 上升到 41.5%；在总人口减少 150 万人的同时，农民的综合素质得到了极大提升。毕节试验区在可持续发展脱贫领域的不断探索和实践，为我国贫困地区乃至更大区域实现可持续发展进行了超前性试验，为今后贵州省乃至全国同类地区扶贫发展工作的进行奠定了良好的基础，开了一个精彩的好头。

毕节占地面积 2.7 万平方公里，1985 年时，贫困人口高达 345 万人，绝对贫困人口占总人口的 65.4%；水土流失面积高达 62.7%，相当于每年有 2 厘米活土层流失，人口密度达每平方公里 218 人，分别比贵州和全国平均水平多 34 人和 94 人；文盲半文盲人口超过一半，人均受教育年限仅为 3.8 年，按照传统的发展模式，毕节即使不会走向"人类生存的终点"，也会给长江、珠江中下游地区造成难以估量的生态危害。1988 年 6 月，国务院正式批复同意贵州省委建立毕节试验区的请示，随后，试验区"开发扶贫、生态建设、人口控制"三大主题逐步确立，明确了改革试验的主攻方向。贵州省委多次邀请各民主党派、全国工商联负责人举行座谈会，广泛征求对毕节改革试验与发展的建议，统一战线参与试验区建设的序幕全面拉开。

与当时中国已经启动的其他经济特区、开发区不同，毕节试验区从一开始就不是以单纯的经济增长为目标，而是将经济效益、生态效益、社会效益结合起来作为一个整体目标展开的综合性社会发展试验。这种试验的指向，是将生态建设与开发扶贫共同推进，使生存与生态从"对抗"走向

"共赢"。毕节试验区成立时，我国实行改革开放不到 10 年，国家尚不具备开发西部的条件，试验区紧紧依靠毕节和贵州，缺乏充足的自我启动和自我发展能力。贵州省在京邀请中央统战部、各民主党派中央、全国工商联投入毕节试验，于 1989 年 9 月成立"支援毕节试验区规划实施顾问组"。试验区成立伊始，中央智力支边领导小组就选派 5 位专家帮助制定了《毕节开发扶贫、生态建设试验区发展规划》和 5 个配套子规划。此后，试验区五年规划等所有中长期发展规划，都由专家顾问组组织专家进行反复论证，保证了发展战略的连续性和科学性。

毕节试验区"三大主题"率先提出人口、资源、环境与经济、社会和谐发展，比联合国可持续发展共识早了 4 年；率先探索统一战线多党合作推动区域经济社会发展的模式；率先提出生态建设问题，特别是率先提出退耕还林，比国家开展退耕还林试点早了 14 年；率先提出开发扶贫，比国家"八七扶贫攻坚计划"早了 6 年，比 2001 年国务院颁布实施《中国农村扶贫开发纲要》早了 13 年。25 年来，试验区开发扶贫成绩显著，生态建设大步跨越，人口计生进展良好，经济实力逐步增强。近些年来，毕节在"开发扶贫"方面突出以智力支持为主导，不断提升试验区自我发展的"造血"功能；"生态建设"坚持生态保护与治理并重，促进人与自然的和谐共生；"人口控制"强调数量控制与质量提升的统一，着力促进人的全面发展。不久的将来，作为川、滇、黔"三省通衢"的毕节，还将真正打破交通瓶颈，装备快速起飞的"发动机"。从我国国情看，由于历史起点不同、地理位置不同、资源禀赋不同，西部贫困地区加快发展不能简单沿袭东部沿海地区的发展道路，而要探索符合自身特点的新路子。以"三大主题"为核心的毕节试验区科学发展新思路，为西部贫困地区实现跨越发展指明了正确的前进方向，也为当代中国的科学发展提供了生动的实践参照。

百里杜鹃石牛角扶贫生态移民安置点是贵州省扶贫生态移民工程的政策配套试点，是毕节市 54 个扶贫生态移民安置示范点之一。该安置点位于百里杜鹃花海文化城旁，共涉及 553 户 2483 人，现已完成移民住房建设 553 幢 15.5 万平方米，累计投入建设资金 2.5 亿元。目前，移民正陆续搬迁入住。

在工程建设中，贵州省着力抓好"四个结合"。一是将扶贫生态移民工程与城镇建设相结合，把扶贫生态移民安置点规划建设紧密与城区规划相衔接，并作为花海文化城的重点项目推进建设，着力完善配套设施，提升服务功能，打造"功能完善、设施配套"的城镇社区。目前，安置点已成为花海文化城的第一个城市新区，搬迁移民已融入了城市生活。随着城区基础设施的不断完善，移民将享受到城市公共服务，成为名副其实的市民，实现了省委、省政府提出的"将农民变市民"的目标，进一步促进了城镇化发展。二是将扶贫生态移民工程与旅游发展相结合，按照"宜居、宜业、宜游"的思路，在安置点规划建设中充分融入旅游元素，深入挖掘历史文化、民族文化和民间文化，将安置点建成独具特色的旅游景区景点，让移民在美丽的居住环境中从事旅游服务增收致富。三是将扶贫生态移民工程与环境保护相结合，把重点保护区内居住分散的农户分期分批组织搬迁到安置点上，有效遏制人为破坏生态环境行为，切实保护了百里杜鹃珍贵的森林生态资源和自然生态环境，增强了可持续发展能力。四是将扶贫生态移民工程与社区服务相结合，百里杜鹃石牛角扶贫生态移民安置点抢抓作为贵州省政策配套试点县（区）的机遇，围绕服务移民建立了就业、就学、就医和社保、社区服务的"3就+2社"五大服务政策支撑体系，释放政策红利，实现了"3+2＞5"的政策叠加、集合效应。移民群众在搬迁前基本上分散居住在边远村寨，且"水、电、路"等基础设施条件较差，没有享受到优质的文化、教育、医疗等社会保障服务，生产生活环境极为艰苦。通过实施扶贫生态移民，将移民集中搬迁到基础设施好、社会保障体系健全的城镇新区，极大地改善了他们的生产生活条件，使移民就业有保障、创业有支持，为过上幸福美满的小康生活奠定了坚实基础，有力地推动了地方经济社会持续健康发展。

二　玉屏县生态泊湖脱贫的成效与做法

一直以来，玉屏县生态保护脱贫开发工作在县委、县政府的正确领导下，在上级业务主管部门的大力支持和指导下，深入贯彻党的十八大，十八届四中、五中全会精神，习近平总书记关于扶贫开发工作系列重要讲话精神，以主动适应经济发展新常态，按照产业扶贫，促进稳粮增收、提质增效、创新驱动的总要求，以深化农村改革为动力，全县扶贫开发呈现较好的发展态势，主要做法及成效如下。

（1）进一步加大生态保护项目争取力度，着力增强生态农业产业化扶贫发展后劲。

一是积极与省、市农委沟通、对接，及时掌握中央、省、市涉农项目投资政策和导向，认真组织策划、编制申报涉农项目，全年累计争取了农村户用沼气池建设、农业土地开发、新型农民职业培育、生态畜牧业等国家、省、市各类农业项目36个，共争取项目资金1529万元。实现全年农林牧渔及服务业总产值11.7741亿元，农村居民人均可支配收入8729元，粮经比达30.3∶69.7。二是主动向上对接，促使全省山地生态畜牧业发展暨产业化扶贫现场会、全省中药材现代产业技术体系建设工作总结会、全市精品水果产业现场会相继在该县顺利召开，进一步加大了该县对外宣传力度。

（2）进一步深化农村改革，增强农村生态保护脱贫发展活力，实现生态保护脱贫协调发展。

一是农村集体经济组织改革工作有序推进，研究制定了《玉屏侗族自治县农村集体经济组织改革工作实施方案》，整合投入210万元涉农项目资金在朱家场镇前光村开展村级集体资产股份量化改革试点工作，完成黄桃基地建设620亩、建设生猪养殖圈舍6栋1.1万平方米，朱家场镇前光村、桐木村、亚鱼乡沙子坳3个行政村均达到"双超村"标准，为农业服务扶贫脱贫工作起到引领示范作用。二是农村土地（耕地）制度改革有序推进。在坚持集体所有权、稳定承包权、放活经营权的前提下，推动农村土地（耕地）"三权分置"，在亚鱼乡、新店乡全面开展农村土地确权登记颁证整乡试点工作，为全县贫困户发展农业产业融资奠定了坚实的融资基础。三是新型农业经营主体培育改革工作顺利进行。建立新型农业经营主体培育和扶持机制，发展家庭农场8家、市级龙头企业8家，新增农民专业合作社34家。四是创新现代农业扶贫发展模式成效显著。扶持壮大家庭农场、生态农庄，推进园区建设全面开花，2015年省级现代高效农业示范园区（油茶产业示范园区）、亚鱼凉庭寨休闲观光园区共完成年度各类投资6.12亿元。大力推广"企业+合作社+农户""企业+基地+农户""企业+代养户（家庭农场）"等发展模式，实现入驻园区企业26家，农民专业合作社25个，其中，油茶产业园区依托油茶种植、温氏一体化生猪养殖、林下养鸡、蔬菜种植、第三产业等，实现园区总产值7.24亿元。五是农业社会化服务改革工作有序推进，整合农作物病虫害专业化统防统治项目，组建6个植保机防队，完成农作物病虫害承包防治面积1.55万亩；在亚鱼乡、朱家场镇完成2条单轨运输机的建设，新增9个农机专业合作社，配备了10台农机具，为全县贫困户节约劳动成本0.185亿元。六是深入开展基层动物防疫模式改革。全面完成5个乡镇动物防疫模式改革，各乡镇正式成立"畜牧兽医技术服务有限公司"，动物疫情防治模式由"春秋"两季集中免疫改为"常年免疫"，确保县境内无区域性重大动物疫情，为贫困群众发展生态畜牧业提供了有力保障。

（3）以实施"三个万元"工程为抓手，优化生态产业结构调整。

全县紧紧围绕油茶、中药材、蔬果三大主导产业，强势打造"三个万元"工程，完成万元田2.45万亩，其中蔬菜（含瓜类）0.8万亩、食用菌万元田0.1万亩、中药材万元田0.2万亩，水果万元田0.6万亩、苗圃万元田0.3万亩、水产万元田0.45万亩；完成万元山2.4万亩，其中水果万元山（林下种养）0.9万亩、油茶万元山（林下种养）1万亩、中药材（林下种养）万元山0.5万亩。据统计，2015年全县"三个万元"工程的实施共计覆盖6个乡镇24个村，受益农户达13391户50885人，其中直接受益贫困农户达6812户27148人，实现总产值达6.6492亿元。

（4）加快生态畜牧业发展步伐，着力助推农业结构调整步伐进程，实现农业增效，促进农民增收。

采取"公司+代养户"的方式，发展养殖户成为家庭牧场，合作盈利为"231"模式，即一次性投资20万元，每批投苗300头，一个家庭农场年收入10万元。合作发展为"411"模式，即由公司统一提供猪苗、饲料、技术服务和生物保健，做到一定保价回收，一定重视代养户的合理利润回报，最终实现互利共赢的良好局面。全县已发展代养户451户（300头以上/户），饲养规模135390头，累计投放猪苗63583头，出栏温氏商品猪

22338 头，平均利润达 220 元/头。

（5）加强生态农业经营体制机制创新，促进农村生态经济发展。

一是抓好"三品"（品种、品质、品牌）工作，加强精品水果、特种水产、食用菌等新品种的引进推广，支持农产品注册商标，开展无公害、绿色、有机农产品认证和名牌农产品申报认证，打造一批区域性农产品品牌，实现全县蔬菜、食用菌、西甜瓜种植总面积达 8.1482 万亩，总产量 15.826 万吨，实现销售总产值 3.5 亿元，全县无公害农产品产地面积达 4.5 万亩、占全县种植面积的 53%。二是创新"互联网＋农业"营销渠道，实现农民群众由"群众跑"向"网上跑"转变。加大农特产品包装、推介、上线等力度。"油茶"已荣获国家地理标志保护产品，"金箫牌"茶油荣获贵州省著名商标和贵州省名牌产品。生猪、大米、木耳、双孢菇等无公害农产品获产地认证。创建"互联网＋供销合作社＋农民专业合作社"模式，建成贵州省首家专业农产品电子商务平台——中国农特安农产品电子商务平台，发展自营基地 20 余个、合作伙伴 50 余家，日均营业额 3 万余元，引导玉屏箫笛厂等 5 家公司成功开办淘宝网实体店，着力创建农村淘宝店 50 个，推动销售与生产结合、线上与线下结合、上行与下行结合，由传统营销向互联网营销转变，通过淘宝网和阿里巴巴销售实现农特产品交易额 170 余万元。

三 印江县生态保护脱贫的成效与做法

印江县作为"武陵山经济协作区生态文明建设示范区试点县"，在生态保护脱贫工作中，一直坚持走可持续发展道路，寓资源开发于生态建设中，融产业发展于生态建设中，努力建设资源节约型、环境友好型社会，实现经济社会发展与人口、资源、环境相协调。

印江县在生态保护脱贫的工作过程中，实行有限开发、有序开发、有偿开发，依法加强对耕地、矿产、森林等自然资源保护。加大基本农田保护力度，实行基本农田总量管理，最大限度地保护耕地。加强水资源综合利用，完善取水许可和水资源有偿使用制度，有序推进地下水资源勘探开发和利用。加强矿产资源综合利用，健全矿产资源有偿使用制度和矿山环境恢复补偿机制，加强矿业权管理和市场建设。加强梵净山自然保护区的保护与开发，推进种质资源库建设，有效保护生物多样性。同时加强林业生态工程建设，大力实施人工造林、封山育林、人工种草、退耕还林等植被恢复工程，巩固退耕还林成果。实施江河流域及饮用水源地防护林建设工程、退耕还林营造林工程、石漠化综合治理工程、城乡绿化工程、生态文明建设示范区试点工程，促进生态效益向经济效益转化。加强水土流失小流域综合治理，加快实施生态移民工程，加大土地整治复垦力度，有序开展生态恢复治理工程。加大重要水源保护区、大中型水库、风景名胜区的外围地带以及重点公路建设沿线生态修复力度，实现生态立县和生态建设目标。近些年来印江县在生态保护脱贫的成效与经验如下。

（1）着力保护水资源，综合整治环境污染。

加强了以印江河、洋溪河、车家河等重要饮用水源地环境的综合整治和保护，加大水源保护区的生态保护和生态恢复力度，不断改善饮用水源地水质，保证水源安全。加强农用土壤环境保护和污染场地环境监管，科学合理施用化肥、农药，有效防治农业面源污染。严格实施污染物排放总量控制和排污许可制度，执行项目环境影响评价"三同时"制度。加强工业污染和水、大气、土壤、固体废物污染防治。健全环境、气象、地质灾害等监测预报体系，提高环境监测水平。建立社会化、多元化环保投融资机制，运用经济手段推进污染治理市场化进程，加强环境管理队伍建设，提高环境保护执法水平。

（2）着力发展现代生态产业，确保产品质量与市场竞争力。

印江县在实施生态保护脱贫工作过程中，坚持以社会主义新农村建设为主线，以促进农业增效、农民增收为主攻方向，大力推进生态农业基础设施建设，提高生态农业综合生产能力，加快生态农业产业结构调整，发展"高产、优质、高效、生态、安全"现代生态农业，促进生态农业产业向规模化、标准化、品牌化发展。大力推进生态农业科技进步，加快农业科技成果转化，加强农业科技人才培养，加大农民技能培训力度，积极构建科技研发与推广应用相互支撑的保障体系。围绕优势特色产业发展，高度重视种子工程、生物技术工程、畜禽改良工程、生态环境保护工程等农业高新技术的开发和应用，大力推广应用保护性耕作技术、设施农业栽培技术、畜禽科学养殖技术、测土配方施肥技术、节水灌溉技术等。积极引进试验、示范、推广优良新品种。加大与科研机构、高等院校合作力度，建立一批产学研、农科教示范园区，辐射带动一批科技示范乡镇、示范村、示范户的发展。

印江县加强生态农业社会化服务体系建设，完善生态农业农产品质量安全体系，建成县农产品、畜产品质量检测中心及生产基地专业批发市场检测点，形成覆盖全县农产品质量安全检测网。完善农产品市场流通体系建设，推进生鲜农产品配送中心建设，建设一批专业村农产品收购网点，建成一批农产品直接采购基地。加强农业机械服务体系建设，加大对农机科技示范户的扶持，进一步健全农机服务组织。加强农村信息服务体系建设，建立健全县、乡、村农业信息服务平台。认真贯彻落实强农惠农政策，进一步建立完善促进农业农村发展的政策支撑体系，促进城乡基本公共服务均等化。

（3）着力发挥生态优势，培育绿色产品品牌。

印江县在生态保护脱贫的工作过程中，不断加快生态农业结构调整，推进生态农业产业化经营，坚持"打绿色牌、走特色路"，在稳定提高主要农产品供给能力的基础上，规划建设一批以发展科技农业、生态农业、观光农业和旅游农业为重点的优质农产品生产基地，大力发展现代生态农业，着力打造区域特色农产品品牌，加快推进农业产业化经营。稳定提高主要农产品供给能力，大力实施粮食生产能力提升和高产示范工程，稳定粮食播种面积52万亩，确保粮食产量每年在15万吨左右。巩固发展传统优势农产品，主攻单产和品质，提高生产能力和市场供给能力。调整玉米生产结构，重点发展饲料专用型玉米。抓好优质马铃薯基地、优质油菜基地、优质花生等经济作物基地建设。大力发展优质农产品生产基地，重点发展生态茶产业、生态畜牧业和食用菌等优势特色产业，稳步发展优质烤烟，加快推进无公害蔬菜、精品水果、生态干果、地道中药材等特色农产品发展，大力发展林下经济产业。

与此同时，印江县还不断加快生态茶产业发展，加强茶园配套基础设施建设，实现 300 亩以上相对集中连片茶园通水、电、路。扎实推进茶叶基地、技术培训、企业发展、品牌打造、市场培育"五位一体"建设。新建 8 万亩高标准茶园，实施 3 万亩低产茶园改造，加强 9 万亩幼龄茶园的抚育管理，抓好 12 万亩投产茶园的采摘和加工，着力打造东南部梵净山旅游生态观光茶园产业带、西北部优质茶叶产业带。着力培育打造以"梵净山"为品牌的系列茶叶品牌，建成 5 家年产 1 万吨以上标准化精制茶叶加工厂，按每 300 亩建一个茶叶初加工厂的标准，实现茶叶加工全覆盖，精深开发茶饮料、茶多酚、茶油等系列产品，延伸茶叶产业链，拓宽茶产品销售渠道。到 2015 年，全县建成 20 万亩以上高效茶园，茶叶产量达到 1.5 万吨，综合产值达 12 亿元。

印江县一直加快生态畜牧业发展，稳步发展生猪养殖产业，大力发展牛羊和特色养殖，积极推进优势畜产品产业带和野生畜禽产业观光园建设，将该县建成全省畜牧产业、产值大县。抓好规模化养猪场建设，大力发展以木黄、新寨等为重点的东线、南线肉牛养殖产业带，以天堂、刀坝、沙子坡等为重点的西北线商品肉羊养殖产业带。建成野猪养殖园、山鸡养殖园、娃娃鱼养殖园等一批野生畜禽观光产业园。到 2015 年，畜牧产值达到 12 亿元，占农业总产值 50% 以上。

（4）着力发展绿色生态产业，发展特色种植基地。

印江县坚持发展生态绿色作物产业，建设 10 万亩无公害蔬菜基地。优化蔬菜产业区域布局，重点抓好无公害蔬菜、高山反季节蔬菜、无公害冬春早熟蔬菜、胡萝卜、辣椒五大蔬菜商品基地建设，配套建设 2 个库容 600 吨蔬菜预冷保鲜库、2 个蔬菜批发市场。建设 16 万亩生态竹子基地，围绕旅游景区、县城郊区、重点小流域，着力抓好楠竹、绵竹、雷竹等笋材两用竹建设，积极发展竹制品精深加工。建成万亩食用菌基地，大力引进香菇、黑木耳、灵芝等优良菌种，重点抓好食用菌科研基地、食用菌科技成果转化基地、高产食用菌推广基地建设，开展食用菌优良品种选育，推广装袋、灭菌、接种、管理四个"自动化"生产技术，积极推进食用菌多糖提取、灵芝酒等系列产品开发。建成 10 万担优质烤烟基地，加强专业化烤房群及烟水、烟路配套等基础设施建设，优化发展种烟专业乡镇、专业村、专业户，突出当地风格特色，提升烟叶生产水平。到 2015 年，争取烟叶基地单元建设资金 2 亿元，建成木黄、沙子坡 2 个基地单元，规划基本烟地 8 万亩，年种植 4 万亩以上，全县烟叶年产量达到 10 万担以上，实现烟叶税收 3000 万元以上；建设特色种植基地，结合农村居民增收致富行动计划，建设有利于农民增收的特色种植基地。依托梵净山"天然药物宝库"地域品牌，建设地道中药材基地。以梵净山旅游沿线乡镇为核心，建设精品果品基地，逐步辐射周边乡镇。

（5）大力推进生态农业产业化经营，大力发展农副产品加工、流通、服务等产业化龙头企业。

每年集中力量打造 3 个以上优势农业产业化龙头企业，到 2015 年全县新增 10 家以上地级龙头企业、5 家以上省级龙头企业和 2 家国家级龙头企业，增强辐射带动功能和市场竞争力。大力推广"公司＋基地＋农户"等农业产业化经营模式，引导龙头企业与农户建立利益共享、风险共担的利益联结机制，促进农业产业产、加、销一体化发展。培育和发展以生态茶叶、生态畜牧、精品果品、地道中药材、特色农产品等为重点的农产品品牌，实施区域农产品整体营销战略。培育壮大"梵净山翠峰茶""梵净山野菜系列""土司食品"等现有品牌，包装打造一批地方特色各异、有较强竞争力的涉农品牌。加大地理标志开发保护力度，扩大无公害茶叶、蔬菜和畜产品基地认证，积极申报梵净山黄连地理标志产品保护认证、天麻 GAP 基地评审认定，不断提升产品知名度和市场竞争力。鼓励和扶持各类专业合作经济组织，培育壮大农村经纪人队伍，加强农村乡土人才队伍建设，实现产业专业村合作经济组织全覆盖。

（6）着力转变资源开发利用方式，促进经济发展模式向高能效、低能耗、低排放模式转变。

严格监管重点耗能企业，有序淘汰落后产能，全面推进节能、节水、节地、节材。实施产业结构减排、工程治理减排和监督管理减排三项制度，健全环境监测预警体系和环境热源监督体系，监督工业企业实现污染物全面稳定达标排放。严格实行新上项目尤其是高耗能项目的高起点准入，用先进技术改造提升传统产业。深入开展全民节能减排行动，鼓励生产和使用节能产品。并且大力发展循环经济，把循环经济发展与产业结构调整、节能减排结合起来，积极培育循环经济产业链，大力发展环保产业和以秸秆养畜、畜禽粪便资源化利用为核心的循环经济。加快完善清洁生产机制，抓好电力、煤化工、有色、冶金和建材等行业的清洁化生产，从源头减少废弃物的产生，实现由末端治理向污染预防和生产全过程控制转变。以推广生物质能应用为重点，启动实施农业大中型沼气综合利用示范工程、乡村清洁化工程建设，促进农业生产生活衍生综合利用。

四　贵州省生态保护脱贫的基本经验

通过对贵州省毕节市、印江县以及玉屏县在生态保护脱贫工作中取得成果的分析，总结出以下生态保护脱贫的经验做法。

（一）加快转变生态农业发展方式

坚持区域生态农业特色化、差异化的发展理念，加快构建以重点生态功能区为核心、以基本农田和耕地林地为基础、以农旅结合绿色生态立体农业为支撑、以主要生态农产品产业带和特色优势绿色农产品生产基地为重要组成部分的生态农业发展格局。围绕产出高效、产品安全、资源节约、环境友好的现代农业发展理念，坚持以市场为导向，以山地特色高效农业为重点，大力推动特色产业规模化、标准化、专业化、集约化发展，加快转变农业发展方式，开辟农业结构调整新途径，拓宽农民增收致富新渠道，努力实现农业强、百姓富、生态美。

严格执行耕地保护制度，深入实施高标准农田建设规划，改造中低产田，提高粮食产能。加快农业结构调整，大力发展现代高效农业示范园区和特色种植养殖基地建设，提升农产品附加值，加强农产品标准化、信息化和科技服务体系及重大支撑性平台建设，支持龙头企业等新型农业经营主体创建，打造一批区域名优特农产品品牌，加快建立高产、优质、生态、安全的现代山地特色高效农业产业体系。

充分发挥现代农业园区示范带动作用，大力推进农业"接二连三"融合发展，推动农业发展从数量增长为主转向数量质量效益并重，走资源节约、绿色生态的现代农业发展道路；延长农业产业链、扩展农业功能，加强利益联结机制，大力扶持农产品加工企业，推进发展农产品加工、贮藏、保险、分级、包装、运销等，推动农产品加工业转型升级；着重抓好规模种养殖农产品的精深加工，培育一批省级农产品加工试点示范企业，因地制宜发展乡村旅游和体闲农业，以城市郊区、农业园区、旅游景区及交通干道沿线为重点，建设一批具有民族特色的旅游村寨，发展休闲观光体验农业。通过完善订单协作、推广股份合作，推动产销联动等模式，使新型农业经营主体之间与普通农户之间形成风险共担、互惠共赢的利益共同体。

* * *

专栏一　积极实施特色生态文化产业工程

贵州省在生态保护脱贫工作中，做到发展景区经济的同时发展地区文化，形成具有当地特色的文化产业，既对自身民族文化进行传承和发展，也依托民族文化大力发展生态旅游业。依托贵州多民族文化资源，积极建设一批文化产业基地和区域特色文化产业群，深入挖掘民族文化，做大做强以"多彩贵州"为代表的民族歌舞、工艺美术、节庆会展、戏剧、影视、动漫等文化品牌，培育一批有特色、有实力、有竞争力的文化骨干企业，积极引进文化产业领域战略投资者。加强旅游基础设施建设，提升服务水平，着力打造一批精品旅游线路。建设了黄果树、荔波、梵净山、雷公山等精品景区，培育了"爽爽贵阳""梵天净土""水墨金州""凉都六盘水"等一批旅游休闲度假胜地。加强了遵义、镇远、习水、青岩、西江等历史文化名城（名镇、名村）以及旅游资源富集城镇保护和建设，大力发展红色旅游，实施红色旅游二期建设方案，加强以遵义会议纪念体系为重点的经典景区基础设施建设。积极开发了蜡染、服饰、银饰、苗绣、漆器、紫袍玉带石雕等特色旅游商品，同时支持贵州符合条件的地区申报世界自然遗产。

各地区要充分整理、挖掘和传承各类文化资源，以民族民间节庆和文化会展为平台，推进文化与旅游深度融合发展，将其转化为产业优势和经济优势，推动文化产业大发展。实施民族特色文化强县工程，均衡配置公共文化资源，鼓励和引导社会力量参与公共文化服务，基本建成覆盖县乡、便捷高效、保基本、促公平的现代公共文化服务体系。深度挖掘和保护研究当地民俗传统文化，深入研究当地少数民族语言、服饰、饮食、建筑等民族文化，力争将该地区建成当地特色民俗文化研究基地。加强民族文化遗产保护和传承，制定和完善少数民族文化保护与发展规划，重点加强少数民族文化遗产、抢救性文物和传统民族村落的挖掘和保护性建设，高度重视文物和非物质文化遗产保护工作，挖掘传承民俗民间文化潜力，让民族文化基因代代相传、发扬光大。挖掘和创作一批经典性民族文化作品，加大民族文学影视作品创作力度，打造文化品牌，提升文化旅游业的竞争力。

*　　*　　*

专栏二　加快推进生态旅游扶贫进程

贵州省在生态保护脱贫的攻坚战中，不断加强贫困地区旅游资源调查，围绕美丽乡村建设，依托贫困地区优势旅游资源，发挥精品景区的辐射作用，带动农户脱贫致富。统筹考虑贫困地区旅游资源情况，在研究编制全国重点旅游区生态旅游发展规划时，对贫困乡村旅游发展给予重点支持。结合交通基础设施建设、农村危房改造、农村环境综合整治、生态搬迁、游牧民定居、特色景观旅游村镇、历史文化名村名镇和传统村落及民居保护等项目建设，加大政策、资金扶持力度，促进休闲农业和乡村旅游业发展。

各地区要大力实施旅游产业融合化发展战略，优化旅游布局，提升服务品质和延伸产业链条，推动旅游业由观光游向度假游转型发展，加快发展以民族和山地为特色的文化旅游，构建大生态、大文化、大旅游格局，积极打造全国养生休闲度假避暑目的地。加强文化娱乐设施建设，着力完善或新建一批文化娱乐设施，构建重点旅游景区的文化娱乐设施支撑体系，大幅度提高文化娱乐消费档次和水平。全国其他同类地区要完善旅游重要区域和节点的旅游控规和详规编制，互通旅游集聚中心综合体、历史文化集聚区等特色景观。培育精品观光旅游线，积极发展乡村旅游休闲带，积极推进新兴旅游景区景点建设，按照旅游新六要素要求，以全域旅游为路径，推进景城、景文、农旅、体旅、工旅"五大产业"融合，构建生态旅游、红色旅游、地域文化、休闲度假、民族风情"五大旅游品牌"体系，突出地域文化特色、民俗风情，大力推进旅游产业与民俗文化融合，坚持农业园区景区化、农旅一体化发展，加快推进旅游产业与生态农业深度融合。加快推进旅游与工业融合发展，大力发展旅游商品制造型轻工业，培育特色旅游商品产业园。大力推进旅游产业与体育赛事深度融合，培育壮大民族节庆与民间体育活动、主题自驾游、滨水娱乐休闲等体育旅游活动，大力发展山地户外体育旅游休闲产品。同时要坚持以市场需求为导向，加快文化旅游资源整合，以重点景区和精品旅游线路为载体，重点打造核心节点，连接周边省市地区客源地旅游精品线路，加大旅游市场宣传营销力度，利用国内外强势媒体和节会平台扩大旅游宣传促销，积极发展旅行社等旅游中介服务机构，鼓励和支持国内外有实力的旅行社进入印江，优化旅游人才创业环境，有计划、有重点地培养和引进一批高层次旅游专业人才，提高旅游人才队伍素质。

（二）积极完善生态补偿机制

贵州省在生态产业脱贫工作过程中，积极完善当地生态补偿机制，将其作为生态扶贫工作的重要支撑；实施生态减贫战略，转变生态补偿思路，能够做到加快实现从输血型补偿向造血型补偿转变，实现生态补偿与产业发展相结合，建立健全生态补偿、赔付和监督机制，实行"谁污染、谁治理"和"谁受益、谁补偿"，确保生态保护区群众不因保护生态而降低生活质量。着力推进"三位一体"综合治理，在加强生态文明建设上作示范，把生态文明理念、原则、目标深刻融入和全面贯穿到改革发展各方面和全过程，切实加强生态建设和环境保护。在此过程中，贵州省加快实施《贵州省水利建设生态建设石漠化治理综合规划》，积极推进夹岩、黄家湾、五嘎冲、马岭等大型水库建设，建设一批中小型水库和引提水工程项目。深入推进小水窖、小水池、小塘坝、小泵站、小水渠建设，大力实施78个县石漠化综合治理工程，加强石漠化地区生态用水研究，形成水利工程与生态建设良性互动，大力打造国家级石漠化综合治理示范区。推进退耕还林（草）、天然林资源保护和森林抚育、长江珠江防护林、自然保护区建设、湿地保护与恢复、草地开发利用等工程，加强森林管护，提高河流、湖泊以及森林等生态系统涵养水源、调节局部气候的功能，推进绿色发展、循环发展、低碳发展，努力走出一条破解资源环境制约难题的新路子，初步建成"两江"上游重要生态屏障。

（三）积极实施大生态产业工程

加强绿色技术研发和推广，大力发展先进制造业、绿色建筑业、生态农业、环保型产业和现代服务业，推动形成以低消耗、低污染、经济效益高、生态效益高、社会效益高为主要特征的绿色产业体系。按照"生态产业化、产业生态化"发展理念，因地制宜发展生态种养业，不断加快生态农业示范园区、生态观光园建设。坚持用循环经济的理念引领生态工业发展，以园区产业聚集为依托，科学谋划循环产业链条，建立推行企业绿色低碳发展模式，实现良性循环，既减少废弃物排放，又增加经济效益。立足得天独厚的生态资源条件，重点发展以生态休闲、乡村民俗体验为主体的乡村旅游，促进生态旅游业提档升级。加快发展以节能环保低碳为主的新型建筑建材业，推广绿色建筑和建材。推进建筑废弃物及生活垃圾、餐厨垃圾资源化利用，加快建立覆盖城镇社区和农村乡镇的再生资源回收体系，实现废弃物的高值化、资源化利用。

（四）在生态保护脱贫考核中发挥指挥棒作用

贵州省在生态保护脱贫工作中，发扬钉钉子的精神，切实把"六大改革，五大重点"工作落到实处，突出抓好"精准扶贫建档立卡""六个到村到户""六项行动""三个十工程""劳动力素质提升"等重点工作。把生态保护脱贫的目标任务分解到处室、具体到项目、落实到岗位、量化到个人，以责任制促落实、以责任制保成效。严格实行月目标检查制度，列入全年目标任务和评先选优考核，做到以月保季、以季保年，确保全年全面完成和超额完成年度目标任务。同时改进贫困县生态脱贫工作绩效考核机制，制定贫困县生态保护脱贫开发工作考核办法，以此加大扶贫开发工作考核力度，做到有目标、有计划、有措施、有检查、有奖惩，加快生态保护脱贫的立法，把生态保护脱贫开发工作纳入法制轨道，确保长期化、可持续。

（五）大力实施生态扶贫移民搬迁

贵州省近几年来生态移民项目的实施，总体效果比较好，在着力推进扶贫生态移民搬迁、改善人居环境方面上做出典型示范，全面实施扶贫生态移民工程，把扶贫生态移民作为减少贫困人口和推进城镇化的重要手段，对居住在深山区、石山区、生态环境脆弱地区的群众采取生态移民举措。截至目前，贵州省实施扶贫生态移民工程共惠及 62 万人，扶贫生态移民工程规划用 9 年的时间将生态区位重要、生态环境脆弱及生存条件极差地区的 200 万农村贫困人口搬迁到城镇或产业园区、旅游景区安置，从根本上改善移民群众生产生活条件，提高自我发展能力，积极消除贫困，在荒地上建新村，在城镇里增人口，在园区里添员工。

* * *

专栏三　织金县留住青山绿水 搬出幸福生活

行驶在织金到桂果的公路上，沿着弯弯的公路遥望，宛如一条白色的腰带缠绕在葱葱青山和蓝天白云之间。走进整洁而宽广的街道，看到的是一排排崭新的楼房，一字排开，相向而立，白墙青瓦，整齐有序地排列着，既不单调又不乏味，与黔西北民居和小城镇建筑相得益彰。

这是织金县桂果镇扶贫生态移民项目安置点，从该镇小牛场村石梯子组等 7 个村 14 个组搬迁来的农户共有 362 户 1550 人，他们已基本全部住进政府为他们修建的移民新居。由于桂果镇离县城近，紧邻镇政府的猫场村，交通十分便利，移民安置点位于该村柏杨林组，是桂果镇小城镇建设扩容区，已纳入该镇小城镇建设规划，颇有小集镇的气势。

近年来，织金县围绕同步建成全面小康社会工作目标，加快扶贫攻坚进程。织金县扶贫办主任阳旭说，织金县是国家级贫困县，属乌蒙山集中连片特困地区，扶贫开发事关 2020 年织金县与全国同步实现全面建成小康社会目标，对居住在自然条件恶劣，不具备生存条件地区的贫困户，只有通过实施扶贫生态移民工程，才能从根本上破解贫困山区群众生存和发展难题，彻底拔掉穷根，确保同步进入全面小康社会。

为快速推进扶贫生态移民工程，让搬迁农户尽早住上新房，织金县充分发扬"5＋2""白＋黑"的苦干实干精神，加强督察调度，统筹推进工程建设进度。工程启动以来，县主要领导和分管领导多次召集发改、住建、电力、电信、农牧、水利、扶贫等部门负责人和施工方负责人召开现场协调调度会，就电力、通信线路、征地补偿等经费事宜进行现场办公，限期完成，确保施工顺畅。同时，县扶贫生态移民办将工程建设督察作为工作重点，定期进行督察和调度，确保工程建设进度，并聘请有资质的监理公司进行工程建设全过程监理，确保工程建设质量，让百姓住得放心。

桂果镇扶贫生态移民安置点是织金县第一个扶贫生态移民建设点，共搬迁农户362户、1550人。项目累计投入资金4877万元，其中：住房投入资金3177万元，基础换填及附属工程投入资金977万元，化粪池投入资金62万元，道路工程561万元，路基垫片石投入资金100万元。

第四节　总结与启示

一　总结

党的十八大报告指出，建设生态文明是关系人民福祉、关乎民族未来的长远大计。面对资源约束趋紧、环境污染严重、生态系统退化的严峻形势，树立尊重自然、顺应自然、保护自然的生态文明理念，把生态文明建设放在突出地位，融入经济建设、政治建设、文化建设、社会建设各方面和全过程，努力建设美丽中国，实现中华民族永续发展。

贫困地区想要实现生态重建和经济发展良性互动，就必须探求一种可以使生态保护与经济增长可以有机结合的脱贫路径，让生态环境在发展中得以保护，又能够在发展地区经济的过程中使自身的资源优势得以充分发挥，从而促进当地经济快速增长，为脱贫减贫工作找到新的成长契机，产生重要作用。要积极在加强生态文明建设上作示范，把生态文明理念、原则、目标深刻融入和全面贯穿到扶贫攻坚发展各方面和全过程，切实加强生态建设和环境保护，努力走出一条破解资源环境制约难题的新路子。

二　启示

同贵州省一样，全国其他同类地区应当在发展生态保护脱贫工作期间，紧紧围绕两大核心思想，做到对生态环境不伤害、不破坏，能够有效利用特色资源推动当地经济发展，实施可持续型、环境友好型扶贫开发项目从而实现脱贫减贫的政府工作目标。通过对贵州省在生态保护脱贫工作中取得的成绩以及未来扶贫工作总体目标的研究，对全国同类地区在今后生态保护脱贫工作中有如下建议和启示。

将生态资源作为可开发性资源发展地区经济，需要注意两个方面。一是要选对资源。生态资源多种多样，但并不是所有的资源都具有较高的经济价值和可持续开发的特点。当地政府要依据科学道理，根据专家意见对自身具有的生态资源进行筛选，得到既能够为地区经济发展带来较高价值，能够可持续开发，又对当地生态环境无负面影响的资源，这样才能够真正实现资源化利用。二是要合理开发。生态资源的有限性以及易破坏性要求我们除了选对资源，还要运用科学合理的方式对生态资源进行开发，这要求我们不仅要做到最大限度地挖掘当地生态资源的经济价值，还要最大限度地保护当地生态资源不被过度利用，一切发展要以生态保护、环境友好可持续的准则进行，这样才能够做到区域经济发展、人民生活水平提高、减贫脱贫进步与生态环境保护的高度结合。

第六章　创新财政与金融精准扶贫机制

王　敏　方　铸

2013 年 11 月，习近平总书记到湖南湘西考察时首次做出"实事求是、因地制宜、分类指导、精准扶贫"的重要指示。2015 年 6 月，习近平总书记在贵州省调研时，强调要科学谋划好"十三五"时期扶贫开发工作，确保贫困人口到 2020 年如期脱贫，并提出扶贫开发"贵在精准，重在精准，成败之举在于精准"，于是"精准扶贫"成为社会各界热议的关键词。其中"项目安排要精准、资金使用要精准"作为"六个精准"的主要内容之一。财政金融精准扶贫项目与资金的有效管理必然是贯彻落实习近平总书记的"六个精准"以及全面建成小康社会的重要保障。

近年来，贵州省在实施扶贫开发的战略中发挥了至关重要的作用，制定了一系列全面详细的脱贫攻坚专项措施，积累了城乡区域间特有的扶贫经验。特别是在财政金融扶贫管理方面，"四到县"制度、"四台一会"、六盘水的"三变"经验、铜仁的"印江"经验等都取得了显著的效果。调研发现，这其中的主要原因在于，一方面，省、市、县、乡（镇）各级政府的层层重视，将扶贫开发工作成果与官员的激励晋升紧密联系在一起；另一方面，在严格贯彻落实中央文件的同时，省级政府也积极简政放权，实行目标、任务、资金和权责"四到县"制度，同时不断加大对财政金融扶贫项目与资金的管理。在此基础上，基层政府还在探索与各地区域经济发展相协调配合的金融扶贫新模式，发挥财政扶贫资金的金融杠杆作用，撬动社会和金融资本，着力实现"十三五"期间 493 万农村贫困人口全面脱贫。无论是从庞大的贫困面上，还是从偏居西南一隅的地理位置来看，贵州的扶贫开发与其他东中部省份不能相提并论，但是从"十二五"的扶贫成果以及中央相关领导的重视程度可以看出，贵州在打赢脱贫攻坚的战役中取得了阶段性胜利，为全国树立了榜样。本报告将从财政金融精准扶贫管理的角度出发，循序渐进地介绍贵州财政金融扶贫管理的制度体系、典型做法、经验与成效，并且结合调研案例与访谈内容，展示贵州经验对于全国财政金融精准扶贫管理的参考和借鉴价值。

第一节　财政与金融精准扶贫的制度建设

一　"十二五"期间中央财政与金融扶贫管理制度建设

财政、金融扶贫是我国扶贫开发战略的重要组成部分，其中作为中央纲领性文件的主要有《中国农村扶贫开发纲要（2011—2020年）》（以下简称《纲要》）、《关于创新机制扎实推进农村扶贫开发工作的意见》（以下简称《意见》）（中办发〔2013〕25号）和2015年12月29日发布的《中共中央国务院关于打赢脱贫攻坚战的决定》。具体来看，《纲要》将金融服务作为扶贫的政策保障以及强调加强扶贫资金管理，明确提出"继续完善国家扶贫贴息贷款政策，积极推动贫困地区金融产品和服务方式创新，鼓励开展小额信用贷款，努力满足扶贫对象发展生产的资金需求"。《意见》强调改革财政专项扶贫资金管理机制。各级政府要逐步增加财政专项扶贫资金投入，加大资金管理改革力度，增强资金使用的针对性和实效性，项目资金要到村到户，切实使资金直接用于扶贫对象。把资金分配与工作考核、资金使用绩效评价结果相结合，探索以奖代补等竞争性分配办法。简化资金拨付流程，加强资金监管，坚持和完善资金项目公告公示制度，逐步引入社会力量，发挥社会监督作用。同时，完善金融服务机制，发挥政策性金融的导向作用，引导和鼓励商业性金融机构创新金融产品和服务，增加贫困地区信贷投放；通过农村信用社、村镇银行、小额贷款公司和贫困村资金互助组织等方式扶持贫困地区发展；通过完善扶贫贴息贷款政策，增加财政贴息资金，扩大扶贫贴息贷款规模，推广小额信用贷款，推进农村青年创业小额贷款和妇女小额担保贷款工作；建立贫困地区信用制度建设，通过信贷、担保、保险等方式改善对农业产业化龙头企业、家庭农场、农民合作社、农村残疾人扶贫基地等经营组织的金融服务。

《意见》进一步强调财政、金融扶贫的顶层设计和制度供给，把"完善金融服务机制"作为六大机制主要内容来要求。于是，人民银行和有关部门联合出台了《中央关于全面做好扶贫开发金融服务工作的指导意见》（银发〔2014〕65号），提出要把推进贫困地区金融组织创新、产品创新和服务创新作为金融改革的一个重点，健全引导信贷资金投向贫困地区的激励机制，丰富金融扶贫形式和产品，把信贷、保险等金融资源引向贫困地区，在防范金融风险的前提下，大力扶持发展小额信贷、妇女小额担保贷款、贫困村互助资金等。此外，为了推进和落实财政专项扶贫资金管理机制改革创新，2014年8月20日，国务院扶贫开发领导小组印发《关于改革财政专项扶贫资金管理机制的意见》（国开发〔2014〕9号），明确了财政专项扶贫资金管理机制改革创新的总体思路、基本原则和主要内容。

为落实扶贫《纲要》和财政、金融创新扶贫政策精神，2015年《关于加大改革创新力度加快农业现代化建设的若干意见》（中发〔2015〕1号）强调推进精准扶贫，对贫困户和贫困村建档立卡，通过财政税收、货币信贷、金融监管等政策措施，推动金融资源继续向"三农"倾斜，确保农业信贷总量持续增加、涉农贷款比例不降低；通过开展信贷资产质押再贷款试点，提供更优惠的支农再贷款利率，鼓励各类商业银行创新"三农"金融服务；另外创新涉农资金运行机制，充分发挥财政资金的引导和杠杆作用；改革涉农转移支付制度，下放审批权限，有效整合农业农村财政投入；切实加强涉农资金监管，建立规范透明的管理制度，杜绝任何形式的挤占挪用、层层截留、虚报冒领，确保资金使用见到实效。

二　新时期贵州省财政与金融扶贫体制机制的构建与完善

在中央财政金融扶贫管理制度文件指引下，贵州省为从制度上确保扶贫落到实处，近年来，省政府和扶贫办、金融相关部门根据中央扶贫文件，结合本省经济发展和贫困情况，制定了众多扶贫文件和政策，各市县政府也在创新探索扶贫管理制度建设，政府顶层设计全面参与精准扶贫。

就财政扶贫管理机制而言，2011 年贵州省印发《关于推进扶贫资金使用监管改革工作的意见》（黔府办发〔2010〕77 号），分别从调整明确扶贫资金使用投向及使用方式、规范扶贫项目管理、规范扶贫资金管理、完善扶贫资金绩效考评和激励约束机制四个方面主要内容推进扶贫资金使用监管改革；明确把加强监管贯穿于扶贫资金分配、拨付、使用以及扶贫项目立项、审批、实施、检查、验收的全过程，逐步建立健全和完善扶贫资金和扶贫项目全程监控管理制度；2013 年出台的《贵州省财政专项扶贫资金管理办法》（黔财农〔2012〕101 号），提出要从资金预算与分配、资金使用与拨付、资金管理与监督等方面加强财政专项扶贫资金管理；2014 年印发的《贵州省财政专项扶贫资金报账制管理实施细则（试行）》（黔财农〔2014〕85 号）通知，明确了财政专项扶贫资金概念与范围，实行县、乡两级报账制度，对专户设置及管理、报账程序、报账凭据及管理、监督检查也有详细规定；2015 年发布的《关于印发〈关于建立财政专项扶贫资金安全运行机制的意见〉的通知》（黔府办函〔2015〕46 号）以及 2016 年制定的《关于改革创新财政专项扶贫资金管理的指导意见》（黔扶通〔2016〕9号），针对财政专项扶贫资金中的发展资金，改革创新扶贫资金分配方式、改革创新扶贫资金使用方式、改革创新扶贫资金监管方式，探索建立财政专项扶贫资金管理和安全运行机制。

就金融扶贫管理机制而言，2012 年贵州省政府出台《关于大力扶持微型企业发展的意见》（黔府发〔2012〕7 号），采取"3 个 15 万元"的扶持政策，分别从财政补助、税收奖励、融资和担保、其他扶持政策来大力发展微型企业；2015 年出台《关于印发〈贵州省创新发展扶贫小额信贷实施意见〉的通知》（黔府办函〔2015〕47 号），分别从扶贫小额信贷工作内容，扶贫对象及范围、方式、标准和贴息资金来源，政策措施，组织保障等方面构建扶贫、财政、银行、保险、担保相互协调配合的新型扶贫模式；作为《中共贵州省委贵州省人民政府关于坚决打赢扶贫攻坚战确保同步全面建成小康社会的决定》（黔党发〔2015〕21 号）的配套文件，人民银行牵头制定的《关于全面做好金融服务推进精准扶贫的实施意见》，围绕如何做好金融服务精准扶贫，指出从 2015 年起，贫困地区新增贷款年均 1000 亿元以上，金融助推实现 300 个以上的贫困乡镇"减贫摘帽"、3000 个以上的贫困村出列、200 万以上的贫困人口脱贫致富。

表 1　"十二五"期间中央与贵州相关扶贫文件

中央扶贫相关文件	贵州财政金融扶贫主要相关文件
《中国农村扶贫开发纲要（2011—2020 年）》	《〈中国农村扶贫开发纲要（2011—2020 年）〉的实施意见》
《关于创新机制扎实推进农村扶贫开发工作的意见》	《中共贵州省委贵州省人民政府关于加快创建全国扶贫开发攻坚示范区的实施意见》
《中共中央国务院关于打赢脱贫攻坚战的决定》	《贵州省扶贫开发条例》
《关于全面做好扶贫开发金融服务工作的指导意见》	《关于以改革创新精神扎实推进扶贫开发工作的实施意见》
《关于改革财政专项扶贫资金管理机制的意见》	《贵州省人民政府办公厅关于印发〈贵州省"33668"扶贫攻坚行动计划〉的通知》
《关于加大改革创新力度加快农业现代化建设的若干意见》	《中共贵州省委贵州省人民政府关于坚决打赢扶贫攻坚战确保同步全面建成小康社会的决定》
	《中共贵州省委贵州省人民政府关于落实大扶贫战略行动坚决打赢脱贫攻坚战的意见》

第二节　贵州省创新财政金融扶贫管理机制的做法与经验

一　贵州省创新财政金融扶贫管理机制的做法

贵州省在推进扶贫开发与脱贫攻坚任务中始终强调，改革的核心是创新体制机制，关键在于简政放权，重点是依法加强监管，提高依法行政能力。

（一）创新财政扶贫专项资金与项目分配机制

从 2014 年起，中央补助和省级安排的财政专项扶贫资金，按照"乡镇申报、县级审批、乡村实施、乡镇初检、县级验收、乡级报账"的原则,除重大扶贫专项和以奖代补项目资金外,其余资金由省级主要按因素法①分配切块到县,实行目标、任务、资金和权责"四到县"制度。与此同时,除国家、省级扶贫龙头企业贷款贴息项目外,其余所有扶贫项目审批权全部下放到县,县级扶贫部门严格按照县级审批、省市级备案、乡镇实施和初检、县级验收,加快推进乡级财政报账②全覆盖,严格按照"谁审批、谁负责"的权责匹配制度的要求和"六个必须"的原则③审批和管理项目。

中央和省级资金,除国家戴帽下达以及省委省政府有明确规定用途的专项资金外,其余资金按照"贫困县、贫困村、贫困人口、绩效考核"2∶2∶5∶1的比例分配,前三个因素资金以全省2014年末66个贫困县、9000个贫困村、623万贫困人口为基数直接分配到县,绩效考核因素资金根据省对各地扶贫开发工作考核结果分配,以上分配方式延续到2018年。

贫困县、贫困村、贫困人口因素分配到县资金,由县级围绕年度贫困退出目标任务,按照意见规定的投向分配到乡(镇)、村;绩效考核因素分配到县资金,由县级统筹安排到乡(镇)、村;项目管理费的50%以上按乡(镇)、村的扶贫资金数额分配到乡(镇)、村。

---

① "因素"主要包括客观因素和政策因素两大类。客观因素主要是指客观存在、非人为原因能直接改变的因素。结合实际,主要包括扶贫对象规模、贫困发生率、农民人均纯收入、是否片区县或重点县、年度整村推进计划任务、人均财力等六个方面,其权重占比分别为25∶25∶25∶10∶10∶5。政策因素主要指各地执行国家和省的扶贫开发政策情况;落实省委、省政府有关扶贫开发重大决策和重大措施情况;省对各地扶贫开发工作考核以及财政专项扶贫资金使用管理绩效评价情况;各地开展扶贫开发日常工作等情况。按照政策因素分配资金主要包括以下六种情况:一是竞争性分配;二是直接分配;三是重大专项;四是贷款贴息;五是"减贫包干试点";六是以奖代补。

② 2014年,修订并印发《贵州省财政专项扶贫资金报账制实施细则》,推行财政专项扶贫资金乡级报账制,促进提高资金使用时效性。在全省50个国家级扶贫开发工作重点县中,每县选择2~4个具备条件的乡(镇)开展财政专项扶贫资金报账制试点工作。截至2014年底,全省共有11县、319个乡(镇)开展乡(镇)级报账制试点。

③ 县、乡审批扶贫资金坚持"六个必须"原则,即必须坚持"四到县";必须坚持集体讨论;必须坚持规范运作、程序管理;必须坚持"乡镇申报、县级审批、乡村实施、乡镇初验、县级验收、乡级报账,五公告二公示";必须坚持抓"大(规模发展)"不放"小(一户一人)";必须坚持主体责任、"一岗双责"。

（二）创新财政扶贫专项资金与项目使用机制

因素法分配到县资金，原则上按照"33112"的比例投向五个方面：30%用于扶贫产业，主要发展区域性规模化特色优势产业，其中30%以上用于探索资源变股权、资金变股金、农民变股民的"三变"改革，70%采取县级竞争入围方式分配到乡（镇）、村，与其他资金融合使用，发展地方特色优势产业；30%用于扶持农民专业合作社、村集体经济组织，带动贫困户发展到村到户生产经营性项目和公益性民生项目，要落实到贫困村、贫困户；10%用于小额扶贫"特惠贷"贴息，主要用于支持"5万元以下、3年期以内、免除担保抵押、扶贫贴息支持、县级风险补偿"的专项小额扶贫到户贷款贴息，要落实到贫困村、贫困户；10%用于扶贫培训，主要支持"雨露计划"和扶贫干部培训，其中扶贫干部培训资金不能超过10%；20%用于改善生产生活条件，支持贫困村（不含村级）以下小型公益基础设施建设，重点支持产业基础设施建设。以上比例，前两项不得调整，后三项如需调整，需由县级扶贫开发领导小组报市（州）扶贫开发领导小组同意后报省扶贫办备案。

当项目审批权下放到县后，严格规范扶贫项目使用流程。全省实行统一的项目审批流程：省下达资金计划→县制定项目申报指南→乡镇申报项目→县扶贫办初选项目→县扶贫开发领导小组研究确定项目立项→项目申报单位编制项目实施方案→县下达项目资金并批复项目实施方案，通过"贵州省扶贫系统电子政务平台"逐级报省备案→乡镇组织实施项目→乡镇初验→县级验收→省市抽验。在这个流程中，主要有十个步骤的要求，即建立项目库、编制项目申报指南、明确项目立项要求、明确项目立项批复、审批实施方案、项目及时报备、分级分类公告公示、规范项目报账管理、加强项目验收和评估、报送年度工作总结。

（三）创新财政专项扶贫资金与项目管理机制

规范扶贫资金管理。首先是明确各级职责。省级主要负责规划编制、政策制定、项目备案、监管和检查，扶贫对象受益情况监测，项目绩效评估等；市级主要负责辖区内扶贫项目的综合协调、监管和绩效考评，协调指导项目实施，扶贫对象受益情况监测等；县级主要负责项目审批、监管和验收，项目绩效自评，以及扶贫对象受益情况监测等；乡级主要负责项目申报、实施和竣工后初检，项目实施情况报送，将项目落实到村到户，完善项目相关档案和乡级报账等。并且，各级财政、扶贫部门对资金和项目的管理负有日常监管责任。按照"谁审批、谁负责"的原则，项目审批人对所审批的项目资金负有跟踪问效责任；按照"谁使用、谁负责"的原则，资金使用人负有依法依规使用资金的直接责任。驻村工作队、第一书记把管好用好扶贫资金作为主要任务，主动介入，并承担相应的监管责任，乡（镇）、村必须支持、配合。审计机关加强扶贫资金审计。监察部门加大对违纪行为的查处力度，发挥震慑作用。充分利用人大、政协、新闻媒体、群众的监督作用，构建全方位的监督体系。

提高扶贫资金效益。省、市、州、县财政按中央要求，积极调整和优化财政支出结构，强化项目与资金整合，切实把脱贫攻坚作为优先保障重点。发挥财政资金的黏合作用，以县为单位，围绕区域内的突出问题，以脱贫规划为引领，以扶贫优势特色产业和重点扶贫项目为平台，按照"渠道不变、投向不乱、集中使用、各记其功"的原则，统筹、归并、整合资金集中支持扶贫开发。对紫云、关岭、赫章等10个不具备工业开发条件的试点县取消 GDP 考核，同步推进扶贫开发与建设生态文明。

（四）创新金融扶贫机制

探索推进投资收益扶贫试点。用于农村专业合作社、村集体经济组织、农业龙头产业等农业经营主体的生产性资金要折股量化到户，引导农户将土地资源、资金等入股合作，鼓励吸收安排贫困户就业，建立健全"风险共担、利益共享"机制，实现资金使用与精准扶贫结合、与人口脱贫挂钩。2014 年，省财政安排 0.8 亿元专项资金，支持 100 个村集体（其中贫困村62 个）因地制宜发展多种业态经济，将财政资金折股量化到村内所有农户。例如六盘水的"三变"改革中的推进资金变股金，让分散的资金聚起来。核心就是强化财政资金的金融杠杆作用：即在坚持不改变资金使用性质及用途的前提下，将财政投入到村的发展类资金（除补贴类、救济类、应急类外），原则上转变为村集体和农民持有的资金，投入到企业、合作社或其他经济组织，形成村集体和农户持有的股金，村集体和农民按股比分享收益。同时，明确村民委员会以及村集体领办、创办或控股的企业、农民合作社作为各级财政投入到村的发展类资金承接主体，可以独立发展，也可以将资金投资到企业、合作社或其他经济组织，实行市场化运作，撬动更多社会资本投入农村经济发展。2014 年，六盘水采取规划引领、政策扶持、资源整合等方式，整合中央、省、市、县财政投入的农业、林业、水利、扶贫等资金 15 亿元，撬动金融社会投入 30 亿元参加农村水利基础设施、农业综合开发、生态移民搬迁、精准扶贫等建设，全面推动农村综合发展。

创新金融扶贫模式。国开行贵州分行充分发挥开发性金融作用和优势，利用机制建设、产品创新，探索以"一县一特、四台一会①、统借统还"为体系支撑的"小农贷投融资新模式"，寻求财政扶贫资金与政策性银行扶贫性开发资金的乘数效应，实现金融机构、地方政府、扶贫农户三位一体的扶贫架构。另外，贵州省扶贫到户小额信贷工作始于 1998 年，为进一步搞好小额信贷工作，规范操作程序，提高贷款效益和回收率，充分发挥小额信贷在帮助贫困地区农户发展生产、增收致富中的重要作用。2015 年，贵州安排中央财政专项扶贫发展资金 11.4 亿元发展山地特色农业，建立以"四台一会"为核心，推行小额信用贷款到村到户，探索贫困地区产业发展基金扶贫的路径，拓宽扶贫融资渠道，2014 年已累计投入财政扶贫资金 2.16 亿元，引导银行向贫困地区发放小额信用贷款 76 亿元。

* * *

专栏一　贵州省精准扶贫"特惠贷"

精准扶贫"特惠贷"是指运用人民银行支农再贷款在贫困地区实行优惠利率，引导金融机构降低贫困农户融资成本的政策优势，采取扶贫贴息补助、建立贷款风险补偿机制等措施，专门为建档立卡贫困户提供"5 万元

---

① "四台一会"，即管理平台、统贷平台、担保平台、公示平台和信用协会。在这种模式中，国开行向有借款资格和承贷能力的借款主体提供授信，该主体就是统贷平台，形式包括政府投融资公司、金融租赁公司等，然后再以委托贷款等方式，向信用协会的小企业客户提供资金支持。

以下、3年期以内、免除担保抵押、扶贫贴息支持、县级风险补偿"的低利率、低成本贷款，帮助贫困农户"换穷业"。

以2014年623万建档立卡贫困人口为基数，扣除民政救济兜底的158万"两无"人口，余下的465万贫困人口120万户都能享受到"特惠贷"。到2020年，全省精准扶贫"特惠贷"贷款余额力争突破600亿元，其中，每年新增100亿元以上。农村信用社利用支农再贷款发放的150亿元"普惠贷"逐步转化成"特惠贷"。通过实施精准扶贫"特惠贷"，帮助贫困农户"换穷业"，为到2020年贫困人口稳定实现"两不愁、三保障"，贫困县农民人均可支配收入突破10000元提供信贷支持。

减贫包干试点县从因素法分配切块到县的全部财政专项扶贫资金中，每年安排不低于10%的资金，其他县每年从因素法客观因素中安排不低于15%的资金，足额用于贴息，不足部分由省分配到县的扶贫专项资金和县财政增加财政专项预算解决。

实施程序：摸底核实——特惠授信——贷款发放——贴息补助。

建立扶贫金融合作体系。具体来说，为破解扶贫资金瓶颈问题，采取以下几项措施。一是贵州通过建立精准扶贫信贷机制，以诚信农民建设为载体，深入开展信用村组、信用乡镇、农村金融信用县创建活动。出台了《贵州省信贷支持精准扶贫实施办法》，对贫困农户①给予小额信用贷款；对扶贫龙头企业贷款，利率在其同类同档次贷款加权平均利率的基础上下浮不低于2个百分点。这既调动金融机构积极性，又提高贫困农户贷款覆盖率、降低贫困农户和扶贫龙头企业的融资成本。二是与开发银行联合实施新型扶贫金融合作项目。2014年，共向22个扶贫金融合作试点县提供融资授信43.8亿元，累计发放贷款17.1亿元，支持十大扶贫产业发展，直接惠及农户10822户、合作社140家、中小企业122家，带动贫困地区30万农户走上增收脱贫道路。三是开启扶贫融资租赁合作业务。采取项目融资方式筹集低成本、中长期信贷资金、扶贫再贷款等专项贷款，落实与省农发行、省国开行签订的金融扶贫合作协议确定的2500亿元融资。四是激发基

---

① 这里贫困户专指扶贫部门建档立卡的贫困农户，凡可以创收增收的项目均可申请贷款。

层扶贫部门创新信贷扶贫的活力。允许贴息资金用于扶贫示范园区建设，与产业扶贫项目资金捆绑使用。例如，安龙县将产业扶贫资金作为风险补偿金存入金融机构放大 10 倍，向项目农户发放贷款。花溪农村商业银行创建了"小产品""小队伍""小客户""金额可高可低、期限可长可短、抵押可有可无、利率可上可下"的"三小四可"模式。

＊　　＊　　＊

专栏二　贵州金融扶贫的典型模式

"铜仁模式"的主要特点是：政府主导产业、农户（合作社、企业）申报贷款、扶贫金融评估、项目市场运作、扶贫贴息支持、农户（合作社、企业）承贷承还。具体操作程序为：国开行将确定的贷款资金"批发"到县融资平台账户，农户（合作社、企业）或以"三权"（土地使用权、房屋所有权、林权）或以第三人工资或联户或以固定资产等方式对融资平台反担保，可分别获得 30 万元以内，100 万元以内和 300 万～500 万元的贷款，扶贫部门按贫困农户 5%，扶贫龙头企业和合作社 3% 的标准定期进行贴息。

"思南模式"的主要做法：近年来，思南县大力探索扶贫资金和信贷资金相结合的开发性"金融扶贫"模式，实现了扶贫资金使用效益的最大化，撬动农民增收杠杆。该县创新建立"四台一会"运行机制，以五峰国有资产经营管理有限公司建立融资平台，以惠农信用担保有限责任公司建立担保平台，以扶贫办等相关政府单位建立管理平台，以农牧科技局等相关产业主管部门建立公示平台，同时还成立以县长为第一责任人的管理委员会。目前，该县已发放贷款 8188 万元，涉及 6400 多户农户、53 个中小企业，带动近万人就业，受益群众达 10 万人以上。同时，该县补贴金融扶贫利息 200 万元，撬动了 5 倍的金融扶贫贷款，实现了"以小资金撬动大产业"。

二　贵州省创新财政金融精准扶贫管理机制的经验

（一）制度建设较好体现中央改革思想，省、县两级制度相对完善

根据课题组调研情况，自人民银行和有关部门联合出台《中央关于全

面做好扶贫开发金融服务工作的指导意见》（银发〔2014〕65号）以及国务院扶贫办发布《关于改革财政专项扶贫资金管理机制的意见》（国开发〔2014〕9号），一年来，贵州省省级政府负责统筹规划，积极探索具体创新措施，针对财政扶贫工作方面出台《关于改革创新财政专项扶贫资金管理的指导意见》（黔扶通〔2016〕9号）、《关于印发〈关于建立财政专项扶贫资金安全运行机制的意见〉的通知》（黔府办函〔2015〕46号）、《贵州省财政专项扶贫资金报账制管理实施细则（试行）》（黔财农〔2014〕85号）等文件，针对金融扶贫方面发布关于《关于印发〈贵州省创新发展扶贫小额信贷实施意见〉的通知》（黔府办函〔2015〕47号）、《全面做好金融服务推进精准扶贫的实施意见》等通知意见。除此之外，抽样调研威宁、盘县、印江、玉屏县的扶贫办和财政部门也都制定了实施细则。贵州能够在短短一年时间内，基本落实各项创新机制并取得较好成效，其重要经验在于省级统筹规划、县级扎实推进的制度体系建设，从而能够将中央的制度落到实处，产生实效。

（二）稳步推进各项创新机制，省、县、乡、村四级政府层层落实

贵州省根据《意见》提出的各项创新措施，在制定较为完整的制度体系的框架内，分步骤、抓重点分步推进，省、市、县、乡各级政府都积极参与，体现了较好的上下联动、层层落实的运行机制。具体来说，其一，关于财政专项扶贫资金的分配机制，各级政府的层层落实配合体现在：在省级层面，根据《意见》精神，贵州省改革分配方式，逐渐稳妥推进因素法分配，2014年60%的专项按照因素法分配，2015年提高到80%。同时探索拿出部分资金引入竞争机制，以扶贫成效作为资金分配导向，把资金分配与工作考核、资金使用绩效评价结果相结合，创新探索以奖代补等竞争性分配办法，整合扶贫和相关涉农资金，集中力量办大事。在县级层面，具体到各县乡的工作，通过深入项目点实地考察、召集项目点干群座谈、召开党组扩大会议集中讨论等方式，以项目的可行性和必要性，项目实施的效益情况，产业项目企业、合作社带动能力，以及与贫困农户利益机制建立情况为立项依据，筛选出效益较好、示范带动性较强申请项目予以立项，并综合考虑项目风险因素、大小等，合理进行项目资金分配。其二，在财政专项扶贫资金的使用管理方面，省级政府积极探索加速资金拨付、简化流程的办法，县级政府努力推进乡级报账机制，县级财政扶贫专项资金逐步推行国库集中支付。乡级财政设立扶贫专户，乡级财政扶贫专项资金实行专户管理，专账核算，封闭运行，资金支付实行转账结算，严格控制现金支出。其三，各级政府金融扶贫模式推陈出新。省级政府通过建立"四台一会"等机制，着力扩大贫困地区融资规模，加大金融精准扶贫力度，提高贫困地区金融服务水平；县级政府创新探索财政资金与金融资金有效结合方式，以产业发展促增收，以金融资本促产业，创新金融扶贫模式来破解农业产业发展瓶颈。

（三）构建财政专项扶贫资金全面监管体系，确保扶贫资金落到实处

在调研过程中，调研小组发现审计部门、纪检监察、驻村工作队和党员等确实在财政专项扶贫资金和项目的管理中发挥着重要作用。贵州按照"项目跟着规划走，资金跟着项目走，监督跟着资金走"的原则，建立完善扶贫项目立项、审批、实施、验收、评估等管理制度和监管程序。尤其是"贵州省扶贫云平台"上线运行，通过"大数据手段＋制度框架设计＋精准管理"的方式，以大扶贫、大数据两大战略行动为引领，融合各有关部门的数据资源，形成全省扶贫工作统一指挥调度、项目资金监管、工作绩效评估、任务督察考核、信息服务共享、互动交流参与等的大数据综合管理平台。为保证财政专项扶贫资金管理使用针对性、安全性、时效性和规范性，省级相关部门对精准扶贫信息平台实现了跨越性升级，将遍访工作、建档立卡、项目管理三大板块融合升级在一个平台上管理，对全省扶贫项目的实施情况、帮扶信息以及项目报账进度进行了全程监管和 GPS 定位查询，实现资金监管科学化。重要的是，县乡一级也全面推行扶贫项目资金乡村公示公告制度、监察机关"民生特派"制度和第三方评估制度，全力构建自我监督、行业监督、专门监督、社会监督"四位一体"的全面监管体系，从源头上堵塞资金管理漏洞。

（四）加大财政专项扶贫资金投入力度，激活农村扶贫开发的动力

贵州全省坚持扶贫开发是"三农"工作的重中之重，利用政府投入在扶贫开发中的主导作用，积极开辟扶贫开发新的资金渠道，确保投入力度与脱贫攻坚任务相适应。尤其自"十二五"以来，中央财政扶贫资金的支持力度不断加大，省级财政用于扶贫开发的预算投入也在逐年增加，2011～2015 年，中央和省级财政共安排专项扶贫资金 266.3 亿元，年均增长 21.29%。2015 年，全省共投入财政专项扶贫资金 91.89 亿元。其中国家下达贵州省中央财政资金 44.15 亿元，比上年增长 12.2%；省级财政安排财政专项扶贫资金 29.44 亿元，比上年增长 17.8%；市（州）级财政安排 6.6 亿元，比上年增长 40%；县（市）级财政安排 11.7 亿元，比上年增长 35.9%。2015 年省本级预算安排财政专项扶贫资金 29.44 亿元，相当于中央预算安排到省的财政专项扶贫资金 44.15 亿元的 66.7%；省级用于直接扶持到户的财政专项扶贫资金 34.51 亿元，占中央补助省财政专项扶贫资金 44.15 亿元的 78.2%。实现全年减贫 130 万人、780 个贫困村整村推进的目标任务，全省农民人均可支配收入达 7387 元，增长 10.7%。这也预示着，"十三五"期间随着财政专项扶贫资金的持续增加，基层政府扶贫脱贫的内生动力还将不断增强。

表 2　近三年贵州扶贫开发情况

年　　份	全省投入财政专项扶贫资金（亿元）	中央财政专项扶贫资金（亿元）	省级财政专项扶贫资金（亿元）	全省农民人均可支配收入（元）
2013	50.20	32.78	17.42	5296
2014	64.51	39.50	25.01	5995
2015	73.59	44.15	29.44	7387

资料来源：贵州省近三年财政专项扶贫资金绩效评价报告。

（五）探索财政金融扶贫管理运用新模式，促进银行和企业的积极性

近年来，贵州创新金融扶贫机制，发挥财政扶贫资金"四两拨千斤"的作用，引导金融机构参与扶贫开发，扩大了融资总量。

表 3　近三年贵州金融扶贫（小额信贷）情况

年　　份	小额信贷（亿元）	具体情况
2013	27	引导国开行贵州省分行共向石阡、印江、正安等 22 个扶贫金融合作试点县提供融资授信 42.52 亿元，累计发放贷款 27 亿元。

续表

年　份	小额信贷（亿元）	具体情况
2014	145.48	扶贫小额信贷创新机制，共引导国家开发银行、省农信社向贫困地区发放扶贫小额贷款145.48亿元。
2015	76	投入财政扶贫资金2.16亿元，引导银行向贫困地区发放小额信用贷款76亿元。

资料来源：根据贵州省扶贫开发材料整理。

从县乡财政金融扶贫来看，通过调研得出以下结论。一是扶贫资金主要来自财政专项扶贫资金；二是贫困户小额信贷比例有所提高；三是涉农贷款比例逐年上升，信用社是支农主力军。另外，针对农户的调研问卷结果显示，造成农户贫困最主要的原因是缺资金；其次是缺技术、缺劳力和因病因学。因此，就贫困户而言，脱贫的关键内容之一就是更多获取扶贫资金，而如何利用有限的财政专项扶贫资金去撬动更大的扶贫资本，无疑要依靠金融和社会手段。

通过县乡调研，可将贵州省金融扶贫路径归纳为以下几点。①制度建设。②精准识别贫困户并建档立卡。③建设信用评级体系。即贵州省开展信用工程建设，开展信用农户、信用村组、信用乡镇、农村金融信用县创建活动，提高农户小额信用贷款的授信额度、扩大农户贷款面、提高农户有效信贷需求满足率，解决农户"贷款难"和农村信用社"难贷款""收贷难"问题。在实践中，扶贫部门和信用社建立联动机制，信用社对扶贫办建档立卡的贫困户开展信用评级，综合授信发放扶贫小额信贷。④产业与金融扶贫结合。贵州省根据全省自然条件、资源禀赋和产业布局，按照"东油西薯、南药北茶、中部蔬菜、面上干果牛羊"扶贫产业格局，着力打造具有比较优势的核桃、生态畜牧、中药材、蔬菜、茶叶等"十大扶贫产业"。提出按照产业化发展，区域化带动，以村为单位，整村推进，数村推进，创建"十大扶贫攻坚示范县"。每年选取10个片区县、贫困县开展扶贫攻坚示范，每个县集中投入财政扶贫发展资金8000万元以上，引导金融主体、社会资金参与扶贫开发，累计创建扶贫攻坚示范县34个，起到了对70个片区县、50个贫困县的示范带动作用。同时培育"十个现代高效农业扶贫示范园区"，创新扶贫开发体制机制，在武陵山、乌蒙山、滇桂黔石漠化三大片区，梯次推进，大力建设一批产业特色鲜明、具有鲜明贵州特点的现代高效农业扶贫示范园区，加快形成产加销、贸工农、产学研相结合的扶贫产业体系，打造扶贫产业"升级版"，形成"一业为主、多品共生"以及"种养结合、以短养长"山地农业扶贫开发的发展模式。在产业发展中，除了财政扶贫资金投入外，还通过"集团帮扶、整乡推进"项目建设，构建"公司＋合作社＋基地＋农户"模式，帮助农户脱贫。⑤开发多种金融产品，扩大贫困户小额信贷覆盖面，开展多种贷款模式，提高贫困户"两免一贴"获贷率。为加强信贷支持精准扶贫的力度，创新金融扶贫机制，贵州省扶贫开发办公室和中国人民银行贵阳中心支行共同制定了《贵州省信贷支持精准扶贫实施办法》，以培养壮大贫困地区优势特色主导产业、促进农民增收致富为目的，在建立扶贫产业融资项目库和建档立卡的基础上，以农户小额信用贷款为载体，以扶贫贴息为杠杆，以支农再贷款为激励手段，以建立县级风险补偿机制为风险防范措施，调动金融机构积极性、提高贫困农户贷款覆盖率、降低贫困农户融资成本、融合推进农村金融服务和精准扶贫，为脱贫提供金融支持。⑥探索扶贫融资机制。78号文指出地方政府可以探索小额保险与小额信贷结合，通过农产品保险、人身意外伤害险、保证保险等提高贫困户信贷，对贫困户的信用贷款发生不能到期偿还的情况，启动风险补偿机制，由金融机构与风险补偿金来分担违约的借款本息，具体分担比例由地方自行协商确定。另外，探索农户联动抵押和担保模式，一是建立多户联保的风险保障机制，相同贷款条件的借贷农户之间互相担保负连带责任，将农户与其上中游企业连为一体，互为担保或抵押等；二是针对农户和农村小微企业的实际情况，创新担保抵押机制，实行多种形式的抵（质）押办法，充分发挥"软信息"的抵押品替代作用，推行存货、应收账款、动产浮动抵押、林权等多种形式的抵（质）押贷款品种；三是创新扶贫资金与信贷资金有机结合的新方法。完善扶贫融资机制，开展扶贫金融合作试点，把政府扶贫投入资金纳入融资公司，建立按扶贫规划贷款，以项目作担保，从金融机构贷款扶贫，以增加扶贫资金投入力度，并且解决扶贫项目审批立项滞后、项目实施进展缓慢的问题，使规划项目能够按时实施。

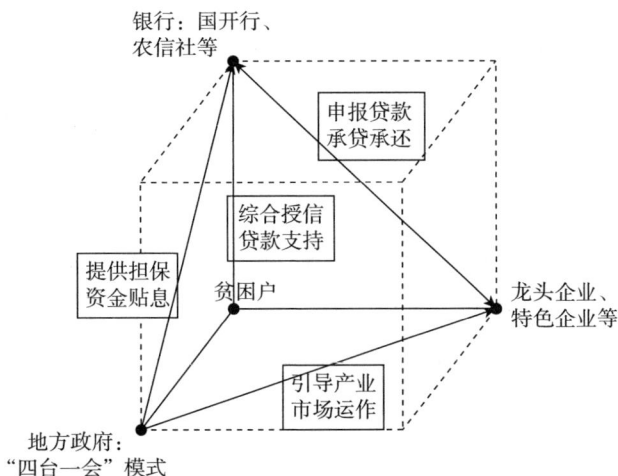

图1　小额信贷、金融产业扶贫合作模式简化

第三节　贵州省创新财政金融扶贫管理机制的成效

一　观念转变

调研组在前期云南、贵州调研过程中，其中对农户的调研问卷中有一项问题："被认定为贫困户后，你们家的主观感受是：1. 太丢人了，要努力脱贫；2. 能够得到帮助，很实惠；3. 无所谓。"结果显示农户选择的比例分别是4：4：2。长期以来，贫困户的致贫原因虽有多种，但小农意识根深蒂固，对接市场的观念淡薄，小富即安、等靠要的思想比较严重，乃至在众多的学术会议中，各界专家一直呼吁精准扶贫的理念就是要切实帮助贫困户真正脱贫而不是养懒汉。

相比中央高层对脱贫攻坚工作的重视，基层政府或者贫困群众对待脱贫的态度则更加重要。2015年3月，调研组就扶贫工作走访了贵州省部分县市，座谈了县扶贫办、财政局、金融办等相关部门，访谈了很多驻村帮扶或者村镇领导干部，收集了几十份建档立卡贫困户的调研问卷。2016年2月，调研组再次对贵州省开展了实地调研。与以前的调研对比，这次收获更大，大多县扶贫办、财政局、金融办等负责人向我们展现了"十三五"

期间玉屏、印江脱贫攻坚工作的一系列清晰的思路与想法。

印江县财政扶贫的重点是继续整合项目资源，将"印江经验"不断推广运用。金融扶贫的重点是将利用新探索出的"四台一会""两分三联合"新模式，壮大全县省级扶贫龙头企业的发展规模，拓宽全县农户发展产业的融资渠道，扩大贫困村贫困农户的产业发展规模。在与村镇领导干部交流中，一些县政府干部被选派到各村任第一书记，实行停薪留职方式，驻村干部带头发展产业引领贫困户脱贫。而在与贫困户的交流中发现，很多贫困群众之前在全村被称为"养牛大王""种树能手"等，但由于因病、因学的原因被归类到贫困户。针对在这些问题，印江自治县创新探索建立"6431"精准扶贫模式，科学划分"六型"农民，深入推行"四项措施"，到 2018 年，提前实现全面小康。

毕节市织金县制定精准扶贫分类管理。全县把全村贫困人口进行四类精准扶贫管理，一是 110 户、280 人需要山地高效农业带动脱贫；二是 52 户、150 人需要建筑建材业带动；三是 63 户、106 人需要蜡染刺绣工艺品生产加工带动；四是 81 户、205 人需要第三产业带动。综上可知，贵州省的脱贫攻坚工作从意识形态上看，群众干部上下一心，全力打赢脱贫攻坚战；从创新模式上说，各地也呈现"百花齐放"的扶贫态势。

二 完善制度

与其他省份财政金融精准扶贫管理不同的是，贵州省的财政金融制度成效突出表现在以下几方面。①严格执行"四到县"制度，全面贯彻中央与省级政府简政放权的目标和要求，打破地方政府权力与责任的藩篱，使基层政府围绕实际制定各具特色的制度体系，从而创造了毕节试验、晴隆模式、印江经验、长顺做法、威宁实践和迤那经验。②以"因素法"分配资金将其投向不同的扶贫领域。调研发现，基层干部普遍认为限定比例的投放资金不仅会影响到其他产业的发展，而且还会导致资金投放与产业需求相互矛盾。然而，调研专家从长期看来，"因素法"分配能够确保脱贫攻坚任务的公平公正，强制性的投放比重短期内尽管有待商榷，可随着扶贫项目与资金资源整合力度的进一步加大，必定会集中发力，产业间发展与布局会逐渐趋向合理与协调。③金融扶贫制度模式层出不穷。2015年，根据25号文件和78号文件，从省到县各级部门相应出台了创新扶贫小额信贷意见和创新小额信贷精准扶贫条例、风险补偿机制管理条例等大量文件，这些文件从制度上确保贫困户扶贫小额信贷可获得性。例如威宁县出台了《威宁自治县创新发展扶贫小额信贷实施意见》《威宁县农村信用合作社"脱贫贷"农户小额信用贷款管理办法》《威宁自治县支农再贷款"齐心助农"运行模式利差补贴及其奖励办法的通知》《威宁自治县关于下达〈2015年因素法分配切块（贫困村出列）专项资金安排计划的通知〉》《威宁自治县银行业金融机构支持地方经济社会发展考核奖励办法〈试行〉》《威宁县扶贫办关于办理2014年"雨露计划"助学工程资助申请的公告》《威宁县精准扶贫的经验及启示》等支农惠农文件。

三　促进减贫发展

经济发展增速位居全国前列。一是贵州地区生产总值增速位居全国前列。2011~2014年，贵州GDP增速分别为15%、13.6%、12.5和10.8%，分别位居全国第3位、第1位、第1位和第2位。2015年GDP达到10502.56亿元，实现历史性突破，顺利完成贵州"十二五"规划目标，五年年均增长18.8%。

贫困规模实现"五连降"。一是贫困人口规模实现"五连降"。按照2300元的国家新扶贫标准，贵州贫困人口从2011年的1149万人下降到2014年的623万人，贫困人口减少526万人。贵州农村贫困人口占全国比重从2010年的9.4%下降到2014年8.9%。2015年贵州贫困人口减少到130万人。二是贫困发生率实现"五连降"。2011~2014年，贵州贫困发生率从33.4%下降到18%，下降15.4个百分点。

农村居民收入实现"五连增"。一是人均收入水平实现"两位数五连增"。2010~2014年，贵州农民人均纯收入从3472元增加到6146元，年均增长15.3%。50个重点县农村居民人均可支配收入从3153元增加到5909元，年均增长17%，比全省平均水平高1.7个百分点。二是收入结构有所变化。通过对2010~2013年农村住户抽样调查数据分析，农村居民工资性纯收入从1304元增长到2573元，年均增长25.4%，呈高速增长态势。通过扩大转移就业，吸纳农村富余劳动力，成为促进农村居民增收的重要手段。农村居民家庭经营性纯收入从1706元增长到2356元，年均增长11.4%。

农村内部差距扩大趋势有所缓解。一是恩格尔系数有所下降。2010～2014年，贵州农村居民人均生活消费支出分别为2852元、3456元、3902元、4740元、5970元，恩格尔系数从46.26%下降到41.65%，下降4.61个百分点。二是城乡收入比有所下降。2010～2014年，贵州城乡收入比从2010年的4.07倍下降到2014年的3.38倍。三是农村基尼系数也有所下降。

四 促进金融扶贫

通过信用工程建设，农村金融生态环境逐步提高。贵州信用联社从农村征信建设（调查建档评级授信）、农户小额信贷、信贷激励与约束、信用农户培育、信用村组建设、信用乡镇建设、信用县建设七个方面建立信用考核指标。根据评定的信用等级的高低，在贷款限额、利率等方面给予不同的优惠，帮助农民降低交易成本、扩大生产经营、增加收入，同时解决贷款透明度不高、贷款手续烦琐、贷款担保难、服务质量差等农民群众普遍关心的问题。

农村信用工程建设构建了小额信贷质量管理保障机制，在信贷风险控制上有4个功能：资信调查——信用风险防范功能；评级授信程序及公示和柜面放贷——防范操作风险、道德风险功能；年检公示——建立信贷激励约束机制，具有信用风险控制功能；创建信用村组、乡镇——形成农户相互监督和制约机制，具有信用风险化解功能。随着农村信用工程建设深入开展，信用社资金投放"三农"的积极性得到提高，小额信贷投放力度进一步加大，信贷结构不断优化，经营效益不断改善。

通过信用工程建设，也助力扶贫工作取得了较大成效。一是涉农信贷投放力度加大。全省农村信用社涉农贷款余额由2005年的188亿元，增至2013年12月末的1560亿元，净增1372亿元，净增7.3倍。二是资产质量明显提高。2013年12月末，全省农户小额信用贷款余额664亿元，较年初增加159亿元，同比多增29亿元；农户小额信用贷款质量也得到了进一步提高，按四级分类口径，农户小额信用贷款不良贷款余额 16.9 亿元，占比 2.54%，较全省不良贷款率 3.14% 低 0.6 个百分点；按五级分类口径，不良贷款余额 20.93 亿元，占比 3.15%，较全省不良贷款率 3.88% 低 0.73 个百分点。三是信用乡镇业务发展持续向好。截至 2013 年 12 月 31 日，全省 527 个信用乡镇各项存款余额 624 亿元，较年初增加 140 亿元；各项贷款余额 416 亿元，较年初增加 87 亿元，增幅为 27%。其中，农户小额信用贷款余额 270 亿元，较年初增加 63 亿元，增幅为 30%。全省 527 个信用乡镇按四级分类口径，不良贷款余额 5.99 亿元，不良贷款率 1.44%，较全省各项贷款不良率 3.14% 低 1.7 个百分点，较全省不良贷款率 3.88% 低 0.73 个百分点。通过开展信用乡镇建设，农信社信贷服务能力得到大幅提高，经营效益明显增强。截至 2013 年 12 月 31 日，527 个信用乡镇利息收入 35.68 亿元，同比增收 8.2 亿元，增幅 30%；社均收入 677 万元，社均增收 155 万元。四是农村市场更加稳固。通过深入推进农村信用工程创建工作，12 月末，农户小额信用贷款余额 664 亿元，较年初增加 159 亿元，同比多增 29 亿元；本年累放 498 亿元，较上年同期多放 134 亿元。更多农户享受到农村信用工程建设的普惠金融服务，加深了农村信用社与农户联系，提升了农信社的金融服务水平，增强了发展能力。

第四节　贵州经验对全国财政金融扶贫管理的启示

一　改革财政金融扶贫项目管理机制，增强基层政府的灵活性

2014 年，中央、省级财政专项扶贫资金项目审批权限开始下放到县，实行目标、任务、资金和权责"四到县"，省、市两级由审批资金项目转到了监管资金项目，县乡由实施项目转到了决策、审批、实施和监管为一体的"负总责"体制。县级财政针对扶贫项目资金管理制定了实施细则，以项目为载体、以精准扶贫到贫困农户为基础，做到资金安排到项目、支出核算到项目、监督管理和检查验收到贫困户。针对目前基层政府扶贫能动性不强的困扰，"四到县"机制实际上是上级政府简政放权的重要表现，扩

大了县一级经济社会发展管理权限。这一方面有利于打破原有体制束缚，加快县域经济发展；另一方面在创新财政金融扶贫管理机制过程中，有利于更好地调动县级政府脱贫攻坚的积极性，提高扶贫工作效率。从这个角度说，全国各省（市）应该加快推进改革财政金融扶贫项目管理机制，让县级政府因地制宜地整合资金、安排扶贫项目、搞好扶贫资金项目管理，让省级政府不再陷于具体、繁杂的资金项目审批，有更多的时间精力去监督检查和建立健全有关制度，保障各项措施的落实。当权力下放以后，县级政府的基层部门不再往省级政府部门"跑项目、争资金"，可以大大减少在这一过程中出现的钱权交易现象，从制度上阻止腐败现象的滋生。一定程度上，这都符合十八届三中全会提出的推进国家治理体系和治理能力现代化、健全完善基层社会管理体制、深化行政审批制度改革的核心要求。

二　改革财政金融扶贫资金管理机制，发挥金融杠杆作用

面对当前财政专项扶贫资金不足问题，全国其他地区可以借鉴贵州用好"四类资源"①、小额信贷机制、"三变"改革经验，探索构建资产收益扶贫试点方案，进而撬动金融社会资本。首先要在有关法律法规约束的背景下，主要依托"三变"模式（资金变股金、资产变股权、农民变股民），将资产变资本，实现贫困农户稳定增收。由地方政府部门主导和组织，将公共资产（自然资源、农户和村集体自有资源或权益、扶贫资金、扶贫资金投资建设的生产设施和不动产）或其他资产进行资本化或股权化，鼓励或委托符合条件的大户、带头人、合作社、涉农公司、企业等经营主体对公共资产进行经营管理，贫困村与贫困农户（含政策性兜底"两无"人员）按照股份或特定比例获得收益。

在此基础上，积极引导其他资产入股参与试点。具体内容包括以下几个方面。

一是资金安排。各地区从每年省下达的财政专项扶贫资金中，安排一定的资产收益扶贫试点资金，进行地方特色如光伏产业、旅游产业、种植

---

① 四类资源：国家政策资源、定点扶贫资源、对口帮扶资源、社会帮扶资源。

养殖产业等项目试点。按照不同县区贫困情况，确定试点县及资金数量。同时各试点县（市、区、特区）按照"整合资金不低于试点财政专项扶贫发展资金的3倍以上"要求，确保整合资金按时足额到位。

二是资产入股方式。①扶贫资金投资。直接投资：在政策法规允许范围内，扶贫资金以入股、借贷等形式直接进行投资，入股合作社等合法经济组织，并按一定比例折股到贫困户；间接投资：扶贫资金投资生产设施和不动产建设，并以其入股或出借给经营主体，将获得的股权或租金收入分配给贫困户，如农业机械、生产厂房、商铺、农业配套设施（田间道路、灌溉设施、储藏和风干设施、大棚等）。②自然资源入股。有条件的地区，要在坚决守住发展和生态"两条底线"的前提下，将本地自然资源，特别是具备相对比较优势的优质资源入股，相关贫困户获取股权，获得资产收益。③村集或农户资产入股。投入村集体或农户自有资源或权益参股，村集体或农户作为股东参与利益分配。如农户土地流转和土地入股，村集体荒山荒坡入股等多种形式。④国企资本投资。在国家法律范围内，探索建立资源补偿机制，开拓政企合作新渠道。合理引导国有企业投资开发利用贫困地区资源，按比例提取利润，专项投入扶贫开发。如电力企业按比例提取电费投资扶贫项目；光伏发电、化工生产等企业部分收益覆盖项目区贫困户等形式。⑤社会资本投资。积极引导社会资本、民间资本入股参与资产收益扶贫试点项目，扩展和丰富资产收益扶贫试点项目的资本构成。统筹社会各方力量，运用PPP等模式，撬动民间资本、社会资本投入。

三是拓展收益渠道。①股权收益。经营主体直接利用自然资源、公共资产和扶贫资金、其他资金作为经营资本，取得收益后按照约定进行收益分配。各地可结合实际采取资产出租、资金借贷、参股经营等形式，扶贫户或村集体参与分配租金、利息、企业利润分红。②工资收益。通过资产收益扶贫项目，企业提供就业岗位，优先吸纳拥有股权的贫困户务工，在获取工资收入基础上，稳定企业持续生产所需的人力资源存量。③间接收益。通过试点项目实施，摆脱土地对贫困人口的束缚，有效释放劳动力，切实降低贫困人口留守本地的机会成本，充分运用市场经济规律，树立市场导向，引导其外出就业增加收入。

四是优化分配机制。① 分配对象精准化。原则上，资产收益扶贫项目收益分配对象优先确定为贫困农户、一般农户、村集体和村民小组。要确保经营收益对参与项目的贫困户实现全覆盖，不漏一户、不缺一人。并且，注重村级集体经济积累和壮大，逐步解决村级集体经济空心化等突出问题，减小"空壳村"比例。② 分配方式精准化。各试点项目县（市、区、特区），要结合实际，统筹考虑法律法规、市场规律、经营情况和贫困户诉求等因素，科学、合理研究确定收益分配比例。采取固定分配比例为主、可变分配比例作补充的方式，在确保贫困户收入水平稳定基础上，避免出现"平均主义"倾向，有效激发贫困户参与积极性。③ 兜底保障精准化。实施资产收益扶贫试点，要研究制定切实可行的收益保底机制，切实保障农户收益的稳定性，保障贫困农户能够在资金投入后尽快获取足够的收益，在项目持续期内拥有稳定的现金回报。通过政府部门实施担保和政策性保险，有效降低经营和资金风险。收入稳定、易于核算的项目，如固定资产出租项目，可以采用"低保底 + 高浮动"收益分配机制；风险大、不易核算的项目，如农业项目，可以采用"高保底 + 低浮动"收益的分配机制。在贫困农户保底收入的基础上，可考虑允许其参与土地增值收益分配，最大限度保障其获得资产收入。

三　加大对财政金融扶贫的管理与监督，提高扶贫资金使用效率

考虑现行扶贫项目资金监管不严的难题，贵州经验对全国财政金融扶贫管理与监督的启示如下。

首先是打造资金监管平台。在"四到县"制度体系构建的基础上，省级政府可以出台如贵州的《关于建立贫困县约束机制的工作意见》《关于建立财政专项扶贫资金安全运行机制的意见》等文件，对扶贫资金的使用和监管明确要求，推行"乡镇申报、县级审批、乡村实施、乡镇初验、县级验收、乡级报账，五公告二公示"的运作体系和项目审批、管理"七流程、十步骤"，强调资金使用"六个必须"、资金管理"四个必须"的基本原则。通过一系列强有力的措施，保障目标、任务、资金和权责"四到县"后财政专项扶贫资金安全。

其次，全面规范扶贫项目立项、审批、实施和检查、验收以及绩效评价等工作流程，严格执行县级审批、乡（村）实施和乡级初检、县级验收、乡级报账、省市监管和备案。全面推行扶贫项目资金乡村公示制度、"民生特派"和第三方评估制度，建成并投入使用"省扶贫系统电子政务平台"，运用 GPS 技术对扶贫项目进行监管，将扶贫项目、资金在网上进行公示，实行全社会共同参与监督。

最后，探索创建扶贫云平台。按照总体规划、分步实施的方案，扶贫云平台将重点实现以下功能：第一，围绕精准识别，建成基础数据支撑平台。重点对贫困人口、贫困村、贫困乡镇、贫困县和有扶贫开发任务的地区进行动态监测，成为全国脱贫攻坚档案库的重要组成部分。第二，围绕精准管理，建成脱贫指挥调度平台。建成以全省贫困人口建档立卡数据为基础，以责任链、任务链为主要内容的脱贫指挥调度平台。第三，围绕精准监管，建成项目资金管理平台，建成扶贫项目申报、评估、立项、审批、资金拨付、报账、实施、监管、验收为一体的项目资金管理平台，实行全程监控。

四 积极调动多方力量共同参与，保障贫困户如期脱贫

为了有效调动多方力量参与扶贫开发，首先，全国各地区要充分尊重贫困人口在扶贫开发中的主体地位，动员群众积极依靠自身力量改变贫穷落后面貌，保障贫困群众的知情权、选择权、参与权和监督权，使贫困群众始终是扶贫开发的主体参与者和最大受益者，发挥群众脱贫致富的积极性、主动性和创造性。一方面通过"参与式"扶贫，让贫困人口直接参与扶贫开发项目与资金使用的决策，促进贫困地区和贫困人口的能力建设；另一方面通过社区主导型发展试点，推进村民自治和基层民主制度建设，实现自我管理和自主发展。其次，在实施财政金融精准扶贫管理过程中，地方政府探索创新"政银企"联手融资扶贫模式，形成"政府主导，社会参与，统筹规划，资源整合，连片开发，整村推进"的大扶贫格局。"十三五"期间，地方政府重点打造"政银企"合作平台，通过扶持龙头企业、特色企业，加快产业化扶贫步伐，参考贵州"县市推荐项目、专家银行评

估、企业申报贷款、多形式连环担保、扶贫资金贴息、企业承贷承还"的新兴扶贫企业融资机制，提高贫困农户组织化程度。最后，按照中共中央、国务院印发的《关于打赢脱贫攻坚战的决定》文件要求，各地区要鼓励支持民营企业、社会组织、个人参与扶贫开发，实现社会帮扶资源和精准扶贫有效对接。可以学习贵州在扶贫过程中打造社会扶贫平台——构建政府、市场、社会协同"三位一体"扶贫模式，实施连片特困区域推进和到村到户扶贫"双轮驱动"。其中最成功的案例是恒大集团借助于经营企业的成熟策略与管理经验，组织利用资源，结对帮扶大方县所有村的重大举措。

总之，这一系列具体而详细的扶贫模式最终目标是实现贫困户的全面脱贫，为 2020 年全面建成小康社会做好重要的保障，而创新财政与金融精准扶贫机制在全国脱贫攻坚的工作任务中将起到举足轻重的作用。

第七章　深化党建扶贫

孙兆霞　王晓毅

党建扶贫在贵州的扶贫经验中具有特别重要的作用。贵州贫困面较大，脱贫任务重，且可支配财力有限，要完成精准扶贫的目标就需要高效率地发挥扶贫资源的作用，特别是通过党的建设，发挥各级党政组织的作用，动员全体党员干部投身于扶贫事业中。

事实证明，党建扶贫不仅动员了更多的人力和物力资源投入扶贫事业中，而且完善了反贫困的治理结构，是打通精准扶贫最后一公里的有效措施。通过加强基层党组织建设，采取联村联户的帮扶措施，强化各级党政机关的扶贫责任，不仅加快了贵州的扶贫事业，也密切了党与群众的关系，党建与扶贫是一个相互促进的过程。

第一节　贵州省党建扶贫的历史进程与贡献

从 20 世纪 80 年代起，贵州省就高度关注党建扶贫的作用。改革开放之初，实行农村土地承包责任制最早的省区之一的贵州，为什么贫困问题还如此严重？中央和省委应该采取什么样的举措，才能使贫困地区的人民早日改变贫困落后面貌？为此，从 1980 年到 1986 年，时任中共中央总书记的胡耀邦三次到贵州进行调研。在调研总结时，胡耀邦提出，中央和省级领导干部要经常到群众中去，到基层去，进行调查研究，不仅要形成一种好风气，产生巨大的精神力量，更重要的是有助于实现正确的领导，减少领导工作的失误，提高干部的素质，促进干部特别是年轻干部健康成长。

1985 年 7 月，新任贵州省省委书记的胡锦涛上任 3 天，即下乡调研，提出强化在市场经济条件下如何因地制宜抓扶贫的思想，提出生态保护与抓住机会实现可持续减贫的观点，及能驻村落地谋发展的中、初级人才培养路径的打造等实践工作思路。

随着精准扶贫的实施，贵州省的党建扶贫也进入了新的历史时期，将党建扶贫作为扶贫的十大措施之一，强调深入推进同步小康驻村工作；加强乡镇领导班子和村支"两委"建设，选好配强贫困村"第一书记"；健全贫困村以财政投入为主的经费稳定保障制度。在扶贫实践中，产生了许多新的经验和新的做法。党建扶贫是贫困地区脱贫致富的重要经验。

一　贵州党建扶贫的演进历程及其历史贡献

1986 年 2 月，3000 多人组成的党建扶贫工作队奔赴省内 26 个极贫县，至 2010 年第一个扶贫纲要结束时止，贵州省党建扶贫经历了首创、演进的历史过程，并留下极为宝贵的历史经验，做出重要的历史贡献。

（一）源起及演进历程

1. 1986 ~ 1993 年：贵州党建扶贫肇始并完成驻村挂帮的制度定格

根据 1986 年初《中共中央、国务院关于一九八六年农村工作的布置》精神，贵州省制定了《贵州省委、省人民政府关于加强贫困地区工作的指示》，决定对 26 个贫困县集中连片的 1238 个极贫乡进行强力帮扶。贵州省常委会于 1986 年 2 月 6 日做出"抽调干部充实基层的决定"。原计划全省从省、地（州、市）、县机关共抽调 3000 名干部，由于报名踊跃，实际最后一共抽调了 3452 人，"组建首批扶贫工作队，派驻赫章、望谟、从江、沿河等 26 县。率先拉开有组织、有计划、大规模扶贫的序幕"①。确定的任务是：第一，做好调查研究基础上，结合当地实际，找准切入点，帮助地方制定脱贫致富可行的规划；第二，协助当地解决经济和社会发展中需要解决的问题；第三，协助当地做好党的基层组织建设和其他基层组织建设；

---

① 刘子富：《精准扶贫打通小康路上最后一公里》，当代先锋网，2016 年 3 月 18 日。

第四，通过艰苦的扶贫锻炼，培养和选拔一批优秀人才。在扶贫工作半年总结时，时任省委书记胡锦涛再次强调"下去学雷锋做好事，向上跑要项目，这些都偏离了扶贫开发的初衷和主要目标"。①

1989 年，鉴于由省委组织部直接从各厅局抽调人员组成扶贫工作队的体制，难以发挥各厅局的直接参与积极性及可持续点上跟进的问题，胡锦涛离任贵州之前，完成了各厅局对口定点帮扶贫困县、乡的定点体制改革，明确了对定点扶贫县各选派单位人员下乡帮扶且包乡不变，每年换人不换点，乡不脱贫，定点厅局不脱钩。由此开了迄今为止，贵州省、地州、市、县、乡党政部门事业单位四级党建扶贫框架下定点挂钩、驻村帮扶模式的先河。

1991 年，贵州省发起了大规模农田基础设施建设工程。在争取中央给予以工代赈物质支持基础上，主要依靠扶贫工作队为主的万名干部下乡，以党建扶贫方式，一手抓农村基层组织建设，一手抓农户普遍参与，通过合作攻关，大兴农田基本建设与党的基层组织建设同步共嵌的宏大工程。从 1991 年到 1993 年，全省完成坡改梯面积 161.2 万亩，超过农业学大寨 10 年改土面积总和 60%，其中，46 个贫困县完成 122.4 万亩。②

2. 1994~2000 年：党建扶贫对开发式扶贫的坐实与修正

1994 年 4 月，国务院发布了《国家八七扶贫攻坚计划》，将扶贫任务主要定位于造血式的开发式扶贫，以县为单位整合资源，以整村推进基础设施建设和产业项目为抓手，强调乡镇企业、商品流通、土地流转、劳动力转移、生态移民的非农化发展。而贵州在此期间，从一开始就将"党建 + 扶贫"的制度安排作为重要机制和载体加以贯彻。在"党建"方面，强调扶贫工作队以"动感情、动脑筋、动真格"的"三动"精神，力抓整顿"软、散、瘫"后进村党支部及村庄治理；在"扶贫"层面，又强调"扶贫到户"的温饱工程建设，建立相应制度安排。

第一，建立专门组织，配备专门队伍提供组织、人才网络保障系统。

---

① 龙志毅：《回顾贵州扶贫开发岁月》，《当代贵州》2008 年第 22 期。
② 贵州省扶贫办，《扶贫攻坚文件汇编》（上），1~9 页。

第二，抓扶贫队员党建和农村工作、农业知识的培训及农村基层干部和党员培训。第三，抓党建扶贫驻点、监督等制度建设。第四，抓督促检查和评比表彰，使全省党建扶贫工作有一个整合性的交流平台和提升空间。

这四个支撑点的核心，即是能到村入户参与扶贫。而"扶贫到户"的聚焦，又要求农户间要以"合作能力 + 共同行动能力 + 农户公平分享"的机制实施。"八七"攻坚期间，贵州减贫重在基础设施建设，特别是以工代赈获得的农田水利基本建设的成就，正是在这一制度逻辑中实现的。

3. 2001～2010 年：党建扶贫遭遇的挑战及其突破制度困境的努力

这一时期的扶贫攻坚，面临错综复杂的情况。首先，政策内含张力的挑战。《中国农村扶贫开发纲要（2001～2010 年）》将 10 年减贫发展界定为开发式扶贫与多项惠农政策并举的战略，路径选择无疑会成为扶贫开发工作中一个严峻的挑战。其次，扶贫对象及其所处环境问题形成对减贫工作的挑战。农村地区"农民真穷，农村真苦，农业真危险"的"老三农"问题，已经逐渐转化为"农民真老，农村真散，农业真脆弱"的"新三农"问题。而土地承包责任制实行以后，农村的组织资源散化、村落主体性弱化、集体行动能力退化现象凸显，怎样将单个农户的发展诉求与村庄整体利益的发展需要结合起来，需要组织资源的供给和公平、公正发展底线坚守的政治力量保驾护航。而农村党组织发挥坚强堡垒作用和党建扶贫工作队的驻村帮扶，即在实现中国共产党对通过发展走向共同富裕的改革目标的承诺和对社会主义消除贫困本质要求的扎根践行。

＊　　＊　　＊

专栏一　改革开放、农户利益增进、党建组织保障，三维交集视角看大关村案例

大关村海拔 900 多米，全村 200 多户，80 年代之前，全村只有 62 亩望天田，其余 1270 亩旱地分布在 180 多个山垭、窝坨、陡坡的石旮旯里。1980 年全村人均粮食 130 公斤，人均纯收入不到 50 元，是全县闻名的"三缺"（缺粮、缺钱、缺水）、"三靠"（吃粮靠返销、花钱靠借贷、穿衣靠救

济）极贫村。

从 1984 年至 1997 年，大关人在乱石嶙峋的石旮旯中建成高标准稻田 1000 余亩，实现人均基本农田 0.8 亩，建成蓄水池、小水窖 200 多处，之后，退耕还林植树人均 1500 余株，全村 200 余万株。1997 年全村人均口粮 500 公斤，人均纯收入 1100 元。

总结其经验要点，其一，大关村党支部对劈石造田进行了有组织的发动、规划、指导、服务及督促检查工作。其二，对村民主体性和劳动成果利益归属公正性的尊重。即新建良田经营权益归属开田农户，并可家庭内继承。其三，群体合作机制和合作精神的打造，较好地坚持了集体组织互帮互助，走共同富裕道路的做法。其四，从 1994 年"八七攻坚"开始，在以工代赈和驻村工作队帮扶机制支持下，获得 52 万元财政资助。

大关案例表征出改革开放之初至 1997 年，农村党支部、扶贫工作队及公共财政提供的政治目标、政策空间、组织机制、资金支持，是大关人奠定共同富裕物质和精神基础的前提，体现出中国共产党夯实执政基础、发挥社会主义制度优越性的深刻内涵。（参见黄钧儒等《精神资源与脱贫攻坚——贵州省罗甸县大关村调查》，《求是》1998 年第 14 期。）

二 新形势下的党建扶贫

2011 年颁布实施的《中国农村扶贫开发纲要（2011~2020 年）》提出，要鼓励和选派思想好、作风正、能力强、愿意为群众服务的优秀年轻干部、退伍军人、高校毕业生到贫困村工作，帮助建班子、带队伍、抓发展。2013 年底，中共中央办公厅、国务院办公厅印发《关于创新机制扎实推进农村扶贫开发工作的意见》（中办发〔2013〕25 号），从制度和机制层面对全面建成小康社会阶段实施新一轮扶贫攻坚和推动贫困地区全面小康工作制定了路线图，提出改进贫困县考核机制、建立精准扶贫机制、健全干部驻村帮扶机制、改革财政专项扶贫资金管理机制、完善金融服务机制、创新社会参与机制六大扶贫开发工作创新机制。其中的健全干部驻村帮扶机制，要求在各省（自治区、直辖市）现有工作基础上，普遍建立驻村工作队（组）制度。可分期分批安排，确保每个贫困村都有驻村工作队（组），每个贫困户都有帮扶责任人。把驻村入户扶贫作为培养锻炼干部特别是青年干部的重要渠道。驻村工作队（组）要协助基层组织贯彻落实党和政府各项强农惠农富农政策，积极参与扶贫开发各项工作，帮助贫困村、贫困户脱贫致富。落实保障措施，建立激励机制，实现驻村帮扶长期化、制度化。

贵州早在 2010 年，即对 2011～2020 年新一轮党建扶贫工作有了新的奠基，布置了战役性的"四帮四促"工作。即 2010 年，省委决定在全省开展以帮助基层学习领会精神、促进思想统一，帮助厘清发展思路、促进科学发展，帮助解决实际问题、促进增比进位，帮助化解矛盾纠纷、促进和谐稳定发展为主要内容的"四帮四促"活动，组织动员各级领导干部、机关党员带着感情、带着激情，深入贫困乡村和群众最困难、最需要帮助的地方，落实帮扶措施，协调发展资金，帮助解决实际问题。明确 94 家省直单位对全省 88 个县（市、区、特区）进行整体挂钩联系帮扶，一定 3 年，不脱贫、不脱钩。派出"四帮四促"工作小组，督察督办、协调处理扶贫开发中的重要问题。①

2012 年，党建扶贫工作从纵向勾连上加大了派出单位的责任，也进行了系统化改进，将"四帮四促"工作整合为"部门帮县、处长联乡、干部驻村"活动，选派 2.3 万名干部驻村帮扶，实现每个县有一个以上省直部门挂帮，每个乡镇有一名以上县级干部联系，每个行政村有一名县级以上单位干部常驻帮扶。

2013 年，省委在坚持"部门帮县、处长 联乡"基础上加大"干部驻村"工作力度，在全省开展同步小康驻村工作。当年，按 5 人一组的标准共选派 3 万人，成队建制组成工作组，自带行李、自带灶具、吃住在村、工作在村，集中帮助 6000 个村。

为了增强精准扶贫工作，提供人力和组织资源保障，从 2014 年起，进一步扩大选派人数规模，每年选派 5 万多人，组成 1.1 万个工作组，实现了贫困村全覆盖。②

---

① 栗战书：《大力加强党建扶贫工作》，《求是》2011 年第 23 期。
② 《贵州省同步小康驻村工作情况汇报》，贵州省扶贫办，2016 年 3 月 5 日。

特别是 2015 年为认真贯彻落实习近平总书记视察贵州时关于"因村派人（第一书记）精准"的重要指示，按照省委十一届六次全会精神，把"第一书记"作为同步小康驻村工作的深化和扩展，作为加强基层基础，推动农村发展，回应群众期盼的重要力量，在精准选派、精准指导、精准管理上下功夫。全省共选派 9502 名"第一书记"，覆盖所有贫困村和党组织软弱涣散村。[①]

三 党建扶贫的核心是发挥政治优势

党建扶贫的核心内容是发挥各级党组织在扶贫攻坚中的作用，这就要求各级党组织有责任意识，将扶贫作为党的建设的核心内容之一；完善基层党组织建设，建设服务型的政府，并健全民主监督机制，保证村民，特别是贫困农户的权利；选派有能力的党员干部驻村帮扶，实现帮扶与自身脱贫的有机结合。

长期以来，一些地方的党政领导单纯关注经济增长的速度，忽视经济增长的质量，造成经济增长与扶贫之间的脱节，贫困人口的脱贫速度并没有与经济增长保持同步。党建扶贫就是改变各级党政领导重增长轻扶贫的观念，将扶贫纳入党建中。通过党建扶贫，各级党委政府高度重视扶贫工作，将扶贫作为工作中的首要任务，党政主要领导亲自抓扶贫，扶贫不再是扶贫部门的工作，而是党委政府的中心工作，政府各个部门的工作都要围绕扶贫来做，从而形成大扶贫的氛围。

考核机制的改革是党建扶贫的重要内容。要使各级党委政府高度关注扶贫就要改革传统的考核机制，将扶贫纳入各级党委政府的工作考核中，通过考核机制，引导政府各部门关注扶贫工作。各级党委和政府的高度关注，保障了扶贫资源的有效供给，不仅扶贫的资金大量增加，更重要的是大量优秀的人力资源被配置到扶贫领域，推动扶贫政策和制度的配套实施。从这个意义上说，党建扶贫是要落到实处的。

[①] 《贵州省精准选好"第一书记"情况汇报》，贵州省扶贫办，2016 年 3 月 5 日。

在对口扶贫的实践中，政府各部门的主要领导成为扶贫的主要责任人，为了完成部门承担的扶贫任务，政府各部门都将素质高、能力强的干部派驻到扶贫第一线，并为这些驻村干部提供有效的支持。在贵州，地方的主要领导都承担了最艰巨的扶贫任务，越是贫困程度深、扶贫任务艰巨的地方，越是需要地方党政的主要领导承担帮扶责任。

基层党建在扶贫中起着关键作用。"农村要发展，农民要致富，关键靠支部"。基层的党组织建设在扶贫中的作用是不可替代的，首先，一个村庄如何发展，需要充分尊重当地人的意见，一个强有力的村级组织可以汇聚村民的智慧，凝聚村民的力量，走出一条适合本村的实际的发展道路。反之，如果村级组织涣散，缺乏带领村民脱贫致富的能力，那么不管有多少外来的援助也不能实现真正的发展。其次，村级组织是否公正廉洁，对于扶贫资源的分配起着至关重要的作用。在贵州的扶贫实践中，通过强化乡镇党委书记、村支两委和经济合作组织等三支队伍建设，在扶贫实践中推动了基层党建。

建立党员干部与贫困户的联系，开展驻村帮扶和向贫困村派驻第一书记是党建扶贫重要内容。向贫困村派驻驻村帮扶工作队和第一书记，实施党员干部联系贫困户制度，拉近了党和贫困群众的关系。通过走访贫困户，各级领导干部掌握了贫困户的第一手资料，也使贫困户直接感受到了党的关怀。驻村帮扶在给贫困村带来资金和项目投入的同时，也带来了新的扶贫理念和社会资本。许多单纯依靠贫困村很难解决的困难，通过驻村帮扶得以解决。更重要的是，驻村帮扶和基层组织之间形成了相互帮助和相互监督的关系，这种格局不仅推动了扶贫工作，更重要的是改善了农村的社会治理，推动了基层党组织建设。

在精准扶贫中强调六个精准，即扶持对象精准、项目安排精准、资金使用精准、措施到户精准、因村派人精准、脱贫成效精准，而因村派人精准是其他5个精准的基础，因为驻村帮扶全程参与扶贫对象的选择，发展规划的制定，只有派驻了有扶贫工作经验且肯于奉献的干部驻村帮扶才能找准扶贫对象，并采取有效措施。

精准扶贫对扶贫的治理结构提出了全新的要求，要对象明确和措施到位，在扶贫中投入更多的资源，并取得明显效果，只有加强党建，才能完善反贫困的治理结构。

第二节 贵州党建扶贫的主要经验

一 构建党建扶贫的路径、方法、平台与抓手

（一）凸显定位

早在 2011 年，时任贵州省委书记栗战书就在《求是》杂志发文，对贵州党建扶贫历史，特别是进入新世纪以来的工作进行总结提炼基础上，较为系统地阐述了党建扶贫在下一步扶贫攻坚中承担的责任应如何展开、提升的问题。就贵州 1986 年党建扶贫为主要抓手的脱贫攻坚启动以来，从省级层面专题性发文阐述党建扶贫方略的文章，亦是第一份。

* * *

专栏二 时任贵州省委书记栗战书关于党建扶贫工作系统建构的论述

第一，坚持抓党建强基层，筑牢扶贫工作基础。要下功夫把农村基层组织建设好，为实现脱贫致富提供有力的组织保证。加大对中央精神和省委有关决策的学习、宣传和贯彻力度，把党的政策原原本本交给基层和农民，使之转化为加快贫困地区经济社会发展的强大动力。

第二，帮助农村党组织建立和完善村支两委工作运行机制和议事规则、决策程序等，尊重党员的主体地位，充分发挥农民群众在村级治理中的主体作用，激发广大群众的积极性、主动性和创造性。

第三，扎实做好群众工作，牢固树立群众观点，千方百计办好顺民意、解民忧、惠民生的实事。

第四，坚持抓党建带队伍，为扶贫工作提供人才保证。要选好配强村党组织书记，加强对村干部的教育培训和管理，组织乡、村干部到发达地区学习培训。加大从优秀村干部中选拔乡镇领导干部、考录乡镇公务员、招聘乡镇事业编制人员工作力度。

第五，选派机关干部到农村任"第一书记"，评选表彰"十佳"村党组织书记。

第六，深入实施"党员创业带富"工程，努力建设一支带头创业致富有实际本领、带领群众致富有奉献精神的高素质党员队伍，为贫困乡村实现脱贫致富提供人才支撑。

第七，坚持抓党建统资源，构建扶贫工作新格局。要统筹城乡资源，统筹城乡基层党建工作，积极构建组织资源与社会资源良性互动，城乡资源共享、优势互补、协调发展，省、市、县、乡、村五级联动的农村党建扶贫工作大格局。

第八，把"帮眼前"与"扶长远"结合起来，努力实现城乡公共服务均等化，推动基础设施建设和教育、医疗卫生等社会事业发展向贫困地区延伸，构建少有所学、住有所居、病有所医、老有所养、困有所济的农村和谐局面。（栗战书《大力加强党建扶贫工作》，《求是》2011年12月）

以上将党建扶贫为核心和抓手系统化、全面性推动扶贫攻坚的系统工程的设计思想，亦代表贵州日后党建扶贫工作的思路，无疑为精准扶贫战略实施打下了必要的实践基础。

（二）以驻村帮扶为主建立党建扶贫机制

1. 有针对性地派驻工作队，满足贫困村的多方面需求

尽管驻村帮扶与对口帮扶有着内在的联系，但是驻村帮扶面临更加复杂的任务。首先，随着国家在扶贫领域投入的增加，动员资金和引进项目已经不是驻村帮扶的唯一任务，甚至不是主要任务。因此单纯地跑资金上项目已经不适应精准扶贫的需求。其次，不同贫困村的贫困原因是不同的，需要有针对性地采取措施。因此认真分析贫困村致贫的原因，有针对性地派驻驻村工作队，才能满足精准扶贫的要求。贵州省在派驻工作队的时候，强调将派出部门的特点与派驻的贫困村需求相结合，创造了"科技干部配产业村、经济干部配贫困村、政法干部配乱村、党政干部配难村和退休干部回原村"的派驻方式，有针对性地解决了贫困村发展中的特殊问题。比如政法委干部进驻社会矛盾尖锐的村庄可以发挥政法干部的优势，有效地化解矛盾，推动村庄的发展。对于扶贫任务最艰巨的贫困村，需要地方主要领导

承担帮扶责任。

2. 强化帮扶部门的责任

驻村帮扶将帮扶单位与贫困村密切地联系起来，调查表明，仅仅依靠工作队在村内工作是不够的，工作队需要来自多方面的支持，特别是帮扶单位的全面支持，而帮扶单位的支持力度取决于单位主要领导的支持力度。为了提高帮扶单位的积极性，强化了帮扶单位的责任，将贫困村脱贫纳入帮扶单位的考核中，如果驻村干部出现问题，帮扶单位的主要领导要被问责，这就大大调动了帮扶单位的积极性，有些扶贫任务比较多的单位还专门成立了扶贫办公室，负责协调单位的驻村帮扶工作。在贵州形成了挂帮书记的制度，有帮扶单位的主要领导担任对口帮扶的"挂帮书记"，尽管不要求挂帮书记常驻贫困村，但是挂帮书记承担着帮扶的领导责任，挂帮书记与驻村工作队密切配合，形成了前后相互支援的格局。部门领导的高度重视，保障了将强有力的干部选派到贫困村，并在工作中得到及时的支持。

3. 强化县级统筹，建立公平的资源分配机制

随着各级政府对扶贫的高度重视，不仅来自扶贫部门的资源不断增加，而且其他渠道的资源也向贫困地区和贫困村倾斜。承担驻村帮扶的单位动员资源的能力差异很大，为了避免在扶贫中出现项目分配的严重不均衡，特别是那些掌握项目较多的单位将项目向本单位帮扶的村庄倾斜，造成形象工程，就需要统筹扶贫资源。在贫困地区强化县级的项目统筹功能可以有效地避免驻村帮扶中出现项目高度集中、资源分配不公现象，比如一些县建立了涉农部门的联席会议制度，对于相关部门负责的驻村帮扶村庄进行统一的项目需求评估和统一的项目分配，避免项目投入的强弱不均。

4. 强化驻村帮扶的激励和监督机制

与机关工作相比较，驻村帮扶的工作很艰苦，而且许多干部在驻村帮扶的过程中也受到了锻炼，因此将驻村帮扶工作作为锻炼干部的手段，从驻村帮扶的优秀干部中提拔干部对驻村帮扶工作有明显的激励作用。

以上党建扶贫工作的实际推进，一方面，在回应体制、机制互不配套的问题，因而是以探索创新为标志的，从而体现出坚定目标，咬定青山不放松的精神品质和求实探索的信念对实际工作推进的意义；另一方面，系

统性破题的努力，又为党建扶贫对精准扶贫在"最后一公里"攻坚克难的基础性贡献，彰显出逻辑与历史一致性的学理内涵。

＊　　＊　　＊

专栏三　望谟县蔗香镇"五共工作法"（群众主体工作法）的探索

蔗香镇是1930年红八军战斗过的革命老区，亦是当下龙滩水电站建设的涉淹移民镇。近年来，移民群体性上访事件时常发生。2015年3月，望谟县启动同步小康党建工作实验区，通过"群众主体工作法"，形成将蔗香镇进行小城镇建设的共识。随即总投资2500余万元，涉及农户930户的蔗香小城镇建设工程在短短三个月内全部完成。

以乡镇领导为主体的县委县政府—县直帮扶部门—乡镇—驻村干部四个层次党建扶贫工作队员齐上阵，在把握"干群关系"大局下，从找"寨老"为突破口，争取他们"参与"前提下，立即召开群众大会，将小城镇建设规划与不同类型的各群众代表交换意见，在一周内对规划方案进行8次修改定稿，用群众大会每户一票方式，半数同意后启动工程。实施过程中，激发群众广泛参与，"自己的家园自己建"，一段时间，"家中访""场坝聚""议事厅""调解场""议会室"等公共空间的群众参与成为常态，由寨老、党员代表、农户代表、上访户、学校教师、返乡农民工等人自愿成立24人的群众工作服务队宣传实施规则和"蔗香梦"。每一个推进环节都接受群众主体监督，工作成效让群众说了算。原计划6个月完成的工作，结果3个月便顺利结束。干部、群众均从此项目中获得了极大的成就感。

黔西南州委书记将蔗香小城镇建设工程的工作方法、实践路径、成果归属及宗旨意识的整合经验概括为"共商、共识、共建、共享、共担"的"五共法"。（资料来源：1.《参与共建、公担、共享——望谟县同步小康党建工作实验区建设的探索与实践》，中共望谟县党的建设工作领导小组办公室，2015年12月。2.贵州民族大学社会建设与反贫困研究院——"中国移动——望谟反贫困实验区"建设基线调查课题组在蔗香实地调查访谈资料，2016年1月）

（三）夯实基层组织

驻村帮扶的目的不仅在于在有限的时间内解决贵州的贫困问题，更重要的是要在贫困地区建立起强有力的基层组织，有能力承担贫困地区可持续发展的重任。在这方面，贵州省的做法主要集中在三个方面，即加强以乡村主要党政领导为代表的带头人的培养，健全基层组织的工作制度和培育乡村的经济组织。

在贵州省党建办、组织部和扶贫办联合下发的《关于进一步加强贫困地区农村基层党建工作的实施意见》中就强调要"选好配强'三支队伍'。着力选好配强乡镇党委书记、村党组织书记、农村创业致富带头人'三支队伍'"。坚持在扶贫一线培养锻炼干部。提拔和重用那些在扶贫攻坚中想干事、会干事、干成事、不出事的优秀基层干部。事实证明，在扶贫攻坚中，三支队伍发挥着重要作用。

三支队伍的作用首先表现在谋发展上。贫困村的发展，关键在于基层组织制订适合当地实际的发展规划。在帮扶工作队的帮助下，贫困村制定了本村的发展规划，并按照规划推动经济发展。其次，他们要成为致富带头人，特别是村党组织的书记和农村创业致富带头人，要通过他们带动贫困户的发展，首先需要他们自己发展，并在发展中带动贫困户。在许多贫困村，合作社成为致富带头人带领贫困户脱贫致富的有效载体，通过合作社的方式，将贫困户吸收到创收产业中，并保障贫困户稳定的收入。

＊　＊　＊

专栏四 "党社联建"合作社

三穗县颇洞村以产业为平台，将所有贫困户纳入村级合作社，将扶贫资金和贫困群众自有资源进行资产化，交由村党支部领衔创办的"党社联建"合作社（农峰蔬果种植专业合作社）进行市场化经营管理，并每年将经营收益分配落实到每个贫困群众，从而达到精准扶贫、持久脱贫的目的。2015 年，该社创利 337.34 万元，拿出收益的 80%（259.68 万元）进行现金分红，每股分红 300 元，惠及全社 585 户 2900 人，其中贫困户 213 户 612

人，成功让全村59%（365人）的贫困人口实现脱贫。将贫困户纳入村级合作社，带动贫困户实现增收致富，是该县在精准扶贫"五个一批"上选准"发展生产脱贫一批"方式的有力作为，是该县已经开始实施并将在全县铺开的资产收益扶贫新模式。目前，三穗县共有"党社联建"试点村15个，社员4696人，注册资金2478.3万元，带动农户10771户。

夯实基层组织的重点在于将硬件建设与软件建设相结合，基层组织要发挥作用就需要相应的投入，同时要完善基层的制度，特别是民主制度的建设。同时，通过脱贫检验党建的效果。在党建扶贫中不断实现机制创新。如铜仁地区"五抓五促"开辟农村基层组织建设新天地。

* * *

专栏五　铜仁地区"五抓五促"模式

2007年以来，贵州省铜仁地区以抓阵地、促学习，抓班子、促素质，抓发展、促增收，抓制度、促民主，抓典型、促创新的"五抓五促"工作思路，深化农村党的建设"三级联创"和"三创三强"活动，为农村党的基层组织建设注入了新的活力，开辟了农村党建工作的新天地。

抓阵地，促学习，结合全区2572个建制村中，有1197个村无活动场所，261个活动场所面积在30平方米以下，难以保证村级组织正常开展活动，集计生、远教、综治、文化娱乐等多位一体的村活动场所已全面投入使用，90%的村已安装远程教育设备。

抓班子，促素质，以改善结构、精减职数、规范管理、提高素质为重点，选好配强村级班子民选干部中，全面推行村干部轮流值班制、民主评议制和目标考核制。

抓发展，促增收，各级党组织紧紧围绕发展抓党建，抓好党建促发展这个中心，以社会主义新农村建设为主线，帮助村级班子厘清发展思路，拟定发展规划，积极推行"支部＋协会＋远教＋基地＋农户＋公司"的模式，以市场为导向，组织和引导农民调整产业结构，培育主导产业，大力发展现代农业，促进农民增收。

抓制度，促民主，按照"实际、简练、规范、管用"的原则，完善村级各项制度和村规民约，使村级组织做到依法办事，按章理事。加强制度落实情况的督促检查，全面推行以"三会"为主要内容的村级民主管理制度，进一步抓好以"点题公开"为重点的村务公开工作，推进农村民主管理上新台阶。

抓典型，促创新，坚持典型引路、示范带动，积极推进农村基层组织建设的工作创新，进一步丰富示范带创的内容，认真组织实施，达到了"点亮一盏灯，照亮一大片"的效果。

二　在实践中系统创新党建扶贫的路径、方法、平台与抓手——以玉屏县为例[①]

通过 2012 年至今三年多的推进式探索，玉屏党建扶贫初步形成体系性的工作平台，其体系框架主要有以下支撑子系统。

1."细胞工程"

2012 年，贵州省委将党建扶贫工作整合为部门帮县、处长联乡、干部驻村活动，选派 2.3 万名干部驻村帮扶。[②] 在此背景下，玉屏县 2012 年即在"城村联建、结对帮扶"框架下，实施了以"细胞工程"为抓手的驻村帮扶工作。

"细胞工程"即将全县所有农户家庭视为农村社会组成的细胞，利用驻村干部入户调查，记录"民情日记"和"民情台账"1.7 万份，建立"民情档案"1 万余套。将收集到的群众生产、生活、政策享受、村庄治理诸问题分门别类，逐一研究，落实解决措施，实行销号整改。呈现驻村工作在嵌入农村治理及深入农户的托底功能。

例如对过去因村干部居住村民组与其他村民组在水、电、路设施建设

---

① 2016 年 2 月 27 日至 3 月 2 日，本课题研究人员在玉屏县对 4 个乡镇、5 个村、2 个园区、10 余个项目点进行实地调查、召开座谈会，此外，调研组成员孙兆霞就党建扶贫专题，对县委组织部、县纪委、县扶贫办、乡镇党政、村支两委领导，驻村干部，种植农户，企业老总等 20 余人进行深度访谈，整理访谈录音文字资料 20 余万字，收集电子及文件资料 50 余份，党建扶贫玉屏个案研究主要以本次调查为基础。

② 《贵州省同步小康驻村工作情况汇报》，省扶贫办提供材料，2016 年 3 月 6 日。

上的不公平引发的民怨，"细胞工程"在贴近村民的调研中收集并加以公正、平衡发展的调适；对过去村干部在低保、扶贫和发展项目获取上优亲厚友及腐败情况，能及时发现并向纪委反映实情。

2. "民心党建"工程

2013 年，玉屏县根据省、市要求，在铜仁市委统一布置下，开始实施"民心党建"工程。一年后，即 2014 年 8 月，为贯彻中共中央《关于加强基层服务型党组织建设的意见》，铜仁市委下发了《关于深入实施"民心党建"工程的决定》。

2015 年 6 月，针对驻村干部与原单位工作不能完全脱钩，"扶贫"与"党建"两张皮，"叫得响，立得住"的基层党建典型不多，"民心党建"工程有形式主义迹象等问题，铜仁市委又下发了《关于深入实施"民心党建"工程，扎实推进"干群连心·率先小康"驻村工作的实施方案》的通知，将"民心党建"工程定位为玉屏党建扶贫和县域发展的主体工程。

"民心党建"工程的要义是"扎根基层贴近民心，建强堡垒凝聚民心，同步小康永固民心"。其问题意识是"着力破解基层组织建设中存在的空心化、边缘化、弱势化问题"，为减贫发展提供坚强可靠的政治和组织保证（《中共铜仁市委关于深入实施"民心党建"工程的决定》2014 年 8 月 18 日）。玉屏县的"细胞工程"及之后的一系列党建扶贫及农村工作，均在此框架下得以充实和开拓，形成一个系统工程。

3. 建立党的基层组织建设五位一体的组织、人才保障体系

从 2012 年，以县直机关单位派驻村工作队员方式发展到 2015 年 7 月，驻村工作人员视村支两委能力强弱，由城乡帮联单位派出与原单位工作完全脱钩的第一书记或村主任助理；同时，乡镇亦往每一个行政村派出一位与原乡镇工作完全脱钩的驻村工作人员；一位与本职工作不脱钩的乡镇挂帮领导；按"每村一位大学学历党员"目标，"一村一大"工作向本村籍学生倾斜；创立了由村民、村干、驻村干部、乡镇与本村"贤达"协商，自愿出任"名誉村主任"的制度。即每村保证 5 人外派帮村工作队伍。名誉村主任主要发挥村庄内部资源与外部资源双向勾连桥梁的作用。对县、乡驻村干部及城乡帮联单位领导，有一套由县委组织部、县委监察局、乡镇

党委政府三条渠道监管的严格管理制度和问责制度。亦有较为人性化的补贴制度和评优制度。

4. 民情信息系统的创建及功能

2013 年底，根据细胞工程要求建立"民情台账"。在大量农户家庭信息记录和运用不便情况下，驻村干部们尝试用电脑数字化平台解决问题。县委党建办以此为契机，找到北京一数据公司，双方合力，设计出"民情信息系统"的数据平台，其主要功能如下。

第一，以"户"为单位，建立全息性的"家庭档案"。驻村包户干部根据细胞工程要求完成民情信息收集入库工作，并对民情档案实行"月更新汇总"制度。目前，为全县所有 3 万余农村家庭建立了民情档案，"鼠标一点，民情尽显"。

第二，以村民组为单位绘制"民情地图"和以村为单位建立"小康信息库"。其内容包括以村民组为基础，对农户采集"产业建设、基础设施建设、社会事业发展、村民素质提升、村庄整治"五个方面 34 项指标填报《玉屏侗族自治县"率先小康"民情信息表》；以行政村为单位采集村支两委班子建设，产业发展、基层党建、集体经济、民生事务、计划生育、矛盾纠纷、种养大户、风土人情、乡村旅游等 27 项村级建设情况。为全县 69 个村建立"小康信息库"，每季度汇总更新一次。2014 年，国务院扶贫办先后两次到玉屏调研，使之成为我国"扶贫云"建设借鉴的重要基础。此数据库远远大于目前精准识别的信息采集范围，成为村庄治理、项目落实、滚动可持续公平公正施策的全息化科学依据。

玉屏县实施"民情信息管理系统"探索的启示在于：以"细、深、实、真"的成效，进一步延伸和拓展"民心党建"工程内涵。

5. "民心党建基金"与发展集体经济相结合的多维治理方式的创新

2015 年 7 月，针对村庄空壳及社区照顾匮乏问题，玉屏县委党的建设工作领导小组办公室印发《关于建立"民心党建"基金的实施方案》的通知。即采取以村为主体的原则，由党委领导、政府主管、联建部门引导、村级组织自治、社会共同参与的模式进行筹集、管理和使用"民心党建"基金。基金主投为城村联帮单位，乡镇党委，党员及一部分村民和社会捐款。

至 2015 年底，全县有 53 个村开展了村民广泛参与的民心党建基金募捐活动，各村募捐时，有捐三万元的富裕者，亦有捐两三元的"五保户"和留守儿童。此活动各村收款不一，多的村收款达 40 余万元，少的村七八万元，全县共募捐款项 800 多万元。这笔钱按村民广泛参与运行，驻村工作队协助管理、监督，乡镇党委和纪委最终负责，公开、公正、透明的既定规则运作、使用，亦成为民心党建工作推进村庄社会治理，学习、践行民主政治的抓手。此基金主要用于：（1）对本村评选的"好公婆""好媳妇""好学生""好村民"进行关怀资助，结合实际，适时组织外出培训考察学习。（2）对特困家庭、困难计生户进行关怀资助，推动"生育关怀"行动。（3）对空巢（孤寡）老人、留守儿童（孤儿）进行关怀资助，利用节假日对他们进行走访慰问，让他们感受党的关怀。

集体经济是村庄治理和反贫困治理不可或缺的经济基础，更是农村社区经济发展的基础。针对空壳村普遍存在的情况，2014 年，县委、县政府颁发《关于加强扶持发展村级集体经济的实施意见》（玉发〔2014〕11 号）文件，运行一年后，2015 年又颁发《关于开展村级集体经济发展工作督察的通知》（玉党建发〔2015〕11 号）及同年由县委、县政府联合颁发的《玉屏侗族自治县农村（社区）集体经济管理办法（试行）的通知》（玉党办发〔2015〕36 号）。

以财政支持村庄发展资金、项目以及村庄原有土地、水域等集体资产等资源为基础，建立驻村干部帮助、监督民主理财的"企业＋村办基地＋农户""公司＋基地＋支部＋合作社＋贫困户"的多种集体经济模式和"公司＋基地＋农户"入股分成模式等。内生性造血弥补个体生产的脆弱性及村庄治理缺乏集体经济实力的问题。例如，新店乡老寨村有一批长期从事建筑业的技术工，老寨村利用本地项目工程多的优势，把这批农民工组织起来成立劳务建筑公司，村集体负责联系工程和项目管理，按造价提取集体经济收益。

6. 建立较为完整的党建扶贫驻村工作与县级、乡镇后台支持系统的无缝对接机制

第一，部门帮村三年一换与驻村干部、第一书记既向个人驻村工作负

责又向派出单位负责的双向负责制，将单位领导及其他干部、科技人员曾经在乡镇的工作经验有机整合到驻村党建与发展工作中。弥补第一书记等驻村干部经验不足的缺陷，又坐实了农村党组织建设的政治、组织支持系统的保障平台。

第二，由组织部管人、扶贫办管项目资源，乡镇负责上下贯通的实际工作推进工作机制，县、乡两级纪委管纪律系统性配置，构成"民心党建"的大框架，从体制、机制上规避了扶贫、党建两张皮的缺陷。驻村干部以"深、细、实、真"的精神在村做好基础工作，各种项目资源由乡镇整合落地，管理、监督系统作廉政保障，依靠村庄内生力量，减贫及发展均可以操作。

玉屏"民心党建"个案的特点在于，它构建了一个扶贫与党建、发展与村庄治理共嵌融合的较为完整的体系。从而解决了过往党建扶贫中因碎片化和工作难以落地的一系列短板和缺陷。其目标与方法路径的系统化构建，突出了以党建扶贫为主体，在村庄层面同构建设好两个组织：以村庄治理为主要内容的农村基层组织，特别强调内、外结合的党支部组织建设；以村庄人民利益增进为本位的社区福利自我生产及以集体优势抱团合作的经济组织。以这两维组织的建设为抓手，使党建与扶贫真正嵌合为一体，成为扶贫工作的坚实基础。

第三节　党建扶贫与贫困治理

一　贵州党建扶贫30年经验的反思

从减贫发展与改革开放并行的视角，看贵州自20世纪80年代初中期开始的党建扶贫工作，可以发现，虽然阶段性的目标和任务有所不同，但30年不变的却是中国共产党为中国减贫事业的使命承担和庄严承诺，一直提供着人民利益高于一切的坚定政治信仰和组织资源的供给。这种巨变中的坚守，万变中的不变，是中国为人类减贫事业做出的贡献中最值得珍视的经验。当然，正如中国改革开放近40年也走过不少弯路，而且正面临更为复杂和严峻的挑战一样，中国的脱贫攻坚及其中的党建扶贫工作也有一些深刻的教训，并且同样正面临着最为艰难的路程要走。尤是如此，认真总结 30 年党建扶贫工作中积淀下来的"不变"的精华，是做好"十三五"脱贫攻坚工作的智慧之举。深刻领会习近平总书记扶贫开发战略思想，特别是精准扶贫从战略到策略的系统思想，结合对贵州 30 多年党建扶贫工作走过路程的回望和总结，我们认为，以下四点构成党建扶贫贵州经验的核心内容。

（一）以党建扶贫为抓手，构建村庄社会治理与反贫困治理的双重组织平台和长效帮扶机制

习近平总书记《在部分省区市扶贫攻坚与"十三五"时期经济社会发展座谈会上的讲话》中深刻指出，扶贫开发，要给钱给物，更要建个好支部。要把扶贫开发同基层组织建设有机结合起来，抓好以村党组织为核心的村级组织配套建设。……落实好向贫困地区村党组织选派第一书记举措，真正把基层党组织建设成带领群众脱贫致富的坚强战斗堡垒。

在此，可以看到习近平总书记将村庄社会治理与反贫困治理进行了内在关联的连接。反贫困治理需要乡村社会治理提供基础的、可持续的前提；而反贫困治理又可以作为村庄社会治理的切入点、突破口，充当抓手的功能。贵州开展党建扶贫 30 年来，特别是自 2012 年及实施精准扶贫以来，正是以一次次脱贫攻坚任务为目标，依靠党建扶贫驻村工作搭建组织平台，从体制和机制上探索出将乡村社会治理与反贫困治理杠隔打通，使之互为前提，推动组织平台落地生根，从而构筑党在扶贫工作和农村工作中的坚强堡垒。

怎样让村庄社会治理与反贫困治理的双重组织平台落地生根并形成长效帮扶机制，从贵州经验中可以发现如下机理：党建扶贫工作队、驻村干部包括第一书记以及后台的城乡联建城市单位党组织作为"外来者"，其工作重心不是直奔扶贫项目的落实，而是重社会共识达成的平台建设，通过调查研究，与村庄精英群体形成共识，从而提升村庄共同行动能力、组织及合作能力，构筑发展的社会基础。并且，通过不脱贫、不脱钩的帮扶责任制，形成陪伴村庄成长的长效机制，这一切已经形成系统性的机制保障。

（二）注重党建扶贫方法、技术、路径的系统性、整体性创新探索

习总书记扶贫思想极重视"怎么扶"技术路线的落地，系统提出"六个不能"的实施方略。特别是"要心系人民，不能眼睛总是向上，安之若素；要下大力气，不能落下一个贫困地区，一个贫困群众；要明确靶向，不能大水漫灌、大而化之、揠苗助长、手榴弹炸跳蚤"等"不能"，在贵州党建扶贫工作中有鲜活生动的遵循。

首先，贵州党建扶贫工作注重调查研究的党的工作方法传统，并且创造性地拓展和依托现代技术手段，将传统调查研究方法数据化，在许多点上，几乎全覆盖农户信息，构建出定位直指最边缘、弱势群体脱贫解困的系统性支持平台。如扶贫云的创新、民情信息系统的滚动绩效、"精准扶贫四看法"等，均是驻村干部与村庄互动工作的结晶。其以"深入、细致、实际、真正"的品质为公平、公正决策、施策奠定科学基础和政治基础。

其次，贵州以党建扶贫为抓手，构建脱贫攻坚支持性体系，是破解一直以来我国在专项扶贫、行业扶贫、社会扶贫体制机制相互封闭，扶贫开发缺乏整体联动体制、机制，扶贫资源精准落地缺乏系统性机制保障的缺陷和短板问题的一把利剑。30多年经验积累，表征出依托党的强大队伍和干部、组织管理系统，提供脱贫攻坚的组织，人才保障，纪律约束，工作规则，行动支持，经验与知识共享，目标责任明确的完整支持体系，是党建扶贫工作作为脱贫攻坚主心骨的落地平台。特别在当下农村严重缺乏社会内生自主行动能力前提下，以党建扶贫工作为重要抓手，可以为重建村庄的生产生活秩序，从而支持减贫发展注入强大动力。

（三）以党建扶贫工作为抓手，探索社会治理、反贫困治理监督体系的建构机理

习总书记说"有的地方扶贫、涉农、医保、低保资金都敢贪敢挪，而且拿这些钱来行贿买官，群众的'保命钱'成了干部的'买官钱'，发达地区通过工程项目搞权钱交易，贫困地区贪扶贫救济的钱，恶行令人发指！"①

扶贫济困，好心如何成就好事而不是在体制、机制变形中导致恶果，

---

① 国务院扶贫办编《习近平关于扶贫开发论述摘编》，第40页。

是扶贫开发中必须重视的要害问题。特别在"最后一公里",运作得好,减贫及发展的目标顺利实现,运作不好,不但脱贫任务难以完成,反而会损害党的执政基础,造成巨大的政治和社会风险。贵州在党建扶贫模式探索中,强调驻村干部成长考核与"县—乡—村—群众"贯通式扶贫工作成效评价机制的建构、驻村工作规范制度的建构。实质上,从监督视角、法理性与学理性双重叠加建构的村庄治理的多维监督保障体系,为村庄治理现代化、反贫困治理有效化提供了制度保障和操作路径。

首先,驻村党建扶贫工作以驻村干部的工作开展为抓手,获致代表老百姓监督村委会的作用。在"最后一公里"的村委会选举中,村委会因村民组和村委会主要干部居住区域不同、姓氏不同等利益差别,容易生成村主任入选后的施政不公正甚至"黑灰化"陷阱。而驻村工作队员的"公益性"和"党性"原则及工作机理,都使其能及时发现村的行政偏差,使之迅速受到相应制约。

其次,驻村工作也使上级党委监督村党支部工作成为一种现实。既有制度设计中,党支部书记由上级组织任命的机制,使村支部书记在处理与村委会这一自治组织、上级党委及村民的三维关系时,特别是三者关系存在不和谐状态时,对村党支部书记的行动边界约束乏力。而驻村工作无疑打通了各路管道,使监督工作可以落到实处,且有制度保障。

党建扶贫驻村工作的自我监督与上下纵向监督,回应了资源有效获得和公平、平衡使用过程中多元参与的制度保障,为长久以来困惑农村社会治理及反贫困治理的信息不通、制度监督不到位等问题的解决,提供了新的制度建设维度。

(四) 精准扶贫即"充分发挥贫困地区广大干部群众能动作用"[①]

以人民为主体的减贫宗旨在中观操作层面,逐渐形成引领性目标,使宗旨意识的系统操作化建构探索,一方面,正殊途同归;另一方面,又"因地制宜"地发挥多元化效能。日日维新的探索充满活力,也彰显理性。

---

① 国务院扶贫办编《习近平关于扶贫开发论述摘编》,第69页。

在六盘水，由党建扶贫工作系统发力而探索出的"资金变股金、农民变股民、地权变股权"的"三变"模式，既内蕴着精准扶贫目标引领的人民主体性原则，又彰显着通过地权、市场原则进入公共政策红利、精准落地及社区参与的综合因素整合实现体制、机制创新，是以能力主义为核心，对减贫可持续目标的拓展。

黔西南州望谟县蔗香镇党建扶贫中，驻村干部和基层党政在移民搬迁社区整体环境营造与农户家庭个体利益如何平衡、形成发展合力的探索中，贡献的"共商、共识、共建、共享、共担"的"五共法"，开拓并标识出未来农村社会工作推进反贫困治理、社区治理的方向，从行动机制、内生参与机制的维度，彰显发挥干部群众能动作用的农村社会建设，对于脱贫攻坚的必要性、紧迫性、重要性之学理和机理。

玉屏县"民心党建"工作框架，集党建扶贫 5 年探索不断之功，探索出以"细胞工程""民心党建工作室工程""民情信息系统工程""民心党建基金工程""党建扶贫主导的发展集体经济工程"为支撑的系统化框架，表征出中央纪委书记王岐山在十二届全国人大四次会议贵州代表团全体会议上所讲的"要靠基层党支部发挥战斗堡垒作用，靠党员干部把群众动员组织起来，真正把中央的好政策落到贫困群众身上"的观点的践行共识。其实质蕴含了马克思主义中国化的道路自信。

二　处理好党建扶贫的三对关系

党建扶贫正确处理工作队与村级组织、实施项目与改善农村治理、短期驻村与长期发展的关系。

第一，与村级组织的关系对于工作队发挥作用有着至关重要的作用。之所以派出驻村工作队，在很大程度上是因为单纯依靠原有的行政系统很难打赢这场扶贫攻坚战。精准扶贫需要有效的行政系统，包括准确的信息采集和汇总、贫困原因分析和发展思路的制定，以及扶贫项目的设计、实施和监测评估，但是在大部分贫困村，原有村支两委不仅因为人员不足，而且因为年龄和文化水平的限制，以及部分人的思想觉悟问题，很难完成这项工作。因此需要强化驻村帮扶工作队在扶贫攻坚战中的作用。

首先，明确驻村帮扶工作队要在贫困村脱贫中发挥领导作用，避免驻村帮扶走过场；为了能够实施精准扶贫，驻村帮扶工作队要深入调查，制定有效的脱贫规划，以规划带动扶贫工作。其次，在驻村帮扶的实践中既要避免脱离村级组织或凌驾于村级组织之上，又要避免仅仅协助村级组织完成一些技术性工作，如数据的录入，驻村帮扶在于发挥引导和监督的作用，保证国家的扶贫政策真正能够惠及贫困户和贫困村。

第二，正确处理项目引进和贫困村治理的关系。一些驻村帮扶工作队利用帮扶单位为贫困村引入了发展项目，对于快速改变贫困村面貌具有积极作用，但是如果不解决好村级的扶贫治理问题，单纯地引入项目并不能帮助贫困村实现可持续发展，甚至可能因为资源的分配不公而增加贫困村的矛盾。因此，驻村帮扶要将改善贫困村的治理结构当作首要的任务。

健全监督机制是贫困村治理的首要问题。随着扶贫资源的进入，驻村帮扶工作队要采取措施建立有效的监督机制，否则就会带来资源分配的不公平进而产生社会矛盾。鼓励村民参与贫困村的扶贫规划和参与监督扶贫项目是实施有效监督的关键因素。调查表明，村民真正参与监督或只是流于形式的监督，对于能否实现精准扶贫具有至关重要的意义。其次，驻村帮扶要与村级组织能力提高相互结合，驻村帮扶要善于发现贫困村中的肯为村民服务的乡土人才，并注重发挥他们的作用；在工作中提升村级组织的工作能力，特别是村级组织对中央政策的理解和把握的能力。驻村帮扶工作队往往也包括了乡级的"包村"干部，在完善贫困村治理机制中，"包村"干部的作用是不可忽视的，要借驻村帮扶的机会，提升乡级"包村"干部的工作能力。

在驻村帮扶中存在两种现象，一些驻村帮扶工作队忙于引入和实施项目，一些驻村帮扶工作队由于没有引入较大的项目而显得无所事事，这两种现象的产生都源于没有正确认识到改善贫困村的治理结构和治理机制是驻村帮扶的首要任务。

第三，正确处理短期驻村和长期扶贫的关系。中央强调驻村帮扶要不脱贫不脱钩，但是在中央提出 2020 年要全面消除贫困的目标以后，各地都制定了脱贫时间表，许多贫困村的脱贫时间都被大大提前，有些在 2015 年已经宣布脱贫，有些则计划在 2016 年和 2017 年实现脱贫。由于贫困村脱贫时间被提前，相应的驻村帮扶的时间也可能被缩短。此外，尽管多数驻村帮扶工作队会在贫困村工作到贫困村脱贫为止，但是工作队员的工作时间往往以一年为期。

调查表明，驻村帮扶能否发挥作用与驻村工作队长的表现有密切关系，而那些真正在贫困村脱贫中发挥重要作用的工作队队长往往都有较长时间驻村的经验。一年的驻村帮扶不利于驻村工作队发挥作用，首先因为驻村工作队队长的年度更换会影响贫困村工作的连续性。尽管许多贫困村都制定了较快的脱贫时间表，但是脱贫以后的巩固仍需要较长时间，需要驻村工作队继续帮扶，相对稳定的驻村工作队有利于实施稳定的发展策略。其次，相对稳定工作队，特别是相对稳定的工作队长，也有利于工作队深入了解贫困村的状况，保持与村民的密切联系。与乡村干部相比较，来自上级部门的工作队存在着对当地情况了解不够深入的弱点，而相对较长的工作时间可以使工作队深入地了解并拉近与村民的关系。再次，相对较长的工作时间使工作队避免走过场，避免因为基于表现政绩而实施一些短平快的项目。

第八章　建设新型产业扶贫体系

吕　方　叶　青

　　过去的 30 年间，中国扶贫开发事业取得了举世瞩目的成就，其基本经验之一在于始终坚持政府主导的开发式扶贫。其中，产业扶贫占据着毋庸置疑的核心地位。通过产业扶贫，着眼于贫困人口可持续生计能力的建设，对于解决贫困人口的脱贫问题，具有根本性的意义。从中国国家贫困治理体系的构成来看，除了通过社会保障对极端困难群体进行兜底式扶贫以外，绝大多数的贫困人口可以并且需要通过产业扶贫的办法来摆脱贫困。贵州始终坚持将产业扶贫置于政府开发式扶贫工作的首要战略，并且在实践中形成了诸多值得借鉴和推广的地方模式。尤其值得一提的是，新时期，贵州在产业扶贫政策"二次顶层设计"的过程中，着重突显产业扶贫模式的有效性、安全性和益贫性，一套新型产业扶贫政策体系正在逐渐形成。

第一节　贵州省产业扶贫工作的历程与现状

　　贵州 30 年的扶贫开发，坚持将产业扶贫作为带动贫困人口脱贫致富的基本手段，鼓励各地结合实际、因地制宜地探索产业扶贫的地方模式，这一过程在新千年逐渐显现成效，相继形成了"晴隆模式"、"长顺做法"、"印江经验"等多个值得总结和借鉴的地方经验。尤其值得一提的是，新时期贵州省立足宏观农业经济环境的变动趋势以及乡土社会自身的变化，总体设计，缜密布局，按照精准扶贫的要求，积极探索新型产业扶贫体系，并已经取得了积极的成效。本文将简要回顾贵州产业扶贫工作开展的大致历程，重点介绍近年来贵州逐渐形成的几种具有代表性的产业扶贫地方模式，并着重介绍贵州在构建新型产业扶贫体系方面的一些探索。

一　贵州产业扶贫的概述

贵州省位于中国西南岩溶地区的核心地带，据不完全统计，全省喀斯特出露面积占 71%，石漠化区域达 3.59 万平方公里，占全省总面积的 20.39%，山地、丘陵喀斯特面积比重大，生态环境高度脆弱。贵州是全国唯一没有平原支撑的省份，难以套用其他地区的农业现代化模式。受制于自然地理条件、基础设施等多方面因素，加之自然灾害、气候灾害多发，当地农业经济长期处于欠发达的状态。一定范围内，人与生态环境之间的关系十分紧张，人的经济生产活动受制于环境，同时又导致生态环境进一步恶化。传统上以籽粒作物、根茎作物为主要产品的、广种薄收的农业经营形态，制约着当地农业经济的发展，是重要的致贫因素。从贫困人口的分布特征来看，贵州境内贫困人口分布与生态脆弱地区分布具有高度的重合性，走出贫困，意味着要找准山地农业经济发展的路子，走一条既能带动农民脱贫增收，又能够保护环境，有利于生态的农业现代化发展道路。

在此背景下，贵州在开展产业扶贫工作的过程中，始终围绕着尊重山地农业经济发展规律，通过调整农业产业结构，借助科技、金融、产业链建设等综合支持体系，创新山地农业发展模式，追求人与自然的和谐共生，经济发展与社会发展、生态环境保护相协调，在推动区域发展的同时，扩大贫困人口共享发展成果。实践层面，贵州坚持扶贫开发与生态建设、石漠化治理相结合，按照"绿色生态、立体发展；调整结构、种养结合；一业为主、多品共生；以短养长、滚动发展"的思路，探索出了林牧结合、林药结合、林薯结合、林菜结合、林草结合、林果结合等山地农业扶贫开发模式。积极推广"晴隆模式"，扩大草地生态畜牧业试点县，43 个试点县中有 37 个县在 55 个石漠化综合治理县之列，促进生态建设、石漠化综合治理、农民增收"三位一体"。推出了"整合资源、连片开发"、改"整村推进"为"整乡推进"的"印江经验"。针对自然灾害频繁的省情，坚持

"灾后恢复重建尤其是生产发展优先"的原则，促进扶贫开发与防灾减灾救灾相结合。

过去的30多年间，贵州产业扶贫取得了丰硕的成就。尤其值得一提的是，各地结合实际，积极探索，形成了"晴隆模式""长顺做法"等多种积极做法。

＊　　＊　　＊

专栏一　晴隆模式

晴隆县位于云贵高原中段，隶属于贵州省黔西南州，属典型的喀斯特地形地貌，山高、坡陡、谷深、岩溶发育强烈，是贵州岩溶发育、石漠化复杂、类型多样、分布面积较大的区域之一，全县总面积1327.3平方公里，山地及丘陵占土地总面积的95.3%，其中山地面积占67.3%。人均耕地仅0.77亩，25°以上坡耕地占65%，中低产田土占80%以上。长期以来，当地"籽实农业"发展受到自然地理条件的限制，农业经济处于低度发展的状态。同时，人地关系紧张，导致当地植被覆盖率进一步下降，水土流失问题加剧，石漠化不断蔓延。

如何在治理石漠化问题的同时，增加贫困人口的收入，进而走出人-地矛盾的恶性循环怪圈，是谋划地方发展的首要问题。自2001年以来，在国家和省扶贫办等相关部门、民主党派及专家帮助支持下，晴隆靠科技扶贫项目启动，各级财政累计投入发展资金10526万元（其中中央及省财政扶贫资金6400万元）、贷款3000万元，全县种草32万亩，改良草地20万亩，每年水土流失面积减少10平方公里。同时，从引进种羊2600只起步，历时10年，到2010年实现存栏羊35万只，覆盖农户1.23万户，75%已脱贫致富，人均养羊收入5296元，养羊农户年收入最低1万元，最高达10多万元；畜牧业占农业总产值的比重由2001年的31%提高到2010年的50%。今天的晴隆，已基本从"环境脆弱—生活贫困—掠夺资源—环境恶化—贫困加剧"的陷阱中挣脱出来，探索出了一条岩溶山区种草养畜与扶贫开发、石漠化治理相结合的路子，较好地破解了生态脆弱地区农村贫困与生态退化恶性循环的怪圈，拉开了岩溶地区石漠化综合治理的序幕，充分体现了生态修复与扶贫开发、农民增收的有机结合。

资料来源:《贵州省草地畜牧业产业化扶贫规划 (2014—2020 年)》。

"晴隆模式"为石漠化地区生态治理与产业扶贫相结合提供了一种值得借鉴的思路。"晴隆模式"的成功,充分体现了"科学治贫"的思想,借助科学技术手段,实现人与自然环境的和谐共处,不仅找回了绿水青山,也抓住了金山银山。值得一提的是,"晴隆模式"为贵州其他县市产业扶贫工作的开展也提供了十分有益的借鉴。2006 年国务院扶贫办全面部署西南地区草地畜牧业科技扶贫后,根据贵州省委、省政府的部署,2007 年贵州省扶贫办在 10 个县实施草地畜牧业产业化扶贫项目,推广"晴隆模式",2008 年项目扩大到 33 个县,2009 年扩大到 43 个县,2013 年扩大到 54 个县,并取得初步成效。据统计,全省 2007～2013 年累计投入财政扶贫资金22 亿余元,累计投放羊 240 万只,人工种草 280 多万亩,覆盖 600 多个乡镇、1800 多个村,帮助 10 万户农民就地转产,项目区人均年收入超过 4000元,为贫困群众找到了一条长期稳定的增收渠道。[①]

*　　*　　*

专栏二　长顺做法

黔南州长顺县,地处贵州省中部地区,是新阶段国家扶贫开发工作重点县之一。全县总面积为 1543 平方公里,喀斯特地貌区域占到 93.9%,石漠化面积占 77.9%,属于重度石漠化地区。全县 17 个乡镇中,有 13 个属于扶贫开发重点乡镇,这些贫困乡镇集中在县境内中南部深山区和石山区,当地山高坡陡、土地贫瘠、资源匮乏,水土流失和石漠化问题十分严重。由于地力瘠薄,当地百姓广种薄收,从当地"烧一坡种一坡,收成不到一背箩"的民谚,可以体会出百姓民生之艰。2008 年以来,长顺县立足农业产业结构调整,把各种涉农项目资金及资源、人力进行有机整合,捆绑使用,形成积聚效应,使有限的资金发挥最大效益,初步建成威远—长寨—

---

① 资料来源:《贵州省草地畜牧业产业化扶贫规划 (2014—2020 年)》。

种获—广顺—马路—凯佐"果、猪、沼"生态农业、羊角屯—竹子托—摆所—中坝—营盘—睦化—代化—鼓扬—交麻—敦操喀斯特扶贫开发、白云山—广顺—马路—新寨现代烟草农业和威远—广顺农产品加工产业四条农业产业带，带动全县农业产业化发展。依托生态特色资源，瞄准红色苹果、黑色山羊、绿色鸡蛋、黄色生姜、白色蘑菇、金色烤烟、褐色核桃、紫色葡萄等，全力打造了"七彩农业"特色产业体系。

"长顺做法"的另外一个特点是，根据农业产业发展环境的变化，不断更新和调整发展思路，积极推进产业持续转型升级。长顺扶贫人积极总结经验，发现"七彩农业"给农民带来了实惠，也带来了一些问题。一是单打独斗的现象没有改变，农户经营规模过小，抵御市场风险的能力不足；二是没有形成长顺自己的品牌和特色的农产品，市场竞争力不足；三是"七彩农业"基本上是单一的种植养殖，对土地等资源的综合、高效利用不够，农业产业结构调整还需要进一步升级。为找到一条适应长顺县情的农业发展之路，长顺县先后投入500多万元，聘请省政策、经济、农业、扶贫、科技等方面的核心专家，编制完成了《长顺县2011—2015农业结构调整工作方案》《关于落实科学发展观推进农业产业化加快构建现代农业经济支撑体系的实施意见》《关于推进农业产业化进程的实施方案》《"185"工程建设的实施意见》《深圳·长顺"东西合作"生态高效农业产业化扶贫示范区规划》，并配套完成十多个"185"产业发展子规划、标准化规程、认证体系和质量检测体系，确定了以走现代山地立体生态高效农业的路子。目前，长顺县通过大力发展苹果、核桃、葡萄等水果种植，在林下养殖绿壳蛋鸡等，努力探索在有限的土地上以一业为主，实现多品种共生共赢、长短互补，最大限度地提高土地产出率，让农户稳定持续增收，既治理了水土流失，改善了生态环境，又发展了生态农业，增加了农民收入。土地贫瘠，生态脆弱，特殊的地理环境，使得长顺农业增收难点在山、希望在山、潜力在山。启动实施"185"工程以来，长顺县根据山区特点，开始因地制宜探索喀斯特地区"一业为主、多品共生、种养结合、以短养长"的发展路子。①

---

① 整理自杨正平、张明勇《长顺山地农业的前世今生》，《贵州日报》2014年4月22日。

"长顺做法"的积极意义体现在两个方面。其一，产业扶贫重在找准发展的路子。长顺受脆弱的生态环境影响，传统上广种薄收的籽实农业，效益低下，难以带动贫困人口增收。但转换思维，寻找适合地方特点的产业项目，通过循环农业、生态农业的方式，走多元发展的道路，取得了可喜的成就。其二，坚持农业产业结构调整，推动农业产业提档升级，从供给侧改革找办法，提升农业产业的市场竞争力，才能够始终把握住市场，为农业产业的可持续发展注入活力。

以上对贵州产业扶贫经验的介绍，仅仅是管中窥豹。事实上，贵州产业扶贫的历程，充分证明了产业扶贫不是孤立的政策专项，而要着眼于农业产业发展宏观政策环境、市场环境的变化，结合地方实际，因地制宜地、实时跟进地优化相关政策。通过科学谋划，不断创新，产业扶贫可以走一条兼具经济价值、生态价值、社会价值和文化价值的新型道路。

二 迈向新型产业扶贫体系的探索

产业扶贫是增强贫困地区、贫困人口自我发展能力的基本政策模式。以产业发展带动贫困人口增收，是产业扶贫的基本思想。历史地看，随着宏观农村经济发展形势的变动以及农村社会形态的变迁，产业扶贫工作的领域不断拓宽，内涵不断丰富。新时期，为了应对农业产业发展的内外部环境的显著变化，完成全面建成小康社会背景下的脱贫攻坚任务，贵州省积极创新产业扶贫的体制机制，着力构建新型产业扶贫体系，指导和推动新时期产业扶贫工作的开展。

目前，在贵州扶贫开发领域，各级部门始终坚持"扶产业就是扶根本"的理论和实践自觉，着力通过做好产业扶贫工作，推动贫困村和贫困农户走上经济内生增长、自主脱贫致富的可持续发展道路。总体来看，贵州省在探索新时期新型产业扶贫工作体系方面，形成了一些新的做法和宝贵经验，主要有以下六个方面的特征。其一，整体谋划，以农业产业结构调整的战略思维布局产业扶贫工作的开展。鼓励各个县立足自身的资源禀赋、产业基础和市场需求，因地制宜选择发展产业，宜工则工、宜农则农、宜商则商、宜游则游，通过建立和完善社会利益联结机制，让贫困群众在产业结构调整中分到"一杯羹"。其二，积极融合现代农业发展的新理念、新技术和新方法，促进产业转型升级。贵州在对既有产业的升级改造中，按照"三产融合"的思路，对传统农业产业按照"接二连三"的要求，大力发展农产品加工业，打造从生产到加工、包装、储运、销售、服务的扶贫产业链条。其三，立足生态优势，着力培育绿色产业。尤其侧重充分发挥贵州"公园省"的全域旅游资源优势，紧密结合贫困乡村资源特点，培育了一批生态游、乡村游、观光游、休闲游、农业体验游、保健养生游等业态产品，丰富旅游生态和人文内涵，带动贫困群众"靠山吃山"、"靠水吃水"、增收受益。其四，在产业化平台建设方面，大力推动组织形式创新。贵州省提出了"三个十工程"的产业发展构想，其中一项就是每年支持十个扶贫产业园，使园区成为扶贫开发主平台、主载体、主战场。其五，积极构建和完善社会利益联结机制，保障产业发展对贫困村和贫困人口的带动效应。各县积极推进农业大户、农业公司、农民专业合作社等新型经营主体建设，多重措施并举为扶贫产业发展创造条件、筑牢基础。特别值得一提的是，六盘水市形成了资源变股权、资金变股金、农民变股民的"三变"改革经验，对于探索股份合作制扶贫新模式具有重要的借鉴意义。其六，打好市场牌，增强农业产业的市场竞争力，畅通农产品流通渠道。贵州在产业扶贫工作中特别注重提高销售的组织化程度。有关部门积极采取有力的措施，抢抓国务院扶贫办电商扶贫工程落地生根，积极探索"大数据 + 现代山地特色高效农业 + 旅游业"融合发展的农村电商路子，畅通"黔货出山"和"网货下乡"的双向通道，使电商扶贫成为贵州省扶贫开发的"新引擎"。

第二节　贵州省构建新型产业扶贫体系的做法与经验

新时期，贵州省立足省情，结合农业产业发展内外部环境的变化和精准扶贫、精准脱贫的总体要求，着力探索新型的产业扶贫体系。接下来，我们将从产业扶贫政策体系设计和地方实践两个层面，介绍贵州在创新产业扶贫工作机制，构建新型产业扶贫体系方面的一些探索和经验。

一　新型产业扶贫体系的总体设计

贵州省新型产业扶贫体系的突出特点是强调产业的有效性、安全性和益贫性。从有效性方面讲，产业扶贫项目的安排和扶持要强调精准发力，即项目的选择要能够找准市场定位，要能够契合地方特点，要能够兼顾经济效益和生态效益，要通过延长产业链、三产融合等方面增加产业利润空间，同时还要从品牌建设、市场拓展等全方面着力，提升产业的效能。从安全性来讲，农业是弱质产业，容易受自然风险、市场风险和技术风险的影响，而产业的衰败很可能意味着既往的投入付诸东流，农民的利益跟着受损。因此，新型产业扶贫体系注重风险防范和补偿机制的建设，通过品牌建设、技术支持、保险分担，将产业的风险尤其是贫困农户面临的风险降到最低。从益贫性的角度来讲，产业扶贫的出发点和落脚点都是贫困人口可持续增收以及自我发展能力的提升，过去的实践中常有"扶了产业、富了大户，却扶不了贫"的问题，因而，按照精准扶贫的工作要求，探索社会利益联结机制，增强贫困村集体经济和贫困户从产业发展红利中分享收益的能力，对于产业扶贫项目的成效体现至关重要。

贵州省在扶贫开发政策"二次顶层设计"的过程中，充分体现了新型产业扶贫体系建设的思想。2014 年初，在落实中办发〔2013〕25 号文件的过程中，贵州省按照中央政策精神，结合省情，进一步明确了"扶产业就是扶根本"的观点。提出要"正确处理好生态环境保护与发展的关系，守住发展和生态两条底线，突出抓好山地特色农业，强力推进扶贫攻坚'三个十工程'，着力发展环境友好型、生态友好型产业，加快传统产业生态化、特色产业规模化、新型产业高端化的进程。"① 继而，2015 年，贵州省委、省政府又出台了《关于坚决打赢扶贫攻坚战确保同步全面建成小康社会的决定》，与决定同时颁布实施的还有《关于扶持生产和就业推进精准扶贫的实施意见》《关于进一步加大扶贫生态移民力度推进精准扶贫的实施意

---

① 中共贵州省委办公厅、贵州省人民政府办公厅：《关于改革创新扶贫开发工作的实施意见》。

见》《关于进一步加强农村贫困学生资助推进教育精准扶贫的实施方案》《关于提高农村贫困人口医疗救助保障水平推进精准扶贫的实施方案》《关于全面做好金融服务推进精准扶贫的实施意见》《关于开展社会保障兜底推进精准扶贫的实施意见》《关于进一步动员社会力量对贫困村实行包干扶贫的实施方案》《关于加快少数民族特困地区和人口数量较少民族发展推进精准扶贫的实施意见》《关于充分发挥各级党组织战斗堡垒作用和共产党员先锋模范作用推进精准扶贫的实施意见》《贵州省贫困县退出实施方案》等十个配套文件（以下简称"1+10"系列文件）。"1+10"系列文件系统部署了新阶段贵州精准扶贫工作如何开展，为各个县市的工作提供了重要的指引。接下来，我们将从文件中撷取与产业扶贫相关的内容，希望能够大致呈现贵州"新型产业扶贫体系"的政策框架。

总体而言，贵州"新型产业扶贫体系"的整体思路是：深入推进产业化扶贫，着力促进贫困人口创业就业，大力实施扶贫攻坚"三个十工程"，促进一、二、三产业融合发展，大力发展劳务经济，推动产业分类更科学、脱贫路径更精准、实现方式更具体，进一步提高产业和就业对贫困人口的扶持带动作用，加快脱贫致富奔小康步伐。[①]

具体而言，贵州"新型产业扶贫体系"包括如下几个层面的内容。（1）从全省农业经济发展的大视野出发，按照各地资源禀赋，结合市场需求，布局了"十大扶贫产业"。对既有优势产业，扩容提质、做大做强。鼓励各地结合自身资源禀赋，发展特色产业，力图打造具有鲜明贵州特色的"东油西薯、南药北茶、中部蔬菜、面上干果牛羊"扶贫产业布局。（2）破解制约产业扶贫工作开展的短板因素。强调通过财政扶贫资金调动社会力量投资扶贫产业，通过财政扶贫贴息，撬动银行资金，破解产业发展的资金短板。通过加强劳动力技术培训，按照培训跟着产业走的方式，破解产业发展的技术短板。通过强化品牌建设、市场开拓，以消费者需求、市场要求，谋划产业扶贫领域的项目安排、农业结构调整和扶贫产业供给侧改

---

① 中共贵州省委办公厅、贵州省人民政府办公厅：《关于扶持生产和就业推进精准扶贫的实施意见》。

革。(3) 突出社会利益联结机制建设。通过"三变""三金"等形式,盘活乡土社会的存量资源,增加贫困人口的资产性收益,壮大贫困村的集体经济。要之,贵州新型产业扶贫政策体系,从有效性、安全性和益贫性三个层面,回答了新时期全面建成小康社会背景下的脱贫攻坚战中,产业扶贫应如何布局谋篇的问题。

(一) 立足省情,缜密布局"三个十工程",大力发展现代山地特色高效农业

产业扶贫成效的好坏,根本上取决于是否能够选准项目。贵州在产业扶贫政策设计中,着眼于通过产业结构调整、传统农业产业转型升级的方式,大力发展现代山地特色高效农业。一方面,通过缜密布局农业产业发展远景,引导地方对既有的特色优势产业做大做强,形成有影响的品牌。另一方面,在落实"四到县"的过程中,下放项目审批权限到县,为县一级扶贫开发工作中,因地制宜、结合贫困村和贫困农户真实需求,安排产业扶贫项目提供政策空间。此外,尤其值得一提的是,在推动农业产业发展过程中,贵州能始终以新发展理念的要求,从项目审批环节就掌握好产业项目的经济效益、生态效益和减贫效益并重,让创新发展、绿色发展、开放发展、协调发展、共享发展的思想落地生根。

贵州省在产业扶贫工作领域创造性地提出了"三个十工程",成为推动产业扶贫工作的有力抓手。包括突出区域布局,抓产业集聚,打造"十大扶贫攻坚示范县";加强品种、品质、品牌提升,打造"十大扶贫特色优势产业";抓销售促生产,抓基地促加工,打造"十大扶贫产业园区"。

其一,"十大扶贫特色优势产业"的提出是根据贵州省农业产业发展的优势,在全省层面统一布局,各个县市按照规划统一申报、竞争入围。截至 2015 年初,累计投入 12.28 亿元财政扶贫资金,新增发展核桃 150 万亩,茶叶 8 万亩,中药材 30 万亩,特色蔬菜 267.45 万亩,精品水果 12 万亩,马铃薯 16.6 万亩,新建油茶林 10.53 万亩、改造低产油茶林 5 万亩,草地生态畜牧产业投放畜禽 26 万只羊单位、人工种草 8.37 万亩、建圈舍 53.13 万平方米,打造及命名 5 个省级乡村旅游扶贫重点县和 10 个乡村旅游产业扶贫示范点。在推动产业规模扩展的同时,贵州省立足品牌建设,培育产业的市场竞争力，目前，"十大产业"中已经逐渐形成几个在全国市场中有影响的"黔货品牌"。

其二，贵州每年扶持"十大扶贫攻坚示范县"，按照竞争入围的办法，对入选贫困县每年安排超过 8000 万元的财政扶贫资金，按突出重点、打造亮点、区域推进示范带动的要求，重点打造 2~3 个产业，深入推进"四在农家·六个小康"基础设施建设工程和扶贫对象素质提升计划，同时整合其他资源，探索项目资金引导产业发展、实行贷款贴息、以奖代补等路子，实现整县推进、示范带动。示范县建设，为调动县一级工作积极性提供了有力的激励，各地按照自身特点，凝练产业发展思路，扎实推进各项工作，取得了较好的效果。

其三，每年推动"十大扶贫产业园区"建设。扶贫产业园区是产业扶贫工作领域中的重要模式创新。2013 年，贵州省委、省政府决定，按照"市场化运作、商品化生产、企业化管理"的要求，建设 100 个规划设计科学、产业特色鲜明、基础设施配套、生产要素集聚、科技含量较高、经营机制完善、产品商品化率高、综合效益显著的现代高效农业示范园区，使园区成为做大产业规模、提升产业水平、促进农民增收、推动经济发展和扶贫开发的"推进器"及"发动机"。贵州省扶贫办在落实省委、省政府决定的过程中，坚持以市场为导向，以效益为核心，以扶贫支柱产业和主导产品为主体、以规模基地建设为切入点，以科技为支撑、以开放和招商为主要手段、以龙头企业为带动、以农民为主力、以工业化的理念谋划和推进建设，目前，已经逐渐形成一批现代休闲观光农业扶贫示范区、乡村旅游扶贫示范区、坝区精致农业扶贫示范区、山地立体农业扶贫示范区、高山生态畜牧扶贫示范区。[1] 据相关统计，截至 2015 年底，全省扶贫产业园区实现产值 384.03 亿元，销售收入 278.67 亿元，入园企业 910 个（其中省级及以上龙头企业 136 个）；组建农民专业合作社 1165 个，社员 15.43 万人。[2]

---

① http://www.gzfp.gov.cn/Web86/dy.aspx? cid = 1498.

② 贵州省扶贫办：《贵州省扶贫开发工作情况汇报》，2016 年 1 月。

（二）尊重市场经济的规律，积极培育各类经营主体，营造良好政策环境

农业产业的快速高效发展，离不开市场主体的带动。贵州围绕着"三个十工程"的实施，积极参加各种招商引资活动和开展外出招商、以商招商、网上招商、定点招商等多种形式招商。按照"引导转化一批、扶持壮大一批、招商新进一批"的思路，积极引导辐射带动能力强的龙头企业到贫困地区投资兴业，经营并组织农民组建专业合作社，快速推进园区生产标准化、产业集群化、布局区域化发展。在培育市场主体的过程中，着力解决各类市场主体开展经营所面临的困难。例如，在金融支持方面，贵州省通过建立健全农村资源确权、价值评估、流转等抵押贷款的配套措施，支持金融机构扩大扶贫龙头企业授信额度，重点突破 1000 万~3000 万元的信贷瓶颈，重点支持贫困县体现资源优势、具有市场竞争力、扶贫带动效果好的优势产业和龙头企业。扶贫部门细化扶贫龙头企业的综合监测考评标准，将项目资金投向带动贫困农户增收致富成效突出的企业。允许金融机构开展"公司＋农户"综合授信，使公司和农户在产业扶贫中结成利益共同体。①

过去的产业扶贫工作中，市场存在有了好的产业项目，有了资金和政策的支持，但贫困农户由于技术能力限制，不能有效实施产业项目，而导致产业发展效果不佳的状况。贵州省在产业扶贫项目实施过程中，始终重视技术保障体系建设。一方面，积极推动科技专家、研究机构与地方、园区、企业合作，用农业科技为产业发展保驾护航，邀请专家深入项目县把脉支招，综合服务。围绕着产业扶贫项目的落实，组织《贵州肉羊养殖技术手册》《贵州肉牛养殖技术手册》《贵州家禽养殖技术手册》等技术指导手册的编印工作，让技术真正服务于产业。另一方面，组织技术人员进村入户，在科学养殖、畜禽良种、牧草种植、疫病防治、繁殖配种等关键技术方面对养殖户进行技术培训。围绕贵州"十大扶贫产业"，对有劳动意愿和能力的农村"建档立卡"贫困人口开展"雨露计划·农技培训"，扶贫部

---

① 《关于全面做好金融服务推进精准扶贫的实施意见》。

门给予每人补助 100 元。推行培训资金政策整合机制，加强扶贫部门与财政、教育、人保、农委等部门合作，整合资源，提高培训质量。规范培训工作程序，全面建立健全农村劳动力资源台账、产业园区企业用工需求台账及职业培训机构管理台账制度。督促产业园区企业与农村劳动力签订劳动合同、职业培训机构与产业园区企业签订定向培训合同，实现劳动用工、定向培训、资金来源及政策、就业培训绩效评估四项工作无缝对接。

我们在贫困地区调研，常听扶贫干部和农户抱怨，他们那里产品好，但只有产品却没有市场。毫无疑问，没有品牌，好货物无法卖出好价格，农产品的附加值极低。通过品牌建设，在消费者群体中树立"黔货"形象，提高品牌认同感、忠诚度，是提升产业市场竞争力的重要抓手。贵州农业的特色在山，优势在山。近年来，立足立体气候明显、生物资源多样、生态环境良好的山地资源优势，贵州大力发展现代山地特色高效农业，加快建设无公害绿色有机农产品大省，带动农业转型升级、农村加快发展和农民就业增收，成为全省经济社会发展新的增长极。以茶叶产业为例，茶产业是贵州十大产业之一，但以前贵州由于自有茶叶品牌建设滞后，优质的茶青被江浙商人廉价收购，贴牌后转手就能在市场中卖上好价钱，而贵州的产茶县、茶农却收益微薄。2014 年，贵州省人民政府办公厅印发了《贵州省茶产业提升三年行动计划（2014—2016 年）》，强调通过重点品牌引领、公共品牌跟进方式，促进企业集聚，构建黔茶品牌系列。大力实施"基地品牌化、企业品牌化、产品品牌化"三位一体品牌战略，鼓励支持和引导龙头企业通过兼并重组、市场融资、连锁加盟等方式组建茶叶生产、加工、销售集团，做大做强品牌企业。经过持续努力，贵州逐渐形成"都匀毛尖""湄潭翠芽""绿宝石""遵义红"（简称"三绿一红"）为重点品牌，"梵净山茶""凤冈锌硒茶""石阡苔茶""瀑布毛峰"等为特色品牌的体系。并且，品牌建设的红利也逐渐惠及贫困地区和贫困人口，一些产茶贫困县，一方面，依靠地方特色品牌保持对当地消费市场的占有率；另一方面，通过"品牌加盟""借船出海"的方式积极拓展国内、国外市场，有效提升了茶青下树率和茶产品附加值。

（三）紧跟农业产业发展前沿，对新理念、新技术、新方法保持开放态度

近年来，农业现代化领域出现了很多新技术和新业态，为农业产业化发展提供了新的思路和新的方法。贵州产业扶贫工作开展过程中，始终坚持开放、创新的理念，对农业产业化发展领域的新思路、新方法保持足够的敏感，并迅速研究制定相关政策，助力产业扶贫工作高效发展。例如，随着农产品消费市场的变动和现代人闲暇消费的增长，农业产业发展领域出现了三产融合的趋势，通过将产业链、价值链等现代产业组织方式引入农业发展领域，通过农业产业结构调整，可以充分调动贫困地区的农业生产要素，丰富产品门类，延长生产业链条，进而提高产业的综合效益。贵州省在产业扶贫工作中，提出了"接二连三"的思路，通过大力发展农产品加工业，打造从生产到加工、包装、储运、销售、服务的扶贫产业链条。充分发挥贵州"公园省"的全域旅游资源优势，紧密结合贫困乡村资源特点，培育一批生态游、乡村游、观光游、休闲游、农业体验游、保健养生游等业态产品，丰富旅游生态和人文内涵，让贫困群众"靠山吃山"、"靠水吃水"、增收受益。[①] 围绕旅游产业带动贫困人口脱贫，省扶贫办、省委政策研究室、省旅游局联合提出了《关于大力实施乡村旅游扶贫倍增计划的意见》，意见对加强乡村旅游发展，促进三产融合，带动贫困人口增收，提供了思路和方法。再比如，随着网络基础设施在农村领域的普及，"互联网＋农业"为缩短生产与消费之间的鸿沟提供了便捷的途径，电商扶贫也逐渐成为政府专项扶贫工作的重要形式，贵州省电商扶贫工程是全省农村贫困地区经济社会发展弯道取直、后发赶超的战略选择，依托独特的山地农业资源、丰富的乡村旅游资源和大数据产业优势，打造"大数据＋现代山地特色农业＋乡村旅游"的贵州电商扶贫模式，以电商购销对接广大市场，突破贫困地区本地市场狭小、资源匮乏的条件制约，推动"黔货出山"，解决"难卖贱卖"的问题。改善农村商贸流通环境，畅通消费品下乡渠道，解决"买难买贵"的问题。通过电商扶贫，引领群众脱贫致富，探

---

① 陈敏尔：《深入贯彻落实习近平总书记的重要讲话精神坚决打赢科学治贫精准扶贫有效脱贫攻坚战》，2015 年 10 月 18 日。

索扶贫开发新路。① 第一期启动了惠水、务川、册亨、江口、正安、印江、施秉、松桃、碧江、兴仁共 10 个试点县，实践来看，电商扶贫对贫困地区产业发展和贫困人口增收起到了积极的作用。

*   *   *

<h3 style="text-align:center">专栏三　印江昔蒲村电商扶贫</h3>

印江朗溪镇昔蒲村，位于县城东部，距离县城 12 公里，全村 10 个组 485 户 1991 人，其中贫困人口 81 户 245 人，贫困发生率 12.3%。该村属于典型的喀斯特山区，生态脆弱，石漠化比例达到 80%。"开荒开到天，种地种到边；春耕一大坡，秋收一小箩"是昔蒲村昔日的真实写照。近年来，昔蒲村以农业产业结构调整为主线，以实施品种、品质、品牌"三品"战略为重点，按照"坡坡花果山、田田蔬菜园、户户农家乐、人人奔小康"的思路，打造绿色经济。全村现有果园 2200 亩，其中 2010 年以来投入各类财政扶贫资金 150 余万元，发展精品水果 1600 亩，并成功在国家工商总局申请注册了"梵净山红香柚""梵净山金香橘""梵净山保健柑"三个专利商标。

产业发展起来了，但一时间销售又成了难题，到了收获季节，每年都有近百吨的水果滞销，导致农户发展信心受挫。为破解销售瓶颈，村支两委抢抓"淘宝进村"的契机，将特色产品在网上销售，搭上互联网快车，实现了"网货到村、农货进城"，拓宽了销售渠道。通过与贫困户签订网上代销协议，帮助贫困人口销售滞销水果，人均增收约 900 元。

资料来源：朗溪镇人民政府：《朗溪镇昔蒲村电商扶贫工作简介》，2015 年 10 月。

（四）强化社会利益联结机制，确保产业扶贫项目对贫困人口的带动能力

近年来，各地积极探索创新产业化扶贫利益联结机制和模式，采取各种形式进行试点示范，取得了可喜的成效，但是，由于利益联结机制不健全、不规范，一些机制和模式存在不同程度的不足，产业扶贫的益贫性不

---

① 《贵州省电商扶贫试点绩效考评办法（试行）》。

足，是亟待纠正的现象。如假借贫困户名义而贫困户不受益，使用扶贫资金不承担相应的扶贫责任义务，弄虚作假套取扶贫资金等。因此，必须认真总结推广产业化扶贫利益联结机制的成功经验，解决存在问题，强化市场主体与贫困农户利益的硬约束，积极扶持真扶贫、扶真贫、做实事、见实效的龙头企业、合作社、专业大户，规范相关行为和标准，严格监督管理，使政府的扶贫意志真正转化为各类市场主体的实际扶贫行动，有效避免和杜绝"脱靶、脱轨、跑调"等现象。[①]

　　贵州省按照精准扶贫的要求，突出产业扶贫的效益到户、带动到人，强调用好财政扶贫资金、金融扶贫政策等，突出利益联结机制，将扶龙头与扶农户对接，形成"政府扶龙头—龙头建基地—基地连农户"的产业化扶贫体系，推动市场主体和贫困农户双赢。按照省扶贫办的政策部署，各地涌现出一批成效明显的产业扶贫社会利益联结模式。如六盘水市出台了《资源变股权、资金变股金、农民变股民指导意见》，扶贫产业园总结形成农民自主权提升的"三变"扶贫模式，得以在全省推广。平塘白龙扶贫示范园区产业采取"公司＋基地＋农户"的精准运行模式，利用土地入股，参与实施和管理，收取利益分成，实现助农增收。赫章县平山休闲农业园区"向山要地建梯田，反租倒包促增收"，形成贫困农户参与率较高的整乡推进园区建设模式。

＊　　＊　　＊

专栏四　社会利益联结的六种模式

（一）龙头企业＋合作社＋基地＋农户

　　主要运作方式："龙头带动，统分结合，兜底销售，二次返利"；"直补到户，折资入股，合作自愿，入股分红，退股还本"；"良种引领，三级经营，联户养殖，统分结合，全产业链推进"；"以场带户，流转荒山，统筹种草，打工培训，订单种养"；"国土整治，公司建园，先建后补，农户分

[①] 《关于印发〈创新产业化扶贫利益联结机制的指导意见〉的通知》（黔政扶通〔2014〕15号文件）。

包，保护价收购"；"公司＋合作社＋分社＋微企＋农户"；"校企合一机构＋雨露计划培训＋回乡生产实践＋订单回收学员作品"等。农户第一次收益＝保护价定价收购＋龙头垫资发展得到的收益，农户第二次收益＝龙头经营利润返利；合股经营的，一次投入，滚动发展，永久分红。

（二）农业扶贫园区＋龙头企业＋合作社＋基地＋农户

主要运作方式："流转土地，集约经营，外引内联，先建后补"；"培训示范，反租倒包，龙头兜底，互利共赢"；"超市＋园区＋基地＋农户"等。以园区为平台，县乡政府统一流转土地并建设基础设施→招商引资龙头建示范基地→对各龙头所建基地及其设施实行先建后补。农户初期收益＝土地流转费＋工资，农户可持续收益＝经培训掌握技能的农户反租倒包生产经营的收益。

（三）乡村党政＋企业＋合作社＋基地＋农户

主要运作方式："村企合一，以债（资）转股，村民持股，市场运作，保本付息"；"分类施策，退保扶贫，激活内力，龙头带动"；"引智引资，整乡推进，全民培训，滚动发展"等。以村办企业为平台，争取支持和融资→将各类借（贷）款折成股份→村民自愿认股，以"三权"作为反担保，保本付息；对现有低保人员实行应保尽保、应退尽退，动员有劳力的退保人员参与扶贫项目开发，引进和培育龙头带动；招才引智带动招商引资，干部分片包干，实施全民培训，层层示范，滚动发展，整村整乡推进。

（四）农户互助合作

主要运作方式："建园→运营→出租（移交）"；"五统一分，联保互助，抱团出山"；"大户带小户，联户发展，合作分成"等。扶贫资金补贴农户建园（场）并管护到投产→出租或移交园（场）→有劳力的农户或流转土地的农户租赁经营进行分成；社员联保互助，有效争取贷款；大户流转土地建园→传授打工农户技术→农民带苗自建果园→以大带小合作分成→统分结合形成规模。

（五）技术部门＋乡镇（合作社＋协会）＋基地＋农户

主要运作方式："技术部门建设示范基地或农户以土地入股共建基地，统一规划、种草、销售，分户饲养、管理、核算"；"借母还（母）羔，利益分成，滚动发展"；"建设示范育苗中心，开展商品化育苗→扶贫资金补贴种苗→分户生产经营"等。

（六）政府＋银行＋企业＋合作社＋农户

主要运作方式："政府引导产业，企业申报贷款，专家银行评估，扶贫资金贴息，农企利益联结，企业承贷承还"；"四制一放大，政银共管，风险补偿"等。建立"四台一会"，县乡建立融资、担保、管理、公示四个平台，村建信用协会；实行申请贷款、偿还利息、借款义务"三统一"，借贷户以房产、林权、工资等反担保；政府、银行、产业部门协同推进，建立风险补偿金、贷款审核把关、联保责任、共管责任等制度；贷款实行三户联保，由合作社集中使用，封闭运行，统一偿还，金融部门发放贷款，扶贫资金给予贴息。

资料来源：《关于印发〈创新产业化扶贫利益联结机制的指导意见〉的通知》（黔政扶通〔2014〕15号文件）。

二　新型产业扶贫政策体系下的地方实践

贵州省缜密布局"二次顶层设计"，借助一揽子政策文件的组合拳，使基层产业扶贫工作取得实效，释放出了巨大的政策红利，同时搭建了新型产业扶贫体系的基本骨架。产业扶贫作为重要的国家专项扶贫政策模式，在落实环节，省级扶贫部门和县级政府与扶贫部门之间应形成合理的权责结构。一方面，县以下层级政府部门更为熟悉地方的资源禀赋、发展瓶颈因素，能够因地制宜地提出项目方案，回应贫困村和贫困农户的实际需求，通过"四到县"的管理体制，激活地方产业发展的活力；另一方面，省级扶贫部门的政策布局也至关重要，要为地方产业扶贫工作的开展提供强劲的政策支持和指导。从贵州新型产业扶贫体系之所以能够在实践中证明其生命力，诀窍恰在于很好地平衡了顶层设计与地方探索之间的分工体系。从调研来看，贵州产业扶贫经验的一大特点是：在良好的顶层布局下，各地能够结合地方实际，真正将政策资源投向最符合地方特点的发展项目。接下来，我们将借助两个地方案例来展现贵州新型产业扶贫体系在地方的实践。

（一）印江"扶贫产业园"建设经验

地处武陵山脉主峰、佛教名山梵净山西麓的印江土家族苗族自治县，是国家扶贫开发工作重点县，全县总人口44.5万人，其中建档立卡贫困人口9.17万人，贫困发生率达20.61%。全县13个乡镇365个行政村中，贫困村数量达203个。当地人多地少，山高坡陡，生态环境十分脆弱，长期以来由于基础设施欠账大，产业发展极度滞后，既有产业对贫困人口的带动能力也相对比较弱。印江县在扶贫开发过程中，始终坚持以产业扶贫为核心，以增强贫困村和贫困户的自我发展能力为根本，在产业发展过程中，加大资金整合力度，通过整合财政资金、带动银行贷款、撬动企业资金，逐渐形成了茶叶、食用菌、核桃等特色农业产业。"十二五"期间，印江县在实施扶贫开发过程中，始终坚持以产业发展为核心，以增强农村居民"造血"功能为根本，以增加贫困群众收入为目标，整合人、财、物等资源，大力发展新型工业、农业产业、文化旅游等特色产业。建设了3个省级农业产业扶贫园区（新寨生态茶叶产业扶贫示范园区、木黄食用菌现代高效农业示范园区、湄坨现代生态茶产业示范园区）。全县建成优质茶园基地35万亩，投产茶园18万亩，完成菌棒生产1.5亿棒及黑木耳接种、排场和管理，发展核桃19.28万亩，中药材种植10215亩。同时，大力发展乡村旅游、农家乐等。从2011年起在全县374个村居实施"农村居民增收致富行动计划"，县财政为每个村安排一定资金，用于发展茶叶、畜牧业、经果林等产业，使群众能在短期内实现增收，为该县实现"减贫摘帽"打下了坚实基础。①

印江新寨生态茶叶扶贫产业园区是按照贵州省扶贫开发"1+10"文件指导建设而成的扶贫产业园。建设过程中，按照现代农业示范园区建设标准，切实加大财政投入和项目争取力度，将扶贫、交通、水务、农业开发、国土等项目资金"打捆"，集中投入园区基础设施建设，并成立兴鑫投资公司、惠民担保公司作为园区融资平台，切实解决园区企业融资难题。通过

---

① 印江扶贫办：《关于报送"十二五"及2015年扶贫开发工作总结和"十三五"及2016年扶贫开发工作打算的报告》。

密集投入，园区水、电、路、讯、网等基础设施条件不断完善，生产设施、产业发展配套服务设施也逐渐完整和体系化。园区采取"公司＋专业合作社（协会）＋基地＋农户"的运作模式，统一技术标准、管理加工、市场销售。建设过程中，坚持用科技带动园区产业发展，通过加强与科研机构、高等院校技术合作，显著提高园区生产水平和产业效益。同时，将市场建设、品牌建设与园区建设有机结合，如将茶叶品牌建设与梵净山生态文化、长寿文化、佛教文化有机结合，"梵净山翠峰茶""梵净山绿茶"生产标准已作为贵州省地方标准发布，多次在国际、国内"茶博会"上获金奖，并入选"贵州五大名茶"。扶贫产业园建设突出了益贫性的特征，通过财政扶贫资金，撬动社会资金，带动银行资金，盘活地方资源，形成了企业和农户双赢的局面。贫困农户参与园区产业发展项目，不仅能够得到土地流转收益，还能够在园区务工，并从企业利润中获得分红。

印江木黄镇的食用菌现代高效农业示范园于2013年建立，以食用菌为主导产业，以关联产业速生菇木（菌材）繁育基地建设为辅，配套乡村旅游建设。园区建设坚持"以企业为核心，以农民为主体，以中介组织为纽带"的原则，采取"科研带园区、园区带企业、企业带产业、产业带基地、基地带农户"的运行模式，集中生产、分散管理、统一销售，创新扶贫利益联结机制，有效带动当地农户通过发展食用菌产业实现脱贫致富。按照核心功能区、拓展功能区两个层面规划食用菌10000亩/1亿棒（核心区2000亩/2000万棒，示范与辐射8000亩/8000万棒）。2013年园区发展食用菌4000万棒，实现销售收入2.56亿元，实现利润1.44亿元，园区内农民人均纯收入7780元。2014年园区发展食用菌7120万棒，实现产值4.45亿元，利润2.3亿元。2015年全县发展食用菌8256万棒，实现产量6.6万吨，产值5.28亿元，实现利润2.8亿元。2015年园区企业及合作社采取土地入股和资金入股等方式，结合精准扶贫在涉及的9个乡镇60个村5500余户25000多农民群众中，采取结对帮扶的方式，带动建档立卡贫困户4130余户群众参与食用菌产业发展，户均种植1.5万棒，参与发展农户户均收入5万元以上，有效促进了农业增效、农民增收。

（二）六盘水"三变"经验

六盘水市地处贵州西部乌蒙山区腹地，辖 4 个县级行政区，总面积 9965 平方公里，总人口 328 万。三线建设时期，六盘水市工业经济基础逐渐形成，煤炭、电力、钢材成为当地工业经济的支柱，但工业经济的带动和辐射面十分有限，农业人口比重依然超过 70%。六盘水市是一座没有平原的城市，喀斯特地貌突出，耕地破碎，生态脆弱，石漠化面积占全市面积的 32%，有耕地 463.46 万亩，其中 25°以上坡耕地占 47%，25°以上坡耕地中基本农田占 85.7%，水土流失面积占全市面积的 52%，荒山荒坡面积达 27.39 万亩。长期以来，当地农业经济仍处于传统经济形态，农业结构以种植玉米、土豆、水稻为主，农业总产值占 GDP 的 11.7%，城镇化率仅为 44.5%，低于全国 10.27 个百分点，截至 2014 年，当地贫困人口仍有 46 万人，占农村总人口的 18%，贫困发生率高达 17.91%。总体而言，六盘水市城乡二元结构十分显著。

在推进产业扶贫的过程中，六盘水市形成了独特的"三变"经验，探索出一条通过农业产业改革、农业经营体制转换，促进农业经济发展，带动贫困人口脱贫致富的路子。大致而言，主要做法包括三个方面。

1. 推进资源变股权，让沉睡的资源活起来

农村发展困难，主要原因在于农村集体经济组织主体不明晰、产权归属不清、要素聚集不强、效益发挥不好，农民资产确权滞后、土地利用率低、经营性收入少。针对这些问题，六盘水市从推进农村产权制度改革入手，整合农村土地资源、森林资源、劳动力资源、旅游文化资源等，采取存量折股、增量配股、土地入股等多种形式，推动农村资产股份化、土地股权化，盘活各种资源要素，形成资源叠加效应，提高资源的利用率。一是开展确权颁证。通过组织动员、调查测绘、方案议决、结果公示等程序，推动农村集体土地所有权、集体建设用地使用权、宅基地使用权、土地承包经营权、林权、房屋所有权等资产确权登记颁证工作。二是推进股份制运作。在遵循市场经济规律的前提下，通过对农村资源核查清理、登记备案、资源评估等程序，对农村可经营性资产进行量化，通过协议的方式，将农村资源转变为企业、合作社或其他经济组织的股权，探索出了土地承包经营权股权化、集体资产股份化、农村资源资本化的发展模式，有效盘活农村闲置资源，多渠道增加农民收入。三是搭建交易平台。我们坚持政府引导与市场运作相结合，建立了市、县、乡、村四级流转服务体系，将农村土地、房屋、集体经济组织股权、增减挂钩项目指标等产权纳入交易范围，搭建起社会资本进入农村、农村资源向资本转变的制度性平台，逐步形成城乡一体、开放规范的农村产权流转市场，促进城乡要素自由流动，推动城乡统筹发展。

2. 推进资金变股金，让分散的资金聚起来

推动农村加快发展，离不开大量的资金支持，但是，如何把资金整合起来，用在刀刃上、投在关键处、发挥最大效益，是我们面临而且必须解决的重大课题。近年来，各级财政投入到农村的各项资金基本上是一次性投入、一次性使用，且点多面广，资金投入分散，作用发挥不明显。针对这些问题，我们采取集中投入、产业带动、社会参与、农民受益的方式，使分散的资金聚集起来，实现资金使用的效益最大化，推动农村加快发展。一是强化财政资金的杠杆作用。我们在坚持不改变资金使用性质及用途的前提下，将财政投入到村的发展类资金（除补贴类、救济类、应急类外），原则上转变为村集体和农民持有的资金，投入到企业、合作社或其他经济组织，形成村集体和农民持有的股金，村集体和农民按股比分享收益。同时，明确村民委员会以及村集体领办、创办或控股的企业、农民合作社作为各级财政投入到村的发展类资金承接主体，可以独立发展，也可以将资金投资到企业、合作社或其他经济组织，实行市场化运作，撬动更多社会资本投入农村经济发展。二是强化产业的带动作用。我们坚持生态产业化、产业生态化的思路，围绕实现生态价值、经济价值、社会价值、旅游价值最大化目标，采取财政投入、社会投入、农民入股等方式，大力发展山地特色农业。三是强化利益分配的导向作用。我们坚持股权平等、风险共担、利益共享的原则，一般按照企业占55%、村集体占5%、农民占40%的分配模式，建立完善企业、村集体、农民利益分配机制。

3. 推进农民变股民，让农民群众富起来

农民增收难，难就难在长期以来农民财产性收入和工资性收入低，难

就难在传统种植面积大、产出低。要破解这些难题，必须坚持规模化、产业化、市场化发展，把生态做成产业、把产业做成生态，让农民从传统农业中解放出来，让资金在市场中流动起来，提高农民在土地增值收益中的分配比例，实现增收致富。一是通过土地流转入股增加农民收入。积极推进农村土地资源向园区、产业集中，通过土地流转和入股，使土地资源转化为农民股权和股金，让农民在收取租金和参与企业分红中实现股权收益。在土地流转中，一般按照每亩每年400～700元不等支付农民租金，在3～5年的过渡期内，按照每亩每年增加5%～10%的比例提高租金，经过5年左右的时间进入盛产期后，每亩每年按20%左右的比例递增租金，在10年内最高达到每亩每年1000元，确保农民通过稳定的土地流转费增加收入。二是通过资金入股分红增加农民收入。村集体和农民将财政产业扶持资金、劳动力技术、集体和个人资产通过评估折价入股，按照占有股份参与企业分红。为降低农民风险，在具体工作中，要求企业与农民签订协议，如出现市场风险，由企业按照保底价收购农产品，确保农民利益得到保护。三是通过创业就业增加农民收入。坚持把农业园区、龙头企业、农民专业合作社作为农民群众创业就业的平台，一方面鼓励农民通过资金入股参与分红，另一方面组织农民就近就地务工，参与农业管理经营，根据劳动实际量按每天50～100元不等支付工资，增加农民工资性收入。2014年，全市共20余万农民通过创业就业，人均工资收入达5000元以上，成为真正的产业工人。[①]

第三节　总结与启示

实践证明，产业扶贫是带动贫困农村、贫困人口脱贫增收的有效政策模式。按照"五个一批"的要求，在全面建成小康社会背景下的脱贫攻坚过程中，要通过产业发展的方式带动3000万贫困人口脱贫。然而，必

① 六盘水市委办：《一次农村改革的深度探索——贵州省六盘水市推进农村资源变股权、资金变股金、农民变股民的做法及成效》，2015年3月。

须承认，随着农业发展内外部环境的变迁，以及减贫形势的变动，唯有借助体制机制不断地创新，才能够真正发挥这一政策模式的效能。贵州产业扶贫的经验，或可为我们思考新时期产业扶贫政策构建的方向提供有益的参照。

一　以新时期农业发展的大视野看待产业扶贫政策设计

睽诸历史，中国农村改革过程中，农业产业化发展理念的提出及其实践，还是一个比较晚近的新生事物。改革之初，在以家庭联产承包责任制为支撑的"家户经济"形态下，市场经济在农村领域发展并不充分，很多贫困地区的农业生产依旧停留在自然经济形态。小平同志南方谈话及党的十四大，为市场经济发展注入了活力，农村产业经济从无到有，逐渐出现了一些新的农业经营主体和农业经营形式，产业发展在扶贫开发领域中也初步展现出潜能。新千年以来，随着国内农产品市场日渐成熟以及与国际农产品市场的联系加深，农业产业化进入快速发展的阶段，三产融合发展等新的产业组织模式、"互联网＋"等新的技术方法在农业产业化领域得以应用和转化。

产业扶贫作为政府扶贫工作的专项模式，既要遵循农业产业发展的内在规律，顺应农业发展的历史潮流，又要体现精准扶贫、精准脱贫的政策要求。一方面，近些年来，农业产业结构调整、供给侧改革成为农村经济发展的大势所趋，通过产业的方式，盘活存留在乡土社会的优质资源，将贫困地区的土地、劳动力等生产要素活力充分激发，培育市场主体，运用市场经济的方法促进农村经济的繁荣；另一方面，要始终坚持产业发展的同时有效带动建档立卡贫困人口脱贫致富和自我发展能力提升。这就要求在产业扶贫工作开展过程中，辩证地看待产业发展和扶持到户的问题，将区域发展与精准扶贫有机结合起来。从贵州产业扶贫工作推进经验来看，持续的理念方法转换、体制机制创新，是产业扶贫项目能够取得实绩的源头活水。贵州在产业扶贫政策的二次顶层设计中，积极借鉴国内外农业产业化发展领域的智力成果和实践经验，鼓励各县市探索符合地方实际的山地农业现代化道路。将产业扶贫工作视为一项系统工程，缜密布局项目选择、平台建设、保障体系、市场拓展等关键环节，为各地产业扶贫工作开展提供了充分的政策空间。尤其是贵州省"扶贫产业园"建设的经验，充分体现了上述思维。

二 抓住"六个关键点"提升产业扶贫项目有效性和安全性

从过去的经验来看，在一些地方，产业扶贫项目的成活率并不好，或者产业的效益并不好。这种状况不仅浪费了国家宝贵的政策资源，也使得贫困农户的利益得不到保障与实现，进而导致贫困农户对政府项目的信任下降，国家与农民关系紧张。从贵州的经验来看，产业扶贫项目的有效性和安全性，要抓住六个关键点。其一，选准项目。项目的设计必须根据地方的资源禀赋，因地制宜地找准发展路子，尤其要尊重贫困农户的意愿和首创精神。如果以行政思维代替发展思维，以同质化的发展模式"逼民致富"，效果往往并不理想。特别是，新阶段贫困人口主要分布在自然地理条件复杂，经济社会文化多元的"连片特困地区"，项目的选择更要立足地方特色优势资源，同时兼顾项目的生态效益，留住绿水青山的同时，抓住金山银山。其二，搭建平台。产业扶贫是一项综合性的系统工程，仅仅依靠某个部门、某个行业的力量是十分有限的。通过平台建设，整合政府资源、动员社会力量、撬动金融资本就能够最大限度地放大资本量，进而通过基础设施建设、基本生产设施配置为产业发展提供强劲有力的支持。从贵州产业扶贫园区建设的经验，可见一斑。其三，培育主体。当前，分散的家户经营形态和大规模市场体系之间的矛盾依然是制约农业产业发展的主要因素。通过政策支持、金融支持，引进和培育多元的市场主体，能够集聚资源，实现规模化发展，也更有利于产业技术水平的提升和交易成本的降低，进而有利于产业市场竞争力的培养。其四，技术支持。现代农业产业是建立在农业科技体系的保障基础之上的，在贫困地区开展产业扶贫项目，尤其应注重技术支持体系的建设，通过院地合作等形式，将先进的种植技术、生产技术、管理技术引入产业发展项目，以科学技术支撑产业扶贫项目的发展。同时着力于农户的能力建设，通过技术培训，服务贫困农户自我发展能力提升，提升其参与产业扶贫项目的能力，进而带动其脱贫收入。

其五，模式创新。近年来，农业产业发展领域新业态、新技术、新方法不断出现，在产业扶贫项目中，借助这些新的理念和方法，改造传统产业，助力农业产业供给侧改革，将为产业的快速发展提供有力保障。例如通过三产融合的方式，对传统产业提质、扩容，延伸产业链条，可以有效扩大产业的盈利能力和就业吸纳能力。再如，"互联网＋农业"的方法，为贫困地区产业扶贫项目的开展提供了拉平市场鸿沟的宝贵机遇。其六，品牌建设。随着农产品市场体系不断成熟，产业的竞争越来越成为品牌的竞争，通过品牌建设不仅能够提升农产品的附加值，也能够培育稳定的消费者群体。从优势视角来看，贫困地区的一些特色产品、特色资源、生态优势，可以通过品牌化的管理和运作，为农业产业消费市场提供有竞争力的产品。尤其是随着消费理念的变化，绿色、有机消费逐渐兴起，通过品牌建设带动农业产业的转型升级，通过认证体系，改造传统产业园区，将有利于产业自身的成长和贫困农户的稳定增收。

三　建立社会利益联结机制，提升产业扶贫项目益贫性

小康不小康，关键看老乡。产业扶贫，通过产业化发展的运作模式，盘活特色优势资源，优化土地、资本、劳动力等生产要素配置，并立足全产业链打造，提升农业生产的效益，从而带动贫困农户脱贫增收。作为政府重要的专项扶贫工作模式，发展产业是关键，带动脱贫是根本。换言之，判断一个产业扶贫项目成效好坏的根本尺度，在于其是否对贫困人口可持续增收能力的带动，以及对贫困人口自我发展能力的提升。借助科学技术推广、组织管理模式更新和市场空间拓展，产业化农业能够产生巨大的发展红利。扩大贫困社区、贫困人口对发展红利的分享，是产业扶贫工作的基本出发点和落脚点。新时期，按照精准扶贫的总要求，各地通过建档立卡，逐步摸清了贫困人口的底数，掌握了制约贫困地区脱贫致富的瓶颈因素，这些工作将更有利于扶贫开发工作的精细化。就产业扶贫工作开展而言，在坚持分类扶持的原则下，对那些有脱贫愿望、有劳动能力的贫困人口，应结合实际，因地制宜地找准发展路子，让贫困人口更有效地参与到产业发展的过程中，成为发展的参与者和发展成果的分享者。

从过去的经验来看，产业扶贫在各地都涌现出值得借鉴的模式，但总体而言，实践过程中，也存在一些值得注意的问题，集中体现在两种极端的取向。其一，一些地方产业扶贫工作开展过程中，重产业多过重扶贫，"扶龙头"多过"扶农户"成为普遍的现象。其二，缺乏辩证思维、系统思维，将产业扶贫的政策资源分散安排，表面上实现了到村到户，但由于难以实现规模效应，实际效果并不理想。贵州产业扶贫经验的可贵之处恰在于，辩证看待发展与共享之间的关系，将产业发展和农民脱贫有机地统一在同一过程中。而其中的关键则在于社会利益联结机制的制度安排。20世纪70年代末的家庭联产承包责任制改革，使得农业经营重新回到家户经济的形态，毋庸置疑，在改革之初，这场农业领域的产权改革很好地调动了农民的生产积极性，极大地提升了农业领域的生产效率。但必须承认，在农业产业化的过程中，面对资本化、组织化农业产业主体的强势力量，分散、松散的农民很难有效实现以产权为基础的收益。贵州顺应农村发展的潮流，探索出"三变"的农业经营体制改革路径，为处理好产业与农户、资本与农民之间的关系提供了范例。农民可以通过土地入股、资本入股的方式，分享产业发展的红利，政府的财政扶贫资金、扶贫贴息贷款，可以创新使用形式，集中使用，有利于产业发展的同时，也能够更为有效地带动贫困农户脱贫增收。

四 明确角色边界，运用好政府、市场和社会三种机制

无论从理论研究，还是从实际工作来看，产业扶贫工作的有序开展，需要运用好政府、市场和社会三种机制。

用好政府机制，主要是指政府部门应负责顶层设计、资源整合、教育培训、基础设施、协调服务、营造环境、保护贫困户权益等。首先，一个地方产业发展、产业扶贫工作开展，离不开政府良好的顶层设计。产业发展，规划先行，在规划制定的过程中，充分考虑地方农业产业发展的基础、约束和路径，找准有利发展、有利生态、有利减贫的路子，尊重贫困村和贫困农户的发展意愿。同时，通过规划来整合财政、企业、银行各种资源，将各个行业、各个部门的政策、资金，统筹安排，形成合力，为产业发展

提供必需的基础设施、生产服务设施和公共服务。其次，政府工作要做好公共产品供给、服务和监督。在项目开展中协调各种关系，为企业营造良好的经营环境，帮助企业与贫困社区和贫困农户建立良好的关系。通过委托、承包、采购等方式，借助企业包干完成减贫任务，要加强指导和监督。最后，政府要建立好社会利益联结机制，保护好、实现好、发展好贫困村和贫困农户的权益。产业发展的过程中，要处理好产业增效与农民增收的关系，处理好市场主体发展与贫困户利益的关系。通过利益联结机制明确市场主体与贫困村、贫困户之间的权责关系，保证相关合同能够落到实处。

用好市场机制，指的是尊重市场经济规律、尊重产业发展规律。政府做好服务，不缺位、不越位，让各类市场主体的专业性得以发挥。其一，各类市场主体、新型农业经营主体是推动农业产业化发展的基本力量。市场经济环境下，各类市场主体对于市场需求最为敏感，生产、加工、经营、管理等各项活动，市场主体更具专业性。政府在做好公共服务的同时，应尊重市场经济的内在规律，引导和帮助市场主体适应市场经济的环境，帮助其争取和整合各类资源协调各种关系，定好制度框架之后，让市场主体的活力得以展现。其二，尊重市场经济规律，用市场经济的办法，推动产业发展。产业是否能够做得好，市场说了算。过去的工作中，一些地方以行政思维替代市场经济思维，片面追求产业发展的规模、数量，而没有深入研究市场、研究产业发展的内在规律。用好市场机制，意味着政府不越位，不用行政指令干预市场主体的生产经营活动，而是立足于做好服务。

用好社会机制，指的是帮助加强基层组织建设、提升农民的组织化程度，建立良好的企业与农民关系，促进产业扶贫项目的包容性、参与度提升。产业扶贫项目的实施，离不开贫困村、贫困农户的广泛参与和积极支持。实践表明，企业是否能够处理好与贫困村、贫困农户的关系，直接关系企业的各项生产经营活动是否能够顺利开展。产业只有"嵌入"社区，将市场主体的利益，与贫困村、贫困人口的利益紧密结合在一起，才能够更好地节约交易成本，促进合作、共赢。由此可见，社区治理水平的高低，与产业项目的落地也存在着紧密的关联。将党建扶贫、第一书记、驻村工作队等相关工作与社区治理、产业扶贫结合起来，通过基层组织建设、合作社培育等形式，提升农民的组织化程度和参与化程度，帮助企业和社区、农户建立稳定、互信、互利的合作关系，对于产业扶贫项目的健康可持续发展同样至关重要。

第九章　实施易地扶贫搬迁

苏　海　覃志敏

　　易地扶贫搬迁是针对"一方水土养不起一方人"地区的贫困人口进行系统与整体搬迁的一种扶贫方式，是一种兼有消除贫困、发展经济、开发资源、保护生态环境和促进社会和谐多重效益的有效的制度性扶贫手段。新中国成立以来，中国在消除贫困方面做出了巨大的努力，也取得了突出成绩。中国农村扶贫模式也随着扶贫工作的开展与发展日臻成熟，各种扶贫模式得到了理论系统化的提升与实践的客观检验。易地扶贫搬迁模式作为一种行之有效的扶贫运作模式在整个扶贫体系中发挥着重要作用。贵州省作为全国"易地扶贫搬迁"的主要省区之一，在多年易地扶贫搬迁的过程之中，出台了相应的政策性文件，设置了具有针对性和实践性的搬迁方式，积累了很多经验，值得总结和推广。

第一节　贵州易地扶贫搬迁的政策历程

一　国家易地扶贫搬迁的政策演变

　　作为一种政府主导性的扶贫模式，易地扶贫搬迁一直贯穿在各个扶贫阶段，并不断有新的突破。《国家八七扶贫攻坚计划》关于扶贫开发的基本途径明确指出"对极少数生存和发展条件特别困难的村庄和农户，实行开发式移民"；《国民经济和社会发展第十一个五年规划纲要》也明确要求

"对缺乏生存条件地区的贫困人口实施易地扶贫"。这些政策为各省市地区开展移民搬迁扶贫工作提供了有力的支持。此后移民搬迁扶贫工作思路继续深化扩展。[1] 进入2001年扶贫新阶段以后，易地扶贫搬迁指导思想不断提升，具体措施也不断细化创新，在集中安置区、项目建设、资金筹措、项目管理等方面越发注重实效与贫困群众的自我发展能力，可以说2001年是中国易地扶贫搬迁这一扶贫方式规范化、制度化的开端之年。

2001年，中央政府印发《中国农村扶贫开发纲要（2001~2010年）》，对新形势下的扶贫开发工作做出了战略部署，其中关于自愿扶贫移民的政策主张主要有：结合退耕还林还草对居住在生存条件恶劣地区的特困人口实行搬迁扶贫；试点先行，搞好规划，稳步推进；坚持自愿原则；做好搬迁后生计发展工作，保障扶贫开发效果；鼓励经济发达省市适当吸收贫困地区扶贫搬迁人口；处理好迁入人口和本地人口的关系；做好迁出地退耕还林还草等工作，确保生态环境有明显改善。同一年，国家计委出台《国家计委关于易地扶贫搬迁试点工程的实施意见》，确定利用国债资金在西部地区开展易地扶贫搬迁试点工程，由国务院统一领导、有关省区政府负责组织实施。试点工程包含减少贫困人口和改善生态环境双重目标，坚持扶贫与生态建设相结合、群众自愿等基本原则，被视为21世纪扶贫工作和实施西部大开发战略的重要举措。按照中央文件精神，西部地区相关省区进一步制定了扶贫移民的细化政策。

2007年，国家发展改革委员会印发《易地扶贫搬迁"十一五"规划》，系统阐述了扶贫移民的形势、指导思想与原则、搬迁对象、搬迁与安置方式、搬迁目标与任务、主要建设内容、资金筹集等，提出了相关保障措施。

2011年，《中华人民共和国国民经济和社会发展第十二个五年规划纲要》提出，在"集中连片特殊困难地区，实施扶贫开发攻坚工程，加大以工代赈和易地扶贫搬迁力度"。同年，中共中央、国务院印发《中国农村扶贫开发纲要（2011~2020年）》，做出"我国扶贫开发已经从以解决温饱为主要任务的阶段转入巩固温饱成果、加快脱贫致富、改善生态环境、提高

---

[1] 康亮：《移民搬迁扶贫模式的效果评价与对策建议》，《老区建设》2013年第6期。

发展能力、缩小发展差距的新阶段"的重大判断,确定将连片特困地区作为新时期扶贫攻坚的主战场。该文件把扶贫移民摆在了专项扶贫的突出位置加以强调,具体内容包括:坚持自愿原则,对生存条件恶劣地区扶贫对象实施易地扶贫搬迁;引导其他移民搬迁项目优先在符合条件的贫困地区实施,加强与易地扶贫搬迁项目的衔接,共同改善贫困群众的生产生活环境;充分考虑资源条件,因地制宜,有序搬迁,改善生存与发展条件,着力培育和发展后续产业;有条件的地方引导向中小城镇、工业园区移民,创造就业机会,提高就业能力;加强统筹协调,切实解决搬迁群众在生产生活等方面的困难和问题,确保搬得出、稳得住、能发展、可致富。

2012年7月,国家发展和改革委员会印发《易地扶贫搬迁"十二五"规划》,确定了"十二五"时期扶贫移民的指导思想和基本原则,提出"力争对240万生存条件恶劣地区的农村贫困人口实施易地扶贫搬迁,年均搬迁48万人"的目标。

2015年12月,发展改革委、扶贫办、财政部、国土资源部、人民银行5部门联合印发《"十三五"时期易地扶贫搬迁工作方案》,明确用5年时间对"一方水土养不起一方人"地方的建档立卡贫困人口实施易地扶贫搬迁,力争在"十三五"期间完成1000万人口搬迁任务,帮助他们与全国人民同步进入全面小康社会。"十三五"时期将坚持群众自愿、积极稳妥方针,坚持与新型城镇化相结合,搬迁对象主要是居住在深山、石山、高寒、荒漠化、地方病多发等生存环境差、不具备基本发展条件,以及生态环境脆弱、限制或禁止开发地区的村建档立卡贫困人口,优先安排位于地震活跃带及受泥石流、滑坡等地质灾害威胁的建档立卡贫困人口,加大政府投入力度,创新投融资模式和组织方式,完善相关后续扶持政策,强化搬迁成效监督考核,努力做到搬得出、稳得住、有事做、能致富,确保搬迁对象尽快脱贫,从根本上解决生计问题。

总之,2001年以来,国家安排中央投资,对居住在生存环境恶劣、"一方水土养不起一方人"地区的贫困人口组织实施了易地扶贫搬迁。按照"先行试点、逐步扩大"的原则,实施范围由最初的内蒙古、贵州、云南、宁夏4省、自治区,扩大到目前的17个省份。国家发展改革委网站的数据显示，截至 2015 年，国家累计安排易地扶贫搬迁中央补助投资 363 亿元，搬迁贫困群众 680 万余人，彻底改变他们的生产生活条件，从根本上解决了长期困扰他们的生存问题。这是新时期扶贫开发的一项重大战略举措，是适应新阶段、新形势扶贫工作需要的有效扶贫手段。

二　贵州易地扶贫搬迁的政策体系

在国家宏观"易地扶贫搬迁"政策体系的基础之上，贵州省作为全国首批易地扶贫搬迁试点省，把移民搬迁作为扶贫开发的一项重要内容，成立了贵州省扶贫生态移民工程领导小组办公室，出台了相应的易地扶贫搬迁政策，因地制宜地组织实施了大规模的异地扶贫开发工作。为有效解决贫困人口温饱问题，从 1986 年开始，贵州就在一些贫困问题尤其突出、生存环境恶劣的地区，开展了易地扶贫搬迁的探索与实践。搬迁农户在各种资源条件较好的地区通过自身发展，逐渐摆脱贫困，而且有利于留居农户扩大生存空间，尽快解决温饱，进而从总体上和长远上解决这些极贫地区的贫困问题，取得了较好的经济、社会与生态效益。

1993 年以来，在国家"八七扶贫攻坚计划"的引导下，贵州省在紫云、罗甸、长顺、普安等 4 个县启动了易地扶贫试点工作。据不完全统计，1994～2000 年全省共迁移了 17817 户、85237 人。21 世纪初，国家做出实施西部大开发的战略决策，并组织实施《中国农村扶贫开发纲要（2001～2010 年)》。针对"八七"扶贫攻坚结束后农村贫困人口分布状况及特征，为从根本上解决居住在生存环境恶劣地区的贫困人口的生存与发展问题，国家于 2001 年在贵州、云南、宁夏和内蒙古四省、自治区启动了全国性的生态移民试点工作，即以工代赈易地扶贫搬迁（试点）工程。作为首批开展生态移民试点的 4 个省区之一，贵州于 2001 年专门制定了《贵州省以工代赈移民搬迁脱贫试点实施意见》，对移民搬迁的基本方针、目的、对象、内容、资金使用方向范围做了明确的规定。开展移民搬迁工作的县都成立了移民搬迁工作领导小组，由计划、财政、民政、扶贫、农办、电力、交通、土地、建设、教育、农业、林业、广播电视等部门共同参与，计委或民政局组织实施。按照"群众自愿、易地安置、量力而行、适当补助"的原则，通过产业结构调整、企业带动、调整和开垦土地、依托小城镇或旅游景区、置换安置等途径，对一部分贫困人口实施自愿搬迁、易地开发。2001～2010年的10年间，全省共投入资金24.2亿元，累计完成8.78万户、38.27万贫困人口的易地搬迁。

为从根本上解决深山区、生态脆弱区的贫困问题，2012年，贵州省委、省政府立足消除贫困落后的主要矛盾，为确保与全国同步建成全面小康社会，相继出台了《贵州省2012年扶贫生态移民工程实施方案的通知》（黔府发〔2012〕14号）和《贵州省2013年扶贫生态移民工程实施方案的通知》（黔府办发〔2013〕3号）两个政策文件，提出用9年时间，对全省47万户、204万人实施扶贫生态移民工程。2012年5月26日，贵州扶贫生态移民工程正式启动，将贫困群众从不具备"就地扶贫"条件的地方搬迁出来，迁入小城镇和工业园区，截至"十二五"末，贵州累计实施搬迁62万人，共建设668个安置点。

为了实现扶贫开发、生态修复和小城镇建设三大功能的有机统一，2015年，贵州省启动实施扶贫生态移民工程"三年攻坚行动计划"，打造100个精品工程，引领和推动全省扶贫生态移民工程转型升级，实现跨越。依照该计划，2015～2017年，打造100个扶贫生态移民精品示范工程，其中乡村旅游型50个、城镇商贸型30个、园区服务型20个。2012年5月26日扶贫生态移民工程启动以来，贵州省依托县城、小城镇、产业园区、旅游景区服务区等，累计投入132亿元，建设457个安置点，建房10.2万套，实施搬迁42万人，其中武陵山区、乌蒙山区和滇桂黔石漠化区三大集中连片特困地区贫困群众占91%。

2015年，贵州省出台《关于进一步加大扶贫生态移民力度推进精准扶贫的实施意见》，作为《关于坚决打赢扶贫攻坚战确保同步全面建成小康社会的决定》10个配套文件之一，贵州将易地扶贫搬迁工作与精准扶贫工作紧密结合起来。"十三五"期间，要对仍居住在深山区、石山区"一方水土养不起一方人"地方的130万贫困人口和32.5万生态脆弱区的农户实施移民搬迁。确保"搬得出、稳得住、能就业、有保障"。

2016年，贵州省出台了《贵州省2016年易地扶贫搬迁工程实施方案的通知》（黔府办发〔2016〕1号），易地扶贫搬迁对象主要是居住在生存环境差、人地矛盾突出、不具备基本生产生活条件，生态环境脆弱、限制或不宜开发，距城镇和交通干道较远、基础设施和公共服务设施难以延伸，村寨人口规模较小（50户以下）、贫困发生率高（50%以上）、扶贫成本大，地震活跃带和地质灾害多发、安全隐患较大等"一方水土养不起一方人"地方的建档立卡贫困人口。2016年以自然村寨整体搬迁为主，全省实施易地扶贫计划搬迁45万人，其中第一批实施7.26万户、30万人，全部为50户以下、贫困率50%以上自然村寨整体搬迁，涉及3200个自然村寨，其中建档立卡农村贫困人口5.3万户、22.3万人，农村贫困人口占74%。三大集中连片贫困地区67860户、282364人（武陵山区14551户、59335人，乌蒙山区16859户、68799人，滇桂黔石漠化区36450户、154230人），分别占全省的93.47%、94.12%。第二批实施15万人，2016年3月底前完成对象核准、安置去向、方案编制等前期工作，二季度全面开工建设。

总之，自2001年实施易地扶贫搬迁试点工程以来，贵州各地遵循"搬得出、住得下、稳得住、能发展"的原则，积极探索，大胆创新，出台了相应的政策，在实践中摸索出了符合自身特点的易地扶贫搬迁安置模式。

第二节　新阶段贵州易地扶贫搬迁的形势与政策内容

一　新阶段贵州易地扶贫搬迁的发展形势

根据新阶段党中央对扶贫开发工作的部署，贵州省采取"开发式、救助式、搬迁式"三种扶贫方式，解决贫困地区"改善基本生产生活条件、拓宽基本增收门路、提高基本素质"三个基本问题，抓好"整村推进、劳动力转移培训、产业化扶贫"三项重点工作，在农村反贫困实践中做出了较大贡献。

进入新阶段以来，尤其是全面建成小康社会的宏观目标提出以来，贵州省的易地扶贫搬迁工作既面临着宽广的发展机遇和发展空间，也面临着内在的发展矛盾和问题。一方面，国家宏观的政策支持和资金投入，贵州省自身经济的发展，社会力量的帮扶，将是贵州省开展易地扶贫搬迁的外在保障。2015年6月，习近平总书记在贵州调研期间专门组织召开的集中连片特困地区扶贫攻坚座谈会上，明确指出要因地制宜研究实施"四个一批"的扶贫攻坚行动计划。易地扶贫搬迁在我国扶贫体系中的地位得以明确，并成为新常态下精准扶贫的有效实现形式之一。近年来，贵州省加快实施移民搬迁，但是大规模移民搬迁安置能否实现"搬得出、稳得住、能致富"的政策预期目标，不仅取决于制度设计，更取决于政策执行，需要贵州省继续出台与落实相应的配套政策，加大易地扶贫搬迁的工作力度。贵州省需要借助国家、市场和社会三方面的力量，形成合力，共同推进易地扶贫开发工作。

另一方面，贵州省是全国扶贫开发任务最重的省份，贫困面最广、贫困度最深。目前，按照人均纯收入2300元/年的标准，贵州省仍有1149万贫困人口，农村贫困人口数量居全国第一。85%以上的贫困人口集中在滇桂黔石漠化区、乌蒙山区、武陵山区等连片特困地区。改善贵州贫困人口基本生存条件，加快扶贫开发进程，事关我国全面建设小康社会的全局。贵州农村贫困地区和贫困人口的空间分布几乎涵盖全省所有地域，呈现"大分散、小集中"的点、片共存分布特点。还有100万贫困人口居住在"一方水土养不活一方人"的石山区、深山区、边远山区、高寒山区，迫切需要实施易地移民搬迁。"大分散、小集中"的分布特点使现阶段脱贫环境更恶劣，扶贫开发条件更困难，点状离散布局既增加了扶贫成本，也加大了扶贫的监督成本。

同时，在贵州省50个国家扶贫开发工作重点县中，有36个分布在少数民族县，39个分布在石漠化地区，其中有27个县轻度以上石漠化面积占土地总面积在20%以上。贫困发生率与脆弱生态区和少数民族聚居区高度相关，例如，水城、关岭、长顺、紫云县轻度以上石漠化土地占土地总面积的40%以上，黔东南州14个国家扶贫重点县全部为少数民族县，农村贫困发生率高达23.4%。在石漠化和少数民族交织的安顺市、黔南州和黔西南州，民族地区石漠化县占扶贫重点县比重在70%以上，3个区域的农村贫困发生率均在20%以上。农村贫困人口向脆弱生态区和民族区域的集中，要求在反贫困的同时必须处理好与生态环境保护和少数民族区域发展的关系，这也给贵州省的易地扶贫搬迁工作提出了挑战。

二　新阶段贵州易地扶贫搬迁的政策创新

新阶段贵州省的易地扶贫搬迁工作以《贵州省2016年易地扶贫搬迁工程实施方案的通知》为基础，各级党政领导高度重视，科学编制规划，整合资源，明确责任，因地制宜，尊重民意，注重后续发展，搭建致富平台，成功推进了新时期的易地扶贫搬迁工作。

具体而言，新时期的易地扶贫搬迁投资将通过增加中央预算内投资规模、调整地方政府债务结构、加大专项建设基金支持力度、引导农户自筹资金以及由有关金融机构发放长期低息贷款等多渠道筹集解决。同时，各地将结合实际，采取政府购买市场服务的形式，确定市场化运作的省级投融资主体作为承贷主体，承接相关项目资本金和贴息贷款。易地扶贫搬迁将以自然村整村搬迁为重点，贫困程度最深的村寨优先搬迁，坚持民众自愿，积极稳妥、因地制宜选好搬迁安置点；贵州将建设好安置房、搞好配套设施建设、出台后续扶持政策、加强技能培训、促进多渠道就业，确保搬迁对象"搬得出、稳得住、能致富"。

做好新时期的易地扶贫搬迁工作，贵州省坚持问题导向、需求导向、政策导向，坚持"因势利导、多元安置"，突出"六化"推动工作深入落实。一是坚持搬迁"整体化"。实施好贫困自然村寨的整体搬迁，兼顾好特殊区域人群的整体搬迁，推进好分散安置贫困人口稳步搬迁，研判好安置点承载能力，统筹好"十二五"期间的遗留问题。二是坚持识别"精准化"。精准锁定搬迁对象，精准锁定整体搬迁村寨，精准制定搬迁规划，确保扶贫资金用好用出成效。三是坚持工作"人性化"。在长远发展、民生保障、兼顾各方上体现人性化，不仅要搬得出、稳得住，更要有事做、能致富。四是坚持安置"多元化"。对集中安置的要便于就业、就学、就医，对分散安置的要协调好相关问题，对进城创业就业、投亲靠友等自行安置的要给予多方面支持。五是坚持政策"明细化"。统筹考虑政策的整合叠加，着力做到住房政策明细、土地政策明细、就业政策明细、产业政策明细、户籍政策明细、医疗、教育等保障政策明细，不断提高移迁民众的素质和自我发展能力。六是坚持组织"系统化"。建立科学的宣传发动机制、组织领导机制、监督考核机制、操作流程机制，对实施过程中的具体操作，以流程图的形式绘制出来，做到一目了然。

三　精准扶贫与易地扶贫搬迁结合

贵州省的易地扶贫搬迁工作注重与精准扶贫有效结合，做到精准识别搬迁对象、安置方式，做好配套保障、落实推出机制，用精准扶贫的措施实现精准脱贫的目标。贵州省科学编制"易地搬迁扶贫生态移民工作'十三五'规划"和 2016 年实施方案，将易地扶贫搬迁与新型城镇化、农业现代化和乡村旅游紧密结合，妥善解决搬迁群众的发展和生活等问题。

具体而言，一是精准确定扶贫搬迁对象。坚持"三不搬、三为主"的原则，实施整村搬迁的要求为贫困村中贫困人口比例高、生存条件恶劣的自然寨和村民小组；插花搬迁的必须为建档立卡的贫困户。选准搬迁对象是移民搬迁成功的前提，由于需搬迁的特困农户较多，而每年国家用于移民搬迁资金和社会各界捐赠资金较少，所以在选定搬迁对象时，优先考虑生产生活条件特别恶劣，自然资源贫乏，丧失生存条件，无法通过就地扶贫解决温饱地方的特困农户和长期居住山洞的特困农户；优先考虑执行国家计划生育政策和遵纪守法的特困农户等。

二是精准选择安置方式。贵州省按照有利于城镇化、有利于移民生存发展的原则，以就业和增收为核心，移民的安置去向和地点以县城、集镇、旅游服务区、中心村、有就业岗位的产业园区为主，其中重点放在县城和集镇。

三是精准推进移民就业保障。基于移民劳动力数据分析和市场需求，开展精准的订单式、针对性培训，促进移民劳务输出和就地、就近就业相结合，确保每户移民家庭至少 1 个劳动力实现城镇就业。

四是提高贫困户补助标准，实行住房建设差别化补助政策，破解"越穷越搬不动，越富越搬得出"的难题。在原有人均补助标准不变基础上，适当提高建档立卡贫困人口的建房补助标准，每人补助 2 万元；非贫困户每人补助 1.2 万元。差别化补助的适用范围和对象为"十三五"期间计划搬迁的 142 万人，政策不追溯已实施计划搬迁的 62 万人。

五是严格执行土地增减挂钩政策，形成正常的退出机制。严格执行迁出地旧村庄、宅基地拆除复垦，复垦面积转为城市建设用地指标，城市新增建设用地优先用移民搬迁复垦土地置换，土地级差收益按一定比例分配给移民对象，以激励移民拆除旧房。

六是用好用活农业开发政策。结合山区农业开发、退耕还林和扶贫政策，通过土地流转或专业合作社等方式，扶持移民对原有承包地退耕改种经济林、水果或中药材，实现生态恢复和移民增收双赢。

总之，贵州省的易地扶贫搬迁工作注重搬迁对象的精准性，扶持方式的精准性以及后续保障的精准性，充分与精准扶贫的其他手段有效结合，使异地扶贫搬迁工作成为贵州省精准扶贫体系的有机组成部分，推动贵州省整体扶贫开发事业的发展进步。

第三节　贵州省易地扶贫搬迁的成效与问题

一　易地扶贫搬迁的主要成效

自 2012 年以来，易地扶贫搬迁工程连续 4 年被列为贵州省十大民生工程。按照工程规划，截至 2020 年，贵州将对居住在深山区、石山区、生态功能区、连片特困地区和民族地区的 204 万名贫困农户实施搬迁。工程实施以来，取得了较为显著的成效。

（一）解决多维贫困问题，促进移民收入增长

贵州省仍有相当大一部分贫困人口居住在"一方水土难以养活一方人"的特困地区。这些地区自然条件差，生态环境脆弱，基础设施落后，自然灾害多发，常规扶贫成本高、难度大。贫困人口吃水难、行路难、用电难、就医难、入学难等问题较为突出，贫困人口长期处于多维贫困之

中。实施扶贫生态移民工程以来，贵州省围绕移民搬迁实施了就业、社会保障、住房、医疗卫生、户籍、基础设施等多方面的配套政策。移民搬迁到城镇、产区园区周边等条件相对较好的地方，获得了更多、更好的公共服务资源，自我发展能力和收入水平得到提高。据统计，2014 年贵州全省扶贫生态移民人均收入增加 820 元，比全省农民平均收入水平高出 6 个百分点。①

（二）促进迁出地的生态保护和生态修复

贵州是"两江"上游的重要生态屏障，但石漠化程度较深，扶贫生态移民有利于减轻迁出区的生态环境压力，遏制生态环境恶化趋势，促进生态修复，维护"两江"下游生态安全。自 2012 年启动实施扶贫生态移民工程以来，移民搬迁力度投入较大。仅 2014 年，就完成投资 37.11 亿元，在 155 个生态移民安置点基本建成 4.29 万套住房，17.2 万名移民陆续搬进新居。另外，为实现扶贫开发、生态修复和小城镇建设三大功能的有机统一，2015 年贵州启动实施扶贫生态移民工程三年攻坚行动计划，打造 100 个精品工程（计划用 2～3 年时间，集中力量打造 100 个精品示范工程）。相关扶贫生态移民搬迁以整村搬迁和向城镇、园区的非农安置为主。贫困人口迁出生态脆弱区和生态保护区，向城镇、产区和园区集中，有利于促进迁出区的生态恢复。

（三）促进迁入地的发展，加快城镇化步伐

贵州扶贫移民安置在尊重移民搬迁意愿的前提下，采取向城镇转移安置为主的方式。2015 年对已搬迁移民的抽样调查显示，在 2.1 万多个调查对象中，通过园区岗位、公益性岗位、外出打工和自主创业等方式实现就业的占劳动人口的 69.4%。② 扶贫移民在住房、基础设施、公共服务等方面的需求和建设，以及移民对生产生活资料的需求，带动了迁入地相关产业的发展，增强了城镇经济活力，扩大了城镇规模，加快了新型城镇化步伐。

---

① 《贵州加快推进扶贫生态移民工程》，新华网，http://news.xinhuanet.com/politics/2015-05/18/c_127810901.htm，2015 年 5 月 18 日。
② 《贵州加快推进扶贫生态移民工程》，新华网，http://news.xinhuanet.com/politics/2015-05/18/c_127810901.htm，2015 年 5 月 18 日。

移民群体建设新家园的劳动和创造，特别是产业开发，构成迁入地经济发展的新生力量，甚至成为经济发展的新增长点。

二 易地扶贫搬迁的主要问题

贵州扶贫生态移民取得较好成绩，但在实践中也存在一些问题。

（一） 补助标准偏低，在一定程度上造成"搬富不搬穷"现象

在《关于进一步加大扶贫生态移民力度推进精准扶贫的实施意见》中，贵州省就提高贫困农户补助标准的规定，提出要适当提高建档立卡贫困人口的建房补助标准，每人补助 2 万元，非贫困户每人补助 1.2 万元，对少数特别困难的群众，结合城镇保障房、农村危房改造政策实行兜底安置。尽管对扶贫对象的搬迁补助有所提高，但对于不算少数的贫困人口而言，仍难以实现县城、集镇搬迁转移。根据实地调研，扶贫移民搬迁中向县城搬迁的购房成本需要 30 万元，向集镇搬迁的购房需要 15 万元以上，而自建房也需要 20 万元以上。以 5 口之家计算，贫困农户向县城搬迁安置需要自筹 20 万元资金，而向集镇搬迁安置也需要自筹 5 万 ~ 10 万元资金。贫困移民住房资金筹集能力不足，导致部分移民放弃搬迁，在一定程度上造成了"搬富不搬穷"现象。

（二） 移民原有宅基地拆除和复垦难度大

贵州省国土资源厅出台《关于推进扶贫生态移民工程建设的指导意见》（黔国土资发〔2013〕42 号），指出为保障扶贫生态移民工程用地需求，实施城乡建设农地增减挂钩和农村土地综合治理，对移民搬迁后有复垦条件的旧村庄、旧宅基地组织复垦，将其纳入耕地占补平衡管理。贵州省出台的《关于进一步加大扶贫生态移民力度　推进精准扶贫的实施意见》也强调要严格执行土地增减挂钩政策，严格执行迁出地旧村庄、宅基地拆除复垦，复垦面积转为城市建设用地指标，城市新增建设用地优先用移民搬迁复垦土地置换，土地级差收益按一定比例分配给移民对象，以激励移民拆除旧房。但从实地调研情况看，移民原有宅基地房屋拆除和复垦实施较为困难。尽管政府给予一定的旧房拆除资金补助，但移民仍不愿意拆除旧房。对于移民而言，拆除房屋造成的损失远大于所获得的补助和补偿。扶贫搬

迁后，移民在安置地的生计在短期内仍不稳定，多数移民仍将回到原住地作为一条重要的风险防范途径。另外，一些分散搬迁农户的原有住房是与其兄弟共同居住的，而其兄弟仍然居住在原有住房中，导致很难实现原有住房的拆除。

（三）移民的社会适应和融入问题

移民从生存条件恶劣的地区搬迁到生存发展条件较好的安置地后，在生产生活中需要经历一个社会适应与融入过程。贵州扶贫生态移民以向城镇、产区和园区集中的非农安置为主。不同村落的移民群众集中安置于城镇周边地区，移民之间存在相互适应和社会融合问题，移民与当地人之间也存在相互适应和社会融合问题。另外，移民社会融入问题的存在不利于移民的发展和心理健康。而如果移民的社会融入问题不能得到有效解决，将不利于安置地社会的和谐与稳定。当前贵州省扶贫生态移民政策主要集中在搬迁安置、就业、社会保障等层面，对于移民社区的规范管理以及移民在安置地的社会融入关注不足。

第四节 贵州易地扶贫搬迁的主要经验

一 贵州易地扶贫搬迁的主要做法

（一）贵州易地扶贫搬迁的要求和原则

1. "四坚持、五为主、四结合、一确保"要求

围绕易地搬迁脱贫攻坚目标，贵州易地扶贫搬迁按照"四坚持、五为主、四结合、一确保"的总要求，用 9 年的时间将生态区位重要、生态环境脆弱以及生存条件极差地区的 200 万名农村人口搬迁到城镇、集市或产业园区和旅游景区的服务区安置，实现移民"搬得出、留得住、能就业、有保障"，确保 2020 年与全国同步实现全面小康。"四坚持"，即坚持政府主导、群众自愿，坚持统筹规划、合理布局，坚持因地制宜、分类指导，坚持先易后难、有序进退。"五为主"，即搬迁对象以居住在深山区、石山区特别是石漠化严重地区的贫困农户为主，迁出地点以生态位置重要、生态

环境脆弱地区的地方为主，搬迁区域以3个集中连片特困地区和民族地区为主，安置地点以小城镇、产业园区为主，实施方式以发挥市、县党委、政府和矿山企业积极性及农民的自主力量为主。"四结合"，即实施扶贫生态移民工程与推进工业化、城镇化相结合，与发展旅游等特色小城镇相结合，与农村危房改造相结合，与基础设施向下延伸相结合。"一确保"，即确保搬迁农户获得"六个一"支持：一套房子、一个门面（摊位）、一次培训、一个孩子免费就读职业学校、一个就业机会、一份社会保障。

2. "三为主"和"三不搬"原则

"三为主"是指以居住在深山区、石山区特别是荒漠化、石漠化严重地区的农村贫困人口为主，迁出地以生态位置重要、生态环境脆弱地区的贫困农户为主。搬迁区域以3个集中连片特困地区和民族地区为主；"三不搬"是指城镇规划区、园区规划区内拆迁人口不得作为扶贫生态移民搬迁对象，严禁非移民挤占扶贫生态移民指标，非整村整组搬迁的，原则上应作为扶贫部门的建档立卡对象。易地搬迁对象是那些居住在生存环境差、人地矛盾突出、不具备基本生产生活条件、生态环境脆弱、限制或不宜开发、距城镇和交通干道较远、基础设施和公共服务设施难以延伸，村寨人口规模较小（50户以下）、贫困发生率较高（50%以上）、扶贫成本大、地质灾害多发、安全隐患较大等"一方水土养不起一方人"的地方的建档立卡贫困农户。

二 贵州易地扶贫对象安置的主要方式

贵州易地扶贫搬迁安置方式的选择按照有利于城镇化、有利于移民生存发展的原则，以就业和增收为核心，移民的安置地点以县城、集镇、旅游服务区、中心村、有就业岗位的产业园区为主，重点放在县城和集镇。总体来看，贵州易地扶贫安置以不提供农业用地的非农集中（整村搬迁）安置为主，主要有3种安置方式，即依托城镇安置、依托产业园区安置和依托中心村安置。

（一）易地扶贫搬迁对象的中心村安置

扶贫对象的中心村安置是指依托交通便利的农民新村，引导本行政村内搬迁群众依托既有承包地从事生产经营，就近集中安置。贵州省扶贫对象中心村安置方式结合"四在农家·美丽乡村"建设、农村危房改造等政策，支持贫困农户建设安全舒适、功能配套、布局合理、特色鲜明的小康房。在配套公共服务设施上，集中安置点突出"七个一"标准，即一个文化广场、一个综合服务阵地、一个老年活动中心、一间公共厕所、一间便民超市、一个农村淘宝店、一个电子金融网点。根据移民安置点的不同特点，推进畜牧、蔬菜、茶叶、马铃薯、水果、特色杂粮等特色优势产业基地建设，推进规模化、专业化、标准化生产，建设园艺作物标准园、规模养殖场，提高农村综合生产能力。结合移民安置点的自然景观、农业特点、民俗风情，积极发展以农家乐、休闲观光为重点的休闲农业和乡村旅游，培育"一村一景"等旅游精品，帮助移民充分就业。

＊　＊　＊

专栏一　从江县东朗乡东朗村移民集中安置

2012 年，国家和贵州省启动实施扶贫生态移民工程，从江县在当年 7 月开始实施，将居住在深山区、生态位置重要及生态环境脆弱的贫困农户作为移民安置对象。东朗苗寨第五、第六村民小组由于地理、历史等原因，交通不便，贫困面积大，贫困程度深，被列入全县首批实行扶贫生态移民搬迁的实施项目，集中安置在从江县月亮山腹地东朗村的移民安置点。安置点距离县城 70 多公里，距东朗乡政府所在地约 2 公里。项目实施以来，国家和省、州、县先后投入 305 万元，帮助农户做好房屋、绿化和水、电等基础设施建设，搬迁农户共 40 户 184 人。在做好基础设施的同时，还将产业发展与安置点建设同规划、同部署、同落实，结合扶贫项目配套搬迁，积极引导和支持移民规模种植朝天椒，集中发展香猪养殖产业，增加农民收入。积极组织移民参加就业、创业知识技能培训，提高移民农户就地就近就业和创业的能力。贫困农户吴老任（化名）在搬迁之前，由于生产生活条件艰苦，只能外出务工，收入水平低。移民搬迁后，在政府的补助和相关政策的支持下建起了新房，同时也在种植朝天椒、养殖香猪等方面得到培训和支持。移民搬迁后，吴老任养殖 6 头香猪，卖得 1 万多元，加上朝天椒和林地的收益，总体收入比移民前提高了不少。移民姚倍增（化名）搬迁前常年到外地打工，搬迁后与妻子在安置点开办了小卖部，由于靠近乡镇和中学，生意比较好，每天有两三百元纯利。

资料来源：贵州省扶贫开发办公室，http://www.gzfp.gov.cn/Web85/News/20150531/14786.htm。

（二）易地扶贫搬迁对象的城镇安置

易地扶贫搬迁对象的城镇安置主要依托交通通达、商贸活跃的县城、小城镇进行，有限采购存量保障房、商品房。采购价格由住建部门会同相关部门按照保本微利的原则核定，严格控制在搬迁群众的承受能力以内。在住房建设方面，进入县城安置的扶贫生态移民住房，按人均 15～20 平方米、户均 80～120 平方米的标准，实行统规统建，原则上不得超过 6 层。进入小城镇（集镇）安置的扶贫生态移民自建住房，执行户均建房占地面积不超过 80 平方米的标准。每户移民配套建设一个门面或摊位、柜台。在就业政策方面，以"5 个 100 工程"（重点打造 100 个产业园区、100 个高效农业示范园区、100 个旅游景区、100 个示范小城镇、100 个城市综合体）建设为依托，积极引导扶贫生态移民尽快实现就业。对于吸纳一定比例扶贫生态移民稳定就业的企业，在地方税和税收地方留成部分予以适当减免。大力推动以创业带动就业，对于自主创业的，给予其享受创业优惠政策，申请就业小额担保贷款由财政全额贴息。扶贫生态移民新创办的和以吸收扶贫生态移民就业为主的微型企业，按规定享受"3 个 15 万元"（即投资者出资额达到 10 万元后，政府给予 5 万元补助和 15 万元的税收奖励，并给予其 15 万元额度的银行贷款支持）的扶持措施。公益性岗位重点向搬迁群众倾斜，优先安排"4050"人员和就业困难的家庭成员。实行异地扶贫搬迁就业信息专项统计制度，把异地扶贫搬迁就业纳入公共就业管理和服务的范围。做好扶贫搬迁对象的社会保障工作，搬迁群众与安置地居民享有同等的教育、医疗卫生、养老保险、失业保险、社会救助、社会福利等社会保障政策。

*　　*　　*

专栏二　印江县扶贫对象城镇集中搬迁安置模式

一、搬迁对象和补助标准

印江县实施扶贫生态移民工程，将进入扶贫系统建档立卡的贫困农户及 50 户以下、贫困发生率 50% 以上需要整体搬迁的自然村寨中的非贫困人口作为扶贫搬迁对象。进入扶贫系统建档立卡的贫困户人均住房补助为 2 万元，非贫困移民户人均住房补助为 1.2 万元。

二、搬迁对象安置机制

对搬迁对象的城镇安置主要采取"政府＋企业＋银行＋贫困农户"的模式，即政府主导搬迁、企业参与扶持、银行贷款支持、农户创业脱贫，以现有或即将建成的县城商品房集中安置易地扶贫搬迁对象，实现精准扶贫、精准脱贫目的。同时去商品房存量，促进房地产开发企业健康发展，促进地方财政收入增长。政府按准入条件选定房地产开发企业，预定安置房并组织搬迁对象（建档立卡贫困户和贫困村非贫困户）购买，按补助标准用项目资金支持移民安置户交首付，银行提供贷款支持，企业兜底归还建档立卡移民的购房按揭贷款部分，扶持移民安置户就业、置业创收。

三、实施工作流程

1. 政府引导符合条件的企业参与易地扶贫搬迁项目建设，与符合建设易地扶贫搬迁安置点条件的房地产开发企业签订《预定易地扶贫搬迁安置房协议书》，明确房屋数量、建设要求及双方权利、义务。

2. 房地产开发企业按照要求建设安置房，按照协议将相应面积的商铺抵押给由政府组建的移民搬迁投资平台，投资平台根据协议预付部分建设资金给房地产开发企业。

3. 县、乡政府部门组织符合搬迁条件的群众迁入移民安置点购房、置业创收。选择城区安置的搬迁对象向所属乡政府提出申请，乡政府审核后，按照项目管理要求向社会公示搬迁对象的信息，建立完善"一户一档"资料，并将申报资料报县移民局、扶贫办审定后出具同意搬迁安置意见。

4. 移民安置户持同意搬迁安置意见选择购买安置房，房地产开发企业按微利出售给移民安置户。移民搬迁对象用政府搬迁补助、旧房拆除奖励资金以及自筹资金交付首付款。

5. 移民安置户交清首付款并与房地产开发企业签订购房合同后，企业根据项目合作协议，为安置对象建立安置户档案，与安置户逐一办理住房购置手续和按揭贷款手续。

6. 移民安置户为精准扶贫建档立卡贫困户的，由房地产开发企业负责兜底归还银行的按揭贷款；移民安置户为非贫困移民户的，政府按标准发放住房补贴和旧房拆除奖励资金，安置户自付购房首付款和负责归还按揭贷款。

资料来源：印江县扶贫移民局。

（三）易地扶贫搬迁对象的产业园区安置

扶贫搬迁对象的产业园区安置主要依托工业园区、农业园区进行，根据园区用工需求确定搬迁安置规模。离城镇较近的有限采购存量保障房、商品房进行安置。在"贵州100个产业园区成长工程"建设中，大力支持符合条件的扶贫生态移民重点区域产业园区发展。将符合条件的扶贫生态移民重点区域产业园区纳入省级重点产业园区建设，创建省级新型工业化产业示范基地，支持园区基础设施、标准厂房建设，指导园区做好产业发展规划。对园区内的重点企业和重点产业项目，要在审批、管理、服务和要素协调上优先考虑和倾斜，对园区内企业在技术改造、节能减排、信息化服务等方面给予重点扶持。加快移民区域产业园基础设施和公共服务平台建设。加快符合条件的扶贫生态移民重点区域园区信息化建设，建设检验检测、试验验证、企业孵化、技术创新、成果转化、研发设计、物流、投融资、人力资源等公共平台。推动园区企业技术创新体系建设，推进产、学、研结合，在扶贫生态移民区域开展"百名教师博士进企业活动"。

* * *

专栏三 桃松县扶贫生态移民园区安置

桃松县围绕"搬得出、留得住、能就业、有保障"目标，积极开展扶贫生态移民产业园区安置，推动生态扶贫移民搬迁与工业园区、现代农业产业园区、旅游景区、物流园区建设相结合。依托现代高效农业产业园区，规划布局扶贫生态移民工程，通过生态移民加快土地流转，通过农业产业发展增加移民收入。该县大正乡以现代高效农业产业园区为支撑，就地安排移民到茶叶基地、中药材基地、蔬菜基地、油茶基地和野猪养殖基地就业，解决了500余人的就业问题。依托工业园区带动就业。依托该县一区四园（松桃工业园区、松江工业园区、孟溪物流园、正大农产品加工工业园和迓驾边贸工业园）的工业发展布局，规划建设扶贫生态移民搬迁工程，以园区为平台带动移民就业。其中松江工业园区规划建设了服装鞋类产业园、水晶产业园、物流产业园、汽修产业园、返乡农民工创业园等7个"园中园"，并大力引进和发展了一批劳动密集型产业，2014年新增就业岗位1.5万个，促进了园区安置移民的就业和创业。依托文化旅游园区带动就业。在梵净山苗族文化旅游产品开发有限公司的带动下，积极打造苗绣产业一条街，切实保障移民搬出后有活干、有钱赚，据初步统计每位移民每月收入至少增加1500元。

资料来源：贵州省扶贫开发办公室，http://www.gzfp.gov.cn/Web85/News/20140408/11130.htm

三　贵州易地扶贫搬迁的主要经验

（一）易地扶贫搬迁与精准扶贫相结合

1. 以搬迁对象的需求为导向精准确定安置方式

不同扶贫搬迁对象的家庭结构和条件、经济能力存在一定的差异，扶贫搬迁的安置需求也必然不同。农业技术基础较好的搬迁对象可能愿意实现农－农搬迁，而长期外出务工，具有一定资金和经商经验的搬迁对象可能更倾向于向集镇甚至县城搬迁。贵州省在对搬迁对象的安置上以搬迁对象的需求为导向，坚持以就业和增收为核心，形成多样化的安置方式。发展多样化的安置方式，扩大贫困人口搬迁的权益选择范围，有利于推动移民更好地解决生存与发展问题，确保"搬得出、稳得住、可发展、能致富"。

2. 提高补助标准，精准推进移民就业保障

搬迁成本高是具有搬迁意愿的贫困农户难以实现搬迁的重要原因之一。贵州省在对搬迁对象原有补助标准不变的基础上，适当提高建档立卡贫困人口的建房补助标准，每人补助 2 万元，非贫困人口每人补助 1.2 万元，同时奖励签订旧房拆除协议的搬迁农户每人 1.5 万元。对于"三无"人员（无生活来源、无劳动能力、无法定抚养义务人的公民）等特困户，由政府根据家庭实际人口统一提供相应的安置房供其免费居住，产权归政府所有，或者结合民政供养服务机构进行安置。生计问题是影响扶贫对象搬迁的最为重要的因素，也是移民"稳得住"的关键。贵州在扶贫移民工程中，开展精准的有针对性的订单式培训，不断完善移民安置点的基础设施，强化社会保障。扶贫生态移民搬迁后是保留农村户籍还是转为城镇户籍尊重农民意愿。转为城镇居民的，实行属地管理，与当地城镇居民享有同等的教育、医疗卫生、养老保险、失业保险、社会救助、社会福利等社会保障政策。搬迁后仍保留农村户籍的，可以享受在原住地的最低生活保障、医疗救助、新农合补助、养老保险等政策。结合山区农业开发、退耕还林和扶贫政策，通过土地流转或专业合作社等方式，扶持移民对原有承包地实行退耕，改种经济林、水果或中药材，拓宽生计渠道和增加收入来源。

（二）易地扶贫搬迁资源整合经验

1. 建立易地扶贫搬迁工程投融资平台

易地扶贫搬迁涉及社会、经济、政治、人口、资源、环境、文化、民族等诸多方面，资金投资大、渠道多，涉及众多行业部门的合作与资源整合。为统筹推进各类资源整合，贵州省人民政府批准成立贵州省易地扶贫搬迁领导小组组长和贵州扶贫开发投资有限责任公司。领导小组由省人民政府分管易地扶贫搬迁工作的副省长担任，省政府副秘书长及省财政厅、省水库和生态移民局法定代表任副组长，省直有关部门为成员单位，受省人民政府委托承担贵州扶贫开发投资有限责任公司的管理职责。

领导小组下设办公室在省水库和生态移民局，由省水库和生态移民局分管副局长任办公室主任，承担领导小组日常工作。相应的，各相关县区设立易地扶贫搬迁工作领导小组和易地扶贫搬迁投融资公司。易地扶贫搬

迁工作领导小组的主要职责包括审定扶贫开发投资公司的章程、发展战略，推荐投资高级管理人才，研究解决扶贫开发投资公司运行发展中的问题。在相关成员单位中，发改部门负责争取中央易地扶贫搬迁专项建设资金，为扶贫开发投资公司注入资本，财政部门负责按照政府购买服务的方式，加强与财政部对接，落实易地扶贫搬迁中地方政府的债务额度，发债募资和安排有关财政专项扶贫资金注入扶贫开发投资公司。国土资源部门负责制定城乡建设用地增减挂钩用地政策，支持扶贫开发投资公司。国资委部门负责向扶贫开发投资公司派驻监事会，依法对扶贫开发投资公司进行监督管理。审计部门负责监督审计。扶贫办负责按照精准扶贫要求审核建档立卡搬迁对象，做好易地扶贫搬迁工程后续产业发展工作，安排中央扶贫发展专项资金注入扶贫开发投资公司。

各级扶贫开发投资有限责任公司负责根据"十三五"易地扶贫搬迁规划和年度任务编制融资方案，负责易地扶贫搬迁资金的统贷统还，根据规划和年度实施方案做好融资工作，配合财政部门、国土部门提出公司债务偿还方案。

2. 多部门协调合作与资源整合

贵州省易地扶贫搬迁按照"省负总责、市州统筹、县为主"的工作体制，市（州）人民政府加强统筹，县人民政府是工程实施主体。各地建立易地扶贫搬迁工程建设指挥部，负责易地扶贫搬迁工程的统筹协调和具体指挥。部门根据各自职责，落实与易地扶贫搬迁工程相关的工作，实现部门合作与资源整合，确保贵州易地扶贫搬迁工程的顺利实施（见表9-1）。

表9-1　贵州各部门易地扶贫搬迁工作职责

部　　门	职　　责
水库和生态移民部门	负责易地扶贫搬迁的组织、实施和管理，会同扶贫部门核准搬迁对象，会同发改部门审批实施方案
发展和改革部门	争取中央预算内补助资金，对接落实易地扶贫搬迁专项建设债券，编制上报和分解下达中央预算内年度投资计划
教育部门	保障搬迁群众子女就近入学，调整优化中小学布局规划，优先安排安置点中小学、幼儿园项目。民族宗教部门加大对少数民族搬迁的扶持力度

续表

部　门	职　责
公安部门	负责搬迁群众户籍相关工作
民政部门	负责社会救助及社区建设管理有关工作
财政部门	制定搬迁资金筹措方案，筹措、拨付、监管资金，研究提出政府购买易地扶贫搬迁服务方案
人力资源保障部门	负责搬迁群众就业和创业的技能培训
国土资源部门	督促指导搬迁群众进行旧宅基地、旧村庄复垦和城乡建设用地增减挂钩节余指标交易
住建部门	督促指导易地扶贫搬迁住房与城镇保障性安居房工程和农村危房改造的统筹融资，指导易地扶贫搬迁住房建设
交通部门	指导安置点配套设施建设
农业部门	帮助和指导迁出区及安置区农林牧产业项目实施，扶持移民后续产业发展
水利部门	负责搬迁群众饮水安全即产业配套水利设施建设
卫生部门	负责搬迁群众新型农村合作医疗、安置点卫生医疗项目建设
林业部门	优先安排迁出区退耕还林等生态建设项目，做好迁出区生态修复和林业产业发展工作
地税部门	研究落实易地扶贫搬迁工程建设和创业就业税收优惠政策
旅游部门	易地扶贫搬迁工程资源开发和旅游设施建设，扶持旅游资源丰富、适宜发展旅游业的安置区发展旅游业
扶贫部门	会同有关部门审核建档立卡贫困对象，做好易地扶贫搬迁群众后续产业发展工作
电力部门	安置区供配电设施建设
金融部门	负责易地扶贫搬迁专项建设资金和政策性贷款相关工作，农村信用社负责按计划分年度到位捐款资金
各级扶贫投融资平台	筹集易地扶贫搬迁资金，根据年度实施方案及时拨付到位，负责偿还银行贷款

资料来源：《贵州省 2016 年易地扶贫搬迁工程实施方案》。

第五节　结论与启示

一　简要结论

易地扶贫搬迁是我国实施新一轮脱贫攻坚工程的超常规举措，是消除绝对贫困人口最为直接有效的扶贫开发方式。贵州省自 2012 年开始将扶贫移民搬迁与生态移民搬迁统合，对 204 万名居住在深山区、石山区的农村贫困人口实施扶贫生态移民搬迁工程。"十三五"期间，贵州省计划搬迁 105 万名贫困人口和 37 万户生态脆弱区的农户，其中 2016～2018 年每年搬迁 30 万人，2019～2020 年每年实施搬迁 26 万人，通过易地扶贫搬迁确保这部分贫困人口到 2020 年与全省同步进入全面小康。

结合国家易地扶贫搬迁相关政策，贵州在省级层面出台了推进易地扶贫搬迁的一系列政策。这些政策既包括建立相应组织结构的内容（如《贵州省易地扶贫搬迁领导小组工作规则》等），也包括各相关行业部门助推易地扶贫搬迁的政策，如《贵州省人力资源社会保障厅关于印发〈贵州省生态扶贫移民就业工作实施方案〉的通知》（黔人社厅通〔2013〕308 号）、《贵州省国土资源厅关于推进扶贫生态移民工程建设的指导意见》（黔国土资发〔2013〕42 号）等。与此同时，贵州各相关区县在具体实施生态移民搬迁过程中也进行了机制创新，形成多样化的搬迁安置方式，确保贵州省易地扶贫搬迁工作顺利推进，并取得了较好成效——贫困农户多维贫困得到缓解、收入增加，促进了迁出区的生态保护和生态修复，促进了迁入地的经济发展和新型城镇化。同时也需要看到，贵州省易地扶贫搬迁工程也存在一些问题，如存在一定的"搬富不搬穷"现象，搬迁农户旧房拆除难度大，移民的社会融入问题被忽视等。这些问题都需要通过完善政策体系和进行机制创新来解决。

易地扶贫搬迁是投资较大的扶贫工程，对政府和移民而言都是如此。那些处于绝对贫困状态、储蓄和社会支持网络不足的贫困农户很难承担易地搬迁的机会成本，这也给易地扶贫搬迁与精准扶贫相结合带来挑战。贵州在易地搬迁精准扶贫方面，通过差异化补助和扶持及多元安置方式，助力有搬迁意愿的建档立卡贫困农户"搬得出、稳得住、能致富"。

二　启示

（一）搬迁对象差异化补助有助于贫困农户"搬得出"

易地扶贫搬迁是一项投资规模大的扶贫开发措施。相对于一般户和富裕户而言，越困难的家庭越难承担易地扶贫搬迁成本，也往往越容易放弃搬迁。这也在一定程度上造成易地扶贫搬迁"搬富不搬穷"现象。要促进易地扶贫搬迁与精准识别相结合,实现建档立卡贫困农户"搬得出",需要对搬迁对象实施差异化补助(在整村搬迁中非贫困户也能获得搬迁机会,不同贫困程度的搬迁对象承受搬迁成本的能力不同)来促进建档立卡贫困户搬迁。尽管贵州在易地扶贫搬迁过程中实施了搬迁对象差异化补助标准和针对"三无"人员的特殊优惠政策,但在实践中仍有部分贫困农户因搬迁成本高而难以实现搬迁。因而,扶贫对象搬迁补助标准的测算既要考虑建房成本,也需要地从贫困农户角度出发测算推动贫困人口愿意搬、能够搬的补助标准。

(二) 以搬迁对象的生计需求为导向实施多元化的移民精准安置

生计是移民搬迁中搬迁对象"稳得住、能发展、可致富"的关键,而搬迁对象的生计选择与家庭状况关系密切。有些贫困户能很好地掌握农业生产技术,倾向于采用农业生计方式。而有些贫困家庭中的家庭成员以外出务工为主,对非农生计方式情有独钟。家庭状况和生计需求偏好对移民的搬迁倾向有相应的影响。不同家庭情况的搬迁农户的生计需求也存在差异。从政策和实践来看,移民的生计方式往往内嵌于搬迁安置模式之中。移民对安置方式的选择在一定程度上也是对今后发展方式的选择。因而,不同的搬迁对象对安置方式也存在偏好差异。在贵州省易地扶贫搬迁中,安置方式以就业和生计为核心,以搬迁对象的生计需求为导向实行县城安置、集镇安置、中心村安置、产业园区安置等多元化的安置方式。这种多元化的安置方式较好地满足了不同类型搬迁对象的发展需求,促进了扶贫搬迁对象的精准安置。

(三) 相应的组织机构和平台促进易地扶贫搬迁资源统筹和部门合作

易地扶贫搬迁建设内容广、投资规模大,具有一定的风险。贵州在实施易地扶贫搬迁过程中,成立了各层级的易地扶贫搬迁工作领导小组、易地扶贫搬迁实施工程建设指挥部等领导和协调机构,以及建立扶贫开发投资有限责任公司。贵州的实践表明,成立各层级领导和协调机构有利于实现易地扶贫搬迁工程的整体规划与合理布局,也有利于相关参与部门之间的工作分工与资源整合。建立扶贫开发投资责任有限公司等投融资平台,有利于扩大易地扶贫搬迁资源动员规模，为易地扶贫搬迁提供资金保障，有利于易地扶贫搬迁资源统一调配和统筹安排，也有利于明确责任主体和保障易地扶贫搬迁资金安全。

（四）迁出区是增加移民收入来源的重要区域

移民在搬迁之后特别是在安置过渡时期，因原有生计"遭到"破坏而新的生计方式尚未建立，其贫困脆弱性比较高。多元生计有利于提高移民收入的稳定性，降低其贫困脆弱性。在以往实践中，各地更多地将移民生计重建的重点放在安置地，对迁出区主要实施的是生态修复和退耕还林。近年来，贵州易地扶贫搬迁开始注重从迁出区角度促进搬迁对象增收。例如，提出要结合山区农业开发、退耕还林和扶贫政策，通过土地流转或专业合作社等方式，扶持移民对原有承包地实行退耕，改种水果或中药材，实现生态恢复和移民增收双赢。从移民生计发展角度看，这能为移民生计多元化发挥作用，充分利用移民在迁出区的土地承包权、林权等农业资产，探索增加移民的收入来源。

（五）引导社会力量促进移民在安置地的社会适应和社会融合

从贵州易地扶贫搬迁实践看，政府重点关注基础设施、产业发展、公共服务、移民生计等内容，而城乡文化差异、村庄社会环境差异等带来的移民在心理层面的社会适应问题没有得到足够重视。其实移民产生社会适应问题对移民生计甚至是对移民社区的和谐、稳定都具有一定的影响，也是易地扶贫搬迁目标实现的潜在风险。各地在易地扶贫移民搬迁实践中，应将移民的社会适应作为重要关注内容之一，通过政策和机制创新引导社会机构等多种力量帮助移民解决社会适应问题，更好地融入当地社会。

第十章 完善社会保障兜底扶贫

刘 欣 黄承伟

　　社会保障是现代国家一项基本的社会经济制度，也是社会安定的重要保障以及社会文明进步的主要标志。作为一种国民收入再分配形式，我国社会保障制度旨在通过国家立法，动员社会各方面资源，保证无收入、低收入以及遭受各种意外灾害的公民能够维持生存，保障劳动者在年老、失业、患病、工伤、生育时的基本生活不受影响，同时根据经济和社会发展状况，逐步提高公共福利水平和国民生活质量。

　　新中国成立以来，我国初步建立了以社区"五保"制度和农村特困人口救济为主的农村社会保障体系，为农村人口中没有劳动能力和无法满足其最低生存需要的特困人口提供基本的社会保障和最低水平的生活保障，[①]在保障其基本生存权利、维护社会稳定方面发挥了积极作用。1986年，国务院成立了专门负责扶贫开发工作的领导小组，标志着我国开始启动有组织、有计划、大规模的扶贫开发工作，并逐步形成贫困地区和贫困人口自我积累以解决温饱、脱贫致富的开发式扶贫方针，改变了以往以社会救济为主的救济式扶贫方针。2007年，我国政府决定在全国农村全面实施最低生活保障制度，于2009年提出制定农村低保与扶贫开发有效衔接办法，开启了我国扶贫开发的"两轮驱动"阶段，并逐步形成"低保保生存、救助

---

　　① 张岩松：《发展与中国农村反贫困》，中国财政经济出版社，2004，第63页。

防返贫、扶贫促发展、开发奔小康"的新格局。①

进入 21 世纪以来，我国农村贫困状况及扶贫任务都发生了显著变化。一方面，贫困人口插花分布以及农村因病、因学致贫现象突出，农村社区老龄化、空心化趋势加剧，加上 2020 年全面建成小康社会目标的紧迫性，这些都对我国当前扶贫开发思想及实践的转变提出了新的要求。另一方面，党的十八大以来，习近平总书记多次在贫困地区调研等重要场合提及"精准扶贫"思想。2014 年 1 月，中共中央办公厅、国务院办公厅印发《关于创新机制扎实推进农村扶贫开发工作的意见》，正式将建立精准扶贫工作机制作为 6 项扶贫创新机制之一，并对精准扶贫工作模式的顶层设计做出详细规制。2015 年 11 月 27～28 日，习近平总书记在中央扶贫开发工作会议上发表重要讲话。在讲话中，习近平就解决"怎么扶"的问题，提出按照贫困地区和贫困人口的具体情况实施"五个一批"工程，即"发展生产脱贫一批、易地搬迁脱贫一批、生态补偿脱贫一批、发展教育脱贫一批、社会保障兜底一批"。由此，社会保障兜底扶贫成为新阶段精准扶贫、精准脱贫的重要路径之一，并在这一政策背景下产生了新的政策要求和政策目标，即要求对贫困人口中完全或部分丧失劳动能力的人，由社会保障来进行兜底。具体包括统筹协调农村扶贫标准和农村低保标准，加大社会救助力度，加强医疗保险和医疗救助，实行新型农村合作医疗和大病保险政策对贫困人口倾斜等。可以说，社会保障兜底扶贫旨在当前精确识别和划分贫困人口类型的基础上，对于无法通过自我积累、自我发展实现脱贫致富的那部分贫困人口，采取最低生活保障、社会救助、社会保险、社会福利等多元化的农村社会保障形式予以救助和支持，以保障其基本生存，使其不再陷入贫困或返贫境况，并确保 2020 年贫困人口全部脱贫以及全面建成小康社会目标的实现。

作为全国贫困程度最深的欠发达省份，贵州省历来重视地区贫困问题的解决。特别是十八大以来，贵州省深入贯彻落实习近平总书记重要讲话

---

① 向阳生：《扶贫开发与农村低保制度的有效衔接及评估与改革》，《贵州社会科学》2013 年第 12 期。

精神，始终将扶贫开发作为"第一民生工程"，并牢固树立科学治贫、精准扶贫、有效脱贫的理念，力争举全省之力、集全省之智，冲破贫困桎梏、撕掉贫困标签，坚决打赢脱贫攻坚战，走出一条贫困地区全面建成小康社会的新道路。社会保障兜底扶贫是一项重要的反贫困制度安排，也是当前背景下精准扶贫、精准脱贫的主要路径之一。贵州省近年来在健全农村社会保障体系，编密织牢社会保障托底安全网等方面进行了不断的政策创新和实践探索，并取得显著的兜底脱贫成效，为贵州省推进精准扶贫以及贫困县减贫摘帽做出了积极贡献。本章主要就贵州省兜底扶贫方面的政策及实践经验进行梳理和总结，包括贵州省实施兜底扶贫的社会和政策背景、进程、主要成效、经验和主要做法，并进一步思考兜底扶贫的政策含义及其作为"贵州样本"进行经验推广的可能性及应注意的问题。

第一节　贵州省社会保障兜底扶贫背景

一　贵州省兜底扶贫的社会背景

贵州省是我国贫困面最大、贫困深度最深的欠发达省份。作为国家扶贫攻坚主战场，面临到 2020 年实现全面脱贫的重大压力。根据贵州省精准扶贫信息平台贫困人口建档立卡数据库，2014 年贵州省贫困人口总数为 623 万人，其中民政兜底保障 158 万人，占贫困人口总数的 1/4，这部分贫困人口主要是因病残、年老体弱、丧失劳动能力以及生存条件恶劣等生活常年困难的农村居民。虽然自 2000 年以来，按照国家扶贫开发工作标准，贵州农村贫困人口已大幅减少，从 2000 年的 871 万人减少到 2015 年的 493 万人，农村贫困人口发生率从 2000 年的 27.1% 下降到 2015 年的 14.3%，但农村贫困人口规模大、贫困发生率高的状况依然十分突出。2015 年，贵州省农村贫困人口占全国农村贫困人口总量的 8.8%，贫困发生率比全国总体水平高 5.7 个百分点，[①] 仍然是全国农村贫困人口最多、所占比重最高的省

①　根据《中华人民共和国 2015 年国民经济和社会发展统计公报》数据核算。

份。同时，收入水平低也是贵州省农村贫困现状的主要特征。据统计，2010年以来，贵州省农民人均纯收入年均增长 15.3%，比全国平均水平 13.7%（2010 年全国农民人均纯收入为 5919 元，2014 年为 9892 元）高 1.6 个百分点，但因农民人均纯收入基数较低，全省与全国农民人均纯收入的绝对差距从 2447 元扩大到 3746 元，呈进一步扩大趋势。2015 年，贵州省农村居民人均可支配收入达到 7387 元，但远远低于全国农村居民人均可支配收入 11422 元。同时，在农村贫困人口中，残疾人、孤寡老人、长期因病丧失劳动能力而又没有其他收入来源的人口，以及因自然和经济等方面的原因在短期内家庭的收入和消费达不到最低生活标准的家庭仍占相当大的比例。这些对贵州省实施社会保障兜底扶贫提出了巨大挑战。此外，根据贵州省的一项调查，正常情况下，贵州省每年有 10%～15% 的农村低收入人口返贫。在返贫人口中，因病返贫、因灾返贫占较大比例（分别占 32.34%、26.36%）。因此，实施农村低保、救助等多种形式的社会保障尤为重要。这既是贵州省实施社会保障兜底扶贫的基本社会背景，也是其通过社会保障兜底推进精准扶贫的主要障碍。

同时，贵州省总体实力弱、生产力水平落后的状况也是其实施兜底扶贫的重要背景。就农村最低生活保障制度的实施来看，目前我国低保资金主要由地方财政负担，其中县级财政也负担一部分。因此，一个地区财政能力的强弱，决定着这个地区农村低保覆盖范围的大小以及补助水平的高低。对于一些中西部地区的县（市）来讲，由于历史和自然条件等多种原因，农村贫困面较大，贫困程度较深，需要低保救助的贫困人口数量较多，而地方财力非常有限。据统计，2014 年，贵州省一般预算收入为 1366.67亿元，而 50 个重点县仅为 281.82 亿元，占全省的 20.6%。50 个贫困县的生产总值、固定资产投资额分别占全省的 38.3%、35%，支撑经济发展和扶贫开发的动力严重不足。一方面，农村人口数量多、生产力水平落后和比例失调的经济结构困扰着经济的快速增长，使其财富积累长期处于较低水平；另一方面，有限的财力很难为其经济发展注入足够动力。因此，区域发展基础薄弱、农村公共服务体系不健全等现状同样制约着贵州省社会保障体系的健全以及对贫困地区的扶贫开发。

二　贵州省兜底扶贫的政策背景

2015 年，贵州省开始探索实施社会保障兜底以推进精准扶贫。作为贵州省委、省政府脱贫攻坚的"1 + 10"政策措施之一，兜底扶贫既是推进地区精准扶贫、精准脱贫的地方性政策，也是国家两项制度衔接、精准扶贫方略以及减贫摘帽政策的进一步推进。

（一）两项制度衔接

2007 年 7 月，在全国贫困人口大幅减少的背景下，我国政府决定在全国农村全面实施最低生活保障制度。同时，伴随反贫困进程的不断推进，农村低保与扶贫开发两者独立开展的弊端逐渐凸显。2008 年，党的十七届三中全会首次提出"实现农村最低生活保障制度和扶贫开发政策有效衔接"的要求。2009 年，中央一号文件提出"坚持开发式扶贫方针，制定农村低保与扶贫开发有效衔接办法"（以下简称两项制度衔接），我国扶贫开发开始进入"两轮驱动"时代，也标志着精准扶贫机制化建设的开启。贵州省自 2009 年实施两项制度衔接政策以来，在继续发挥农村低保"最后一道防线"作用的基础上，进一步推动地区扶贫开发的精准化。通过准确识别扶贫对象，提高扶贫政策措施的瞄准度，避免普惠政策代替特惠政策、区域政策代替到户政策的弊端，进一步提高扶贫开发工作的针对性和有效性。同时，2011 年，贵州省开始建立实施临时救助制度，对解决城乡困难群众突发性、紧迫性、临时性基本生活困难发挥了重要作用。

（二）精准扶贫方略

2015 年 6 月，习近平在贵州召开部分省区市党委主要负责同志座谈会时，就推进扶贫开发工作提出了"4 个切实"的具体要求，其中"切实做到精准扶贫"中明确提出了"六个精准"，即"扶贫对象精准、项目安排精准、资金使用精准、措施到户精准、因村派人精准、脱贫成效精准"。2015年 10 月 29 日，第 18 届中央委员会第 5 次全体会议通过的《中共中央关于制定国民经济和社会发展第十三个五年规划的建议》中，再次提出了"实施精准扶贫、精准脱贫，因人因地施策，提高扶贫实效"的要求。精准扶贫成为当前及未来一段时期我国扶贫开发的指导思想和主要工作模式。在此背景下，贵州省制订实施了"33668"扶贫攻坚行动计划，并在此基础上，继续出台了《关于坚决打赢扶贫攻坚战　确保同步全面建成小康社会的决定》以及包括《关于开展社会保障兜底推进精准扶贫的实施意见》在内的 10 个配套文件，对贵州省实施社会保障兜底扶贫提出了具体的内容、目标和要求。

（三）减贫摘帽政策

贵州省是我国率先提出"减贫摘帽"的省份。早在 2011 年，为切实加快省内集中连片特殊困难地区、国家扶贫开发工作重点县和贫困人口的脱贫步伐，鼓励国家扶贫开发工作重点县"减贫摘帽"，中共贵州省委办公厅、省人民政府办公厅颁布了《关于对国家扶贫开发重点县加快脱贫攻坚步伐进行奖励的意见》，提出贫困县"摘帽不摘政策"的主要内容、阶段目标以及奖励措施。根据该意见，贵州省将以量力而行、自加压力、先难后易、分阶段达标的原则，力争在"十二五"期间完成 30 个重点县和 500 个贫困乡的"摘帽"工作，2018 年完成重点县和一类、二类、三类贫困乡全部"摘帽"工作。对于主动"摘帽"的重点县，按照省定标准考核，不与国家层面挂钩，保持国家对重点县的扶持政策不减弱，确保对"摘帽"重点县、贫困乡的支持力度不减弱、奖励政策不动摇，鼓励"摘帽"促发展，鼓励"摘帽"做表率。在此过程中，农村社会保障制度作为"最后一道防线"，在贵州省贫困县区"减贫摘帽"过程中具有毋庸置疑的功能和作用，也是确保贫困县真正实现脱贫的基础和关键。

第二节　贵州省实施社会保障兜底扶贫的政策进程和主要成效

一　贵州省实施社会保障兜底扶贫的政策进程

自 2009 年国家提出农村低保与扶贫开发政策有效衔接以来，贵州省开始贯彻落实两项制度的有效衔接，以充分发挥农村低保和扶贫开发的作用。2010 年，为全面实现两项制度的有效衔接，实现到 2020 年基本消除绝对贫困人口的目标，贵州省根据《国务院办公厅转发扶贫办等部门〈关于做好农村最低生活保障制度和扶贫开发政策有效衔接扩大试点工作意见〉的通知》，结合地区实际，制定了《贵州省农村最低生活保障制度和扶贫开发政策有效衔接扩大试点工作实施方案》，将全省 50 个国家扶贫开发重点县、33 个有扶贫开发任务的县（市、区、特区）以及贵阳市乌当区、白云区、南明区、云岩区、小河区的所有乡（镇）、村都列入扩大试点范围。方案要求合理确定农村低保和扶贫对象规模，建立和完善农村贫困人口识别机制，摸清全省农村现有贫困人口规模、分布、构成和特点等基本情况。根据农村贫困人口的地域分布特点和不同地区两项制度标准的差异情况，对识别出来的农村贫困人口（包括扶贫户、低保户、扶贫低保户、五保户）实行分类指导，落实各种帮扶措施，以实现对贫困人口的有效扶持。

2012 年 1 月 12 日，为认真贯彻落实《中国农村扶贫开发纲要（2011～2020 年)》和中央扶贫开发工作会议精神，贵州省出台了《关于贯彻落实〈中国农村扶贫开发纲要（2011～2020 年)〉的实施意见》，进一步提出加快建设扶贫开发、农村低保、临时救助制度等有机融合的农村社会保障体系。针对扶贫标准下具备劳动能力的农村贫困人口、鳏寡孤独、因病因残丧失劳动能力的贫困人口，实施不同的开发或救助政策，并实施农村低保季节性缺粮户粮食救助制度，健全自然灾害应急救助体系、学生资助体系，以及最低生活保障和物价上涨挂钩的联动机制、社会养老服务体系、残疾人帮扶体系，同时关注留守妇女和留守儿童的贫困问题。

2014 年，为贯彻落实习近平总书记等中央领导关于扶贫开发工作的重要指示以及中共中央办公厅、国务院办公厅《关于创新机制扎实推进农村扶贫开发工作的意见》精神，贵州省对改革创新扶贫开发工作提出了具体意见，包括进一步做好"两项制度"的有效衔接，巩固发展"生存靠低保、发展靠扶贫"的工作机制，坚持托底线、救急难、可持续的原则，构筑以最低生活保障为核心、集特困人员供养、受灾人员救助以及医疗、就业、教育、住房、临时救助、粮食救助等一体的社会救助体系，实现应保尽保、应扶尽扶。

2015 年 5 月，贵州省政府办公厅下发《贵州省城乡低保减量提标方案》，提出通过减量提标，到 2020 年全省除南明、云岩两区外（两区均已实行低保城乡一体化），农村低保年保障标准与扶贫标准实现"两线合一"，达到 6200 元，全省农村低保保障人数减至 213 万人，城市低保平均标准达到 747 元/月，保障人数减至 40 万人。根据方案，未来 5 年，根据各地经济社会发展水平和所处区位，贵州省城乡低保标准分别划分为 3 个或 4 个档次，且每年确定一次城乡低保标准。按照"应保尽保、应退则退、按标施保、动态管理"原则，将脱贫后家庭人均收入超过低保标准的低保对象及时退出保障范围，将无业可扶、无力脱贫的"两无"贫困人口和返贫人口及时纳入保障范围，并通过持续提高保障标准，确保困难群众的基本生活水平与全面小康社会相适应。

2015 年 11 月 6 日，贵州省继续出台了《关于开展社会保障兜底推进精准扶贫的实施意见》，要求在全省全面部署开展社会保障兜底推进精准扶贫工作。该意见作为贵州脱贫攻坚"1 + 10"系列政策措施之一，明确提出要通过实施社会保障兜底扶贫行动，加大力度、强化保障、加强衔接、织密网络，确保"两无"贫困人口和暂时不能脱贫人口的基本生活水平与全面小康社会的建设进程相适应，共享全面小康成果。从内容上看，这一政策包含了提高低保标准，确保困难群众的基本生活水平与全面小康社会相适应；提高特困供养水平，确保特困供养人员共享全面小康成果；提高医疗救助保障水平，有效减少因病致贫、因病返贫现象以及加强住房救助，确保困难群众住有所居。从充分整合现行各项社会保障政策出发，着力提升精准扶贫合力，就低保、特困人员供养、医疗救助、临时救助、受灾人员救助、住房救助、基本养老保险等制度最大限度地促进精准扶贫提出了有针对性的实施举措。

综上所述，贵州省在贯彻党和国家的社会保障制度及两项制度衔接政策的基础上，结合地区实际，以及各阶段出现的问题、困难，不断进行地区社会保障兜底扶贫政策的细化、落实和创新，制定出台了一系列社会保障兜底扶贫的政策措施，为贵州省兜底扶贫以及精准扶贫的推进奠定了良好的政策和制度基础。

二 贵州省社会保障兜底扶贫的主要成效

贵州省实施两项制度衔接特别是实施社会保障兜底推进精准扶贫政策以来，取得了显著成效。从宏观上看，通过探索实施扶贫开发与农村低保标准"两线合一"，贵州省逐步提高了农村低保标准，农村低保覆盖面得到扩大，保障水平进一步提升，更多贫困人口特别是无劳动能力的贫困人口得到切实有效的救助和帮扶，群众获得感得到提升。同时，贵州省在兜底扶贫过程中进一步健全了贫困人口建档立卡、分类帮扶等一系列工作机制，为进一步推动地区精准扶贫积累了经验。

（一）农村社会保障水平进一步提高

根据要求，贵州省将所有"两无"贫困人口（无业可扶和无力脱贫贫困人口）、暂时不能脱贫人口和其他符合条件的农村群众全部纳入社会保障、社会救助的范围，以扫除保障救助盲区，确保到2020年前贫困人口的基本生活水平与全面小康社会的建设进程相适应，共享全面小康成果。截至2014年末，贵州省农村最低生活保障水平较2010年提高65%。全省农村"五保户"集中供养率达33.5%，比2010年提高28个百分点。2011～2014年，全省得到临时救助的困难群众为29.9万户（次），支出救助金18923万元；全省纳入粮食救助范围的农村低保对象为336.2万人（次），发放救助粮11167万公斤，支出资金6.18亿元。截至2015年8月，新型农村社会养老保险参保人数达到1626.16万人，参保率为96.21%。而"减量提标、两线合一"政策则提出了具体的低保实施标准，即2015年贵州全省各档次农村低保保障标准确定为：第一档，6360元/年；第二档，2820元/年；第三档，2640元/年；第四档，2580元/年。由此，农村低保人口的保障水平将得到进一步提升。

（二）地区社会保障制度体系进一步完善

贵州省在探索实施社会保障兜底推进精准扶贫的过程中，不断建立和完善以最低生活保障制度为基础的贫困人口社会保障体系。一方面，从确保贫困群众的基本生活水平与全面小康社会相适应出发，贵州省着力增强社会保障在农村扶贫开发中的兜底作用，明确提出要不断提高低保标准和特困供养水平，逐步推进"两线合一"，保障贫困群众的基本生活水平随着全面小康建设进程的推进得到相应提高。同时在坚持应保尽保的基础上，对特殊人群给予托底保障，对低保对象中的老年人、重度残疾人、重病患者、在校学生、单亲家庭成员等特殊困难群体，按当地低保标准的10% ~ 30%增发特殊补助金。另一方面，为有效减少因灾、因病、因突发事件致贫、返贫现象，贵州省在实施兜底扶贫过程中注重强化社会救助救急解难的功能。在此背景下，贵州省进一步提高农村贫困人口的医疗救助保障水平，并对特困供养人员、低保对象中的长期保障户、80岁以上老年人、精准扶贫建档立卡贫困人口中的重大疾病患者等特殊困难群体实行保障水平100%的措施。由此，贵州省在实施社会保障兜底以推进精准扶贫过程中，进一步健全了包括社会救助、社会保险、社会福利在内的农村社会保障体系。

（三）精准扶贫工作机制进一步完善

贵州省在兜底扶贫过程中，进一步完善了贫困人口精准扶贫的工作机制，包括低保贫困人口的精准识别、精准救助、精准管理、精准退出以及多部门参与的工作机制等。为摸清贵州省贫困人口底数，贵州省及各级扶贫部门以2014年底全省贫困人口623万人、农村低保对象417万人为基准，积极开展农村贫困人口与农村低保对象的对接，以实现贫困人口建档立卡信息平台与民政部门农村低保统记台账的进一步衔接，摸清、比对和核实建档立卡低保户、"五保户"与农村低保长期保障户、重点保障户的底数。同时，在推行兜底扶贫的过程中，贵州省各地区积极探索符合地区实际的工作方法和工作手段，为贫困人口精准识别、有效瞄准、分类施策、精准帮扶提供有效基础，并积累了丰富的工作经验。

＊　　＊　　＊

专栏一　贫困人口精准识别的印江经验

对扶贫低保户以及对有劳动能力或劳动意愿的三类低保贫困户的识别，是做好两项制度有效衔接、实现精准帮扶和救助的前提和关键。在实施兜底扶贫过程中，印江县严格按照申请核评、审核、审批三个环节和申请受理、调查核实、民主评议等十个步骤的程序进行核定，并将有劳动能力、劳动意愿的低保家庭和在低保标准之上、扶贫标准之下的低收入家庭确定为扶贫开发对象。对长期纳入保障范围的一类低保户和因病、因残丧失劳动力造成家庭基本生活常年困难的二类低保户，切实做到"应保尽保"；对有劳动能力而拒不发展扶贫产业或不按乡镇规划发展产业的三类低保拟保对象，将其清退出保障范围，做到"应退尽退"，杜绝低保"养懒汉"。同时，印江县还建立贫困人口动态监测管理和进退机制，各部门分别建立贫困人口和低保人口监测管理台账，对扶贫低保户进行台账监测和动态管理，并将家庭人均纯收入低于保障标准的贫困户及时纳入低保范围，对超过低保标准的，按程序办理退保手续，对有劳动能力而拒不申请发展产业或不接受扶贫开发政策的，将其强行退出保障范围。

总体上看，贵州省社会保障兜底推进精准扶贫政策的提出，为继续推进地区农村低保与扶贫开发两项制度的衔接提供了新的动力基础，也为实现精准扶贫奠定了制度基础。同时，对贫困人口特别是丧失劳动能力的贫困人口而言，兜底扶贫无疑有助于解决其生存保障问题，并满足了困难群众多样化的救助需求，为实现2020年脱贫攻坚、全面建成小康社会构筑了一道坚实的安全防线。

第三节　贵州省实施社会保障兜底扶贫的主要做法和经验

一　实施精准识别及分类救助，创新精准识别的本土工作经验

在实施社会保障兜底推进精准扶贫过程中，精准识别、分类施策是基础和关键。贵州省各贫困县区在实施兜底扶贫过程中，结合地区实际，发挥基层扶贫工作者的创新精神，探索多种多样的精准识别及分类救助方式，如威宁精准识别贫困的"四看法"、雷山县望丰乡"五看""五访"精准识别低保户的做法、习水县二里乡精准识别的"四算法"等，为兜底扶贫及

精准扶贫的进一步推进奠定了基础。

（一）威宁精准识别贫困的"四看法"

2011 年以来，贵州省开展了以"处长下基层"、"二万干部下基层"和"省直部门挂帮联系县"为载体的"四帮四促"活动。2014 年，贵州省继续加大驻村干部选派力度，以教育实践活动、精准扶贫、美丽乡村建设等中心工作为切入点，选派组织省直机关同步小康工作队进行全省范围的驻村帮扶。在威宁县迤那镇莲花村，面对大面积贫困问题，同步小康工作队与当地干部群众总结出了"一看房，二看粮，三看劳动力强不强，四看家中有没有读书郎"的精准扶贫"四看法"，即通过看贫困对象的住房条件及其生活环境、现实的耕地拥有及收成情况和生产生活条件、劳动力强弱和生产技能掌握情况以及可持续发展能力和科技知识的掌握情况估算其贫困程度。确定贫困户后，工作队在深入调查研究的基础上，采取培训到村、到户的方式，有针对性地提供各种致富思路和举办药材种植技术培训。在此基础上，威宁县进一步总结经验，并制定详细的评分标准，对农户的居住条件、土地状况与生产条件、劳动力状况和技能掌握状况以及发展潜力和教育支出状况进行评价（见表 10－1）。"四看法"成为贵州省乃至我国其他地区精准扶贫过程中值得学习推广的一项重要工作方法。

表 10－1　贵州省威宁县精准识别贫困评分标准

1. "一看房"评分标准（总分 20 分）

评价内容及分值	评分标准	标准值
住房条件（5 分）	安全住房	5 分
	二、三级危房	3 分
	一级危房（或无房）	0 分
人均住房面积（5 分）	30 平方米以上	5 分
	10～30 平方米	4 分
	10 平方米以下	2 分
出行条件（4 分）	通硬化路	4 分
	通路未硬化	2 分
	未通路	0 分

续表

评价内容及分值	评分标准	标准值
饮水条件（2分）	有安全饮用的自来水	2分
	有供人饮用的小水窖或集中取水点	1分
	没有解决安全水问题	0分
用电条件（2分）	"同网同价"，有一些家用电器	2分
	没有"同网同价"，但用电有保障	1分
	用电没有保障	0分
生产条件（2分）	有农机具	2分

2. "二看粮"评分标准（总分30分）

评价内容及分值	评分标准		标准值
人均经营耕地面积（8分）	2亩以上		8分
	1～2亩		6分
	1亩以下		4分
	没有耕地		0分
种植结构（8分）（注：经果林或经济作物其中一项最高可得8分，但两项之和不能超过8分）	人均经果林面积	1亩以上	8分
		0.5～1亩	6分
		0.5亩以下	4分
		没有经果林	0分
	人均经济作物收益	500元以上	8分
		300～500元	6分
		200～300元	4分
		200元以下	2分
	没有经果林和经济作物，但流转土地给他人（每增加1亩分值相应增加2分，最高不得超过种植结构的总分8分）		2分
人均占有粮食（6分）	330斤以上		6分
	210～330斤		4分
	210斤以下		2分
人均家庭收入8（分）	1000元以上		8分

3. "三看劳动力强不强"评分标准（总分 30 分）

评价内容及分值		评分标准	标准值
劳动力占家庭人口数的比例（8 分）		50% 以上	8 分
		20% ~ 50%	6 分
		20% 以下	3 分
		没有劳动力	0 分
健康状况（8 分）		家庭成员健康	8 分
		主要劳动力健康，其他成员有不同程度的残障或疾病	6 分
		主要劳动力患有疾病，部分丧失劳动力	4 分
		家庭成员残障或常年多病	2 分
劳动力素质（8 分）（注：两项指标如同时出现几种因素的，以最高分计算）	文化程度（4 分）	初中以上	4 分
		小学	2 分
		文盲	0 分
	培训（4 分）	掌握 1 门以上适用技术	4 分
		参加过培训但未完全掌握适用技术	2 分
		既未参加过培训又不掌握适用技术	0 分
人均务工收入（6 分）		1000 元以上	6 分
		500 ~ 1000 元	4 分
		500 元以下	2 分
		没有务工收入	0 分

4. "四看家中有没有读书郎"评分标准（总分 20 分）

评价内容及分值	评分标准	标准值
教育负债（12 分）	没有负债	12 分
	5000 元以下	8 分
	5000 ~ 10000 元	4 分
	10000 元以上	0 分
教育回报（8 分）（注：如同时出现几种因素的，以最高分计算）	有大专（或高职）以上在校生	8 分
	有高中（或中职）在校生	4 分
	有初中以下在校生	2 分
	没有在校生	0 分

（二）雷山县望丰乡"五看""五访"精准识别低保户

雷山县望丰乡在推进兜底扶贫过程中，为进一步规范并完善城乡低保制度，实现动态管理下的应保尽保和分类施保，使低保工作的底子更准、把关更严、基础更牢，通过"五看""五访"精准识别社会保障兜底对象，真正让低保户享受国家优惠政策。"五看"是指"一看车、二看房、三看粮、四看有无读书郎、五看劳动力强不强"，通过贫困户较直观的物质条件来评估其贫困水平；"五访"则是指"访村组干部、访老党员、访致富带头人、访群众代表、访退休老干部"，确保兜底扶贫对象选择的严格精准。截至 2016 年 3 月，通过深入村组和农户家中走访，望丰乡基本完成全乡 1326 户 3869 人的低保户人口信息识别工作，为进一步推进社会保障兜底扶贫、实施多元化的救助举措奠定了基础。

（三）习水县二里乡精准识别的"四算法"

习水县在威宁精准识别"四看法"的基础上，结合地区实际，探索"一看、二算、三访、四评"的"四算法"，推进地区兜底扶贫、精准扶贫的实施。具体来看，"一看"是指结合实际情况，学习推广威宁县精准扶贫的"四看法"。"二算"即算好务工、生产、生活收支明细账，调查摸清家庭收支情况，为群众算好脱贫账，让群众知晓脱贫还存在多大差距，可通过哪些途径实现增收。"三访"是指摸底遍访所有贫困户，领导干部亲自上手，摸准贫困户的家庭现状、致贫原因、发展意愿等情况。通过问情况核对家庭信息、查现场进行财产比对、访邻居相互印证等措施进一步核实确认扶贫对象。"四评"即联审联评精准识别，通过进村入户宣传发动、群众自愿申请、村民小组召开会议推荐初始提名、开展民主评议和公示等程序，评出精准帮扶困难家庭并经精准扶贫领导小组联合审核公示。通过开展扶贫"四算法"，二里乡实现了对地区贫困户的精准识别，并基于识别结果将贫困户分为因病致贫、因残致贫、因灾致贫等类型，真正落实了精准识别和"扶真贫"的要求。

总体上，贵州省各地区在社会保障兜底推进精准扶贫工作实施过程中，探索出一系列符合地区特色的本土工作方法，弥补了以贫困线、低保线等扶贫标准进行贫困人口识别的缺陷，不仅推动了精准帮扶、分类施策的进一步落实，而且在工作过程中密切了党和政府与地方贫困人口的关系，在我国推进兜底扶贫过程中产生了积极的借鉴意义。

二　逐步提高低保标准，探索实施农村低保与扶贫标准"两线合一"

自 2009 年国家提出农村低保与扶贫开发政策两项制度衔接以来，贵州省在政策贯彻落实过程中取得了显著成效，包括建立更加精准的贫困人口瞄准机制，保障最贫困人口的基本生活，实现贫困人口生存权与发展权衔接、"输血式"扶贫与"造血式"扶贫的结合。但与全国其他地区一样，两项制度在衔接过程中也产生了一定的困难和阻碍，包括政策对象识别困难、贫困人口参与度低、衔接成本高、动态管理落实困难以及负向激励的产生等。而低保标准与扶贫开发标准不统一则是造成这些问题的原因之一。此外，贵州省还面临农村低保标准低、保障能力不足等问题，这些都是阻碍精准扶贫、实现脱贫攻坚的重要因素。为此，提高低保标准，确保困难群众的基本生活水平与全面小康社会相适应成为贵州省社会保障兜底推动精准扶贫工作的首要任务和基本做法。

2015 年 5 月 12 日，经贵州省政府批准，由省民政厅、省财政厅、省扶贫办制定的《贵州省城乡低保减量提标方案》正式公布实施。同时，贵州省城市低保按照动态管理有关规定，及时将不再符合保障条件的低保对象退出保障范围，酌情减少保障人数。2016 年，全省农村低保标准按 18.2% 的年均增幅提高，平均标准达到 3184 元/年，以后年度根据社会经济发展情况合理提高标准。

提高农村低保标准，对无业可扶、无力脱贫的"两无人口"，按照"两线合一、减量提标"的思路，逐步提高低保水平，将暂时不能脱贫人口和其他符合条件的农村群众全部纳入社会保障社会救助范围，扫除保障救助盲区，确保到 2020 年前贫困人口的基本生活水平与全面小康社会的建设进程相适应，共享全面小康成果，是贵州省基于地区贫困现状，以及精准扶贫方略实施社会保障兜底扶贫的重要举措和政策创新，也是其作为脱贫攻坚的"贵州样板"经验之一。

三 实施多元社会救助、社会保险，完善社会保障兜底帮扶体系

贵州省出台的《关于开展社会保障兜底推进精准扶贫的实施意见》，除提出提高低保标准，确保困难群众的基本生活水平与全面小康社会相适应以外，还从整合现行各项社会保障、社会救助政策出发，实施低保、特困人员供养、医疗救助、临时救助、受灾人员救助、住房救助、基本养老保险等多元社会保障形式，进一步提升精准扶贫的整体合力，最大限度地促进地区精准扶贫。总体上看，贵州省在社会保障兜底推进精准扶贫过程中，坚持大扶贫、大社保原则，加强农村低保与扶贫开发以及社会保障救助制度间的衔接，形成社会保障兜底扶贫的合力，满足贫困人口多元化、多层次的救助需求。通过强化最低生活保障、特困人员供养、受灾人员救助、医疗救助、教育救助、住房救助、就业救助、临时救助等社会救助制度之间的衔接，进一步加强社会保障救助制度与社会力量参与之间的衔接，形成各项社会保障救助制度功能充分发挥、各项社会保障救助资源充分整合、城乡困难群众生活得到有效保障的良好格局。

与现行社会救助制度相比，贵州省社会保障兜底推进精准扶贫的一系列社会救助形式更加强调社会保障的整合性和兜底性特征。一方面，从确保贫困群众的基本生活水平与全面小康社会相适应出发，贵州省兜底扶贫着力增强社会保障、社会救助的兜底作用，明确提出要不断提高低保标准和特困供养水平，逐步推进两线合一，保障贫困群众的基本生活水平随着全面小康建设进程的推进得到相应提高；另一方面，贵州兜底扶贫措施从有效遏制因灾、因病、因突发事件致贫、返贫出发，着力强化社会救助的救急解难功能。明确提高医疗救助保障水平，完善受灾人员救助制度、临时救助制度，并对特困供养人员、低保对象中的长期保障户、80 岁以上老年人、精准扶贫建档立卡贫困人口中的重大疾病患者等特殊困难群体实行保障水平 100% 的措施。

社会保障被喻为"最后一道防线"，在我国很长一段时期的农村扶贫开发过程中，社会保障在保障贫困人口基本生存、维护社会稳定等方面发挥了积极的作用。贵州省在社会保障兜底推进精准扶贫过程中，通过整合社

会保障资源，探索多元社会保障形式的衔接，产生了积极的政策效果，也为我国其他地区开展兜底扶贫提供了一定的经验借鉴。

＊　　＊　　＊

专栏三　大病医保"三级兜底"，破解因病致贫、返贫的"赫章经验"

贵州省是我国贫困程度最深的省份，造成其贫困问题的一个重要原因就是医疗救助保障水平低，群众因病致贫现象突出。据统计，2014 年贵州省因病致贫、因病返贫人口达 82 万人，占贫困总人口的比例为 13.2%。如何有效遏制因病致贫、因病返贫，切实解决贫困群众"看病难""看病贵"的问题，成为贵州省推动精准扶贫亟待解决的难题。

赫章县作为贵州省毕节市"开发扶贫、生态建设"试验区的发祥地，是贵州 50 个国家级贫困县中最困难的 10 个县之一，也是全省 13 个同步小康经济发展困难县以及 12 个扶贫开发结对帮促发展重点县之一。近年来，赫章县以深化医药卫生体制改革为核心，以新农合医疗保障制度为基础，通过整合特殊群体医疗救助资源，破解了因病致贫、因病返贫的难题，探索出一站式医疗"兜底"服务的希望之路，让广大贫困群众能够切实分享医疗改革发展的红利，感受医疗立体化救助的阳光。创造了提高贫困人口医疗救助保障水平、促进精准扶贫的"赫章经验"，不仅在整个贵州省尚属首创，也走在了全国前列。

从 2013 年开始，赫章开始建立大病贫困城乡家庭救助的三张"民生网"。第一张网是城乡居民医保报销。第二张网是政策范围内自付费大于4000 元的，到人寿保险公司进行大病补充保险补偿：1 万元的报销比例是54%；1 万~7 万元每增加 1 万元报销比例增加 5 个百分点；7 万元以上部分按 90% 报销，分段累加合计得出补偿金额。第三张网建立在前两张网基础之上，个人负担医疗费仍然较高且影响家庭基本生活的，经乡镇民政部门调查核实后，由民政医疗救助资金按 60% 的标准进行救助，从 2015 年 4月起提高到 70%。赫章县的大病医保"三级兜底"制度，实现了地区贫困

户"病有所医",也破解了多年来困扰我国医疗体制中贫困户因病致贫、因病返贫的难题。据统计,赫章县新农合参保人数达642913人,参保率为100%。3年来,220万余人次从大病医保"三级兜底"制度中受益。

* * *

专栏四 提升公共福利,教育精准扶贫惠及贫困学生

从2015年秋季学期起,贵州省要求各级财政分别压缩本级党政机关行政经费的6%,用于教育精准扶贫政策的实施。其中,省属学校和省外高校受助的学生资助经费由省级财政承担,市(州)属及以下学校资助经费由各级财政参照贵州省原有学生资助政策规定的比例承担。

为解决贫困家庭因学致贫问题,切实做到对贫困地区的"治愚"和"扶智",贵州省制定出台了有关资助农村贫困学生推进教育精准扶贫的实施方案。对具有贵州省户籍、就读高中阶段以上学校(不含研究生阶段)的农村贫困学生进行精准扶贫,新增扶贫专项助学金、减免学费等。具体来看,贵州省户籍农村贫困学生就读普通高中的,新增扶贫专项助学金、免学费、免教科书费、免住宿费。就读中职学校的,对一、二年级学生新增扶贫专项助学金、免教科书费、免住宿费。就读普通高校本专科(高职)的,再向其提供扶贫专项助学金、免学费。对于符合资助条件的在校学生,在原有资助政策基础上,从学生入学开始直到完成当期学段学业为止,实施精准资助政策。按照"精准资助、应助尽助"的原则,将农村贫困学生资助纳入年度财政预算,解决农村贫困学生上学期间的费用负担问题。

四 建立多部门协同参与的工作机制,提升兜底扶贫合力

为推进社会保障兜底,贵州省建立了多部门协同参与的工作机制,着力提升兜底扶贫的合力。

具体来看,在组织保障方面,贵州省建立了政府领导、业务主管部门牵头、有关部门配合、基层落实、社会参与的组织领导机制,并将社会保障兜底扶贫工作纳入经济社会发展总体规划,纳入民生保障考评体系和政

府绩效考核体系。同时，强化县级政府在兜底扶贫工作中的主体责任、乡级政府在兜底扶贫工作中的具体责任以及基层社会保障、社会救助经办机构的队伍建设。在平台建设方面，贵州省要求建立健全社会保障、社会救助和扶贫开发信息共享机制，逐步建立数据互通、信息共享平台，以及纵向联通市、县两级民政部门、横向联通各相关部门（机构）的救助申请家庭经济状况核对平台。在协作机制方面，贵州省建立了政府牵头、社会救助政策实施相关部门参加的社会救助联席会议制度，建立健全社会救助个案会商机制、"一门受理、协同办理"机制，强化社会救助工作之间、社会救助与社会保障工作之间的统筹衔接。同时，加强督促检查以及宣传引导，采取政府督察督办、绩效考核、调研督导、领导包保等方式，确保督促检查到位。充分利用广播、电视、报刊、互联网等媒体，大力宣传各项社会保障、社会救助政策以及社会保障、社会救助工作取得的成效，引导广大群众和社会各界充分领会党委、政府保障和改善民生的决心和信心，积极参与、监督和支持社会保障工作，在全社会凝聚起扶贫济困的强大正能量。

第四节　总结与思考

一　兜底扶贫的理论及政策含义

农村扶贫开发一直是我国学者关注的重要理论和实践问题，尤其是伴随着两项制度衔接及精准扶贫工作机制的提出，一大批学者对其进行了研究和讨论，包括两项制度衔接、精准扶贫提出的意义以及实践过程中产生的经验、问题挑战及对策建议等。当前，兜底扶贫的提出可以视为社会保障兜底功能与开发式扶贫模式的延续。从理论上看，精准扶贫的提出是在技术层面对以往扶贫开发工作中存在的瞄准偏离问题的回应，代表了扶贫新政策在确定对象群体和实现政策目标上的努力，实质是使扶贫资源更好地瞄准贫困目标人群。而兜底扶贫的基础和关键，也在于对贫困人口进行精准识别和精准分类。因此，兜底扶贫的理论内涵首先表现在其对扶贫瞄准工作机制精准化的进一步要求上。同时，兜底扶贫在区分不同贫困群体的特征及其经济、社会需求差异基础上，突出了社会保障在农村减贫中的功能和作用，对于制定更加以人为本、更富针对性的扶贫政策以及社会救助的制度化提出了新的要求，也是实现农村反贫困政策体系中经济政策与社会政策有效衔接、国家责任与社会参与融合的重要体现。可以说，其宏观的理论和政策意义在于提高农村低收入人口的素质和自我发展能力，缩小发展差距，更加突出维护社会公平正义，确保全体人民共享改革发展成果，实现 2020 年贫困人口全部脱贫以及全面建成小康社会。

从政策目标上看，农村低保旨在从制度上保障贫困人口的基本生存，扶贫开发着力解决贫困地区和贫困人口的发展问题。而根据社会保障学原理，扶贫可以被视为我国在建立社会主义市场经济体制时期发展起来的一种特殊的社会救济形式。[①] 因此，从宏观的政策层面来讲，农村扶贫开发与以农村低保为基础的社会保障制度具有反贫困的共同目标，且两者在长期的农村减贫过程中一直发挥着重要作用。结合当前我国精准扶贫方略以及脱贫攻坚战略目标的提出，通过社会保障兜底扶贫保障最贫困人口的基本生活，增加社会公共福祉，是推进新阶段扶贫开发，确保 2020 年全面消除绝对贫困、全面建成小康社会的一项重要政策和制度保障。

从政策瞄准对象上看，瞄准贫困群体、开展有针对性的扶贫开发是我国扶贫开发工作的必然要求。从贵州省兜底扶贫的内容来看，其要求在精准识别贫困人口的基础上，筛选出无业可扶和无力脱贫的"两无"贫困人口、暂时不能脱贫人口和其他符合条件的农村群众，将其纳入社会保障、社会救助的范围，通过社会保障、社会救助形式构筑"最后一道防线"。历史上，我国扶贫开发的瞄准单位经历了从区域到县再到贫困村、贫困户的阶段性转变，扶贫政策在对象群体确定以及实现途径上逐渐向精准化方向推进。因此，从贫困人口的瞄准和选择这一微观政策含义来看，兜底扶贫在一定程度上代表了贫困瞄准机制的变迁。

从政策内容上看，贵州省以社会保障兜底推进精准扶贫在整体上可以

[①] 刘彦武：《救助式扶贫：当前扶贫开发有效路径》，《成都行政学院学报》（哲学社会科学）2005 年第 5 期。

概括为以农村低保为基础的贫困人口社会保障体系，包括社会救助、医疗救助、灾害救助、住房救助、临时救助、社会保险、社会福利等多种形式的社会保障形式，进一步体现了社会保障的多元化、人性化和综合性。同时，兜底扶贫政策的推进，要求实现扶贫、民政、医疗、教育等多部门多组织的沟通协调和有效参与。因此，从一定意义上看，这些也体现出以社会保护为内容的普惠性的社会政策在农村减贫政策中逐渐凸显，农村扶贫开发政策由单一经济开发政策逐步向多元化、综合性方向发展和转变，贫困治理由事后干预向贫困预防转变，扶贫开发由单一部门负责向多部门、全社会系统的共责和参与转变。

二　贵州省兜底扶贫经验的可推广性与要注意的问题

综上所述，贵州省通过社会保障兜底扶贫不仅取得了显著的农村减贫效果，为贵州省推进精准扶贫以及贫困县"减贫摘帽"做出了积极贡献，并在政策推进过程中探索和积累了一定的工作经验，为丰富和形成精准扶贫的"贵州样板"奠定了基础。

从兜底扶贫的经验模式来看，其提高农村低保标准，探索社会救助形式的多元化、灵活性，建立多部门协作机制以及精准识别贫困人口的工作方法，对于我国其他贫困地区开展兜底扶贫具有一定的学习和推广价值。

首先，识别贫困人口是精准扶贫、分类施策的基础和关键。事实上，依据低保标准或贫困线标准识别划分贫困人口在实际工作中存在诸多困难，且会产生较大的行政成本。贵州省在社会保障兜底推进精准扶贫过程中，结合贫困人口建档立卡、精准扶贫及扶贫云系统建设等工作，从地区实际出发，通过发挥基层扶贫工作人员及农村贫困人口的智慧，探索总结了一批简单灵活、直观易懂、具有可操作性的贫困人口精准识别方法，如威宁"四看法"、雷山县望丰乡"五看""五访"精准法、习水县的"四算法"等。这些方法在贵州省其他贫困地区得到大面积推广和学习，对于我国其他农村贫困地区识别和划分贫困人口也具有一定的借鉴价值。同时，这对于推进贫困地区的精准扶贫具有积极的意义，也有利于鼓励基层扶贫工作者的积极性和创造性，密切政府与贫困人口的关系。

其次，贵州省兜底扶贫模式的突出特点在于其在提高农村低保水平的基础上探索多元化、灵活性的社会保障形式。具体来看，贵州省从整合现行各项社会保障政策出发，在推进兜底扶贫过程中融合了低保、特困人员供养、医疗救助、临时救助、受灾人员救助、住房救助、基本养老保险等多元社会保障形式，并针对特殊人群给予托底保障，对低保对象中的老年人、重度残疾人、重病患者、在校学生、单亲家庭成员等特殊困难群体提出了富有针对性的政策措施，有利于提升精准扶贫的整体合力，最大限度地促进精准扶贫、精准脱贫。综观我国当前阶段的农村社会救助，以传统的农村低保、五保供养制度为主，且整体上农村低保补助资金的分配及具体安排不尽合理，地区间低保水平差距大，一些经济社会发展基础薄弱的西部地区明显存在投入力度不足、社会保障水平偏低的整体特征，低保救助人口实际所得有限，难以形成有效的托底保障。农村因病、因灾、因学致贫现象普遍，这些对于继续完善农村低保制度，建立多元化、灵活性的社会救助形式，完善农村社会保障体系提出了内在要求。因此，贵州省在兜底扶贫推进过程中探索的"减量提标、两线合一"以及多元化的社会保障体系，对于我国其他贫困地区完善农村社会保障制度，推进兜底扶贫、精准扶贫具有积极的借鉴意义。

再次，贵州省在推进兜底扶贫过程中建立了多部门沟通参与的协作机制。长期以来，扶贫开发过程中存在的条块分割、部门利益等问题一直是扶贫开发效率低下的原因。两项制度衔接政策运行过程中，由于扶贫与民政分属不同的行政系统，加之农村低保人口与贫困人口识别和瞄准机制方面的差异，二者不同的工作方式和识别标准往往造成贫困对象识别准确度下降。贵州省在实施兜底扶贫过程中，探索建立"一门受理、协同办理"机制，这种多部门参与、沟通的协作工作机制尤其值得学习和推广。在农村低保与扶贫开发政策的具体衔接机制方面，建立完善民政与扶贫部门信息、资源的共享与整合平台，实行科学、可行的动态管理和退出机制，是有效发挥低保保障兜底功能与扶贫开发的发展功能，切实做到"真扶贫、扶真贫"，以及全党、全社会共同参与扶贫开发的重要基础。

同时，贵州省在社会保障兜底扶贫实施过程中也存在一些困难或问题，这些也是我国其他贫困地区学习和推广贵州兜底扶贫经验模式过程中应当规避或解决的。例如，贫困人口识别瞄准过程中贫困主体的参与积极性问题，以建档立卡为基础的精准扶贫在一定意义上也有可能产生贫困人口的标签化、边缘化问题，贫困人口的负面情绪问题等，这些也应成为贫困地区精准识别工作中应加以注意的问题。当前贵州省在兜底扶贫过程中采用的社会救助形式以物质帮扶、资金救助为主，具有一定的托底保障功能。但在老龄化、留守妇女儿童问题突出的农村社区，应继续拓展社会救助的内容，探索以社会工作服务为内容的社会救助创新，为贫困人口提供更加多元、人性化的服务形式。此外，贵州兜底扶贫经验模式推广过程中还应注意"两线合一"政策实施的评估问题、兜底扶贫的可持续性问题等，这些对于进一步完善贵州省兜底扶贫的经验模式，推进精准扶贫具有积极的意义。

第十一章 片区发展与精准扶贫
到村到户有机结合

张　琦　万　君

　　根据《中国农村扶贫开发纲要（2011～2020年）》，国家将西藏、四省藏区、新疆南部三地州、六盘山区、秦巴山区、武陵山区、乌蒙山区、滇桂黔石漠化区、滇西边境山区、大兴安岭南麓山区、燕山—太行山区、吕梁山区、大别山区与罗霄山区14个集中连片特困地区作为扶贫攻坚的主战场。全国14个集中连片特困地区中，贵州有65个县分布在乌蒙山区、武陵山区和滇桂黔石漠化区3个集中连片特困地区，总体来看，3个集中连片特困地区的生存生活条件相对较差，民族结构比较复杂，贫困人口数量大，贫困程度深，整体的扶贫难度较大。贵州省通过把片区发展与精准扶贫到户有机结合，探索以片区发展带动精准扶贫、以精准扶贫提升片区发展的贵州经验。

第一节　贵州省3个片区减贫发展概况

　　贵州农村贫困人口规模、贫困人口发生率为全国之最，贵州省90%左右的贫困人口分布在三大集中连片特殊困难地区，且贫困问题与民族地区发展问题相互交织。75%以上的深度贫困人口集中分布在民族自治区域，在贫困原因上具有相似性，产业发展具有趋同性。

一　片区总体情况

根据三大区域的覆盖范围，贵州省有 65 个地处武陵山区、乌蒙山区和滇桂黔石漠化区的县级行政区，其中包括 50 个国家重点扶贫县，接近全省县域总数的 75%，该连片地区石漠化面积达到 3.3 万平方公里。三大片区常用耕地面积为 136 万公顷，占全省耕地面积的 77.3%。三大集中连片特困地区有 2300 多万人，占全省总人口的 66% 左右。2011 年底，贵州三大集中连片贫困地区的农村贫困人口超过 1000 万人，占全省贫困人口的近 90%。三大片区的农村贫困发生率为 36%，远远高于全省 26.8% 的农村贫困发生率。

《中国农村扶贫开发纲要（2011～2020 年）》颁布以后，贵州制定了《贵州省"十二五"扶贫开发规划纲要》，对三大片区整体的定位是围绕跨越式发展和可持续发展的要求，整合产业发展、市场建设以及招商引资等政策，加大开放力度，引进先进扶贫管理经验，实施大规模、区域性、产业化连片开发。具体的手段包括：以县为单位，以整乡推进、集团帮扶、产业化扶贫为主要措施，整合资源，强力推进整乡数乡区域连片开发，促进整村推进向整乡推进、整县推进转变；积极探索整村推进与连片开发相结合、扶贫开发与区域经济发展相结合的路子，大力发展集中连片特殊类型贫困地区的特色优势产业，完善产业布局，因地制宜，扎实推进山地农业和乡村旅游业发展；以"减贫摘帽"、整县脱贫为目标，以整乡、数乡、区域连片开发为主要形式，通过政策统筹、机制创新、资源整合、集中使用，推进县域经济发展，实现整县脱贫。同时，积极构建和完善有关片区攻坚的体制机制，出台《关于明确全省集中连片特殊困难地区扶贫攻坚重大事项推进工作牵头单位和联系单位工作职责的通知》，就片区的联系机制和工作机制进一步进行了明确。

二　三大片区情况

（一）武陵山区贵州片区

如图 1 所示，武陵山区贵州片区地处湖北、湖南、重庆、贵州四省市交界地带，是集革命老区、民族地区、贫困地区为一体的连片特困地区。武陵山区在贵州省的覆盖区域位于贵州高原东北部，云贵高原向湘西丘陵及川渝盆地过渡的斜坡地带，包括铜仁市的全部 10 个县（区、市）和遵义市的 5 个县，共 15 个县（区、市），其中国家扶贫开发工作重点县有 10 个。在国家首批 100 个石漠化治理试点县中，该区域占 11 个。在 2011 年国家 200 个石漠化治理重点县中，该区域 15 个县（区、市）全部进入。区域面积为 29255 平方公里，占全省的 16.61%。按照 2300 元的扶贫标准，2011 年农村贫困人口为 203.97 万人，贫困发生率为 34.47%。

图 1　武陵山区贵州片区

（二）乌蒙山区贵州片区

如图 2 所示，乌蒙山区贵州片区地处长江水系和珠江水系的分水岭地区，是乌江、赤水河、北盘江的重要发源地之一，包括毕节市 7 个县（市）

和遵义市的 3 个县（市），共 10 个县（市），其中国家扶贫开发工作重点县有 6 个。在国家首批 100 个石漠化治理试点县中，该区域占 8 个。在 2011 年国家 200 个石漠化治理重点县中，该区域有 9 个县（市）进入。区域面积为 32444 平方公里，占全省的 18.42%。按照 2300 元的扶贫标准，2011 年农村贫困人口为 276.12 万人，贫困发生率为 34.23%。

图 2 乌蒙山区贵州片区

（三）滇桂黔石漠化区贵州片区

如图 3 所示，滇桂黔石漠化区贵州片区属于滇桂黔石漠化区域的重要组成部分，包括黔东南苗族侗族自治州 15 个县、黔南布依族苗族自治州 10 个县、黔西南布依族苗族自治州 7 个县、安顺市的 6 个县（区）以及六盘水市的 2 个县（区），共 40 个县（区），其中国家扶贫开发工作重点县有 33 个。该区域是贵州石漠化问题和民族地区发展问题比较突出的地区，著名的麻山、瑶山、月亮山、雷公山等生产生活条件极差的深度贫困地区就位于该区域的苗岭山脉腹地。在国家首批 100 个石漠化治理试点县中，该区域占 25 个，在 2011 年国家 200 个石漠化治理重点县中，该区域占 31 个。区域面积为 79802 平方公里，占全省的 45.32%。按照 2300 元的扶贫标准，2011 年农村贫困人口为 498.49 万人，贫困发生率为 39.17%。

图 3　滇桂黔石漠化区贵州片区

第二节　片区发展的减贫脱贫成效

在《中国农村扶贫开发纲要（2011~2020 年）》对 14 个集中连片特困区域做了宏观的发展纲要后，贵州省立足贵州实际，及时制定了《贵州省

"十二五"扶贫开发规划纲要》，并分别制定了 3 个片区的规划纲要，截至 2015 年底，片区减贫脱贫成效显著。由于贵州积极把片区发展与精准扶贫相结合，在片区规划实施过程中，探索规划项目、规划资金到村到户，规划实施的精准度有了进一步的提升。

一　片区发展与扶贫攻坚成效显著

自片区攻坚规划实施以来，贵州省将片区攻坚与精准扶贫融合推进，取得明显成效，规划实施完成情况较好，贵州省三大片区规划完成情况在 14 个片区中处于前列，贵州省的规划完成情况在片区内部也处于前列。

（一）扶贫脱贫成效显著

截至 2015 年底，武陵山片区地区生产总值年均增长率为 11.3%，城镇居民人均可支配收入年均增长率为 11.5%，农村居民人均纯收入年均增长率为 12.7%，贫困人口 86.8 万人，贫困发生率为 12.8%；乌蒙山片区地区生产总值年均增长率为 12.5%，城镇居民人均可支配收入年均增长率为 11.5%，农村居民人均纯收入年均增长率为 14.1%，贫困人口为 120.7 万人，贫困发生率为 13.5%；滇桂黔石漠化片区地区生产总值年均增长率为 12.5%，城镇居民人均可支配收入年均增长率为 11.6%，农村居民人均纯收入年均增长率为 13.2%，贫困人口为 242.2 万人，贫困发生率为 18.3%。

（二）片区规划总体完成较好

2011 年至 2015 年 6 月底，全省片区累计完成投资额 14196.1 亿元，占备案规划总投资额的 47%，高于 14 个片区的平均水平。其中，武陵山片区完成投资额 2062.6 亿元，乌蒙山片区完成投资额 4388.2 亿元，滇桂黔石漠化片区完成投资额 7745.3 亿元。2015 年 1～6 月，全省片区完成投资额 2140.5 亿元，其中，武陵山片区 104.7 亿元，乌蒙山片区 220.3 亿元，滇桂黔石漠化片区 1815.5 亿元。

片区规划的总体完成率也较高，以滇桂黔石漠化片区贵州片区为例，截至 2014 年 12 月底，贵州 10 项重点工作累计投资额完成 4125 亿元，占规划总投资额的 73.7%，其中政府投资额累计完成 2138 亿元，占规划政府投资额的 53.5%，远高于片区其他省份的投资比例。10 项重点工作投资完成额占规划总投资额的比重见图 4。

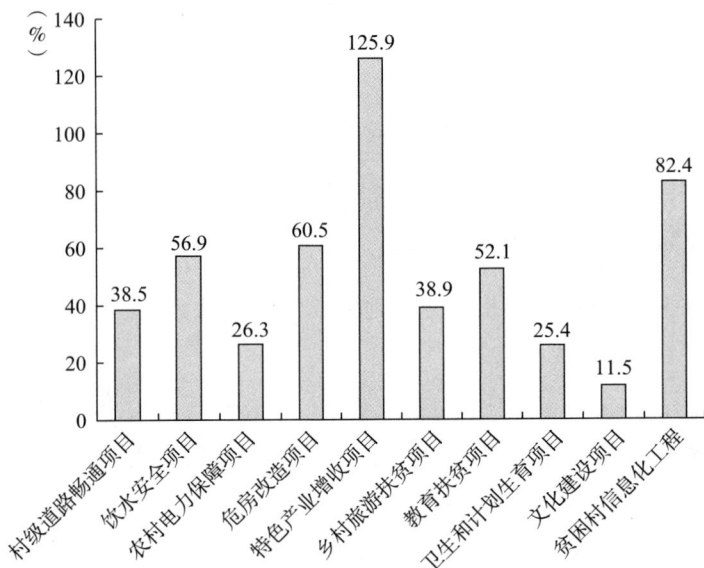

图 4　贵州 10 项重点工作投资完成额占规划总投资额的比重

贵州省累计投资额 14196.1 亿元，大部分投向了与民生发展有关的领域。其中，基础设施 5737.9 亿元，产业发展 4532.3 亿元，民生改善 1713.1 亿元，公共服务 1408.2 亿元，能力建设 51.1 亿元，生态环境 753.5 亿元。2015 年 1~6 月，全省片区 6 项重点建设任务完成投资额 2140.5 亿元，其中，基础设施 695.9 亿元，产业发展 539.3 亿元，民生改善 509.3 亿元，公共服务 303.2 亿元，能力建设 9.1 亿元，生态环境 83.7 亿元。

（三）贵州省片区攻坚横向对比处于领先位置

贵州省片区规划完成情况在三大片区内部相对处于前列，其减贫成效也高于其他省份。从贫困人口减少情况来看，贵州省在 3 个片区中表现最好，远超平均水平。以 2013~2014 年武陵山片区各省贫困人口减少情况来看，片区总计贫困人口减少 67.9 万人，其中贵州省就减少 49.09 万人，贡献率达到 72.3%，具体情况见表 1。

表1　2013～2014年三大片区各省贫困人口减少情况

单位：万人

武陵山片区				乌蒙山片区				滇桂黔石漠化片区			
省份	2013年	2014年	减少率（%）	省份	2013年	2014年	减少率（%）	省份	2013年	2014年	减少率（%）
合计	699.6	631.7	9.71	合计	447.7	417.95	6.65	合计	707.41	649.45	8.19
贵州	156.89	107.8	31.29	贵州	183.3	152.85	16.61	贵州	340.79	299.92	11.99
湖北	132.31	131.2	0.84	四川	62.88	58.79	6.5	广西	294.22	276.22	6.12
重庆	62.17	50.2	19.25	云南	201.52	206.31	-2.38	云南	72.4	73.31	-1.26
湖南	2472.2	2632	6.46								

二　减少致贫外部环境因素的约束

贵州省通过片区攻坚，有效减少了致贫环境因素的约束。贵州省把基础设施建设作为扶贫攻坚的重要基础，坚持"整体规划、县为单元、整合资源、集中投入、综合开发"，从政策、资金、项目等各个方面加大支持力度，集中力量实施一批区域性重大基础设施建设项目，着力解决基础设施滞后、工程性缺水等制约区域发展的瓶颈问题。

（一）大幅改善区域交通基础设施条件

贵州省加大投入力度，快速推进片区内快速铁路、高速公路建设项目的实施，贵州省的交通基础设施建设已经从根子上发生了逆转，四通八达的骨干路网已经形成。截至2015年底，贵州省全面实现了"县县通高速"目标。"十二五"期间，新建了一批二级公路、旅游公路、通乡通村油路、通组公路等，大幅完善了乡村路网，提高了乡村公路等级和道路通达通畅率，彻底改善了贫困地区的交通状况。基本实现覆盖100%的乡镇、70%以上行政村通油路（水泥路），缩小了三大片区内部乃至省域内交通基础设施方面的差距。

*　　*　　*

专栏一　《贵州省集中连片特困地区交通扶贫开发规划》（节选）

农村公路是农村地区特别是贫困山区基本的交通运输通道，是支撑农业和农村经济社会发展的基础。武陵山、乌蒙山和滇桂黔石漠化等集中连片特困地区由于受地理区位、自然条件等影响，农村公路建设滞后，通达通畅水平较低。2010年，三个片区乡镇通畅率为96.3%，与全国平均水平相当；建制村通达率为96.5%、通畅率为25.4%，比全国平均水平低2.7和56.3个百分点。

根据《集中连片特困地区（贵州分区）交通扶贫开发规划》和《部省共建协议》，贵州省武陵山区、乌蒙山区和滇桂黔石漠化区三个集中连片特困片区，"十二五"和"十三五"期间将重点实施农村油路建设，其中"十二五"投入中央车购税资金197亿元，建设通村油路3.95万公里，在集中连片特困地区新增42个乡镇通沥青（水泥）路，实现片区内所有具备条件的乡镇通油路；新增7911个建制村通油路，将使武陵山区、乌蒙山区、滇桂黔石漠化区建制村通油路比例分别达到75%、70%、70%。同时，还将实施一批对扶贫开发、资源开采和旅游开发具有重要作用的县乡公路改造项目。

（二）水利基础设施进一步完善

贵州省围绕水源工程、灌区改造、饮水安全三大重点，推进片区内大中型骨干水利工程、农村饮水安全工程、病险水库除险加固工程、城市供水工程、重点灌区节水改造和续建配套工程等项目建设。有序开发、合理利用区域地下水资源。加强农田水利建设，加大对中低产田的改造力度，大力实施"五小"工程，推进农村人口人均0.5亩基本口粮田工程建设。截至2015年底，基本解决了农村人口安全饮水问题，实现人均0.5亩基本口粮田目标，区域内工程性缺水状况得到有效改善。

（三）信息基础设施建设引领扶贫攻坚

贵州省突出抓好大数据战略行动，以建设"贵州省国家大数据综合试验区"为统领，谋划了一批平台和重大工程，在片区信息化建设方面开展"七个平台"和"十大工程"建设。重点立足于加强区域信息基础设施建设，进一步提升区域信息传输能力和网络覆盖率。移动2G和3G网络覆盖率均超过95%，基本实现乡镇及行政村"村村通"光缆，电话、电视普及率不断提高。同时，积极采用光纤接入技术，大力发展用户宽带接入网。推进数字化区域建设，建成有线、地面和卫星三位一体的广播电视传输网络，完善广播电视基础设施，全面推进数字电视业务发展。同时，通过"扶贫云"工程，加强计算机及网络在电子政务领域中的综合运用，进一步完善扶贫政务信息网络平台，实现信息资源共享。

＊　　＊　　＊

专栏二　《贵州日报》报道的贵州农村信息化建设（节选）

近年来，贵州省通信管理局与各通信运营企业、贵州农经网合作实施的信息进村惠农工程，不断提升农村地区信息化应用水平。自 2009 年以来，已在全省建设 77 个村级农民多功能信息服务站，各通信运营企业为村级农民多功能信息服务站提供免费宽带上网服务，使当地村民足不出村就可通过贵州农经网发布农产品供求信息。

2011～2014 年，全省投入运行的村级农民多功能站共接待村民 10000 多人次，每天向大量村民提供信息服务；2011～2014 年，共计完成 230 个乡镇、571 个村的信息库及信息栏目建设，使网页覆盖到村。特别是贵州通信业在面对崇山峻岭、沟壑纵横的地理条件时，不畏艰险，克服施工难度，努力解决城乡数字鸿沟，打通信息高速通道，建造农村地区"世界之窗"，行政村通宽带、自然村通电话比例分别超过 91.6% 和 99%。

通过农村信息化应用普及，运用互联网，让地处贵州偏远山区的百姓致富思路"脑洞大开"。打开淘宝贵州馆的网页，名茶、名酒、中药材、特色食品，贵州农特产品琳琅满目。铜仁市加快发展电子商务，一年多打造 300 多家当地淘宝电商，创造了可喜经济效益；丹寨县扬武乡的民族"蜡染"工艺和龙泉镇卡拉村的"鸟笼"工艺扬名海外。这些都是贵州农村通过 ICT 技术做到的创新，在信息通信脱贫致富效应带动下，原来的"救济村"变成了远近闻名的"致富村""信息村"。

（四）区域性市场体系得到进一步完善

贵州省基本建成了设施完善、城乡一体、产销互动、开放畅通、竞争有序的区域市场体系，初步形成了以市为中心、县城为骨干、乡（镇）为基础、村为补充的流通基础设施建设格局，实现了片区范围市场基本流通服务设施的均衡布局。同时，依托区域特色农业产业基地，配套建设了具有特色、规模和品牌效应的产地型农产品批发市场，推进了片区农产品市场的改造升级。建设了一批跨区域的商贸物流中心，综合服务能力不断提升。

三 积极创造条件，充分发挥行业部门在片区精准扶贫中的特殊作用

从片区攻坚规划的初衷来看，连片特困地区联系单位承担片区扶贫攻坚调研、协调、督察、检查的责任。但从片区扶贫的具体实践来看，部门职能和行业资源支持脱贫攻坚的特殊作用已经凸显。基础设施落后、公共服务不足是集中连片特困地区区域发展、贫困人口脱贫的主要瓶颈，各职能部门通过本行业脱贫攻坚的组织领导，实现了对片区内部扶贫项目的优先安排、扶贫资金的优先保障、扶贫工作的优先对接、扶贫措施的优先落实。

（一）贵州省通过积极协调片区攻坚单位、行业部门，进一步放大了行业部门在片区精准扶贫中的特殊作用

2013 年，贵州省起草了《关于上报贵州省滇桂黔石漠化片区区域发展与扶贫攻坚工作中需要国家部委支持的事项及建议的报告》，提出了有关滇桂黔石漠化片区水利建设的 10 个需求：完善工作方案、扩大特惠政策范围、支持片区环境保护、放宽土地使用政策、增加对口帮扶城市、加大中央财政投入、加大对少数民族地区发展的支持力度、加大对特色农业产业的支持力度、加大金融支持力度、简化审批程序。水利部也积极做出了批复，在职责范围内就滇桂黔石漠化片区贵州片区做了一定的政策倾斜。

（二）各行业部门积极参与片区攻坚，成效显著

以乌蒙山片区牵头单位国土资源部为例，2014 年 12 月，国土资源部在贵州省毕节市召开乌蒙山片区区域发展与扶贫攻坚部际联席会议，就解决片区区域发展与扶贫攻坚面临的主要问题，统筹推进片区扶贫攻坚规划确定的任务举措和重大项目进行了对接和落实。在加快落实片区扶贫攻坚重大工程项目、明确职责任务、充分发挥部际联席会议工作机制作用等方面形成共识，明确了齐抓共管、协力推进扶贫攻坚的工作格局，初步形成推动片区规划实施过程中重大问题的解决和跨区域合作的协调机制。此外，

国土资源部印发实施《关于支持乌蒙山片区区域发展与扶贫攻坚的若干意见》，从土地管理、地质调查和矿产资源开发、地质灾害防治和地质环境保护及配套措施4方面提出18项具体支持政策。

行业部门在精准扶贫中的成效显著。自然条件恶劣、土地质量等级低、产出能力弱，是我国贫困地区群众面临的共性问题。国土资源部在扶贫联系试点进行全国高标准基本农田建设，推进中低产田改造，仅2013年，在贫困地区安排土地整治项目1735个，有力地促进了贫苦地区农民的脱贫致富。中国地质调查局通过部署基础地质调查项目，在贵州毕节发现铅锌、锰、重晶石等矿产信息，凸显了行业部门的特殊作用。

＊　　＊　　＊

专栏三　国土资源部18项支持政策

（一）加大土地政策支持力度

1. 强化土地规划，保障合理用地。

2. 加大土地利用年度计划指标倾斜力度。

3. 鼓励合理使用未利用地。

4. 加大土地整治力度。

5. 保障承接产业转移的必要用地。

6. 加强土地资源调查与监测。

7. 规范农村集体土地流转试点。

8. 创新耕地保护机制。

（二）加强地质调查和矿产资源开发

9. 提升基础地质调查工作水平。

10. 加快矿产资源规划实施。

11. 加大矿产资源勘查开发力度。

12. 进一步完善矿产资源收益分配机制。

13. 支持建设若干优势矿产资源开发加工基地。

14. 推进矿产资源节约与综合利用。

15. 加快推进缺水地区找水工程。

（三）加强地质灾害防治和地质环境保护

16. 大力加强地质灾害防治。

17. 加强矿山地质环境保护和治理恢复。

18. 构建防治地质灾害对口支持机制。

四　精准扶贫到村到户提升了片区规划的精准性

（一）"大扶贫"与"大数据"提升了规划瞄准的精准性

通过不断推进"大扶贫"与"大数据"两大战略行动深度融合，构建贵州省精准扶贫信息平台，利用信息化手段，在武陵山片区、乌蒙山片区和滇桂黔石漠化片区内，实现了准确识别扶贫对象，找出致贫原因，分类制定脱贫规划，实现对贫困人口的精细化管理、对扶贫资源的精确化配置、对贫困农户的精准化扶持，做到对象精准、规划精准、资金项目精准、脱贫措施精准和组织领导精准，有效破解"扶持谁""谁来扶""怎么扶"等难题。

（二）"三个十工程"提升片区产业发展的精准性

"十二五"期间，贵州省努力探索有别于东部和西部其他省份的扶贫开发新路，注重通过培育区域性扶贫产业带动贫困人口脱贫，率先实行扶贫攻坚"三个十工程"，即培育"十大扶贫产业"、打造"十大扶贫攻坚示范县"、创建"十大扶贫产业园区"，立足地域差异，就产业发展、扶贫脱贫机制、区域经济发展3个层面分类实施，大大提升了片区发展的精准性。重点按照资源禀赋和市场需求，着力培育"十大扶贫产业"，打造具有鲜明贵州特点的"东油西薯、南药北茶、中部蔬菜、面上干果牛羊"扶贫产业格局。通过300多个现代高效农业示范园区和"十大扶贫产业"的发展，截至2015年，除"两无"人员外，大部分贫困户可以通过种植、养殖、劳务、乡村旅游等实现增收，得到国务院扶贫办的充分肯定。

（三）"六个到村到户"提升规划实施的精准性

一方面，侧重从区域发展层面解决片区范围内的基础设施问题，以减少致贫环境的约束因素；另一方面，侧重片区范围的产业、市场发展，通过区域经济的壮大带动贫困人口持续增收。但片区规划如何与贫困农户的发展相衔接，以提升片区规划实施的精准性，一直没有得到有效解决。贵州省通过"六个到村到户"，有效地提升了片区攻坚规划实施的精准性。

第一，通过产业扶持到村到户，根据群众意愿选择项目，实行规划到村、项目到户、增收到人，形成一批特色优势产业村、种养户，使扶贫资金真正落实到每村每户的产业项目上。第二，通过教育培训到村到户，抓好农村劳动力就业技能培训、岗位技能提升培训和创业培训，着力培养贫困地区的农村特色产业示范带头人、科技种植养殖能手、农民经纪人，提升片区规划资金的使用效率。第三，通过农村危房改造到村到户，采取集中和分散相结合的方式，视家庭收入情况、人员构成，合理确定改造面积和资金投入，逐村逐户建立档案，让困难农户真正受益。第四，扶贫生态移民到村到户，坚持农民自愿、先易后难、突出重点、鼓励探索的原则，积极稳妥、稳扎稳打，让每一户搬迁群众都"搬得出、留得住、能就业、有保障"。第五，基础设施到村到户，以"四在农家·美丽乡村"基础设施建设6项行动计划为抓手，加快建设小康路、小康水、小康房、小康电、小康讯、小康寨，推动基础设施向乡镇以下延伸。

第三节　贵州省推动片区发展与精准扶贫相结合的主要做法

贵州省推动片区发展与精准扶贫的结合，把区域经济发展与精准扶贫、贫困人口可持续增收结合起来，取得了一系列成效。其成功经验在于通过政策"组合拳"，以贫困户增收脱贫为核心目标，实现了片区发展规划精准、片区攻坚资金使用精准、行业部门考核精准、创新技术支持精准扶贫，注重通过发展集体经济带动贫困人口脱贫。

一　增收脱贫精准：通过超常规"组合拳"，建立贫困户长效增收机制

总体来看，贵州省在推动片区攻坚和片区发展的过程中，立足三大片区的不同实际，通过超常规的"组合拳"，以瞄准贫困人口和贫困人口增收

为重点，建构了产业规划精准、扶贫资金使用精准、考核精准、区域发展模式精准和扶贫治理技术创新"五位一体"的贫困户长效增收机制。

第一，立足产业规划精准，把贫困地区的资源禀赋转化为贫困人口长效增收、长效脱贫的资源基础。贵州省结合具体实际，确立了以山地农业产业、旅游业为主的产业发展方向，切实把 3 个片区的优势特色资源转化为贫困人口的收入增长动力源。第二，立足扶贫资金使用精准，完善扶贫资金分配、监管和绩效评价机制，实现扶贫资金的条块整合。在资金整合的基础上，下放资金使用权限至县，使县级政府能够立足本县实际，大大提高了扶贫资金使用的精准度，提高了扶贫资金的扶贫效率。第三，立足扶贫攻坚考核精准，以精准考核行业部门扶贫攻坚工作为重点，强化对片区发展和贫困人口精准脱贫有直接作用的行业部门的考核，加大行业部门促进贫困人口增收的工作力度，直接改善贫困人口的生产和生活条件，有力地促进贫困人口精准脱贫。第四，明确区域发展模式，通过制度创新，就贫困地区的集体经济发展模式进行有效探索。通过片区发展带动区域发展，通过区域发展带动集体经济，通过集体经济促进贫困人口长效增收和可持续发展，不但有效地实现了集体经济的壮大、贫困地区的可持续发展，也直接带动了贫困人口的精准增收。第五，通过扶贫治理技术的创新，降低片区、贫困人口、贫困地区信息采集、管理、使用的难度，提升片区攻坚的精准程度，为片区攻坚与精准扶贫、精准脱贫的结合提供强有力的支撑。

二 力求规划精准：立足资源禀赋，确定区域性扶贫产业规划

从区域层面看，立足地区资源禀赋，制定较为精准的区域性扶贫产业发展规划，把产业扶贫作为集中连片特殊困难地区贫困群众脱贫致富的主渠道，大力推进区域性经济结构调整，实施大规模、区域性、产业化连片开发，帮助集中连片特殊困难地区开发各类优势特色资源。

一方面，有较为精准的区域性农业产业发展规划。根据各个片区的自然条件差异，制定了不同的发展规划：在武陵山区贵州片区，打造了以富硒（锌）绿茶及出口绿茶为主的优质茶叶生产基地，以及优质干果、优质烤烟、优质油茶、中药材、脱毒马铃薯等生产基地；在乌蒙山区贵州片区，

打造了以高山有机绿茶为主的优质茶叶生产基地，以优质苹果为主的精品水果生产基地，以及优质烤烟、特色小杂粮、中药材生产基地；在滇桂黔石漠化区贵州片区，打造了以冬春早熟蔬菜和夏秋反季节蔬菜为主的无公害蔬菜生产基地，以优质猕猴桃、火龙果、苹果、枇杷、桃、李、柑橘等为主的精品水果基地。

另一方面，立足区域资源，制定较为精准的乡村旅游业发展规划。在武陵山区贵州片区，以梵净山文化旅游经济圈为重点，形成以碧江区为核心的旅游交通集散中心，初步形成生态休闲文化旅游规模，推进区域生态文化旅游发展实现新跨越；在乌蒙山区贵州片区，打造以森林生态游、文化生态游、喀斯特景观生态游、史前文化探秘游、夜郎文化游、红色旅游、避暑旅游为重点的乡村旅游区；在滇桂黔石漠化区贵州片区，在充分挖掘民族地区丰富的民族文化和旅游资源的基础上，培育和扶持苗岭飞歌、侗族大歌、布依族八音坐唱等民族文化品牌，建成旅游休闲度假和民族文化保护示范区。贵州省产业化扶贫主导产业建设布局图见5。

图5　贵州省产业化扶贫主导产业建设布局

三　坚持资金使用精准：以"四到县"整合片区规划条块资金

从规划层面看，有两个因素直接影响片区规划实施的精准度：一方面，三大片区部分项目与国家、省相关专项规划的衔接不够，导致项目难落实、产业难推进、资金缺保障，尤其是国家部委在切块安排相关资金时，按现有投资预算安排渠道难以安排部委专项规划以外的项目；另一方面，专项资金缺口较大，缺乏专项资金的倾斜支持。贵州省三大片区历史欠账多，追赶任务紧，转型壁垒多，建设任务重，投资需求大，但是中央没有专门针对集中连片特困地区发展的专项资金（西藏、新疆和四省藏区除外），以致三大片区面临巨大的建设资金缺口，客观上严重影响了这些地区扶贫脱贫攻坚、创建全面小康的进程。

贵州省通过改革扶贫项目资金使用管理机制，在县域层面整合条块资金，提升片区攻坚规划项目资金使用的精准性。2011年，贵州省在《2011年度"县为单位、整合资金、整乡推进、连片开发"试点项目立项批复》中，明确了县级整合条块资金的初步框架。从2014年起，贵州省按照"乡镇申报、县级审批、乡村实施、乡镇初检、县级验收、乡级报账"的原则，全面实行目标、任务、资金和权责"四到县"制度，推行扶贫项目资金乡村公示制度、"民生特派"和第三方评估制度，实行全社会共同参与监督。2016年，又出台了《关于改革创新财政专项扶贫资金管理的指导意见》，对扶贫项目的资金使用进行了进一步的完善。并且通过探索重大扶贫专项、以奖代补、先建后补等资金竞争性分配方法，切实提高扶贫资金的精准度和使用效率。

*　　*　　*

**专栏四　《关于改革创新财政专项扶贫资金管理的指导意见》
对扶贫资金分配和使用方式的规定**

扶贫资金分配方式有关规定：中央和省级资金，除国家戴帽下达以及省委、省政府有明确规定用途的专项资金外，其余资金按照"贫困县、贫困村、贫困人口、绩效考核"2：2：5：1的比例分配，前3个因素资金以全省 2014 年末 66 个贫困县、9000 个贫困村、623 万贫困人口为基数直接分配到县，绩效考核因素资金根据省对各地扶贫开发工作考核结果分配，以上分配方式延续到 2018 年。

贫困县、贫困村、贫困人口因素分配到县资金（以下简称"因素法分配资金"），由县级围绕年度贫困退出目标任务，按照本指导意见规定的投向分配到乡（镇）、村；绩效考核因素分配到县资金，由县级统筹安排到乡（镇）、村；项目管理费的 50% 以上按乡（镇）、村的扶贫资金数额分配到乡（镇）、村。

扶贫资金使用方式有关规定：因素法分配到县资金，原则上按照"3：3：1：1：2"的比例投向 5 个方面：30% 用于扶贫产业，主要发展区域性规模化特色优势产业，其中 30% 用于探索资源变股权、资金变股金、农民变股民"三变"改革，70% 采取县级竞争入围方式分配到乡（镇）、村，与其他资金融合使用，发展地方特色优势产业；30% 用于扶持农民专业合作社、村集体经济组织，带动贫困户发展到村到户生产经营性项目和公益性民生项目，要落实到贫困村、贫困户；10% 用于小额扶贫"特惠贷"贴息，主要用于支持"5 万元以下、3 年期以内、免除担保抵押、扶贫贴息支持、县级风险补偿"的专项小额扶贫到户贷款贴息，要落实到贫困村、贫困户；10% 用于扶贫培训，主要支持"雨露计划"和扶贫干部培训，其中扶贫干部培训资金不能超过 10%；20% 用于改善生产生活条件，支持贫困村（不含村级）以下小型公益基础设施建设，重点支持产业基础设施建设。以上比例，前两项不得调整，后三项如需调整，须由县级扶贫开发领导小组报市（州）扶贫开发领导小组同意后报省扶贫办备案。

四　考核精准：将行业部门考核纳入整体考核中

行业部门是推动片区扶贫脱贫攻坚、区域发展的重要力量，贵州省通过考核机制的"指挥棒"作用，成功地把各行各业纳入精准扶贫的整体考核体系。虽然在"1＋N"系列文件中并没有专门的行业部门扶贫业绩考核文件，但在《贫困县党政领导班子扶贫业绩考核办法》中，对职能部门、行业部门的考核做了原则性的规定。

各个县根据县直部门的工作对象和职责，制定了相应的考核办法，对职能部门的考核，一方面是对其承担的扶贫任务进行详细的任务分解，另一方面是将扶贫任务量化，将其转化为年度综合业绩进行考评。各县对承担精准扶贫重点任务的县水务局、县发改局、县交运局、县住建局、县农牧林业局、县畜牧兽医中心、县林业发展中心、县商务局、县教体局、县卫计局、县文广局、县民政局、县财政局、县人社局、县委组织部、县工信局、县扶贫办、县科技局、县金融办、县水保局等有关部门都有扶贫业绩的考核。

在考核内容方面，根据各职能部门所承担任务的不同，有较为详细的任务分解。虽然职能部门承担的扶贫任务有差异，也没有针对各部门的具体指标体系，但对各部门均进行了较为详细的任务分解。对职能部门除了考核其业务工作，还考核其驻村帮扶的工作。

在结果运用方面，职能部门的扶贫工作业绩一般会计入年度政绩考核结果，并按照一定的量化方式转化为年度综合考评，直接作为领导班子奖优罚劣、调整配备和干部选拔任用的重要依据。

五 技术创新提升精准：通过"扶贫云"提升攻坚精准度

贵州省注重扶贫科技手段创新，通过"大数据"和"扶贫云"等最新信息技术工程的建设，极大地推动了片区攻坚、精准扶贫的精准度。其始于玉屏县民情电子系统而后在全省推广的"扶贫云"，利用信息化手段，在武陵山片区、乌蒙山片区和滇桂黔石漠化片区，实现了对贫困人口的精细化管理、对扶贫资源的精确化配置、对贫困农户的精准化扶持。

贵州省依托民情电子系统深入推进"干群连心·率先小康"驻村工作，加强和创新社会管理的"细胞工程"建设。以户为单位，建立"家庭档案"，聚集信息功能资源，利用软件系统强大的存储、查询、统计、分析功能，对贫困人口实行动态管理、精准识别，建设户有卡、村有册、乡（镇）有簿、县有档、省市有（信息）平台的精准扶贫管理机制，为率先步入小康服务。

同时，根据民情电子系统制定贫困人口登记表，内容涉及贫困人口家庭基本情况、致贫原因、帮扶责任人、贫困户的帮扶需求及规划、帮扶措施、帮扶成效6项内容。充分调动大学生"村官"、驻村工作队和村民代表的积极性，发挥驻村干部作为"滴灌"管道的作用，在政府的指导下，整合资源，由驻村干部对贫困人口登记造册、建档立卡、动态管理。同时，以"四在农家·美丽乡村"活动的开展为契机，帮助帮扶村制定科学的规划，按照"一村一策、一户一法"的要求，帮助帮扶村和贫困户协调、争取资金，落实帮扶措施，帮助帮扶对象发展生产、提高素质，在规定时限内帮助帮扶对象稳定脱贫致富。

另外，按照"共搭平台、共享信息、精准对位、动态管理"的要求，依托民情电子系统，建立精准扶贫信息平台，让扶贫项目、资金、措施、力量精准用在贫困农户上，实现结对帮扶、产业扶持、教育培训、危房改造、生态移民、基础设施"六个到村到户"准确无误。实现精准扶贫信息平台与民情电子系统无缝对接，为扶贫资源的精确化配置、贫困农户的精准化扶持、贫困人口的精细化管理打下坚实基础。一些地方探索运用新技术手段加强对扶贫项目的监管，利用全球卫星定位系统，导入扶贫项目基本信息和实施地点的GPS数据、图片，对全州扶贫项目点准确定位、实物化管理、全程监控，压缩了套取、冒领扶贫项目资金的空间。

＊　　＊　　＊

专栏五　贵州"扶贫云"系统"人口监测"部分内容

贵州省通过"扶贫云"监测，实现了对扶贫攻坚贫困人口的精准定位，能够全面监测贵州省的贫困人口状况。以GIS（地理信息系统）作为主要展示手段，利用大数据技术，依据贫困发生率和"四看法"的衡量指标，可以直观地反映贫困人口的分布情况、致贫原因、帮扶情况、脱贫路径以及脱贫情况。

首先，"扶贫云"能够展示省、市州、县、镇、村包含的贫困人口总数、贫困户总数、贫困发生率以及贫困人口构成情况，这样就能协助各级政府总体了解省、市州、县、镇、村内的贫困人口情况。

其次，通过"四看法"的衡量指标，以饼图的方式展示省、市州、政

内生动力。我国目前的贫困人口大部分集中在"胡焕庸线"两侧，而这个区域也是整体发展相对落后地区，既是经济发展落后地区，也是社会发展落后地区。总体来看，要解决这些贫困地区的贫困问题，根子还在于解决区域发展问题。

通过加大片区攻坚规划实施力度，把区域发展和精准扶贫相结合，取得重大减贫效果，证明区域发展是带动贫困地区脱贫的前置条件，也证明解决区域发展问题不仅需要解决基础设施建设问题，还要解决贫困地区的市场问题。贫困地区贫困的最重要的外部因素就是基础设施落后。贫困地区的农村劳动力由于受自身素质、信息、基础设施落后等因素限制，在第二产业、第三产业就业的机会受到制约。农业收入仍占贫困人口收入的主要部分，而农民收入严重依赖于农业的这一事实，又加剧了贫困地区农户对基础设施投资的需求，尤其是对水利、电力、道路等基础设施的需求。同时，基础设施建设和市场机制的建立相辅相成。基础设施的改善对促进贫困地区的经济、社会发展有着重要的作用，道路等基本设施的改善有利于生产要素的配置，并且能够促进农产品流通，利于竞争性市场的形成，从而提高整个贫困地区乃至更大范围内社会资源的合理、有效配置。因此，只有解决区域发展问题，才能根本解决贫困问题。

三 培育特色产业是贫困地区扶贫脱贫的重要优势

虽然贫困地区发展产业的基础较为薄弱，但也应看到，贫困地区的产业发展已经有了一些有利条件。一是贫困地区的产业发展环境和生产条件已进一步改善。基础设施是产业发展的基本前提和主要保障，经过多年的扶贫开发，我国贫困地区的基础设施情况明显改善，为贫困地区的产业发展提供了条件。二是产业发展面临更为有利的政策环境。国家已经出台一系列有利于贫困地区产业发展的政策措施，将从财税支持、投资倾斜、金融服务、产业扶持、土地使用等方面继续加大政策、资金支持力度，进一步改善贫困地区产业发展的政策环境，推动贫困地区的产业发展。三是国家产业结构调整、生产方式转变，为贫困地区特色产业的发展提供了有利契机。四是贫困地区的特色资源优势正在逐渐变成经济优势和市场优势。

　　一方面是自然矿产资源优势，这是贫困地区的天然优势所在，这种内在优势随着交通条件的改善和科学技术的进步，将逐步转化为经济优势，因此，应进一步立足资源禀赋，充分发挥市场竞争优势等后发比较优势。另一方面是绿色产业优势。贫困地区不仅有着自然生态景观优势，同时有着独特的民族文化优势。随着交通条件和环境因素的改善，生态旅游、文化旅游和民族特色旅游优势凸显，挖掘和培育绿色产业经济新增长点，具有巨大的产业优势和经济潜力。贵州旅游产业发展带动贫困地区扶贫脱贫和绿色经济快速发展的实践就是很好的证明。

四　行业部门是精准扶贫、精准脱贫的重要保障

　　《中国农村扶贫开发纲要（2011～2020 年）》明确指出，各行业部门要把改善贫困地区的发展环境和条件作为本行业发展规划的重要内容，在资金、项目等方面向贫困地区倾斜，并完成本行业国家确定的扶贫任务。纲要还就发展特色产业、科技扶贫、完善基础设施、发展教育文化事业、改善公共卫生和人口服务管理、完善社会保障制度、重视能源和生态环境建设等做了较为明确的安排。各部门应发挥各自的行业优势，扎实解决突出问题。行业扶贫正成为我国大扶贫格局中一支举足轻重的力量，有力推动贫困地区、贫困群众加速脱贫致富奔小康。

　　一方面，行业部门拥有政策优势。从片区攻坚的实践来看，行业部门不仅拥有技术优势，而且拥有政策优势。14 个片区的牵头单位，涵盖交通运输部、国土资源部、水利部、教育部、住房和城乡建设部、农业部、卫计委、林业局等一系列重要行业的部委，这些行业都是贫困地区区域发展的重点行业。各个部委依靠政策优势，对各个行业涉及的领域，都进行了超常规倾斜支持，让贫困地区吃上了政策"小灶"。例如，国土资源部通过实施增减挂钩项目，调整优化城乡建设用地布局，为贫困地区的扶贫开发项目建设提供更多用地空间。在编制下达全国土地利用计划时，给予贫困地区政策倾斜，优先保障异地扶贫搬迁、小城镇和产业集聚区建设用地需求，每年每县另下达 500 亩额外指标。

　　另一方面，行业部门是加强贫困地区基础设施建设的重要力量。基础

设施条件差，是贫困地区发展最重要的外部制约因素，解决区域发展问题，首先要解决基础设施建设问题。而基础设施建设投入大、周期长，贫困地区财政吃紧，进行基础设施建设捉襟见肘，行业部门的推动作用非常重要。例如，水利部以差别化政策减轻贫困地区水利工程的资金压力。2014 年，对贫困地区的中央水利投资超过 400 亿元，同比增长 45% 以上。西部地区病险水库除险加固、农村饮水安全与节水改造等公益性水利工程，中央补助比例提高到项目总投资额的 80%。

五　集体经济是精准扶贫、精准脱贫不可或缺的支撑力

集体经济是贫困地区生活、生产条件持续改善，贫困人口持续增收的重要手段。扶贫脱贫攻坚能够解决区域发展问题，也能在一定程度上解决贫困人口的增收问题，但真正催生贫困地区、贫困人口的内生动力，实现贫困地区由"外源发展"向"内源发展"的转变，仍然需要依靠集体经济的壮大。

首先，村级集体经济能够改善农村发展条件的物质基础。加快农村扶贫攻坚，改善基础设施非常重要，客观上，贫困村单纯依靠国家扶贫政策改善基础设施，难以增加村级财力，村集体经济是村级财力的主要来源，是村级组织发挥职能的前提，只有积累了充足集体财力，才能增强持续投入后劲，巩固扶贫开发成果。其次，村级集体经济能够推进产业项目发展。产业扶贫是扶贫开发的一项重要政策，"小而散""胡椒式"的资金投入方式，扶持效果不明显。只有发展集体经济，才能解决以上问题，通过调动村级组织的参与积极性，通过"资源+公司""资产+市场""企业+土地入股""产业+合作社""能人+基地""扶贫互助金+村两委"等村级集体经济发展模式，集中资金资源，持续加大投入，实现集体经济的规模化发展。最后，村级集体经济能够推动农民持续增收。村级集体经济项目仍是贫困农民增收的重要渠道，加快扶贫攻坚，实现脱贫致富，要靠集体经济带动和支持，只有发展集体经济，才能有充足资金发展壮大产业项目，更好地带领农民参与经营，实现脱贫致富。

第十二章　贵州精准扶贫、精准脱贫模式的理论思考

吕　方　黄承伟

"贫穷不是社会主义。如果贫困地区长期贫困，面貌长期得不到改变，群众生活水平长期得不到明显提高，那就没有体现我国社会主义制度的优越性，那也不是社会主义。"[1] 毫无疑问，消除贫困、改善民生、实现共同富裕，是社会主义的本质要求。做好扶贫开发工作，支持困难群众脱贫致富，帮助他们排忧解难，使发展成果更多更公平地惠及人民，是中国共产党始终坚持全心全意为人民服务根本宗旨的重要体现，也是党和政府的重大职责。全面建成小康社会，最艰巨最繁重的任务在农村，特别是在贫困地区。没有农村的小康，就没有全面建成小康社会。从当前的情况看，扶贫开发面临的形势依然十分严峻。截至 2014 年底，全国有 14 个集中连片特殊困难地区、592 个国家扶贫开发工作重点县、12.8 万个贫困村、2948.5 万个贫困户、7017 万名贫困人口。贫困人口超过 500 万名的有贵州、云南、河南、广西、湖南、四川 6 个省区，贫困发生率超过 15% 的有西藏、甘肃、新疆、贵州、云南 5 个省区。[2] 还应看到，扶贫开发工作已经进入啃硬骨头、攻坚拔寨的时期。7017 万名贫困人口大多数分布在自然条件差、基础设施薄弱、公共服务水平较低的革命老区、民族地区、边疆地区和连片特

---

① 习近平：《在党的十八届二中全会第二次全体会议上的讲话》，2013 年 2 月 28 日。

② 习近平：《在党的十八届二中全会第二次全体会议上的讲话》，2013 年 2 月 28 日。

困地区，由于贫困程度深，致贫原因复杂，减贫难度大，脱贫成本高。2015年11月，中共中央、国务院印发《关于打赢脱贫攻坚战的决定》（中发〔2015〕34号文件），对全面建成小康社会过程中的脱贫攻坚做出了全面部署，同时吹响了全面建成小康社会背景下脱贫攻坚战的冲锋号。确保7017万名贫困人口在2020年和全国人民一道步入小康社会，是一项光荣而艰巨的事业。"十三五"期间，中国共产党、中国政府将动员全党、全国、全社会的力量，向贫困问题发起总攻，致力于补齐农村人口脱贫的突出短板。

扶贫开发，事关全面建成小康社会，事关人民福祉，事关巩固党的执政基础，事关国家长治久安，事关我国国际形象。打赢脱贫攻坚战，是促进全体人民共享改革成果、实现共同富裕的重大举措，是体现中国特色社会主义制度优越性的重要标志，也是经济社会发展新常态下扩大国内需求、促进经济增长的重要途径。必须坚定信念，坚决打赢脱贫攻坚战。要赢得脱贫攻坚战的胜利，要以先进的理念和思想武装我们的头脑，要围绕"四个全面"的战略布局，牢固树立并切实贯彻创新、协调、绿色、开放、共享的发展理念，充分发挥政治优势和制度优势，把精准扶贫、精准脱贫作为基本方略和总的方法，通过不断地进行体制机制创新，出实招、见实效、扶真贫、真扶贫。

改革开放以来，特别是党的十八大以来，贵州省各级党委、政府以习近平扶贫开发战略思想作为指导思想，在党中央国务院的坚强领导和各有关方面的大力支持下，带领贫困地区的干部群众，全面推进精准扶贫、精准脱贫方略，扶贫开发成效显著，创造了脱贫攻坚的"省级样板"。从理论层面思考"贵州模式"形成的主要因素，无疑将有助于提炼"贵州经验"以及提升"贵州经验"的可持续性和可复制性。

第一节　以扶贫开发工作统领经济社会发展全局

贵州省地处西南内陆，是全国唯一没有平原支撑的省份，贫困面广、贫困人口多、贫困程度深的状况没有改变，全省85.3%的面积、91.2%的贫困人口、90.6%的贫困乡镇、92.1%的贫困村、82.5%的民族乡镇分布在乌蒙山区、滇黔桂石漠化地区、武陵山区三大片区，这些地区自然地理条件复杂，经济社会文化多元，生态高度脆弱，一般性的减贫措施和帮扶模式，难以有效治理贫困。新时期，贵州的扶贫开发任务依然十分艰巨。据统计，截至 2014 年底，贵州省仍有贫困人口 623 万名，贫困发生率高出全国平均水平 10.8 个百分点，至今仍有 152 万人生活在"一方水土养不活一方人"的地方，减贫任务为全国各省中最重，按照 2020 年全面建成小康社会的要求，平均每年要实现减贫 100 多万人。十八大以来，贵州省始终将扶贫开发作为"第一民生工程"，用扶贫开发统揽经济社会发展的全局，按照精准扶贫的总要求、总方法，通过持续不断的体制机制创新，着力构建脱贫攻坚时期精准扶贫工作的政策体系，并取得了明显的成效。

一　将扶贫开发作为"第一民生工程"

在全面建成小康社会的背景下，打赢脱贫攻坚战，保证贫困地区、贫困人口和全国人民一道步入小康社会，是第一位的民生工程。贵州省将打赢脱贫攻坚战作为重要的政治任务、头等大事，以扶贫开发工作统揽经济社会发展的全局。将扶贫开发作为"第一民生工程"，不仅体现在贵州省凝聚力量打赢脱贫攻坚战的决心层面，更体现在对经济社会发展各项工作的具体部署层面。具体而言，"第一民生工程"有 6 个方面的内容。瞄准乌蒙山区、武陵山区、滇黔桂石漠化地区三大连片特困地区，以十大特色产业助力解决产业发展和贫困人口增收的最突出的民生问题；将水、电、路、网等基础设施建设向贫困地区延伸，解决制约贫困地区发展的最基础的民生问题；对居住在深山区、石山区、高寒山区、地质灾害易发区、生态脆弱地区的贫困居民，实施危房改造和生态移民搬迁工程，解决最紧迫的民生问题；以全面建立农村教育发展长效机制为载体，推进教育扶贫，解决最长远的民生问题；建设与完善农村社会保障政策体系，用兜底式扶贫的方式，解决最普遍的民生问题；提升贫困人口的自我发展能力，促进其就业创业，解决最根本的民生问题。"小康不小康，关键看老乡"，通过大力实施上述一揽子民生工程，让老百姓尤其是贫困地区的老百姓有实实在在的获得感。借助对"第一民生工程"6 个方面内涵的阐释，贵州省形成了以扶贫开发统揽经济社会发展全局的总体安排，对各级政府部门、各个行业部门有效开展工作，做出了明确而细致的要求。

二 完善精准扶贫政策体系

为了将"第一民生工程"的各项内容落到实处，保障扶贫开发工作统揽经济社会发展全局的思想得到有效贯彻，贵州省缜密布局，以精准扶贫政策体系设计为抓手，细化工作目标，明确工作责任，以政策文件的形式，对各部门工作做出制度化安排。十八大以来，贵州省高度重视扶贫开发工作的制度建设。2013年、2014年、2015年，陆续出台了关于精准扶贫各项工作布局的"1＋2""1＋6""1＋10"政策文件，逐渐形成政策体系。2015年，中共贵州省委、贵州省人民政府联合颁布了《关于坚决打赢扶贫攻坚战确保同步全面建成小康社会的决定》，以及《关于扶持生产和就业推进精准扶贫的实施意见》《关于进一步加大扶贫生态移民力度推进精准扶贫的实施意见》《关于进一步加强农村贫困学生资助推进教育精准扶贫的实施方案》《关于提高农村贫困人口医疗救助保障水平推进精准扶贫的实施方案》《关于全面做好金融服务推进精准扶贫的实施意见》《关于开展社会保障兜底推进精准扶贫的实施意见》等10个配套文件，从工作目标、工作思路、工作格局、部门责任、保障机制、问责考核等各方面，精细化部署，为精准扶贫各项工作的有序开展提供了强有力的制度保障。

三 用好考核的指挥棒

良好的政策设计，能否落到实处、取得实效，执行非常关键。贵州省狠抓政策执行环节，从二次顶层设计的"最初一公里"，到政策落地的"最后一公里"，层层落实责任，完善省负总责、市县抓落实、重在乡村的分工机制，层层传导工作压力，形成省、市、县、乡、村五级书记一起抓扶贫的工作格局。

省委、省政府对全省扶贫工作负总责，抓好目标制定、项目下达、资金投放、组织动员和检查指导等工作；市（州）县党委、政府承担主体责任，制定实施意见，做好扶贫进度安排、项目落地、资金使用、人力调配、推进实施等工作；乡镇党委、政府承担具体责任，认真落实各项扶贫措施，确保扶贫政策、项目、资金落地见效。同时，明确各级党政主官为扶贫开发工作第一责任人，并建立党政"双主官"担任扶贫开发工作领导小组组长的制度。值得一提的是，双组长制，不仅对于责任落实有积极意义，更能够发挥独特的制度优势，在招商、融资、建设等领域，可以以党委、政府整体行动的姿态，有力推进工作开展。

保障精准扶贫各项工作落到实处，贵州省除了做好各层级、各部门的责任分工以外，还特别注重用好考核的指挥棒，将各级政府、部门的注意力有效集中到扶贫开发事业上来。2013年，贵州省颁布《贫困县扶贫开发工作考核办法》，把50个贫困县党委、政府领导班子作为考核对象，在全国率先取消对贫困县的GDP考核，推动贫困县工作考核由主要考核地区生产总值向考核扶贫开发工作成效转变。把提高贫困人口生活水平和减少贫困人口数量作为主要指标。扶贫开发成效将作为贫困县干部选拔任用、年度考核等次确定和奖惩的重要依据。扶贫开发工作成效显著的，可优先提拔使用。对重点县扶贫开发工作考核结果优良的，按不同等次给予项目资金奖励。同时，扶贫开发工作连续两年无起色、群众满意度不高的重点县，由市（州）党委、政府约谈其党委、政府主要领导，督促整改落实。对整改落实不力的，按干部管理权限进行组织调整。明确每年的考核工作由省扶贫开发领导小组统筹，省委组织部、省扶贫办牵头组织实施，考核结果的评价运用，按干部管理权限由各级党委组织部门牵头负责。

第二节 以五大发展理念指导精准扶贫工作机制创新

实现"十三五"时期的发展目标，破解发展难题，厚植发展优势，必须牢固树立创新、协调、绿色、开放、共享的发展理念。贵州在省级层面的二次顶层设计过程中，自觉坚持以五大发展理念，指引布局精准扶贫政策体系建设。

一 通过体制机制创新，完善贫困治理体系

新时期，扶贫开发工作形势发生了显著的变化，增强贫困治理体系对贫困人口差异化需求的回应能力，成为精准扶贫取得实效的关键。为实现这种能力的提升，贵州省坚持以创新发展的理念，不断完善体制机制，形成了一系列新做法、新经验。大致而言，主要体现在如下几个方面：其一，为了保证扶贫开发政策供给与贫困人口实际需求有效衔接，贵州省对扶贫资金分配方式、使用方式、监管方式进行了创新；其二，为了更有效地动员企业资本、金融资本参与扶贫开发，贵州省创造性地推行扶贫开发产业园建设工程；其三，为了更为高效地管理扶贫开发工作进程，掌握省域精准扶贫全局信息，贵州省借助云计算技术，建设"扶贫云"，在"互联网 + 减贫"方面开展了有益、有效的探索。

二 补齐贫困农村发展短板，协调推进县域贫困治理

从整体上看，新时期实施脱贫攻坚战略，是解决区域、城乡、经济与社会、发展与环境等关系不均衡的问题的重要抓手。而从县域贫困治理来看，补齐农村发展短板，促进贫困人口脱贫增收，则是协调发展的具体体现。

贵州省在谋划精准扶贫政策体系的过程中，一方面，通过基础设施建设"六个小康"工程，着力解决贫困农村水、电、路、讯、房、寨等方面的问题，为城乡协调发展补齐硬件短板；另一方面，大力实施教育扶贫计划，完善医疗保障体系，规范农村低保体系，推动公共服务在城乡之间的均等化配置。同时，贵州在精准扶贫工作开展过程中，将新型城镇化建设与扶贫开发工作有效衔接，着力增强城镇发展对贫困人口的吸纳能力和带动能力。在谋划产业发展项目时，不仅看重项目的经济效益，同时强调项目的生态效益和社会效益。

三 发挥生态优势，守住生态底线，走绿色减贫的道路

贵州省明确绿色减贫的思路，提出要"正确处理好生态环境保护与发展的关系，守住发展和生态两条底线，突出抓好山地特色农业，强力推进

扶贫攻坚'三个十工程'，着力发展环境友好型、生态友好型产业，加快传统产业生态化、特色产业规模化、新型产业高端化的进程"。在具体工作开展过程中，贵州对扶贫产业项目的安排，始终坚持立足生态优势，守住生态底线，既要抓住金山银山，又要守住绿水青山，辩证地看待发展与生态保护之间的关系。在做大做强生态农业产业、品牌的同时，尤其侧重发挥"公园省"的全域旅游资源优势，紧密结合贫困乡村的资源特点，培育了一批生态游、乡村游、观光游、休闲游、农业体验游、保健养生游等业态产品，丰富旅游生态和人文内涵，带动贫困群众"靠山吃山"、"靠水吃水"、增收受益。

四　坚持开放式扶贫的理念和方法，优化减贫模式

开放式扶贫包含两个层面的含义。其一，从工作格局上讲，新时期精准扶贫工作的开展，要着力完善大扶贫的工作格局，用好政府、市场和社会3种资源、3种机制。其二，众多新理念、新技术和新业态的出现，为扶贫开发工作更好地开展提供了新的思路和新的方法。贵州在扶贫工作开展过程中，始终坚持开放、创新的理念，对发展领域、技术领域的新思路、新方法保持足够的敏感，并迅速研究制定相关政策，助力扶贫工作高效发展。例如，贵州在对既有产业的升级改造中，按照"三产融合"的思路，对传统农业产业按照"接二连三"的要求，大力发展农产品加工业，打造从生产到加工、包装、储运、销售、服务的扶贫产业链条。在产业扶贫工作中特别注重提高销售的组织化程度。有关部门积极采取有力的措施，抢抓国务院扶贫办电商扶贫工程落地生根，积极探索"大数据＋现代山地特色高效农业＋旅游业"融合发展的农村电商路子，畅通"黔货出山"和"网货下乡"的双向通道，使电商扶贫成为贵州省扶贫开发的"新引擎"。

五　建设利益联结机制，促进贫困人口共享发展成果

"小康不小康，关键看老乡。"扶贫开发工作的落脚点，是让贫困人口共享改革与发展的成果，同步步入小康社会。贵州省除了做好兜底性扶贫工作以外，在产业扶贫工作领域，突出利益联结机制的建设，力图解决既

往产业扶贫精准度不高、益贫性差的问题。创造性地提出并实施了"资源变股权、资本变股本、农民变股民"的"三变"模式，通过农村土地经营制度改革，不仅有效盘活了农村存量资源，同时为建设新型政企农关系，扩大贫困人口参与产业项目、共享发展红利，提供了可操作、可复制的成功模式。

第三节　扶贫开发顶层设计的哲学思维

做好精准扶贫省级层面的二次顶层设计要坚持 4 个方面的哲学思维，包括系统思维、战略思维、辩证思维和底线思维。

一　系统思维

无论是从理论研究的成果来看，还是从扶贫开发工作的发展实务来看，有效贫困治理，必须坚持系统思维。毫无疑问，致贫因素是复杂且多维的，仅仅依靠某种单项政策就能够促进减贫，已经是不切实际的思维方式，唯有坚持系统的思维，才能在实践中找准方法、找准路子，精准谋划。首先，要系统看待贫困问题的成因。个体的贫困，不仅有个体自身的原因，其生活的系统环境，对其生计条件也有显著的影响。贫困治理要坚持系统的观点，找准不同区域、社区、农户致贫因素的组合，进而选准扶持的方法。其次，要系统谋划贫困治理的方略。从多元贫困的观点来看，贫困成因是复杂的，因而贫困治理的方式应当是综合性的。最后，扶贫开发工作是一项系统工程。为了综合性地解决贫困问题，有效治理贫困，需要进一步巩固和完善政府、市场与社会协同的大扶贫工作格局，以系统工程的视角和思维，谋划贫困治理体系的组织架构和责任安排。

二　战略思维

新阶段脱贫攻坚战的形势依然十分严峻，要赢得胜利，首先需要解决战略认识、战略目标和战略方向 3 个层面的问题。扶贫开发是关乎党和国家的政治方向、根本制度和发展道路的大事，在新的历史时期，应将扶贫开发置于地方经济社会发展格局中更为凸显的战略位置，以扶贫开发工作统揽经济社会发展的全局。同时，要明确战略目标。未来5年的脱贫攻坚战要解决5585万人的脱贫问题，实现贫困县全部减贫摘帽、贫困村全部出列，各省在谋划精准扶贫方略的时候，要将这一战略目标作为统筹部门工作的主要依据。围绕这一总的战略目标，明确阶段性目标，细化分工责任，选准确战略方向，坚持开发式扶贫与兜底式扶贫相结合，以"五个一批"的战略方法，精准回应贫困地区、贫困人口的差异化需求。

三　辩证思维

从辩证思维的角度谋划精准扶贫的政策体系设计，包含3个方面的含义。其一，辩证地看待贫困地区的劣势和优势。一方面，贫困地区的经济发展仍然存在多方面的瓶颈因素、制约因素，在未来的脱贫攻坚战中，要致力于补齐短板；另一方面，贫困地区实现后发发展，也有诸多优势因素，如生态优势、文化资源优势等都可以转化为实实在在的发展动能。其二，辩证地看待区域发展与精准扶贫之间的关系。精准扶贫并不是与区域发展争抢资源，通过精准扶贫，能够为区域发展培育新的增长点，同时区域发展也能够通过恰当的利益联结机制安排，带动建档立卡贫困户脱贫致富。其三，辩证地看待经济增长与生态保护之间的关系。立足地方特色，走一条绿色减贫的发展道路，能够实现经济效益、社会效益与生态效益兼得的协调发展。

四　底线思维

脱贫攻坚战处于决胜阶段，要坚守发展、民生和生态3条底线。中国减贫道路的基本经验是坚持政府主导的开发式扶贫战略，用发展的办法解决脱贫致富的问题。将贫困地区的潜在资源优势、生态优势、文化优势，通过缜密谋划、合理安排，以现代农业产业发展的思路，带动贫困人口脱贫增收，依然是脱贫攻坚的基本方法。同时，贫困人口在多个维度上具有脆弱性，通过完善的社会保障体系，在基本医疗、基本教育、基本生活方面形成兜底式网络，守住贫困人口的民生底线。此外，从地理分布来看，贫困地区的分布与生态脆弱地区的分布具有高度的地理耦合性，发展道路的谋划，要坚守生态的底线，运用科学发展的理念和科学治贫的思维，找准发展的路子，实现人与自然协调发展。

第四节　实施精准扶贫方略需要处理好的若干关系

党的十八大以来，精准扶贫的理论方法逐渐成为国家贫困治理体系设计的理念基石，对于全面建成小康社会背景下的脱贫攻坚，有全局性、纲领性的指导意义。从贵州的经验来看，做好精准扶贫省级层面的二次顶层设计，完善精准扶贫政策体系，实施精准扶贫方略，要着重处理好以下几对关系。

一　区域发展与脱贫攻坚的关系

在过去的减贫实践中，一些地方存在将区域发展与脱贫攻坚割裂看待的问题，在具体工作开展过程中，资源投向精准度不高，扶贫项目的益贫性较为有限。2014 年开始的建档立卡工作，实现了贫困识别到户。按照精准扶贫的总要求，衡量贫困地区发展质量的关键，在于区域发展是否带动了贫困人口自我发展能力的提升，最终实现脱贫增收。需要看到，区域发展与脱贫攻坚并不是相互冲突的目标，而是可以有机地统一在同一过程之中。其关键在于通过完善利益联结机制，增强贫困人口参与发展的能力，实现其对区域发展成果的共享。贵州"三变"经验，提供了一种值得总结和参考的实践蓝本。同时还应看到，通过脱贫攻坚计划的实施，贫困地区的存量资源得以盘活，可以形成区域经济发展新的引擎，支撑贫困地区区域经济新一轮的增长。

二　整体推进与因地制宜的关系

精准扶贫的核心在于将政策资源准确投放，实现对贫困人口多元化、差异化需求的有效回应。1997 年，财政扶贫资金管理明确了资金、任务、权力、责任"四个到省"的管理格局，扶贫资金由中央一级按因素法分配到省以后，省以下主要采用项目制的形式，要求各个县申请项目资金。历史地看，在贫困人口底数不清、情况不明，无法实现资源精准到户的背景下，"四到省"的体制，最大限度地保障了资源的有序投放。但其局限性也是显而易见的，相对于县级扶贫部门而言，省一级所掌握的信息是比较有限的，难以实现对项目的精准安排和对资金使用的精准监管，虽然省级扶贫部门通过专项扶贫模式、目录管理的资金竞争分配机制，鼓励地方在省级总体设计下，因地制宜地申报项目，但在实际运行过程中，资源供给与需求之间的错配现象时有发生。一方面，省级在发包项目的过程中，难以全面而精细地考虑贫困人口的实际需求；另一方面，由于监管困难，地方扶贫部门倾向于将资源投放到一些容易见到成效、容易操作的项目和区域，扶贫项目的益贫性不高。

新时期，"四个到县"的资金管理体制和项目审批权限下放到县，有利于提升县域贫困治理对当地贫困人口多元化、差异化需求的回应能力，从制度安排上保障项目安排的精准度，激发基层活力。但是，省级的总体规划、统筹安排、监督管理工作同样十分重要，资金和项目审批权的下放，并不必然带来县域贫困治理精准度的提升，如果没有有效的指导、监督和激励，在地方层面依然可能发生资源的错配。因而，省级部门要抓好进度安排、监管和激励，指导地方将政策资源用好，真正体现扶真贫。贵州省先后6次提升建档立卡数据的瞄准精度，同时启动了"扶贫云"的建设，增强了省一级统筹安排扶贫开发工作的能力，为有效监管和激励提供了技术上的保障。此外，在县级资金使用方面，省一级强化指导，制定"33121"的资金使用指南，有力保证了资金的使用效率，从而真正实现了放活管好，落实了省负总责、市（州）县抓落实的分工格局。

三 政府、市场与社会协同的关系

扶贫开发是一项系统工程，打赢脱贫攻坚战，要用好政府、市场、社会3种机制。其中关键的问题，在于明确3个主体各自的角色边界，构建政府、企业与农民的良性互动模式。首先，政府主导不是政府包办，在过去的扶贫开发工作中，一些地方存在以行政思维代替发展思维、以行政力量代替市场逻辑的现象。表现为以行政强制力"逼民致富",片面追求规模化、同质化的发展模式,这种做法,不仅导致扶贫开发工作事倍功半,也造成贫困人口对政府项目的信任感下降,使国家与农民的关系紧张。新时期,运用好政府机制,意味着政府的主要角色应定位在谋划顶层设计、提供公共物品和维持经济社会良序运转方面。顶层谋划,指的是在充分掌握地方减贫与发展的特色优势、瓶颈因素,充分尊重贫困村和贫困农户的发展意愿的基础上,找准有利发展、有利生态、有利减贫的路子。同时通过顶层设计整合财政、企业、银行各种资源,将各个行业、各个部门的政策、资金,统筹安排,形成合力,为减贫与发展提供良好的政策环境。提供公共物品,一方面是指政府承担责任,通过兜底式扶贫,促进教育、医疗、社会保障等基本公共服务均等化,守住民生底线;另一方面是指政府部门应在基础设施、基本生产设施等领域加大投入,在融资平台、政策供给等方面,为市场主体提供良好的软硬件环境。维持经济社会良序运转,包括通过制度改革,完善社会利益联结机制,提升贫困农户参与农业发展的能力,实现其对产业发展红利的分享,还包括更好地保护农民利益,促进资本与农民之间形成良性的互动关系。其次,运用市场机制,意味着尊重市场经济规律,尊重产业发展规律,发挥市场机制在资源配置中的基础性作用,让各类市场主体的专业性得到发挥。发展的活力在于各类市场主体能够根据市场信号、市场需求变化,对生产和经营做出合理的安排,培育和引进各类市场主体、新型经营主体,带动贫困人口增收。最后,用好社会机制,包括加强基层组织建设,提升农民的组织化程度,建立企业与农民的良好关系,提升扶贫开发项目的包容性、参与度。通过基层组织建设,提升贫困人口参与发展的能力,帮助企业经营活动得到农民的支持和拥护,夯实减贫与发展的社会基础。

四 外界帮扶与自力更生的关系

1991年6月和10月,80岁高龄的费孝通先生,为了完成自己给自己提出的新课题——中国山地的利用与开发,相继考察了凉山州和武陵山区,随后在《武陵行》中,提出"这一地区靠山、吃山、用山、养山,启动内在动力，做到外助内应，加速脱贫致富，增强民族团结"。① 其山地减贫的"外助内应"模式，逐渐被知识界和政策研究者逐渐接受。

在新时期的脱贫攻坚战中，重读费老的"外助内应"论，感受颇深，实现贫困地区、贫困人口的减贫与发展，既要外界加大帮扶力度，也要激发内生动力。既要坚持政府主导，又要尊重贫困群体的主体地位。习近平总书记在阜平考察时指出："贫困地区发展要靠内生动力，如果凭空就出一个新村，简单改变村容村貌，内在活力不行，劳动力不能回流，没有经济上的实际来源，这个地方的下一步发展还是有问题。一个地方必须有产业，有劳动力，内外结合，才能发展。"扶贫成果必须是真实的，而这种真实性在于社区的整体营造，在扶贫开发工作中，如果仅仅是依靠财政资源、行政推动堆砌出一个又一个新村，实施一个又一个项目，但贫困人口自身的能力没有得到提升，社区的凝聚力、可持续发展能力没有得到改善，就很难说这种脱贫是精准的。处理好外界帮扶与内生动力之间的关系，一方面指的是贫困地区短板因素多，仅仅依靠自身的努力，难以实现按照时间节点脱贫，需要在基础设施、公共服务、产业发展、兜底保障方面，给予其更多的帮助和扶持。将外部支持与内生的减贫愿望、内在的组织能力、资源优势有机结合起来，以期实现快速脱贫。另一方面，外界帮扶仅仅是手段，是过程，最终的目的是帮助贫困地区、贫困村寨、贫困农户实现自我发展能力的提升，增进社区团结，激发内在活力。

五　精准扶贫与国家贫困治理体系完善的关系

2016 年，是一个很有意义的时间节点。第一，1986 年，国务院扶贫开发领导小组的前身国务院贫困地区经济发展领导小组成立，中国政府着手开展有组织、有计划的国家扶贫行动。到 2016 年，已经走过了整整 30 年。回顾这 30 年走过的历程，可谓成就斐然，7 亿多名农村贫困人口摆脱贫困，我国成为世界上减贫人口最多的国家，也是世界上率先完成联合国千年发展目标的国家。联合国开发计划署 2015 年发布的《联合国千年发展目标报

---

① 费孝通：《武陵行（上）》，《瞭望周刊》1992 年第 3 期。

告》明确指出："中国的减贫为实现联合国千年发展目标做出了贡献，为其他国家提供了学习经验。"

30 年间，国家贫困治理体系不断完善，在领导体制、组织体系、政策模式、管理模式等多方面不断成熟。但同时也应看到，新时期以来，中国贫困人口的分布特征、中国扶贫开发工作的总体形势发生了显著的变化。各个连片特困地区的贫困问题，既具有共性，也具有显著的差异，国家贫困治理体系能否更好地响应多元化、差异化的需求，因村施策、因人施策，是精准扶贫的总要求给国家贫困治理体系体制机制创新提出的新要求。精准扶贫的政策理念，既是新时期扶贫开发工作的总要求、总方法，也代表中国国家贫困治理体系不断自我完善的一个新阶段。精准扶贫的要义在于更有力地回应贫困村寨、贫困人口的差异化需求，而这也正是中国国家贫困治理体系 30 年间持续追求的建设目标。新时期，随着建档立卡工作精度的不断提高，贫困人口的底数、需求更加清晰，这有利于政策资源的精准投放，但要实现滴灌式作业，仍需要持续地进行体制和机制创新。

附录 贵州精准扶贫满意度调查报告

刘 杰

一 导言

（一）贵州省精准扶贫满意度调查的背景

1. 精准扶贫是当前国家扶贫开发的重要战略

自 1984 年 9 月《关于帮助贫困地区尽快改变面貌的通知》颁布以来，我国大规模的反贫困工作已持续 30 多年的时间，反贫困实践取得了巨大成就，"贫困人口大量减少，贫困地区面貌显著变化"①。中共十八大提出全面建成小康社会和全面深化改革的奋斗目标，中国社会发展进入全面建成小康社会的新阶段。"三农"工作事关经济发展全局，是全面建成小康社会时期的重中之重，而扶贫开发工作则是"三农"工作的重中之重。党的十八大把扶贫开发工作纳入"四个全面"战略布局，作为实现第一个百年奋斗目标的重点工作，摆在更加突出的位置。当前的扶贫开发工作"已进入啃硬骨头、攻坚拔寨的冲刺期"②。习近平总书记在湘西调研扶贫攻坚时指出："扶贫要实事求是，因地制宜，要精准扶贫，切忌喊口号。"围绕贫困地区同步小康和扶贫攻坚工作任务，中央政府出台《关于创新机制扎实推进农

---

① 习近平：《确保农村贫困人口到 2020 年如期脱贫》，http://news.xinhuanet.com/politics/2015 - 06/19/c_1115674737.htm。

② 习近平：《确保农村贫困人口到 2020 年如期脱贫》，http://news.xinhuanet.com/politics/2015 - 06/19/c_1115674737.htm。

村扶贫开发工作的意见》，形成了以精准扶贫机制为核心的扶贫开发战略性部署。在此文件的基础上，国务院扶贫办制定实施《建立精准扶贫工作机制实施方案》《扶贫开发建档立卡工作方案》等一系列政策和实施方案，通过对贫困户和贫困村的精准识别、精准帮扶、精准管理和精准考核，实现扶贫开发工作的六大精准，即：扶持对象精准、项目安排精准、资金使用精准、措施到户精准、因村派人（第一书记）精准、脱贫成效精准，以此引导各类扶贫资源优化配置，实现扶贫到村到户，逐步建立精准扶贫工作长效机制。

2. 贵州省精准扶贫取得重大成效

贵州省贫困面广、贫困程度深，农村地区贫困人口众多，是全国扶贫攻坚和全面建成小康社会的重点省份。近年来，贵州省委、省政府把扶贫开发列为"第一民生工程"，实施了一系列改革新举措和新机制。自国家部署实施精准扶贫以来，贵州省结合地区特色出台了《关于以改革创新精准扎实推进扶贫开发工作的实施意见》（黔党办发〔2014〕23号），对贵州省的精准扶贫工作进行了总体部署。以此文件为基础，陆续出台了《贵州省扶贫开发建档立卡工作实施方案》（黔扶通〔2014〕97号）、《关于创新产业化扶贫利益联结机制的指导意见》（黔扶通〔2014〕15号）、《关于建立贫困县约束机制的工作意见》（黔扶办发〔2014〕8号）、《关于开展财政专项扶贫资金乡级财政报账制管理试点工作的通知》（黔财农〔2014〕86号）、《贵州省"33668"扶贫攻坚行动计划》（黔党办发〔2015〕13号）、《贵州省贫困县党政领导班子和领导干部经济社会发展实绩考核办法》（黔党办发〔2015〕6号）、《关于建立财政专项扶贫资金安全运行机制的意见》（黔府办函〔2015〕46号）、《贵州省领导干部遍访贫困村贫困户试行办法》（黔党办发〔2015〕20号）《贵州省创新发展扶贫小额信贷实施意见》（黔府办函〔2015〕47号）、《贵州省提高农村贫困人口医疗救助保障水平促进精准扶贫试点工作方案及实施细则》（黔府办函〔2015〕83号）、《关于进一步动员社会各方面力量参与扶贫开发的意见》（黔委厅字〔2015〕33号）等政策文件。以这些文件为基础，贵州省精准扶贫工作已取得一定成绩。习近平总书记2015年6月18日在部分省区市扶贫攻坚与"十三五"时期经济社会发展座谈会上的讲话中多次充分肯定贵州省扶贫开发的做法。汪洋副总理经两次赴贵州进村入户调研后指出："贵州扶贫开发的许多经验和做法可作为'样板'在全国推广。"

3. 精准扶贫的相关经验需要提炼和总结

2015 年 11 月 29 日发布的《中共中央、国务院关于打赢脱贫攻坚战的决定》明确指出："扶贫开发事关全面建成小康社会，事关人民福祉，事关巩固党的执政基础，事关国家长治久安，事关我国国际形象。打赢脱贫攻坚战，是促进全体人民共享改革发展成果、实现共同富裕的重大举措，是体现中国特色社会主义制度优越性的重要标志，也是经济发展新常态下扩大国内需求、促进经济增长的重要途径。"但现阶段"贫困人口规模依然较大，剩下的贫困人口贫困程度较深，减贫成本更高，脱贫难度更大"。要想确保到 2020 年农村 7000 多万名贫困人口实现脱贫，全面建成小康社会，必须不断总结扶贫开发工作的做法和经验，特别是贵州省在党的十八大以来扶贫开发的做法和经验，以此为基础不断创新扶贫开发的思路和办法，落实中央领导的指示精神，助力脱贫攻坚战。

（二）贵州省精准扶贫满意度调查的意义

1. 有利于推进和指导中国脱贫攻坚战略的实践

贵州是较早部署和探索实施建立精准工作机制的省份之一，精准扶贫工作机制改革创新已取得一定成绩，成为各地学习精准扶贫工作机制经验的省级"样板"，在这个阶段，我们立足于精准扶贫的目标群体，调查建档立卡户对精准扶贫工作的满意度，考察精准扶贫工作在推行一段时间后的实施效果，判断前期的精准扶贫工作取得了哪些成绩，又存在哪些问题。帮助党中央和国务院扶贫办及时掌握精准扶贫工作的动态，明晰精准扶贫工作过程中存在的问题，从而为更好地推进精准扶贫工作提供充分信息和决策依据，完善全国一盘棋背景下精准扶贫工作的顶层设计。同时，在这个阶段开展对贵州省精准扶贫工作的满意度调查，有利于为兄弟省份提供经验借鉴，提高精准扶贫工作的行动力和实效，推进精准扶贫工作进程。

2. 有利于为全国进行精准扶贫工作的第三方评估提供试点和参考

引入第三方评估作为评价政策效果、督促政策落实的重要手段，是本届政府基于"阳光政府""透明政府"理念创新管理方式的一项重大改革。

这种方式能避免有关部门既当"运动员",又当"裁判员",有效摆脱相关部门的利益羁绊,更能直接倾听政策目标群体真实的声音,评估过程更接地气、更贴近实际,评估结果更具客观性、权威性。《中共中央、国务院关于打赢脱贫攻坚战的决定》明确指出,要"加强对扶贫工作绩效的社会监督,开展贫困地区群众扶贫满意度调查,建立对扶贫政策落实情况和扶贫成效的第三方评估机制"。因此,在全国范围内进行精准扶贫工作的第三方评估是未来扶贫开发工作的重要内容,也是一个重点和难点。从目标群体角度对贵州省精准扶贫工作满意度进行第三方评估,有助于国务院扶贫办收集客观、真实的第一手资料,有利于完善精准扶贫工作机制,推动国家精准扶贫工作的政策设计和制度创新,为后续开展的全国性的精准扶贫工作第三方评估积累经验,提供试点和参考。

3. 有利于丰富和发展新时期中国反贫困研究的理论

在长期的扶贫开发实践中,在观察和研究的基础上,形成了独具特色的中国反贫困研究理论,这是我国扶贫开发长期实践的总结和积累。对目标群体的精准扶贫满意度进行调查,是对我国贫困与反贫困理论的一个有益探索和发展。通过分析和研究精准扶贫满意度评估的指标体系,深入探讨贫困地区农村基层在扶贫开发过程中精准识别、精准帮扶的运作机制,以此为基础,进一步推进对反贫困领域的贫困瞄准机制、帮扶机制、扶贫资金运作管理机制、产业发展机制、利益联结机制的研究,为世界各国的扶贫开发提供借鉴和理论指导。

(三) 本次满意度调查的方法和框架

1. 本次调查的理论视角

本次满意度调查采取目标群体视角。《关于打赢脱贫攻坚战的决定》中明确指出精准扶贫满意度调查要在贫困地区群众中展开。同时,从扶贫政策执行角度看,目标群体是精准扶贫工作机制创新政策的落脚点和直接受益者。因此,本课题的研究对象直接锁定为贫困农户,具体为建档立卡贫困户。目标群体即建档立卡户是精准扶贫的政策执行对象,也是精准扶贫政策的直接受益者,目标群体对精准扶贫政策执行状况的感受和评价,是衡量精准扶贫工作成效的重要标准。基于目标群体的理论视角,我们可以从一个更客观、更中立的视角，开展精准扶贫的第三方评估，可以倾听更多的声音，了解更客观的、更贴近地气的信息。通过对调研资料的梳理和对调查数据的分析，有效评估精准扶贫政策执行的效果，从中发现存在的问题和不足，提出相应建议，为精准扶贫的顶层设计、政策执行以及相关领域的研究者提供重要的参考依据。

2. 研究方法

本次满意度调查采取定量研究和定性研究相结合的方式进行，以座谈会、问卷调查和深度访谈等具体调查技术开展工作。

（1）座谈会。根据研究目标和研究内容，设计访谈提纲。对所选取的县（区）的扶贫办、相关单位、目标群体等进行座谈，了解贵州省精准扶贫工作的相关情况。

（2）问卷调查。根据精准扶贫的相关要求，针对目标群体的特质，就精准识别和精准帮扶设计调查问卷，并运用多阶段抽样的方法选取被调查者，掌握系统准确的定量资料，并对数据进行统计分析。

（3）深度访谈。主要选取两类对象进行深度访谈，其一是建档立卡贫困户，其二是贫困村的村干部。通过深度访谈了解精准扶贫的基本运行情况，深入挖掘贫困地区贫困农户对精准扶贫的真切感受，掌握全面细致的定性资料。

3. 调查样本基本情况

本报告主要基于 2016 年 2 月底至 3 月初的实地调查结果。在国务院扶贫办中国国际扶贫中心的支持和协调下，2016 年 2 月 25 日至 3 月 4 日，课题组一行 16 人在贵州省进行了"贵州省精准扶贫模式"的专题调研。课题组的调研分成三个阶段：第一阶段是在贵州省扶贫办召开相关人员座谈会，查询贵州省精准扶贫的政策文件和各类文献资料；第二阶段是分组调研，16 人分成两组，分别赶赴铜仁市的印江苗族土家族自治县和玉屏县开展实地调研；第三阶段是实地调研结束后两组调研人员回到贵阳市，与贵州省扶贫办一起讨论实地调研中所发现的问题。满意度调查主要在第二阶段进行。由于调查时间和地域的限制，我们在贵州所做的精准扶贫满意度调查大致可以反映目前两县建档立卡户对精准扶贫工作的满意状况。

本次满意度调查在铜仁市的印江苗族土家族自治县和玉屏县进行，共走访两县 12 个村庄，发放调查问卷 58 份。此次调查采取当面访问法的形式进行，有效问卷回收率为 100%。本次调查意在通过小样本的满意度调查，反映建档立卡户对贵州省精准扶贫工作的满意度，考核贵州省精准扶贫工作的效果。从调查数据来看，调查样本的基本状况如表 1 所示。

表 1　调查样本基本情况

类别	特　征	比重（%）	类别	特　征	比重（%）
性别	男	63.8	民族	汉族	10.3
	女	36.2		苗族	10.3
年龄	18~35 岁	10.3		土家族	43.1
	36~60 岁	56.9		侗族	36.2
	61 岁以上	32.8	政治面貌	中共党员	5.2
受教育程度	未接受过教育	24.1		共青团员	0
	小学	36.2		民主党派成员	0
	初中	34.5		群众	94.8
	高中及同等学力	3.4	婚姻状况	未婚	10.3
	专科及同等学力	0		已婚	69.0
	本科及以上	1.7		离异	3.4
				丧偶	17.2

从表 1 数据可以看出，此次满意度调查对象的人口学特征呈现明显的"集中"特征：就性别而言，集中在男性，占调查总体的 63.8%；民族特征集中在土家族和侗族；政治面貌以群众为主体，占总体的 94.8；年龄特征集中在中年，35~60 岁的调查对象占总数的 56.9%；文化程度都不高，集中在小学和初中层次；婚姻状况"已婚"占 69.0%，"丧偶"占 17.2%。在调查中，我们询问了调查对象家庭的致贫原因，数据显示，排在第一位的致贫原因是"疾病"，有 56.9% 的调查对象认为"疾病"是其家庭贫困的主要原因；其次是"缺乏劳力"，有 41.4% 的调查对象认为"缺乏劳力"是其家庭贫困的主要原因；还有 36.2% 的调查对象将家庭致贫原因归纳为"孩子上学"。

二　贵州省精准扶贫满意度分析

（一）建档立卡户对精准识别工作的满意度

为贯彻落实国发《关于创新机制扎实推进农村扶贫开发工作的意见》精神，2014年5月贵州省省委办公厅、省人民政府办公厅印发《关于以改革创新精神扎实推进扶贫开发工作的实施意见》（以下简称《实施意见》），提出以建立精准扶贫工作机制为核心的扶贫开发改革创新总体思路。《实施意见》围绕贫困户精准识别和建档立卡的工作目标、扶贫对象精准识别的具体方法和工作要求等做了详细部署。贫困户识别采取规模控制、分级负责的办法，由省逐级分解到行政村。以2013年农村居民家庭年人均纯收入低于2736元（相当于2010年2300元不变价）为全省贫困户识别标准。贫困户识别要以农户收入为基本依据，综合考虑住房、教育、健康等情况，通过农户申请、民主评议、公示公告和逐级审核的方式，整户识别。贫困村识别标准执行国家对贫困村"一高一低一无"的识别总要求，即行政村贫困发生率高于27%，行政村全年农民人均纯收入低于4819元，行政村无集体经济收入。采取规模控制，省将贫困村识别规模逐级分解到县，由县将规模分解到乡（镇）。实施"村委会自愿申请、乡（镇）人民政府审核、县扶贫开发领导小组审定、省扶贫办备案"的识别流程。在扶持对象精准识别上，实施扶贫和低保"两线合一"，根据国家精准识别要求，出台扶贫开发建档立卡工作实施方案等政策，形成贫困村"一公示，一公告"和贫困户"一公示，两公告"的扶持对象识别流程和有进有出的动态管理。

本次调查围绕精准识别工作满意度设计了三大指标，包括建档立卡户对当前精准扶贫政策的了解程度、对前期建档立卡工作的了解程度和满意度以及对前期精准识别工作过程中不良现象的认知和感受。

1. 建档立卡户对精准扶贫政策的了解度

首先来看建档立卡户对当前精准扶贫政策的了解程度指标。图1数据显示，有10.5%的调查对象表示"很了解"，61.4%的调查对象表示"有一些了解"，只有15.8%和5.3%的调查对象表示对精准扶贫政策"基本不了解"和"完全不了解"，7.0%的调查对象表示"不知道"精准扶贫政策。

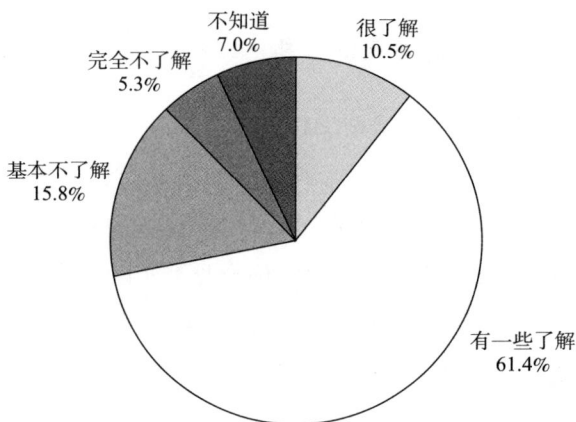

图1　建档立卡户对精准扶贫政策的了解程度

在研究中，我们将"很了解"和"有一些了解"两个指标合并，可以发现样本建档立卡户对当前精准扶贫政策的了解程度为71.9%。

2. 建档立卡户对前期建档立卡工作的满意度

我们调研了建档立卡户对前期建档立卡工作的了解程度。通过分析数据发现，有10.5%的调查对象表示"很了解"，52.6%的调查对象表示"有一些了解"。将这两项指标合并为"了解"，可以发现样本建档立卡户对前期建档立卡工作的了解程度为63.1%，同时有24.6%和5.3%的调查对象表示对精准扶贫政策"基本不了解"和"完全不了解"，7.0%的调查对象表示"不知道"精准扶贫政策（见图2）。

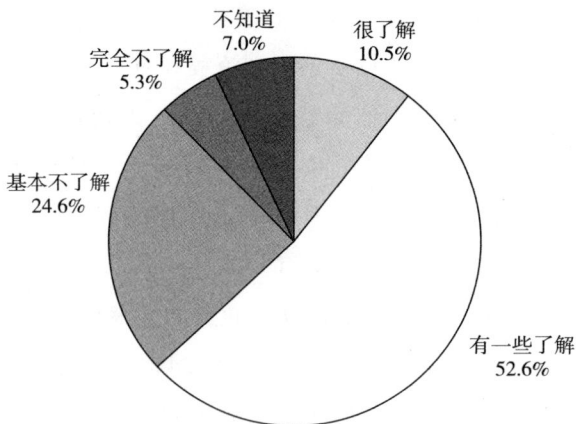

图2　建档立卡户对建档立卡工作的了解程度

　　建档立卡户对建档立卡工作满意度的调查从两个层面展开。一是询问建档立卡户对当前建档立卡的贫困户是否真实反映了村庄实际贫困状况的认知。数据显示，69.6%的调查对象表示"真实"反映了村庄实际贫困状况，只有3.6%的调研对象表示"不真实"，26.8%的调研对象表示"不了解情况"。

　　二是调研建档立卡户对建档立卡工作的满意程度。数据显示，16.7%的调研对象表示"很满意"，53.7%的调研对象表示"满意"，将这两者合并，可以发现样本建档立卡户对建档立卡工作的满意度为70.4%。有27.8%的表示"一般"，只有1.9%的调研对象表示"不满意"（见图3）。

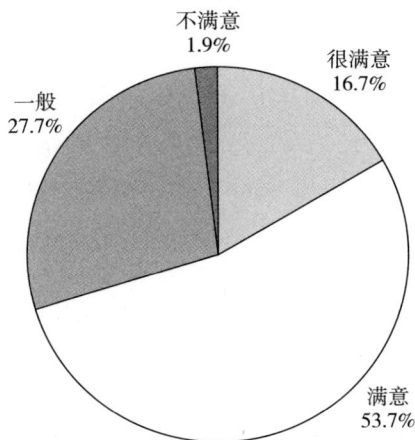

图3　建档立卡户对建档立卡工作的满意程度

　　3. 建档立卡户对前期精准识别工作过程中不良现象的认知和感受

　　我们调查了建档立卡户对前期精准识别工作过程中不良现象的认知和感受。根据前期的座谈和深度访谈所获得的信息，我们选择了"帮扶对象选择上存在人情运作现象""贫困程度认定方式不合理""扶持对象选择不够公开透明""工作组工作态度不友好""富裕农户得到了扶持"、"仍有部分贫困户没有得到扶持"6个现象进行了测量，分别指向精准识别工作中的帮扶对象选择方式和过程、贫困程度的认定方式、识别过程中工作组的工作态度以及精准识别工作后的效果等。具体调查数据分析结果见表2。

表2　样本对象对前期精准识别工作过程中不良现象的认知和感受

单位:%

序号	类　　别	存在	不存在	不了解相关情况
[1]	帮扶对象选择上存在人情运作现象	8.9	60.7	30.4
[2]	贫困程度认定方式不合理	5.4	69.6	25.0
[3]	扶持对象选择不够公开透明	3.6	67.9	28.6
[4]	工作组工作态度不友好	0	73.2	26.8
[5]	富裕农户得到了扶持	3.6	66.1	30.4
[6]	仍有部分贫困户没有得到扶持	32.1	42.9	25.0

从表2的数据可以看出，样本建档立卡户对前面五大不良现象的认知程度不高，但是有高达32.1%的样本建档立卡户认为"仍有部分贫困户没有得到扶持"。但在对"贫困程度认定方式不合理"现象的认知中，只有5.4%的样本调查对象认为"存在"，说明样本调查对象对精准识别工作中对贫困程度的客观测量指标表示认同。两大数据之间存在一定的逻辑矛盾，我们可以认为，样本调查对象在对贫困程度的客观认知和主观认同之间存在一定程度的偏差。

（二）建档立卡户对精准帮扶工作的满意度

精准帮扶是指对识别出来的贫困户和贫困村，精准分析致贫原因，逐村逐户分类制定帮扶措施，落实帮扶责任人，集中力量予以扶持。在精准帮扶上，贵州省委、省政府出台了《贵州省"33668"扶贫攻坚行动计划》（以下简称《行动计划》）。《行动计划》从总体思路、总体目标、脱贫标准和程序、工作措施、组织保障等方面对精准扶贫和扶贫攻坚行动做了系统安排。"33668"指在3年时间内减少贫困人口300万人以上，实施结对帮扶、产业发展、教育培训、危房改造、生态移民、基础设施"六个到村到户"，完成小康路、小康水、小康房、小康电、小康讯、小康寨基础设施"六个小康建设"，使农村贫困居民人均可支配收入达到8000元。本次调查从帮扶主体、帮扶举措、帮扶资金三大方面测量建档立卡户对精准帮扶工作的满意度。

1. 建档立卡户对帮扶主体的满意度

在帮扶主体层面，贵州省建立了省、市、县、乡、村联动扶贫工作机制。贫困村帮扶与同步小康驻村工作紧密融合，采用"一村一同步小康工作队"方式明确帮扶主体。驻村工作队在扶贫对象识别过程中配合当地的乡（镇）人民政府、村支两委走村串户，对所有农户的基本情况进行摸底。协助做好贫困人口登记造册、建档立卡和动态管理等工作。针对精准识别出来的贫困户，实行"一户一脱贫致富责任人"，结合地方实际采取"一帮一""一帮N"的结对帮扶方式，实行定点、定人、定时、定责帮扶。各地积极发挥同步小康驻村工作队"四个全程参与（项目申报、实施、监管、评估）"作用，瞄准贫困群体，推进驻村帮扶与精准扶贫相融合。

我们在调查中首先询问了样本对象对驻村工作队帮扶作用的感受。数据显示，22.8%的样本建档立卡户认为驻村工作队对村庄扶贫的"作用很大"，57.9%的认为"有些作用"，只有1.8%的样本调查对象认为"基本没用"（见图4）。这个数据表明样本建档立卡户对驻村工作队在精准识别和精准帮扶方面的工作满意度较高。

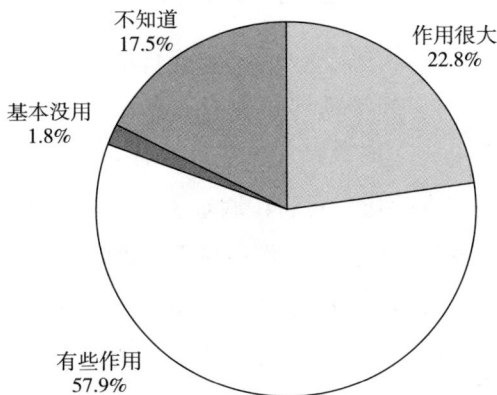

图4　建档立卡户对驻村工作队作用的认知

我们接下来调查了驻村工作队的作用体现。调查结果表明，样本调查对象对驻村工作队作用的最直接感受就是基础设施的改善，选择"基础设施改善了"一项的占78.4%，选择"扶贫资源增加了"的占39.2%，表示"农户收入增加了"的占31.4%（见图5）。

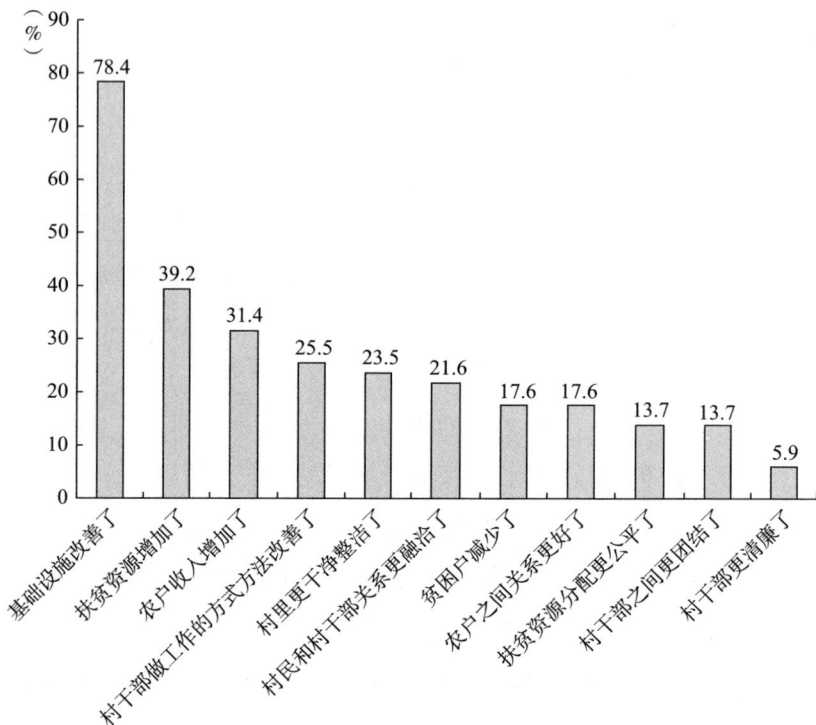

图5 驻村工作队的作用表现

贵州省的贫困户帮扶按照"一户一脱贫致富责任人"。实施结对帮扶。按照"党群部门帮弱村、经济部门帮穷村、政法部门帮乱村、科技部门帮产业村、退休干部转业军人回原村"原则，有针对性地选派驻村队员，实行定点、定人、定时、定责帮扶。我们在调查中询问了样本建档立卡户对帮扶责任人在实现脱贫和发展致富方面的作用程度，数据显示，22.0%的样本建档立卡户认为帮扶责任人在帮助其实现脱贫和发展致富方面"非常有作用"，48.0%的认为"有作用"，22.0%的样本调查对象认为作用"一般"，只有6.0%的样本调查对象认为"基本没有作用"，2.0%的表示"没有任何作用"。

2. 建档立卡户对帮扶举措的满意度

贵州省对建档立卡户的帮扶举措通过基础设施建设、环境整治、产业发展、易地搬迁等方式进行。在具体的实施过程中，采取分类施策的方法，对有劳动力但缺发展资金的贫困户，实行产业扶贫、金融扶贫的脱贫政策；对缺技术的贫困户，对其进行"雨露计划"培训、职业技能培训、农业实用技术培训；对生存条件恶劣的贫困户，实行扶贫生态移民搬迁、"四在农家·美丽乡村"基础建设6项行动计划；对有病有灾和缺发展动力的贫困户，实行社会救助、临时救助；对因学致贫的贫困户，实行"雨露计划·圆梦行动"、"雨露计划·助学工程"、社会捐资助学；对民政长期保障和重点保障对象实行政府兜底保障。

在调查中，我们询问了调查对象所获得的帮扶措施。数据显示，有41.8%的样本调查对象表示获得过"基础设施"的帮扶，36.4%的样本调查对象获得过"产业发展"的帮扶，25.5%的样本调查对象表示获得过"公共服务和社会事业"方面的帮扶（见图6）。

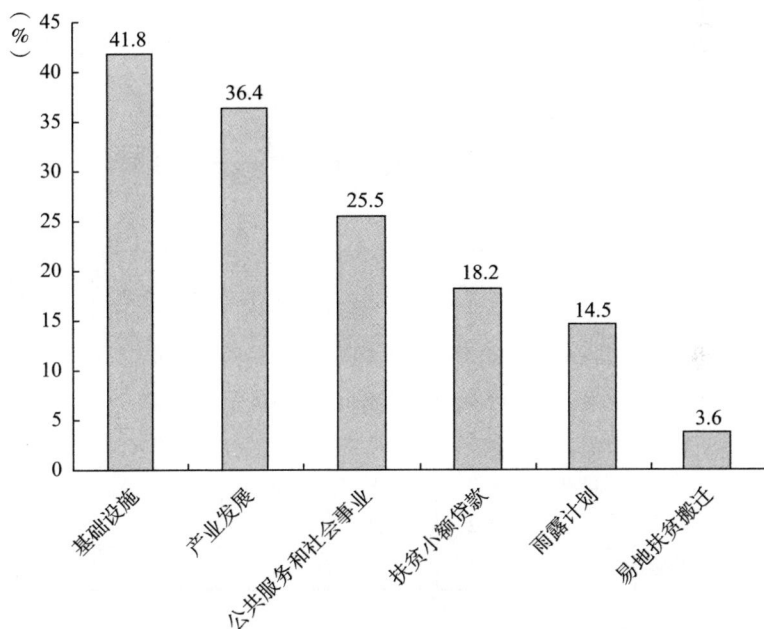

图6 建档立卡户所获得的帮扶措施

我们询问了调查对象认为上述帮扶措施符合其实际需要的程度，数据分析结果显示，18.0%的样本建档立卡户认为"非常符合"，58.0%的认为"符合"，24.0%的认为"一般"，没人选择"不符合"和"非常不符合"选项（见图7）。这个数据显示，样本建档立卡户对帮扶举措符合其实际需要程度的满意度较高。

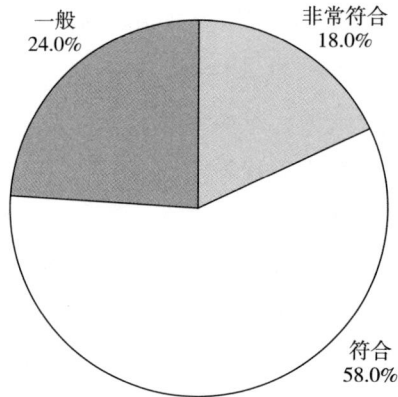

图7 建档立卡户对帮扶举措是否符合其实际需要的认知

接下来我们调查了建档立卡户对所获得的帮扶措施的满意程度，具体数据见表3。

表3 建档立卡户对所获得的帮扶措施的满意程度

单位:%

帮扶措施＼满意程度	很满意	满意	一般	不满意	很不满意	没有此项帮扶
雨露计划	11.1	6.7	4.4	0	0	77.8
扶贫小额信贷	4.8	19.0	7.1	4.8	0	64.3
易地扶贫搬迁	0	2.5	10.0	0	0	87.5
产业发展	14.9	36.2	14.9	0	0	34.0
基础设施	17.4	52.2	8.7	0	2.2	19.6
公共服务和社会事业	15.2	30.4	10.9	0	2.2	41.3

从上述数据可以看出，产业扶贫是精准帮扶的主要举措。养殖业、种植业是产业帮扶的主要项目内容。此次调研地点是铜仁市的印江县和玉屏县，由于地理条件和生态环境的限制，养殖业发展受限。所以调查对象中获得养殖业帮扶项目的很少，高达78.4%的样本调查对象没有获得养殖业的帮扶。调查数据显示，有27.3%人获得过"茶叶"产业帮扶，21.9%的获得过"水果"产业帮扶，还有部分人分别获得过玉米、中药材、水稻、土豆等农产品的产业帮扶。通过对种植业帮扶项目满意度的调查，数据显

示，22.5%的表示"很满意"，50.0%的表示"满意"，22.5%的表示"一般"，只有3.0%的样本调查对象表示"不满意"（见图8）。

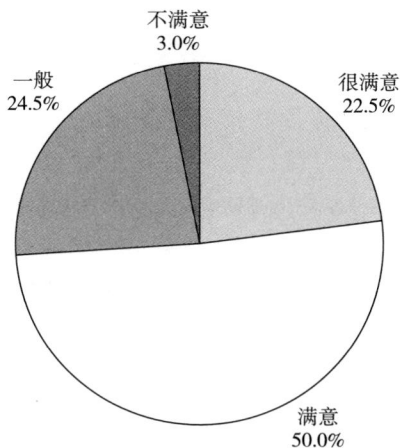

图8　建档立卡户对种植业帮扶项目的满意度

基础设施建设是贵州省精准帮扶的主要措施，也是贫困户受益最多、感受最直接的一个帮扶项目。调查数据显示，有78.9%的调查对象获得过"道路硬化"帮扶，49.1%的获得过"饮水工程"帮扶，36.8%的获得过"农田水利设施"项目帮扶（见图9）。

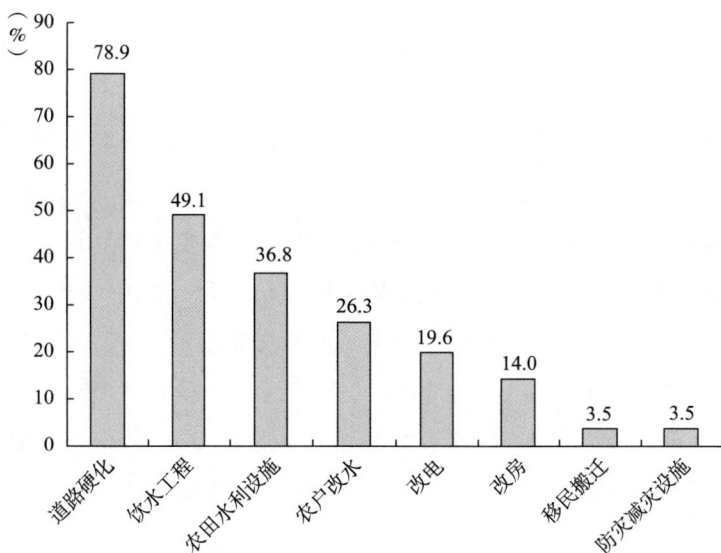

图9　建档立卡户所获得的基础设施帮扶项目

319

　　我们调查了建档立卡户对这些基础设施建设帮扶项目的满意度，数据结果显示，获得过"道路硬化"、"农田水利设施"、"饮水工程"以及"农户改水"帮扶项目的建档立卡户相对较多，满意度较高。获得"改房""改电""移民搬迁""防灾减灾设施"帮扶项目的建档立卡户相对较少，但相对于其受益人数而言，满意度同样较高（见表4）。

表4　建档立卡户对基础设施建设帮扶项目的满意度

单位:%

满意程度 帮扶措施	很满意	满意	一般	不满意	很不满意	没有此项帮扶
道路硬化	28.3	56.6	7.5	0	1.9	5.7
农田水利设施	10.2	55.1	10.2	0	0	24.5
饮水工程	18.4	59.2	6.1	2.0	0	14.3
农户改水	11.4	38.6	6.8	2.3	0	40.9
改房	4.5	29.5	9.1	4.5	0	52.3
改电	8.7	34.8	2.2	4.3	0	50.0
移民搬迁	2.3	9.1	6.8	6.8	0	75.0
防灾减灾设施	4.5	11.4	9.1	2.3	0	72.7

　　在对基础设施建设分项满意度进行调查之后，我们对基础设施建设帮扶项目的总体满意度进行了调查。数据分析结果显示，10.4%的调查对象表示"很满意"，70.8%的表示"满意"，两项综合，满意度超过80%（见图10）。

　　人力资本提升帮扶项目是贵州省精准帮扶的重要举措。调查数据显示，有59.6%的调查对象获得过人力资本提升帮扶项目，其中获得"农业实用技术培训"的最多，占42.1%，获得"务工技能培训"的有17.5%，获得过"医疗支持"的有8.8%，获得过"教育帮扶"的占7.0%，还有3.5%的获得过"创业技术培训"。就满意度而言，数据显示，16.7%的调查对象表示对所获得人力资本提升帮扶项目总体上表示"很满意"，60.0%的表示"满意"，20.0%的表示"一般"，只有3.3%的调研对象表示"不满意"（见图11）。

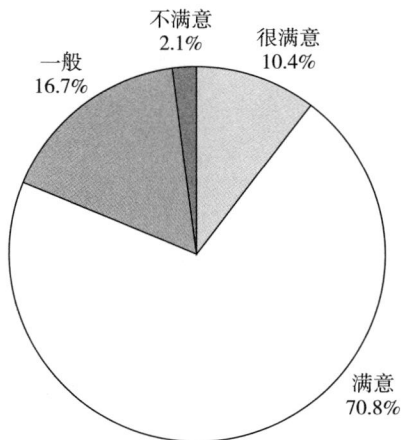

图 10　建档立卡户对基础设施建设帮扶项目的总体满意度

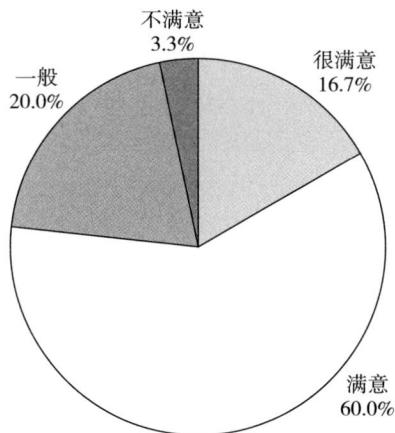

图 11　建档立卡户对人力资本提升帮扶项目的总体满意度

3. 建档立卡户对帮扶资金的满意度

扶贫资金涉及财政专项扶贫资金和金融扶贫两大层面。在财政专项扶贫资金层面，自党中央、国务院出台《关于创新机制扎实推进农村扶贫开发工作的意见》（中办发〔2013〕25 号）后，2014 年 8 月 20 日国务院扶贫开发领导小组出台《关于改革财政专项扶贫资金管理机制的意见》（国开发〔2014〕9 号），根据这两大文件的精神，贵州省结合当地实际，从省到市到县积极开展财政专项扶贫资金管理机制改革创新，分别印发一系列关于财政专项扶贫资金的相关文件，包括贵州省扶贫办印发的《贵州省 2015 年财政专项扶贫发展资金省级竞争指南》（黔扶通〔2014〕118 号）、贵州省扶贫开发领导小组办公室印发的《关于在国家扶贫开发工作重点县开展涉农资金整合进一步推进扶贫开发工作的意见》、贵州省省政府办公厅印发的《关于建立财政专项扶贫资金安全运行机制的意见》（黔财农〔2014〕85 号）以及贵州省扶贫开发领导小组印发的《关于建立贫困县约束机制的工作意见》（黔扶领〔2015〕8 号）等。

金融扶贫是我国扶贫开发战略的重要组成部分。2011 年，《中国农村扶贫开发纲要（2011～2020 年)》明确把金融服务作为扶贫的政策保障。2014年，中共中央办公厅、国务院办公厅印发了《关于创新机制扎实推进农村扶贫开发工作的意见》（中办发〔2013〕25 号），提出完善金融服务机制，发挥政策性金融的导向作用，引导和鼓励商业性金融机构创新金融产品和服务。随后，人民银行和有关部门联合出台了《中央关于全面做好扶贫开发金融服务工作的指导意见》（银发〔2014〕65 号），多部门、多渠道、多方式支持扶贫开发事业，全面推动金融扶贫工作，促进贫困地区经济发展和贫困农户增收。2015 年 1 月，国开办出台《关于创新发展扶贫小额信贷的指导意见》（〔2014〕78 号），提出构建保险机制、风险补偿和分担机制、三级联动的贫困户信用评级机制、金融服务与产业组织形式相结合的机制、部门协作机制、动态监测和督促检查机制协同探索金融扶贫。为解决贫困户信贷难题，贵州省在小额信贷 65 号文件和 78 号文件出台后，相应出台了《关于贯彻落实〈关于创新机制扎实推进农村扶贫开发工作的意见〉的实施意见》《贫困县扶贫开发工作考核办法》《贵州省精准扶贫工作机制实施方案》《财政专项扶贫资金项目管理暂行办法》《贵州省创新发展扶贫小额信贷实施意见》《贵州省信贷支持精准扶贫实施办法》《关于下达 2015 年第二批中央财政专项扶贫资金（发展资金）的通知》等一系列文件，提出创新小额信贷到户扶贫形式，推进小额信用贷款，拓展融资渠道，开展扶贫金融租赁合作，探索大型基金产业扶贫，为扶贫资源精准进村入户提供政策保障。

首先我们询问了调查对象所获得的帮扶资金是否符合其发展需要，数据显示，有 54.7% 的调查对象表示所获得的帮扶资金符合其自身发展需要。在这些样本调查对象中，有 15.0% 的表示这些帮扶资金"较好地满足了发展需要"，42.5% 的表示"基本满足发展需要"，同时还有 42.5% 调查对象认为帮扶资金"不能满足发展需要"。

扶贫小额信贷是解决建档立卡户发展资金不足的重要举措。通过数据分析发现，只有 28.6% 的样本调查对象获得过扶贫小额贷款。在获得过扶贫小额贷款的调查对象中，贷款的用途主要是"供子女上学"和"看病支出"，均占 31.6%，有 21.1% 的用来"建房"，15.8% 的用于"农业生产或购买生产资料"。这个数据与前文所述致贫原因一致，在询问调查对象家庭的致贫原因时，"疾病"、"缺乏劳力"以及"孩子上学"是主要原因。

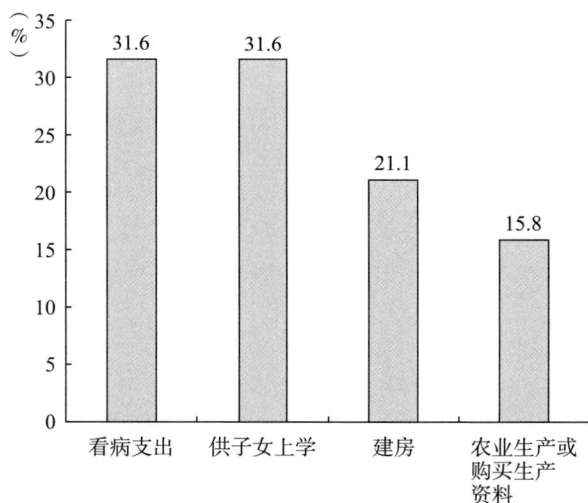

图 12 建档立卡户小额贷款的主要用途

最后，针对扶贫小额贷款，我们列举了 5 个负面的选择项，询问调查对象的意见，具体结果见表 5。

表 5 建档立卡户对扶贫小额贷款负面因素的认知

单位:%

序号	类别	存在	不存在	不了解相关情况
[1]	利率太高	25.9	27.8	46.3
[2]	手续很烦琐	21.2	21.2	57.7
[3]	审核要求严	21.2	26.9	51.9
[4]	还款难度大	37.2	15.4	47.4
[5]	金融产品太单一	12.0	20.0	68.0

从表 5 的数据来看，调查对象中了解扶贫小额贷款相关情况的样本中，对这 5 类负面因素的认知存在一定的比例。

（三）建档立卡户对帮扶效果的满意度

本次调查从生活条件、生计发展、应对外部风险能力三大层面测量建档立卡户对精准扶贫效果的满意度。

1. 建档立卡户在生活条件层面的满意度

生活条件的改善是精准帮扶效果的直接体现。本次调查选取基础设施、住房条件和生活设施三大指标进行测量。

基础设施是贫困村和贫困农户发展的硬件基础，也是贵州省在扶贫攻坚工作中投入资金比重较大的内容。出行道路是基础设施的重要构成，涉及村民的生活便利，更重要的是涉及扶贫产业的发展。调查数据表明，89.3%的样本调查对象认为通过精准扶贫工作，出行道路"变好了"。

住房条件的改善是精准帮扶效果的重要指标。在帮扶效果满意度调查中，有7人表示住房面积"变大了"，占样本调查对象的13.2%；有10人表示住房质量"变好了"，占样本调查对象的18.9%。这两个数据与前文的精准帮扶满意度保持一致。前文的数据表明，在58个调查对象中，有8人表示获得过"改房"的基础设施帮扶项目，占样本调查对象的14.0%。两者对比可以看出，凡获得过"改房"帮扶项目的建档立卡户对此项目的帮扶效果满意度非常高。

生活设施是贫困人口生活质量的重要保障，包含多维贫困的重要维度。本次调查从饮水方便程度、饮用水质量、厕所条件3个方面测量建档立卡户在生活设施层面对帮扶效果的满意度。数据表明，在饮用水方便程度上，77.4%的样本调查对象表示"变好了"；在饮用水质量上，73.6%的样本调查对象表示"变好了"；在厕所条件上，15户建档立卡户通过"改水"帮扶项目，表示厕所条件"变好了"，占总调查样本的29.4%。前文数据表明，58户调查对象中有15户获得过"改水"帮扶项目。生活条件层面的满意度数据具体见表6。

表6　建档立卡户在生活条件层面对帮扶效果的满意度

单位:%

内　　容 ＼ 变化情况	"变大/好了"	"没有变化"	"变小/差了"
出行道路	89.3	10.7	0
住房面积	13.2	86.8	0
住房质量	18.9	81.1	0
饮用水方便程度	77.4	22.6	0

续表

内　容＼变化情况	"变大/好了"	"没有变化"	"变小/差了"
饮用水质量	73.6	26.4	0
厕所条件	29.4	70.6	0

2. 建档立卡户在生计发展层面的满意度

生计是贫困农户实现脱贫致富的重要途径。本次调查选取生计发展的基础设施、产业发展状况、收入水平三大指标测量建档立卡户对精准帮扶效果的满意度。

农田水利设施是贫困户生计发展的重要基础设施。调查数据表明，有60.8%的调查对象认为通过帮扶农田水利设施"变大/高了"。

产业发展状况的满意度调查通过种植业和养殖业进行。在种植业方面，24.1%的样本调查对象认为自实施精准扶贫以来种植面积"变大了"，72.2%的样本调查对象认为种植面积"没有变化"；在养殖业方面，10.4%的样本调查对象认为自实施精准扶贫以来其养殖规模"变大了"，83.3%的样本贫困农户认为"没有变化"，有6.3%的样本调查对象认为养殖规模"变小了"。

收入水平方面，调查数据表明：51.9%的样本调查对象认为实施精准扶贫以来收入水平"变高了"，46.3%的样本调查对象认为收入水平"没有变化"，1.9%的样本调查对象认为收入水平"变低了"。生计发展层面的满意度数据具体见表7。

表7　建档立卡户在生计发展层面对帮扶效果的满意度

单位:%

内　容＼变化情况	"变大/高了"	"没有变化"	"变小/低了"
农田水利设施	60.8	39.2	0
农业种植面积	24.1	72.2	0
养殖业规模	10.4	83.3	6.3
收入水平	51.9	46.3	1.9

3. 建档立卡户在灾害应对能力层面的满意度

贵州省独特的喀斯特地貌使其面临诸多地质灾害，灾害成为贵州省贫困村和贫困户发展的重要阻碍因素。本次调查选取负债状况与灾害预防和应对能力两大指标测量建档立卡户在灾害应对能力层面对精准帮扶效果的满意度。

在灾害突然降临的时候，是否有足够的资金来应对是建档立卡户灾害应对能力的直接体现。本次调查通过负债状况来分析建档立卡户的灾害应对能力。数据表明，只有13.7%的样本调查对象认为其负债状况"变好了"，76.5%的样本调查对象认为"没有变化"，有9.8%的样本调查对象认为精准扶贫帮扶工作使负债状况"变差了"。

在灾害预防和应对能力方面，数据表明，只有24.5%的样本调查对象认为其负债状况"变好了"，75.5%的样本调查对象认为"没有变化"。灾害应对能力层面的满意度数据具体见表8。

表8　建档立卡户在灾害应对能力层面对帮扶效果的满意度

单位:%

内容＼变化情况	"变好/强了"	"没有变化"	"变差了"
负债状况	13.7	76.5	9.8
灾害预防和应对能力	24.5	75.5	0

三　结论与建议

(一) 调查结论

1. 建档立卡户对精准识别工作满意度较高

按照国务院扶贫办的统一部署，贵州省制定了《贵州省扶贫开发建档立卡工作实施方案》和《贵州省精准扶贫建档立卡工作督察指导方案》。贵州省各县采取一系列机制创新，如"四看法""以收定支法"等，形成"两公示一公告"贫困户识别程序和"村委会自愿申请、乡（镇）人民政府审核、县扶贫开发领导小组审定、扶贫办备案"的贫困村识别流程，对每个贫困村、贫困户采取"定量定性"的方式建档立卡，实施动态管理。贵州省按照"把贫困人口找出来，把帮扶措施落到位，把党的政策送到家"的要求，开展地毯式、拉网式全面普查，对现有建档立卡贫困人口进行重新核实，制订贫困人口到村、到组、到户、到人的分年度脱贫计划和贫困人口到村、到组、到户、到人的脱贫措施，并以户为单位明确贫困人口的帮扶责任人。在这些举措下，建档立卡户对贵州省精准识别工作的满意度较高，表示对该项工作"很满意"和"满意"的有70.4%，只有1.9%的样本调查对象表示"不满意"。而且，对"帮扶对象选择上存在人情运作现象""贫困程度认定方式不合理""扶贫对象选择不够公开透明""富裕农户得到了扶持"等精准识别工作负面因素的认知度不高，均在10%以下。

2. 建档立卡户对精准帮扶工作满意度较高

立足于精准识别的工作基础，贵州省的精准帮扶工作同样探索出一系列特色的工作方法和机制。在结对帮扶方面，建立省、市、县、乡四级联动扶贫工作机制，采用"一村一同步小康工作队"明确帮扶主体，按照"4321"帮扶机制部署，实现贫困村和贫困户驻村帮扶的"两个全覆盖"；在项目安排方面，进行以"效益到户"为目标、以促进市场在扶贫资源配置中发挥决定性作用为重点的新型产业化精准扶贫探索实践；在资金使用方面，形成"乡镇申报、县级审批、乡实施、乡镇初检、县级验收、乡级保障"的财政扶贫资金使用制度，基本保障了扶贫资金使用到村、到户；在项目到村、到户方面，形成"六个小康建设"的贫困村基础设施建设制度和"六个到村到户"的贫困户扶持方式，促进扶贫资源进村入户。2015年11月，贵州省政府设立"扶贫专线"为贫困农户办实事，"扶贫专线"主要受理扶贫惠农政策、财政专项资金、扶贫项目管理以及扶贫相关政策执行中的违规问题等。在这些举措下，建档立卡户对贵州省精帮扶工作的满意度较高。数据显示，对帮扶责任人的作用，70.0%的样本调查对象表示帮扶责任人对其实现脱贫和发展致富"非常有作用"和"有作用"，只有6.0%的表示"基本没有作用"，2.0%的表示"没有任何作用"。在养殖业帮扶方面，57.9%的样本调查对象表示"很满意"或"满意"，只有10.5%和5.3%的表示"不满意"和"很不满意"。在种植业帮扶方面，72.5%的样本调查对象表示"很满意"或"满意"，只有5.0%表示"不满意"。在基础设施建设帮扶方面，81.2%的样本调查对象表示"很满意"或"满意"，只有2.1%表示"不满意"。在人力资本提升帮扶方面，76.7%的样本调查对象表示"很满意"或"满意"，只有3.3%表示"不满意"。

3. 建档立卡户对精准帮扶效果满意度较高

作为全国扶贫攻坚主战场，近年来，贵州省以精准扶贫思想为引领，积极创新扶贫开发工作模式，创造了毕节试验、晴隆模式、长顺做法、印江经验、威宁实践、迤那路子等成功经验，闯出了连片特困地区贫困群众脱贫致富、保护生态环境、发展特色产业的扶贫开发新路，成为引领脱贫攻坚的时代典范。2015年5月6～9日，国务院副总理汪洋在贵州视察扶贫工作时特别指出："总结贵州经验，让我看到，贵州的扶贫开发实践回答了在全国非常有意义的两个重大问题，第一，2020年消除绝对贫困，只要认真干，贵州能做到，谁还有理由做不到？第二，贵州怎么做到的，这对全国也很有意义。"建档立卡户对扶贫开发实际效果的满意度评价，是测量精准扶贫工作成功与否的最直接指标。本次调查结果显示，建档立卡户对贵州省精准帮扶效果的满意度较高。本次调查从生活条件、生计发展、应对外部风险能力三大层面测量建档立卡户对精准扶贫效果的满意度，数据分析结果表明建档立卡户对生活条件、生计发展两大层面的帮扶效果满意度较高。

（二）政策建议

1. 提升建档立卡户参与精准扶贫工作的积极性与主动性

调查结果显示，通过精准扶贫工作，建档立卡户的贫困现状得到缓解，发展能力获得提升。但是我们同样发现，建档立卡户在精准扶贫工作中处于被动状况，在扶贫开发工作中存在积极性不高、主动性不足的现象。在精准识别工作层面，约有1/3的样本调查对象对精准扶贫政策、建档立卡工作表示"基本不了解"或"完全不了解"，在关于扶贫帮扶举措的负面因素调查中，亦有约1/3的样本调查对象表示"不了解相关情况"。这种状况的出现，建档立卡户的自身素质是主要原因。精准扶贫的工作对象多为"硬骨头"，其自身能力低下、发展动力不足是贫困的重要原因。在推进精准扶贫工作的过程中，需要采取诸多措施提升建档立卡户参与精准扶贫工作的积极性和主动性。同时，缺乏农业发展技术也是建档立卡户贫困的重要原因，建议以整合扶贫资源，进一步加大投入，对贫困农户开展农业技术培训、致富带头人培训等多种形式，进一步提升建档立卡户的发展能力。

2. 抓住建档立卡户致贫主因，重点推进精准扶贫工作

调查数据显示，样本调查对象家庭的致贫原因，排在前三位的分别是"疾病"、"缺乏劳力"和"孩子上学"，这三者成为建档立卡户的致贫主因，因此我们需要在推进精准扶贫工作过程中抓住致贫主因，重点推进教育扶贫、医疗扶贫，抓好劳动力返乡就业。2015 年教师节前夕，习近平总书记在给贵州省"国培"班参训教师回信时指出："扶贫必扶智。让贫困地区的孩子们接受良好教育，是扶贫开发的重要任务，也是阻断贫困代际传递的重要途径。"因此，教育扶贫应是精准扶贫的工作重心之一。要在继续抓好教育"四项突破工程"的基础上，重点在解决因学致贫问题上下功夫，全力扩大资助面，全力增加资助内容，全力提高资助标准。要抓好医疗扶贫，统筹卫生、民政、扶贫等部门资源，建立基本医疗保险、大病保险、医疗救助"三重医疗保障"，遏制和减少因病致贫和因病返贫现象。实施基本医疗保险，实施大病保险，实施医疗救助。提升贫困群众的市场意识、创业能力和致富本领，采取措施让更多农民工就近就业、安居乐业，突出创业扶持、技能培训和就业服务。

3. 充分发挥财政金融机制在精准扶贫工作中的作用

调查数据显示，42.5% 的调查对象认为帮扶资金"不能满足发展需要"。金融是现代经济的血液，也是扶贫开发的活水。我们要充分发挥财政金融机制在精准扶贫工作中的作用，积极协调财政、金融等部门，用足用好扶贫再贷款等扶贫开发金融政策，抓好扶贫投融资平台建设，发挥财政"四两拨千斤"的作用。创新金融服务，更加聚焦"两缺户"，即缺基础设施、缺技术资金的贫困户，切实推进精准扶贫"特惠贷"，对建档立卡的贫困户给予"5 万元以下、3 年期以内、免除担保抵押、扶贫贴息支持、县级风险补偿"的低利率、低成本贷款，帮助贫困农户"换穷业"。同时做到扶

贫资金管理精准化，紧盯扶贫资金分配、使用、监管等关键环节，管好民生项目的"钱袋子"。把资金安排与扶贫成效挂钩，做到权责一致、统一调配、归口管理，加大按扶贫成效分配资金的比重；有效整合各级财政资金、对口援助资金、信贷资金、社会资金等扶贫资金，"打捆"使用各类专项资金，提高资金使用效益，防止"大水漫灌""撒胡椒面""垒大户""造盆景"；严格落实财政专项扶贫项目资金监管责任。

后 记

习近平总书记指出，"小康不小康，关键看老乡"，"全面建成小康社会，最艰巨最繁重的任务在农村，特别是在贫困地区。没有农村的小康，特别是没有贫困地区的小康，就没有全面建成小康社会"。着力补好脱贫这块全面建成小康社会的短板，推动贫困地区的贫困群众脱贫致富，确保与全国同步全面建成小康社会，事关国家发展大局，事关党和国家的形象，事关人民群众的福祉。近年来，贵州省委省政府坚决贯彻中央部署，把扶贫开发作为第一民生工程，以脱贫攻坚统揽经济社会发展全局，不断创新机制，不断完善"1+N"政策体系，不断加大力度合力攻坚，不断广泛发动和调动广大干部和群众积极性，扶贫开发取得了显著成效。

2015年6月18日，习近平总书记视察贵州并主持召开部分省区市扶贫攻坚座谈会，发表重要讲话。总书记在讲话中多次肯定了贵州扶贫的做法。指出，贵州省是全国脱贫任务最重的省份之一。近年来，贵州高度重视扶贫开发工作，广大干部如期脱贫的信心和决心很大，提出了"33668"扶贫攻坚行动计划。贵州制定了精准识别建档立卡工作方案，做到贫困人口户有卡、村有册、乡有簿、县有档、省市有数据库。提出了结对帮扶、产业扶持、教育培训、危房改造、生态移民、基础设施到村到户"六个到村到户"，成为精准扶贫的重要抓手。建立干部驻村帮扶工作制度，省级领导每人联系1个扶贫工作重点县、1个贫困乡镇，一定3年，不脱贫、不脱钩；按照"一村五人"的安排和"一人驻村、单位全员帮扶"的原则，选派1.1万多个扶贫工作队、5.5万多名干部开展驻村帮扶，对全省所有贫困村、贫困户实现全覆盖。汪洋副总理两次赴贵州进村入户调研后指出:"贵州扶贫开发的许多经验和做法可作为样板在全国推广。"

从实践看,贵州扶贫开发探索形成的经验内容丰富、呈现方式多样,许多方面值得在全国范围内深入总结和交流。在我国推进精准扶贫精准脱贫的过程中,从理论和实践两方面总结贵州扶贫开发的经验与模式,深化和创新全国脱贫攻坚的"省级样本",既是贵州省进一步推进扶贫开发工作的需要,也是全国扶贫开发工作的需要,还是开展国际减贫合作、发挥我国减贫软实力作用的重要内容。

为系统梳理贵州省在扶贫开发实践中探索形成的一系列经验、模式和做法,全面总结贵州省精准扶贫精准脱贫模式及相关理论思考,为丰富和深化中国特色扶贫开发理论研究、学习借鉴"贵州样板"提供参考,中国国际扶贫中心和贵州省扶贫办联合开展"脱贫攻坚省级样本——精准扶贫精准脱贫贵州模式研究"。研究工作得到了贵州省委书记陈敏尔,国务院扶贫开发领导小组副组长、办公室主任刘永富,贵州省委副书记谌贻琴,以及副省长刘远坤等领导同志的关注和支持。

本研究由中国国际扶贫中心副主任、研究员黄承伟博士和贵州省扶贫办主任叶韬共同主持。研究团队包括:中国国际扶贫中心黄承伟、赵佳、刘欣(博士研究生),贵州省扶贫办叶韬、周兴、杨兰、赵孝捷,武汉大学中国减贫发展研究中心向德平、刘风(博士研究生),中国社会科学院社会学研究所王晓毅研究员,北京大学贫困地区发展研究院雷明教授、李浩(博士研究生),北京师范大学中国扶贫研究中心张琦教授、万君(博士后),华中师范大学社会学院吕方副教授、刘杰副教授、周晶(博士研究生),中南财经政法大学哲学院高飞博士,广西大学公共管理学院覃志敏博士,云南财经大学财经学院王敏教授、方铸(博士研究生),贵州民族大学社会建设与反贫困研究院孙兆霞教授,贵州财经大学贵州省经济系统仿真重点实验室主任叶青,山东中华女子学院苏海博士等。武汉大学中国减贫发展研究中心具体负责研究的组织管理工作。研究工作从 2015 年 11 月开始,于 2016 年 5 月结束。

《脱贫攻坚省级样本——精准扶贫精准脱贫贵州模式研究》正是本研究

的主要成果。本书是研究团队分工合作的结果，全书由黄承伟、叶韬设计框架、制定提纲、审稿、定稿，研究及撰写分工见书中各章目下。北京大学厉以宁教授、国务院参事汤敏博士、经济日报社内参部孙世芳主任审阅书稿并给予了充分肯定。贵州省扶贫办和有关部门、相关市（州）县扶贫办和有关部门、接受访谈的乡村干部和群众为研究人员开展实地调研和资料收集提供了无私的支持和帮助。贵州省扶贫办有关处室对书稿提出了宝贵意见。社会科学文献出版社周丽副总编、责任编辑高雁等为本书出版付出了辛苦努力。在此一一表达最衷心的感谢！

　　希望本书的出版发行，能够进一步引起更多读者特别是扶贫理论研究和实践工作者更加关注脱贫攻坚先进典型的总结研究，更加重视典型经验的交流推广，充分发挥典型引领推动工作的作用。本书是以省为单位系统总结扶贫模式的尝试，种种原因，错漏难免，敬请读者不吝批评指正。

　　　　"脱贫攻坚省级样本——精准扶贫精准脱贫贵州模式研究"课题组
　　　　　　　　　　　　　　　　　　　　　　　　　2016 年 6 月 18 日

图书在版编目（CIP）数据

脱贫攻坚省级样本：精准扶贫精准脱贫贵州模式研
究／黄承伟主编. -- 北京：社会科学文献出版社，
2016.10
　ISBN 978 - 7 - 5097 - 9726 - 6

　Ⅰ.①脱…　Ⅱ.①黄…　Ⅲ.①扶贫模式 - 研究 - 贵州
Ⅳ.①F127.73

　中国版本图书馆 CIP 数据核字（2016）第 223145 号

脱贫攻坚省级样本
——精准扶贫精准脱贫贵州模式研究

主　　编／黄承伟

出 版 人／谢寿光
项目统筹／周　丽　高　雁
责任编辑／高　雁　恽　薇　颜林柯

出　　　版／社会科学文献出版社·经济与管理出版分社（010）59367226
　　　　　　地址：北京市北三环中路甲 29 号院华龙大厦　邮编：100029
　　　　　　网址：www.ssap.com.cn
发　　　行／市场营销中心（010）59367081　59367018
印　　　装／三河市尚艺印装有限公司

规　　　格／开　本：787mm × 1092mm　1/16
　　　　　　印　张：21.75　插　页：0.5　字　数：329 千字
版　　　次／2016 年 10 月第 1 版　2016 年 10 月第 1 次印刷
书　　　号／ISBN 978 - 7 - 5097 - 9726 - 6
定　　　价／79.00 元

本书如有印装质量问题，请与读者服务中心（010 - 59367028）联系